AI赋能

教育教学实践教程

主　编　刘海春

副主编　钟广宏　谢文新　冯健文

A Practical Guide to AI in Education

科 学 出 版 社

北　京

内 容 简 介

本教材对标《教师数字素养》标准，围绕培养教师人工智能素养，系统全面地介绍人工智能技术赋能教师在教育教学方面的理论、方法和应用。主要内容包括人工智能赋能教育教学的理论根基与技术支撑，深入解析了其在“教、学、评、管”全流程中的实践路径，同时聚焦伦理规范与法规约束，提供基础教育和高等教育领域的案例。

本教材可供广大教师研修使用，以及高等院校相关专业本科生学习，也可供研究生和对人工智能教育感兴趣的研究人员参考使用。

图书在版编目（CIP）数据

AI 赋能教育教学实践教程 / 刘海春主编. -- 北京 : 科学出版社，2025. 8. --（AI 赋能高校专业教育实践丛书）. -- ISBN 978-7-03-083345-7

Ⅰ. G40-057

中国国家版本馆 CIP 数据核字第 2025D408J4 号

责任编辑：王京苏 / 责任校对：姜丽策

责任印制：赵　博 / 封面设计：有道设计

科学出版社 出版

北京东黄城根北街 16 号

邮政编码：100717

http://www.sciencep.com

北京富资园科技发展有限公司印刷

科学出版社发行　各地新华书店经销

*

2025 年 8 月第　一　版　开本：787×1092　1/16

2025 年11月第二次印刷　印张：19

字数：450 000

定价：58.00 元

（如有印装质量问题，我社负责调换）

序

引领智能教育，铸造强国之基

人工智能（artificial intelligence，AI）赋能教育须守正创新，方能开启智能时代教育强国建设的应有路向。当今时代，AI 如同疾风暴雨，席卷包括教育在内的各个领域，在开辟新赛道的同时，也冲击着既有的实践模式与伦理价值观。作为在数字化学习和国际教育治理领域深耕三十多年的思考者与实践者，我深知教育是强国建设的“守正”之地，在经济和社会发展中发挥人才奠基和价值观导航作用；也深感 AI 是“创新”之源，以其为代表的新科技蕴含着教育代际跃迁的新动能。当我收到邀请为这本关于 AI 赋能教育教学的教材写序时，我深盼该教材不仅可为智能时代教育强国的根基增砖添瓦，更可为 AI 赋能教育教学的未知领域提供人本主义的罗盘。

教育作为培养合格社会成员的关键社会领域，始终肩负着传承知识、塑造人格、培养技能、激发创新的重任。然而，随着社会、经济和科技的发展，教育需超前研判不同历史时期的人才技能需求、技术伦理挑战和社会价值观演变。唯此，才能保证教育永立人类社会变迁的前沿。

当今世界正处于数字时代与智能时代交替的历史转折点，AI 作为第四次工业革命的战略性技术，正在重塑全球竞争格局。我国将 AI 发展提升至国家战略高度，习近平总书记明确指出“人工智能是引领这一轮科技革命和产业变革的战略性技术”[①]，国务院印发的《新一代人工智能发展规划》更明确提出“到 2030 年人工智能理论、技术与应用总体达到世界领先水平，成为世界主要人工智能创新中心”的宏伟目标。而《教育强国建设规划纲要（2024—2035 年）》则为我们描绘了教育发展的宏伟蓝图，其中明确提出了加快推进教材数字化转型的目标，要求促进 AI 助力教育变革，制定完善师生数字素养的标准，深化 AI 助推教师队伍建设。

在此时代背景下，韩山师范学院与广东外语外贸大学联合编写的《AI 赋能教育教学实践教程》恰逢其时。该教材以“能力奠基、应用导向”的系统视角，全面深入地探讨了教育培养师生 AI 能力的主渠道作用及 AI 对教学、学习和评价的创新引领潜力。从 AI 素养的培养到教师角色的转变，从教学设计的优化到教学实施的创新，再到教学评价的多元化，每一章都紧扣基础问题和实践关键，提供了理论与实践相结合的 AI 赋能教育的全景。该教材具有以下突出特点。①系统性。该教材从宏观的教育背景与趋势出发，阐述了 AI 与教育的双向互动，涵盖了从 AI 素养培养到教学设计、教学实施、教学评价等多个方面和层次，构建了较为完整的框架。②实践性。该教材在理论阐述基础上提供了

---

① 《习近平主持中共中央政治局第九次集体学习并讲话》，https://www.gov.cn/xinwen/2018-10/31/content_5336251.htm，2018 年 10 月 31 日。

丰富的实践案例，直观展示 AI 在教育、教学、评价等领域的丰富应用场景，启迪教育工作者的实践创新。③前瞻性。该教材基于当前涌现的 AI 赋能教育的已有案例，展望 AI 驱动教育创新的可能发展趋势，引发关于 AI 触发整体性、系统性和颠覆性变革的思考。

该教材在探讨 AI 技术变革潜力的全过程中，始终秉承教育的本质使命。教育不仅仅承担知识传递的使命，更是人文价值观培养的主渠道。该教材强调 AI 技术的应用并非取代教师，而是更好地辅助教师，使教师更精准地关注到每一个学生的个性化的需求、多样化的潜能，培养学生差异化的创造力和批判性思维。正是这种以人为本的教育理念，使得该教材不仅体现了技术的变革力度，更坚守了教育的人文温度。

针对该教材的学习和实践，我有几点期望和建议。首先，培养自主、安全、有益的 AI 应用意识。智能时代的教师和学生都应培养针对 AI 的批判性意识，辩证地分析当前一代 AI 的技术缺陷、尚不适合解决的问题或应用场景、已有和潜在的伦理问题等，在此基础上论证该技术在生活、学习、工作、社会实践中的积极作用。其次，不断学习和实践可迁移的 AI 知识和技能。基于该教材提供的学习资源和实践案例，逐步形成关于数据、算法、AI 系统等具备可迁移性和适应性的知识体系和实践能力，对 AI“黑盒”背后的 AI 系统设计等保持好奇心并进行符合自身能力的深入求知与探索。最后，敢于实践、善于创新。将 AI 技术融入学习、工作、个体自我发展的实践中，结合自身经验体会 AI 的魅力、内化 AI 伦理、确定自我提升拓展的学习需求，逐步养成终身学习的习惯。

最后，衷心感谢该教材作者在规划和编写教材的过程中付出的智慧与心血，感谢作者为教育事业的发展付出的辛勤努力。

联合国教育、科学及文化组织总部教育信息化与人工智能教育部门主任
北京师范大学互联网教育智能技术及应用国家工程实验室研究员

2025 年 4 月 22 日

前　言

随着科技的快速发展，特别是在AI、大数据、云计算等领域取得的突破，我们正步入一个以智能化为特征的新时代——智能社会。智能社会的来临，对劳动者的综合素质和终身学习能力提出了更高的要求。传统的知识传授式教育模式已不能满足现代社会对创新人才的需求。新时代的教育职能使教育主体由传统的知识传授者转变为创新能力的培育者，既要注重知识的传授，更要重视能力的培养，尤其是创新能力和批判性思维的培养，以期为社会提供更多具备创新精神和实践能力的人才。AI等数字化新技术推动了新时代教育领域的改革和创新实践，通过教育数字化转型持续优化教育内容、教学方法、学习方式和教育评价体系，提升教育质量和效率。在转型过程中，高素质、专业化的教师队伍建设是加快教育现代化、建设教育强国、办好人民满意的教育的关键，教师数字素养和能力建设是助力教育高质量发展的核心要素，而提升教师的AI素养则是推动教师数字素养应用的重要策略。

本教材分为十一章，主要围绕提升教师AI素养，系统介绍AI赋能教育教学的知识体系和应用，培养教师利用AI资源促进自身及共同体发展的能力，强化教师在应用AI开展教育教学活动的道德修养和行为规范方面的责任，同时展望未来教育中AI的发展趋势。

本教材的特色与创新体现在三个方面。

第一，融入国家标准。本教材在教育部《教师数字素养》标准的数字化意识、数字技术知识与技能、数字化应用、数字社会责任、专业发展五个维度下，以提升AI素养为目标，系统介绍AI赋能教育教学的知识体系和应用，强化培养教师的学科交叉能力、系统思维能力、实践创新能力。

第二，内容新颖且全面。本教材引入国内外AI教育的新理念，内容贴近教师工作需求，同时全面系统地介绍教育教学中的AI设备、软件、平台的原则、方法和使用技能，并强化教师在应用AI开展教育教学活动的道德修养和行为规范方面的责任，包括法律道德规范，以及AI安全保护。

第三，案例丰富。本教材以应用场景培养教师应用AI资源开展教育教学活动的智能教育胜任力和学习力。案例包括基础教育和高等教育领域的AI赋能教学设计、赋能教学实施、赋能学业评价、赋能教育管理。

党的二十大报告指出："我们要坚持教育优先发展、科技自立自强、人才引领驱动，加快建设教育强国、科技强国、人才强国，坚持为党育人、为国育才，全面提高人才自主培养质量，着力造就拔尖创新人才，聚天下英才而用之。"[①]教材是教学内容的主要载

---

①《习近平：高举中国特色社会主义伟大旗帜 为全面建设社会主义现代化国家而团结奋斗——在中国共产党第二十次全国代表大会上的报告》，https://www.gov.cn/xinwen/2022-10/25/content_5721685.htm，2022年10月25日。

体，是教学的重要依据、培养人才的重要保障。在优秀教材的编写道路上，我们一直在努力。

本教材获韩山师范学院教材出版资助，是广东省普通高校重点实验室“数据科学与智慧教育教育部重点实验室”（2022KSYS003）、广东省本科高校校企联合实验室“STEM创新教育中心”（E24002）[①]、韩山师范学院科研平台“高等教育研究所”（624002）的研究成果，也参考了国内外相关研究。由于编者水平所限，书中难免存在不足之处，敬请广大读者批评指正。

编　者

2025 年 4 月

① STEM 是科学（science）、技术（technology）、工程（engineering）、数学（mathematics）四门学科英文首字母的缩写。

目　录

第一章　绪论……1

第一节　新时代教育教学的挑战与机遇……2

第二节　AI 发展及其对教育领域的作用……12

第三节　教材的内容框架与使用指南……21

第二章　AI 素养……24

第一节　AI 素养的内涵……24

第二节　提升教师 AI 素养……32

第三章　AI 与教师专业发展……37

第一节　AI 时代教师角色的转变与挑战……38

第二节　AI 时代教师专业发展的新途径……48

第四章　AI 赋能教育教学的理论基础……64

第一节　行为主义学习理论与 AI 教学……65

第二节　认知主义学习理论与 AI 教学……69

第三节　建构主义学习理论与 AI 教学……80

第四节　联通主义学习理论与 AI 教学……84

第五章　AI 赋能教育教学的技术基础……88

第一节　AI 核心技术……88

第二节　AI 技术进阶……108

第六章　AI 赋能教学设计……126

第一节　基于“学为中心”的教学模式……126

第二节　教学资源开发……131

第三节　智能化教学活动设计……148

第七章　AI 赋能教学实施……157

第一节　智慧课堂教学流程……157

第二节　教学实施方法……174

第八章　AI 赋能教学评价……183

第一节　教学评价模式……184

第二节　AI 学习评价……194

第三节　学情分析……199

第九章　AI 赋能教育教学的实践案例分析……206

第一节　智慧课堂案例……207

第二节　智慧教育评价与资源案例……216

第三节　智慧教研案例……222
第四节　智慧教育教学管理案例……227
第十章　AI 赋能教育教学的社会责任……235
第一节　AI 的法律责任……236
第二节　AI 的道德责任……254
第十一章　未来教育中 AI 的发展……266
第一节　未来教育中 AI 技术的发展趋势……267
第二节　未来教育中 AI 的影响与变革……273
第三节　未来教育中 AI 的治理与伦理……280
参考文献……289
后记……293

第一章

绪　论

知识框架

- 第一章 绪论
  - 第一节 新时代教育教学的挑战与机遇
    - 一、新时代教育教学的发展态势
    - 二、各类教育教学的目标与挑战
    - 三、传统教育教学模式的局限与革新
    - 四、跨学科教育的重要性
  - 第二节 AI发展及其对教育领域的作用
    - 一、AI的概念与技术演进
    - 二、AI在各领域的应用现状与发展趋势
    - 三、AI对教育领域的影响
    - 四、AI促进跨学科学习
  - 第三节 教材的内容框架与使用指南
    - 一、教材的内容框架
    - 二、教材的使用指南

党的十八大以来，以习近平同志为核心的党中央高度重视我国AI技术和产业发展。习近平总书记深刻把握世界科技发展大势，深刻洞察AI的战略意义，指出“人工智能是引领这一轮科技革命和产业变革的战略性技术，具有溢出带动性很强的‘头雁’效应”“加快发展新一代人工智能是事关我国能否抓住新一轮科技革命和产业变革机遇的战略问题”[①]。当前，AI与教育的结合愈发紧密。建设教育强国是中华民族伟大复兴的基础工程。2025年发布的《教育强国建设规划纲要（2024—2035年）》明确指出，以教育数字化开辟发展新赛道、塑造发展新优势，促进人工智能助力教育变革[②]。

我们要坚持以习近平新时代中国特色社会主义思想为指导，认真贯彻习近平总书记

---

① 《习近平：推动我国新一代人工智能健康发展》，https://www.xinhuanet.com/politics/2018-10/31/c_1123643321.htm，2018年10月31日。

② 《教育强国建设规划纲要（2024—2035年）》，https://www.gov.cn/zhengce/202501/content_6999913.htm，2025年1月19日。

关于教育数字化的重要论述精神，落实《教育强国建设规划纲要（2024—2035 年）》关于教育数字化的要求，积极运用 AI 新技术赋能教育教学。基于此，本书将深入探讨 AI 如何具体推进新时代教育教学基本工作，从智能教学工具的设计与开发到基于 AI 的跨学科课程设计与实施策略、从 AI 赋能教育教学的理论基础阐释到技术基础归纳，我们将全面剖析其中蕴含的原理、方法与实践案例，以期为教育工作者、教育研究者，以及关注教育创新的各界人士提供具有实践指导意义的参考，助力跨学科教育在 AI 的赋能下实现跨越式发展，推动教育事业高质量发展。

第一节　新时代教育教学的挑战与机遇

新时代随着中国式现代化进程不断加快，中国日益走近世界舞台中央，亟须培养大批高素质复合型人才。这赋予了教育更大的责任感和更强的使命感。随着 AI 的蓬勃兴起，教育教学也面临着与以往不一样的挑战与机遇。

一、新时代教育教学的发展态势

习近平总书记指出："当前世界百年未有之大变局加速演进，局部冲突和动荡频发，全球性问题加剧，来自外部的打压遏制不断升级，我国发展进入战略机遇和风险挑战并存、不确定难预料因素增多的时期。"[①]要在日趋激烈的国际竞争中赢得战略主动，亟须更多的高素质国际化人才。全球化趋势推动教育国际化进程持续加速，人口结构的变化要求重新配置教育教学资源，社会需求对人才素质的要求日益提升等，使得我国教育教学工作面临复杂发展形势。

（一）新时代教育教学的宏观背景

在新时代背景下，随着我国教育质量不断提高，教育教学的方式、手段也突破了传统常规，打破了时间和空间隔阂，呈现出多方面的积极态势。第一，随着我国加速推进中国式现代化建设，社会经济快速发展，人口结构也在逐步发生变化，这对教育提出了新的要求：强调培养具有创新能力和实践能力的高素质复合型人才，以适应我国高质量发展带来的经济社会结构转变和劳动力市场的变化。第二，信息技术和 AI 的迅猛发展正引领教育领域深刻变革，以智能技术为代表的新一代科技革命为教育创新注入强劲动能，全面驱动教学范式、育人方式和治理模式的数字化转型升级。同时，也给教育教学带来了新的挑战。教育的方式和手段需要根据科技革新不断更新，以适应人民日益丰富的受教育需求。第三，政府部门对教育的重视程度不断加强，持续出台一揽子政策来推动教育改革和创新，以优化教育环境，促进教育公平和质量的提升。在浙江大学的通识教育实践中，AI 课程已经成为必修科目，让普通学生也能掌握前沿技术工具，这种教育正是

---

① 引自 2024 年 7 月 22 日《人民日报》第 1 版的文章：《关于〈中共中央关于进一步全面深化改革、推进中国式现代化的决定〉的说明》。

“机会均等”的生动体现。DeepSeek（深度求索）的开源特性使得不同阶段的教育机构能够以极低的成本部署高级 AI 技术，使不同地区的教育机构能够获得同等水平的智能辅导能力，从而推动教育公平。

党和国家把教育事业摆在优先发展位置，出台了一系列政策推动教育改革和创新。党的十八大以来，我国教育教学改革在战略引领上注重从量的普及转向质的提高，在实践推进上注重从突出资源中心迈向以人民为中心。习近平总书记在 2024 年全国教育大会上指出：“建成教育强国是近代以来中华民族梦寐以求的美好愿望，是实现以中国式现代化全面推进强国建设、民族复兴伟业的先导任务、坚实基础、战略支撑。”[①]党的二十届三中全会明确提出“教育、科技、人才是中国式现代化的基础性、战略性支撑”[②]，凸显了教育在中国式现代化进程中的关键地位和作用。2025 年政府工作报告指出：“坚持创新引领发展，一体推进教育发展、科技创新、人才培养，筑牢中国式现代化的基础性、战略性支撑。”[③]这一系列举措体现了政府在推动教育改革和创新方面的积极作为，通过优化教育资源配置、提升教育质量、促进教育公平，以及政策倾斜和资源倾斜等，缩小城乡、区域、校际的教育差距，不断满足人民群众对优质教育的需求。在政策的推动下，教育改革不断深化，朝着构建更加公平、优质、高质量教育体系迈进。

我国经济社会高质量发展为教育教学革新提供了坚实的物质基础。2024 年，我国国内生产总值首次突破 130 万亿元，实现了 5%增长[④]，中国式现代化迈出新的坚实步伐。科技创新方面，我国在多个领域实现了重大突破，如嫦娥六号实现世界首次月球背面采样返回等。新能源汽车年产量突破 1300 万辆[③]，展现了制造业的强大实力。在国际市场上，我国货物贸易进出口总值同比增长 5%，连续 8 年保持货物贸易第一大国地位[⑤]。经济的快速发展和产业结构的不断升级，对教育提出了新的要求。一方面，新兴产业的崛起、现代化产业体系的构建需要教育培养具有创新能力和实践能力的高素质复合型人才，以支撑经济高质量发展；另一方面，传统产业的转型升级也需要教育为在职人员提供继续教育和职业培训，帮助他们适应新的工作环境和技能要求。我国经济社会快速发展的成就，为教育教学高质量发展提供了坚实的物质基础，与此同时所带来的变化，也为教育教学变革提供了强劲的动力。据统计，国家财政性教育经费占国内生产总值的比例连续保持在 4%以上，为教育发展提供了有力保障[⑥]。教育改革深入推进，包括深化考试招生制度改革、推动职业教育与市场需求相适应等。

我国人口结构变化对教育领域产生深刻影响。2020 年第七次人口普查结果显示，我

---

①《习近平在全国教育大会上强调：紧紧围绕立德树人根本任务 朝着建成教育强国战略目标扎实迈进》，https://www.gov.cn/yaowen/liebiao/202409/content_6973522.htm，2024 年 9 月 10 日。

②《中国共产党第二十届中央委员会第三次全体会议公报》，https://www.gov.cn/yaowen/liebiao/202407/content_6963409.htm，2024 年 7 月 18 日。

③《政府工作报告》，https://www.gov.cn/yaowen/liebiao/202503/content_7013163.htm，2025 年 3 月 12 日。

④《中国经济运行稳中有进——国家统计局相关部门负责人解读 2024 年主要经济数据》，https://www.gov.cn/lianbo/bumen/202501/content_6999754.htm，2025 年 1 月 18 日。

⑤《中国连续 8 年保持货物贸易第一大国地位》，https://www.news.cn/fortune/20250207/3ac118063d48439e830038e9e3275d24/c.html，2025 年 2 月 7 日。

⑥《深化教育综合改革》，http://www.moe.gov.cn/jyb_xwfb/moe_176/202408/t20240821_1146445.html，2024 年 8 月 21 日。

国劳动年龄人口（16—59岁）平均受教育年限达到10.75年，较2010年的9.67年提升了1.08年[①]。这促使教育层次不断上移，本科及以上高等教育规模持续扩大。同时，人口老龄化趋势加剧，催生出老年教育需求。新生人口数量下降，部分地区中小学学位需求减少，将倒逼基础教育从追求规模转向注重质量，探索小班化、特色化、个性化教学。同时，人口流动也使得教育资源的配置面临新的挑战，需要教育系统更加灵活地适应不同地区和群体的教育需求。

教育国际化深刻影响着教育教学革新。教育国际化是以培养全球化时代需求的人才为目标，通过跨国界的教育合作与交流，将全球教育资源、教育理念、教育方法、人才培养模式等融入本国教育体系的过程。我国教育教学改革的国际化趋势明显，充分利用互联网、大数据、AI等先进技术，构建开放、共享、互动的教育平台，构建多维度国际合作平台，有机融合全球前沿教育范式，促进课程体系重构与教学模式革新。

以生成式AI（generative AI）为代表的科技进步推动教育教学走向个性化和智能化。当前，全球科技创新进入空前密集活跃的时期，围绕科技制高点的竞争空前激烈。以AI等为核心的新一轮科技革命蓬勃发展，将对教育领域产生前所未有的影响。2022年前后，生成式AI迎来全面爆发。2022年11月，美国OpenAI公司推出ChatGPT，以更大规模的模型实现了更强的内容生产功能。2024年2月，OpenAI公司发布大模型Sora，推动AI技术迈向可以同时理解多种形式信息（如图片和文字）的多模态。与此同时，全球的AI大模型竞相超越又各有特长，国外谷歌（Google）的双子座（Gemini）、安索皮克（Anthropic）的克劳德（Claude）、元公司（Meta）的Llama，中国的文心一言、智谱清言、豆包、书生·浦语、星火认知、360智脑、通义千问、混元、Kimi、零一万物等，形成百花竞放的局面。2025年1月，DeepSeek以勇气和锐气撼动美国AI巨头，产生连锁效应，引发了全球热议，再次推动了AI技术发展。这不仅是因为该模型在自然语言处理（natural language processing，NLP）方面表现卓越，更为重要的是其在训练方法上实现了创新，成功降低了同类产品对算力资源的大量需求，显著降低了使用成本。

教育数字化转型已然成为全球教育领域不可阻挡的发展大势。随着信息技术的飞速发展，数字化转型使教育资源突破了地域与层级的限制，实现了更为广泛的共享与传播。线上教育平台如雨后春笋般涌现，云课堂、MOOC[②]等网上学习平台层出不穷，为不同年龄段、不同地域的学生提供了海量学习资源。现在的学生足不出户，就能跟随全国各地的优秀教师学习，打破了传统教育在时间与空间上的限制，极大地拓展了学习的边界。与此同时，数字化转型还为教育管理与决策带来变革。借助大数据分析，学校能够精准洞察学生学习状况、教师教学成效，为制订个性化教学方案、优化课程设置提供有力依据。例如，通过分析学生在线学习的时长、答题准确率等数据，学校可以针对性地调整教学策略，提高教育系统的运行效率与管理水平，推动教育朝着更加科学、高效的方向迈进。

---

① 《我国人口素质不断提升——解读第七次全国人口普查数据》，https://news.gmw.cn/2021-05/12/content_34836895.htm，2021年5月12日。

② MOOC，即massive open online courses，中文名称为大型开放式网络课程，别名为慕课。

（二）新时代教育教学的发展趋势

新时代教育教学领域正经历着全方位、深层次的系统性变革，呈现出一系列具有战略性、引领性的发展趋势。其中包括教育教学理念、内容和学习方式的转变，以及教学模式的创新、信息技术的应用、教师定位的重塑、教育评价体系的完善等。

（1）教学指导原则和内容发生转变。一是教学理念由知识传授向能力培养转变。新时代的教育教学更加注重培养学生的综合能力，并不局限于传授知识。教师要引导学生主动思考、积极探索，培养学生的批判性思维、创新能力、合作能力等，以适应快速变化的社会和经济环境。二是学习内容由单一学科向跨学科融合转变。教师通过 AI，对学生的知识模块与知识图谱进行重构，着力培育学生的跨学科思维能力与解决复杂问题的能力。

（2）教学模式迎来系统革新。一是线上线下结合的教学方式快速普及。在线教学打破时间和地点的限制，让学生能随时随地获取丰富学习资源；而课堂上的面对面互动则让教师能及时解答问题，更有针对性和实效性地提升学生的学习效果。高校中的小语种教师可以利用线上平台在课堂上着重与学生面对面进行发音纠正等知识的巩固和拓展，进行课程讲解和作业布置，学生可以在课后通过线上平台进行自主学习和讨论。二是项目式与探究式学习方式深入人心。项目式和探究式活动，有利于引导学生主动发现问题、解决问题，培养其实践能力和创新精神。在中学历史课程中，教师可以让学生围绕某个历史事件进行深入研究，收集资料、分析原因、探讨影响，从而提高学生的历史思维能力和综合素养。

（3）教育技术迭代更新迅速。一是 AI 教育系统的深度应用。通过分析学生的知识掌握程度和兴趣特点，系统能自动匹配适合的学习资料并规划学生最佳学习路径与学习方式。同时，智能助教能随时解答学生疑问，自动生成错题诊断报告，帮助教师及时调整教学策略。二是沉浸式学习技术的广泛应用。教师借助三维仿真技术，能够使学生在虚拟环境中直观地探索细胞结构、重走丝绸之路，以及在地理课上通过全景漫游观察火山地貌演变等，这种虚实结合的教学方式让抽象知识变得生动可感、触手可及。

（4）教师角色和定位更加丰富。一是教师既是知识的传授者，更是学习的引导者。在复合型人才培养的需求下，教师更加关注学生的学习过程和学习体验，培养其自主学习和终身学习的能力。在 2024 世界数字教育大会上，教育部部长怀进鹏表示，要“以智助教，研发智能助教，支撑教师备授课，实现减负增效，让教师有更多精力去从事创造性教学活动、育人活动”①。可见，数字素养已经成为当代教师必备的素质，也是实现数字时代教育家精神发展的内在需求与必然选择。二是教师不仅是单一教学者，也是多元合作者。教师需与其他教师、家长、社会等多方进行合作，强化家校协同、校企合作等。通过与其他教师的合作，可以实现资源共享；通过与家长的合作，可以进一步发挥家校合作协同作用；通过与社会的合作，可以将社会资源引入教育，为学生提供更广阔的学习和发展空间。

---

①《教育部部长怀进鹏在 2024 世界数字教育大会上的主旨演讲：携手推动数字教育应用、共享与创新》，http://www.moe.gov.cn/jyb_xwfb/moe_176/202402/t20240201_1113761.html，2024 年 2 月 1 日。

（5）教育评价趋向多元化。2020 年，中共中央、国务院印发《深化新时代教育评价改革总体方案》，明确提出“改进结果评价，强化过程评价，探索增值评价，健全综合评价，充分利用信息技术，提高教育评价的科学性、专业性、客观性”①。随着 AI 技术逐步渗透到教育教学领域，教育逐渐构建起面向多元主体的系统化、科学化、综合化评价体系。一是从单一评价向多元评价转变。教育评价不再仅关注学生的学业成绩，而是更加注重评价学生的综合素质和个性发展，这是对传统以学业成绩为核心评价体系的重大突破。例如，从科技制作活动中，考量学生的创新精神与实践能力；从学生创作的文学作品、艺术作品中，洞察其独特的思维与表达能力等。二是从结果评价向过程评价转变。教育评价不再只关注最终的学习成果，而是深入到学生学习过程的每一个环节。教师通过记录学生的课堂参与度、作业完成过程中的思考路径、阶段性学习总结等，了解学生的学习进度，有助于因材施教、“一生一策”引导学生成长。

二、各类教育教学的目标与挑战

教育是国之大计、党之大计，始终在国家发展进程中占据重要战略地位。中国特色社会主义进入新时代后，多方需要形成合力，着力解决教育发展不平衡不充分问题，不断扩大优质教育资源供给。教育涵盖了从学前教育到高等教育等不同的教育阶段，每个阶段都有其独特的教学目标与任务。由于时代不断发展带来了新环境、新任务和新形势，教育也面临着不同的挑战。进一步分析这些教育阶段的教学目标与挑战，对于加强教育高质量发展有着十分重要的意义。

（一）学前教育阶段

“学前教育是终身学习的开端，是国民教育体系的重要组成部分”②，抓好学前教育是完善国民教育体系的基础。学前教育的目标包括以下几个方面。①促进幼儿身心健康发展。重点在于培养幼儿良好的生活、卫生和运动习惯。②培养幼儿的兴趣爱好。通过游戏等方式，提升幼儿解决问题的能力和创新能力。③促进幼儿社会性发展。在社交中锻炼幼儿的情感智力，培养幼儿的合作意识、规则意识和责任感。

幼儿的认知和行为发展尚处于初级阶段，在学习和生活中需要成人细致地引导和照顾。每个幼儿都有独特的发展速度和兴趣点，如何在集体教学中满足这些个体差异，做到因材施教是一大挑战。少数幼儿园过分强调知识传授，课程内容过于小学化，趣味性和互动性仍待加强。如何设计生动有趣、富有吸引力的教学活动，以保持幼儿的学习兴趣和参与度，也是学前教育需要解决的问题。对于幼儿园教师而言，不仅要具备专业的教育教学能力，还需掌握幼儿心理发展知识和保育技能，师资队伍的专业素养在 AI 赋能下如何快速提升也是一个重要挑战。

---

① 《中共中央 国务院印发〈深化新时代教育评价改革总体方案〉》，https://www.gov.cn/zhengce/2020-10/13/content_5551032.htm，2020 年 10 月 13 日。

② 《中共中央 国务院关于学前教育深化改革规范发展的若干意见》，https://www.gov.cn/zhengce/2018-11/15/content_5340776.htm，2018 年 11 月 15 日。

（二）义务教育阶段

义务教育作为国民教育根基，承载着培根铸魂的重要使命。新时代我国义务教育阶段以追求教育公平、推进教育信息化、培养学生核心素养为具体目标。一是将促进教育公平作为义务教育的核心目标。重点破解优质教育资源分布不均问题，促进每个学生实现全面发展。二是推进教育信息化。既要加强学校信息化基础设施建设，为师生提供便捷的信息获取渠道；又要推动信息技术与教育教学的“双向融合”。2025年，教育部基础教育教学指导委员会发布了《中小学人工智能通识教育指南（2025年版）》和《中小学生成式人工智能使用指南（2025年版）》，指导各地各校加强AI在教育教学中的深度应用，为各地各校规范中小学AI教育提供参考。三是培养学生的核心素养。着力培养学生的历史人文底蕴、科学探究精神、实践创新能力。从培养目标上看，义务教育阶段要求培养具有家国情怀、创新精神、健全人格与社会担当的社会主义合格建设者和接班人，学生需厚植爱党爱国信念，构建系统知识体系，提升问题解决能力，践行公益精神，树立生态文明观念，维护民族团结，拓展国际视野。

受地域条件、经济水平等多元因素影响，城乡、区域、校际义务教育水平仍存在一定的差距。随着新课程标准的实施和落实，在实际执行中，可能存在部分学校和教师对培养目标理解不深、课程设置落实不到位、实施要求执行不严格等情况。此外，随着国家对复合型人才的需求越来越大，需在义务教育阶段加大力度培养学生的综合思辨、跨学科学习等能力，这首先要求教师具备更高的专业素养和教学能力。部分教师可能难以迅速适应AI时代带来的新任务、新要求，在精准性教学指导、多样性授课、引导学生综合思考、培养学生多学科思维等方面存在困难。

（三）高中阶段

高中教育在我国的教育体系中占据着承上启下的关键位置，是对义务教育的延伸，更是培育学生核心素养、塑造学生正确价值观与人生观的黄金时期。新时代教育教学改革持续深入，高中教育迎来了前所未有的机遇。具体目标主要表现为推动高中教育多样化发展、促进高中课程改革与育人模式创新、专注师资队伍专业能力提升等。高中阶段的教学目标可分为知识与技能目标、能力培养目标、素养与价值观目标等。在知识与技能目标方面，学生要系统深入地掌握各学科的基础知识和专业技能，如数学的复杂函数运算、物理的力学和电磁学原理、英语的高级词汇与语法等，为高等教育阶段或职业发展打下坚实基础。在能力培养目标方面，要求学生重点发展发现问题的能力、自主探究的能力、创新解决问题的能力等。例如，在生物实验课中，学生要自行设计实验方案，分析实验结果，以锻炼实践和创新能力。在素养与价值观目标方面，需要在学生的科学素养、人文素养等培养上多下功夫，助力学生塑造正确的世界观、人生观和价值观，增强其社会责任感与使命感，树立文化自信，使其具备国际视野和跨文化交流能力。

当前高中阶段教育也面临着诸多挑战。在教育资源层面，分配不均现象仍然存在，城市与农村、重点学校与普通学校之间差距显著，优秀师资多集中于城市重点学校，而农村及偏远地区学校师资匮乏、教学设施短缺，严重制约了教学质量的均衡提升。当前素质教育已取得了明显成效，但应试教育倾向依然存在，高考的强大导向作用使部分学校和教师过于看重考试成绩，教学围绕应试展开，学生的创新思维和实践能力难以得到充分培养，拔尖创新人才发现和培养模式仍未成熟，学生学习兴趣和创造力受到一定程度的抑制。此外，高中学生个体差异不断增大，他们在学习能力、兴趣爱好及个性特点等方面呈现出明显不同，这给教师的教学工作带来了困难，其难以在教学内容和进度的把控上做到完全的因材施教，满足不同层次学生的需求。此外，随着社会的快速发展，对人才的需求愈发综合性、多元化，在 AI 快速发展的加持下，学科知识更新迭代速度已呈指数型增长，这要求高中教学内容和教学方式必须及时更新调整，以培养出适应社会发展的创新型、复合型人才，但部分学校和教师在这方面的转变却相对滞后，难以跟上时代的步伐。

（四）高等教育阶段

习近平总书记指出“建设教育强国，龙头是高等教育”[①]。中共中央、国务院印发的《教育强国建设规划纲要（2024—2035 年）》明确提出，“增强高等教育综合实力，打造战略引领力量”[②]，这是教育强国建设关键时期高等教育改革发展的新定位、新目标和新使命。在当今社会快速发展和变革的背景下，高等教育的教学目标与面临的挑战都具有新的特点和内涵。

在知识与技能目标方面，要让学生掌握扎实的专业基础知识和前沿知识，构建完整的专业知识体系。例如，理工科专业学生需精通高等数学、大学物理等基础理论，以及专业领域的核心技术知识；文科专业学生要深入学习专业经典理论和研究方法等。同时，要具备熟练的实践操作技能、实验技能、数据分析技能等，能够将知识运用到实践中。在能力培养目标方面，要加大力度培养学生的创新能力、批判性思维能力，鼓励学生参与科研项目、创新创业大赛等，在实践中锻炼创新思维，能够提出新观点、新方法，解决复杂的实际问题。在素养与价值观目标方面，要以立德树人为根本，强化学生的社会责任感和家国情怀，引导学生将个人发展融入国家发展，积极投身社会主义建设事业，树立正确的世界观、人生观和价值观。此外，要着力培养学生的科学素养和人文素养，使其具备严谨的科学态度、实事求是的精神和探索未知的勇气，以及丰富的文化内涵、高尚的道德情操和正确的审美观念。

随着改革的深入，在高等教育发展进程中也面临着许多挑战。从教育资源的角度看，地区和高校层次间的资源分配不均问题突出，发达地区与重点高校资源较多，欠发达地区和部分地方高校却因资金短缺、师资匮乏、设施陈旧而发展受限。在教学内容与方式上，AI 等新业态、新技术发展带来巨大冲击，部分高校重视程度不够、更新滞后，与行业前沿和社会实际需求脱节，阻碍了学生创新与实践能力的培养。随着高等教育普及化，学生在学习基础、学习兴趣和学习能力上的个体差异不断增大，实施个性化教育、真正

---

① 《习近平主持中央政治局第五次集体学习并发表重要讲话》，https://www.gov.cn/yaowen/liebiao/202305/content_6883632.htm?eqid=c1f64ea500001c3300000004647b32aa，2024 年 6 月 24 日。

②《中共中央 国务院印发〈教育强国建设规划纲要（2024—2035 年）〉》，https://www.gov.cn/zhengce/202501/content_6999913.htm，2025 年 1 月 19 日。

做到因材施教也面临着很大挑战。

（五）职业教育阶段和终身教育阶段

职业教育是培养技能型人才的重要途径。职业教育和终身教育在构建现代化教育体系、促进社会发展和个人成长等方面发挥着不可替代的作用。

《教育强国建设规划纲要（2024—2035 年）》指出，要“加快建设现代职业教育体系，培养大国工匠、能工巧匠、高技能人才”①。注重培养学生的职业素养，包括敬业精神、团队合作精神、沟通能力等，帮助学生树立正确的职业观和价值观，为其职业生涯发展奠定坚实基础。职业教育面临的挑战主要有：社会仍有部分公众对职业教育存在认知偏差，导致优质生源不足；产教融合仍需要进一步加强，学校教学与企业实际需求脱节，学生所学知识和技能难以与市场精准对接；“双师型”教师不足，部分职业教师实践和教学融合的能力仍待提升；职业教育的部分实训设备陈旧、教学软件落后等问题较为突出，限制学生实践操作和创新能力的培养等。

《学会生存——世界教育的今天和明天》一书指出，终身教育要面向整体社会成员。这要求注重培养个体的自主学习能力和终身学习意识，促进个体在不同人生阶段和社会环境中都能和谐发展，实现自我价值和社会价值的统一。终身教育也面临着社会认知不足的问题，有部分学习者没有意识到终身学习的重要性，缺乏主动学习的动力。此外，终身教育的资源整合相对困难，不同教育机构之间缺乏有效的沟通与协作，学习成果难以互认，给学习者带来不便。学习支持服务体系不完善，在学习指导、学习资源提供、学习过程管理等方面存在不足，无法满足学习者多样化的需求。终身教育的质量保障体系尚未健全，缺乏统一的质量标准和评价机制，难以保证教育质量的稳定性和可靠性。

三、传统教育教学模式的局限与革新

在教育领域的发展进程中，传统教育教学模式历经漫长的历史积淀，对文化传承和人才培育产生了深远影响，在知识传承、文化传播等方面发挥了十分重要的作用。然而，随着时代的快速变迁，尤其是在科技迅猛发展、社会需求日益多元化的当下，这种模式在应对新时代所需人才培养的复杂需求时，逐渐暴露出诸多局限性，革新已成为推动教育发展的必然选择。

（一）传统教育教学模式的特点和局限性

传统教育教学模式主要符合以下几大特征。①以教师为中心。教师是知识传授的主导者。②以课堂讲授为主。教学过程通常按照“教师讲解—学生听讲—教师提问—学生回答”的模式进行。③以教材为教学核心。教材是教学的主要依据，教师的教学内容和进度大多围绕教材展开。④以考试为评价手段，并以应试为导向。考试是衡量学生学习

① 《教育强国建设规划纲要（2024—2035 年）》，https://www.gov.cn/zhengce/202501/content_6999913.htm，2025 年 1 月 19 日。

效果的主要方式，通常以笔试为主，注重对知识记忆和理解的考查。学生的学习目标往往是为了在考试中取得好成绩，而较少关注知识的实际应用和能力培养，以及综合素质的提升。⑤教学资源相对有限。传统教学主要依赖教材、黑板、粉笔等有限的教学工具。教师和学生较少利用现代信息技术和其他丰富的教学资源。

传统教育教学往往具有规模化、标准化、固定化等特点，其优势是可以在较短时间内培养出掌握一定知识体系和实践能力的人才。但随着中国式现代化进程不断加快，对拔尖创新、复合型、国际化、高素质人才的需求也越来越大。此外，科技革命方兴未艾，AI赋能教育教学已是大势所趋。固有的传统教育教学模式已不能培养满足国家和区域经济发展所需的人才，亟须改革。在传统的教育教学模式中，首先，教师是课堂的中心，教学方法固化单一，“满堂灌”的讲授式教学占据主导地位。在这种模式下，知识呈现出从教师到学生的单向流动现象，学生成为被动的接收者，主动思考与课堂互动的机会极为有限。这种教学方法严重抑制了学生创新思维的发展和实践能力的提升。其次，传统的教育教学模式缺乏对学生个性化需求的关注。由于班级授课制的限制，传统的教育教学难以充分考虑每个学生的兴趣、能力和学习风格。教学进度和内容往往以大多数学生为标准，可能导致部分学生“吃不饱”或“跟不上”。再次，评价体系仍需进一步完善。传统的教育教学主要依据考试成绩来衡量学生的学习成果。学生的学习过程评价常常被忽视。最后，教学内容相对陈旧。在知识快速迭代的时代背景下，传统教学内容的更新速度远远跟不上时代的发展步伐。传统教学内容的设置多围绕经典知识展开，导致出现与现实生活和社会发展需求存在脱节现象，甚至一些教材过于注重理论知识灌输而忽略了实践能力培养。比如，计算机科学专业是一个技术发展极为迅速的领域，新的编程语言、算法和应用场景不断涌现，在AI赋能下每日都有突飞猛进的改变，但如果传统教学内容只是照本宣科，这将使学生毕业后难以迅速适应行业的实际需求，在就业市场上缺乏竞争力。

（二）传统教育教学模式的革新方向

根据传统教育教学模式的特点和局限性，其革新方向主要集中在以下几个方面。

（1）教育理念坚持“五育”[①]并举，促进学生全面发展。习近平总书记在2024年全国教育大会上强调要紧紧围绕立德树人根本任务，朝着建成教育强国战略目标扎实迈进[②]。在教育教学改革进程中，尊重学生人格，关注学生个性化、多样化的学习需求，明确从知识本位转向核心素养培育的教育目标；在虚拟仿真、项目式学习场景构建与运用过程中，培育学生的批判性思维和跨学科知识整合思维，增强学生的创新实践能力、真实社交能力、情感管理能力，积极抵制技术依赖带来的异化风险。

（2）教学原则以学为中心。以学为中心的教学原则强调学生自主探索、合作学习与问题解决能力的培养。借助信息技术，满足学生个性化学习需求，激发其内在学习动力，

① 五育是指德育、智育、体育、美育、劳动教育。

②《习近平在全国教育大会上强调：紧紧围绕立德树人根本任务 朝着建成教育强国战略目标扎实迈进》，https://www.gov.cn/yaowen/liebiao/202409/content_6973522.htm，2024年9月10日。

让学生在知识建构中逐步成长为具有创新精神与跨学科复合型的新型人才。

（3）教学模式突出实践导向。新型课堂应从解决真问题出发，通过多样化教学方式，培养学生的问题解决能力和团队合作能力。引入 AI 辅助教学，实现线上线下混合式教学，打破学科界限，推进跨学科融合教学，培养学生的综合素养，满足不同学生的学习需求。

（4）信息技术深度融合。信息技术将深入教学的各环节全链条，这是未来各类教育的重要趋势。学校通过教育数字化转型，利用 AI、大数据、虚拟现实（virtual reality，VR）、增强现实（augment reality，AR）等技术，能显著提升教学效果和管理效率。

（5）国际化视野贯穿高质量教育体系构建。当前，信息技术的蓬勃兴起，让学习的空间和时间不再受限，学习资源的共享也变得触手可及，不再遥远。建设教育强国，当扎根本土，同时兼具国际视野。通过加强学校之间的国际合作，可以提升我国教育的国际影响力，推动教育资源的开放共享，促进人类文明交流互鉴，满足不同群体的学习需求。

（6）教育评价维度向过程性、多元性转变。借助 AI 技术赋能教育提供的强大算力和综合研判能力，教育评价维度将从单一的考试评价向能力、素养、实践等多维度评价转变，利用大数据分析学生的学习过程和成果，提供个性化的反馈和指导，能够精准实现“一生一策”，动态评价学生在学习过程中的各项关键性指标。

四、跨学科教育的重要性

在新时代背景下，党和国家对高素质复合型人才的需求不断扩大，跨学科教育的重要性日益凸显。跨学科教育通过打破传统学科之间的壁垒，能够促进不同学科知识和技能的整合，帮助学生构建更加全面、立体、科学、有效的知识体系，从而更好地培养学生的创新思维、实践能力和社会责任感。

（1）有助于拓宽知识视野。在全球化和信息化的今天，单一学科的知识已无法满足社会发展的需求，各行各业需要更多的复合型高素质人才。跨学科教育通过打破学科藩篱，重塑人脑的认知架构，融会贯通隐藏在不同知识体系背后的共同规律，建立起更加全面的知识体系，使学习者获得破解复杂世界的元能力。

（2）有利于强化学生创新意识。不同学科的碰撞交流常常能擦出创新火花。学生在跨学科知识网络的自主建构过程中，通过建立不同学科概念间的非线性联结，有助于形成突破性认知迁移与创造性问题破解能力。例如，区域国别学这一新兴学科融合了政治学、经济学、法学、历史学、外国语言文学等一级学科。这种跨学科的融合为国家更好地“引进来”和“走出去”、强化人类文明交流互鉴、构建人类命运共同体培养大批具有全球胜任力的高素质复合型人才。通过跨学科融合，培养出的跨界人才可以更好地服务于我国高水平对外开放。

（3）有助于提升综合素质。当代社会需要的是具有全面能力的人才，而跨学科学习通过知识的交融，使学生在面对真实世界的复杂问题时，能够整合不同学科的知识和技能，把现实重要问题进行结构化设计并创设实践情境，制订出有效的解决方案，可以显著提升学生的沟通能力、团队合作能力和批判性思维，让学生在专业技能以外的领域得到锻炼和提高，有助于“产教融合、科教融汇”，培养出更契合社会需求的各类创新型人才。例如，上海大学通过构建“千学百科”AI 智慧教育平台，推动 AI 与多学科的融合，为学生提供了跨学科的学习与实践机会。哈尔滨工业大学“AI+先进技术领军班”通过“AI+X”学科交叉融合教育，强化数理基础，促进 AI 与新材料、新能源等领域深度融合，培养具备国际视野和社会责任感的 AI 领域杰出人才。

第二节　AI 发展及其对教育领域的作用

当前，AI 已成为国际竞争的新焦点和经济发展的新引擎，对全球格局重塑起到了深远影响。要使 AI 技术更好地赋能教育教学，就要了解 AI 的发展历程，以及 AI 在教育等领域的应用现状与发展趋势。

一、AI 的概念与技术演进

学界对 AI 的定义有多种阐释。AI 这一术语最早是由美国数学家、计算机科学家和 AI 早期研究者约翰·麦卡锡（John McCarthy）等于 1956 年在达特茅斯（Dartmouth）会议上正式提出的。麦卡锡等将 AI 定义为“AI 就是要让机器的行为看起来就像是人类所表现出的智能行为一样”。中国信息通信研究院发布的《人工智能治理白皮书》指出，AI 是指用机器模拟、实现或延伸人类的感知、思考、行动等智力与行为能力的科学与技术①，包括自然语言处理、语音识别、图像识别和处理、情绪检测、人工创作等。AI 的应用范围非常广泛，包括自动驾驶汽车、智能助手、智能家居系统、医疗诊断、金融预测等。

AI 三要素包括算法、数据和算力。AI 的发展经历了漫长的过程，关于 AI 的发展阶段，学界有不同的看法，且认识在不断演进之中。本节暂列两种。

第一种划分法的特征是 AI 算力的三次跃升，主要包括三个阶段。

第一个阶段（1956—1974 年）：基于符号逻辑的推理证明阶段。该阶段利用布尔代数作为逻辑演算的数学工具，利用演绎推理作为推理工具，逻辑编程语言不断发展，出现了第一个自然语言对话程序和人形机器人，但当时 AI 理论与方法工具尚不完备，计算机算力不足，且缺乏资金支持，将认知作为攻克目标不切实际，AI 技术发展趋缓。

第二个阶段（1975—2005 年）：基于人工规则的专家系统阶段。该阶段主要进展是迈入知识工程的新研究领域，研制出专家系统与相关语言，开发出多种专家系统，如故障诊断专家系统、农业专家系统、疾病诊断专家系统、邮件自动分拣系统等。专家系统主要由知识库、推理机，以及交互界面构成。其中，知识库的知识主要由各领域专家人工构建。然而，专家系统无法与人类专家与时俱进的学习能力相匹配，并且同样需要资

① 《人工智能治理白皮书》，http://www.caict.ac.cn/kxyj/qwfb/bps/202009/P020200928368250504705.pdf，2020 年 9 月 27 日。

金的支持，AI 技术陷入第二次瓶颈期。

第三个阶段（2006 年至今）：大数据驱动的深度神经网络（deep neural network，DNN）阶段。初期人们对神经网络可以模拟生物神经系统的某些功能十分关注，但对复杂网络的学习收敛性、健壮性和快速学习能力一直难以把握，直到 20 世纪 80 年代反向传播算法和 20 世纪 90 年代卷积网络的出现，神经网络的研究才取得重要突破。深度神经网络走向大众，开启了 AI 的发展新阶段。

第二种划分法以时间维度为主要特征。从发展时间的角度看，人工智能的发展可划分为七个阶段：萌芽阶段、诞生阶段、黄金阶段、第一次低谷、繁荣阶段、第二次低谷、现在发展阶段（表 1-1、表 1-2）。

表 1-1 基于时间维度的 AI 发展历程

阶段	事项
萌芽阶段（1206—1942 年）	1. 1206 年，Jazari（加扎利）的可编程自动人偶 2. 1863 年，Samuel Butler（塞缪尔・巴特勒）的《机器中的达尔文》 3. 1274 年，马略卡哲学家 Ramon Llull（拉蒙・柳利)开发了“逻辑机”
诞生阶段（1943—1956 年）	1. 1950 年，图灵测试 2. 1951 年，Marvin Minsky（马文・明斯基）和 Dean Edmonds（迪安・埃德蒙兹）建造了第一台神经网络机 SNARC（stochastic neural analog reinforcement calculator，随机神经模拟强化计算器） 3. 1955 年，Newell（纽厄尔）和 Simon（西蒙）开发了“逻辑理论家” 4. 1956 年，AI 在达特茅斯会议上诞生
黄金阶段（1957—1973 年）	1. 1959 年，Samuel（萨缪尔）创造“机器学习”一词 2. 1961 年，James Slagle（詹姆斯・斯拉格尔）开发了 SAINT（Symbolic Automatic INTegrator，符号自动积分器） 3. 1964 年，Daniel Bobrow（丹尼尔・鲍勃罗）开发了早期自然语言理解程序 STUDENT 4. 1966 年，国际斯坦福研究所研制了第一个通用型移动机器人 Shakey 5. 1968 年，Terry Winograd（特里・威诺格拉德）开发了“积木世界”操纵程序 SHRDLU 6. 1973 年，英国发布《莱特希尔报告》
第一次低谷（1974—1980 年）	1. 1976 年，计算机科学家 Raj Reddy（拉吉・瑞迪）发表“Speech Recognition by Machine：A Review”（《机器语音识别：综述》） 2. 1978 年，卡内基梅隆大学开发了 XCON 3. 1979 年，斯坦福大学制造了自动驾驶汽车 Stanford Cart 4. 1980 年，早稻田大学推出了 Wabot-2 机器人
繁荣阶段（1981—1987 年）	1. 1981 年，日本开启“第五代计算机项目”研究 2. 1982 年，John Hopfield（约翰・霍普菲尔德）提出了一种新型神经网络 3. 1986 年，第一辆无人驾驶奔驰汽车建造 4. 1986 年，Rumelhart（瑞麦哈特）和 McClelland（麦克莱兰）主编的论文集《分布式并行处理》问世 5. 1987 年，John Sculley（约翰・斯卡利）提出了“Knowledge Navigator”（知识领航员）
第二次低谷（1988—1992 年）	1. 1988 年，Judea Pearl（朱迪亚・珀尔）发表了 *Probabilistic Reasoning in Intelligent Systems*（《智能系统中的概率推理》）一书 2. 1988 年，Rollo Carpenter（罗洛・卡彭特）开发了聊天机器人 Jabberwacky 3. 1988 年，IBM 沃森研究中心发表了论文“A Statistical Approach to Language Translation”（《机器翻译的统计方法》） 4. 1990 年，Rodney Brooks（罗德尼・布鲁克斯）发表了论文“Elephants don't Play Chess”（《大象不会下棋》）

续表

阶段	事项
现在发展阶段（1993 年至今）	1. 1997 年，IBM 研发的“深蓝”击败人类象棋冠军 2. 2007 年，李飞飞等开始建立 ImageNet 3. 2016 年，谷歌 AlphaGo（阿尔法围棋）击败围棋冠军李世石 4. 2016 年，美国发布《为人工智能的未来做好准备》《国家人工智能研发战略规划》重要报告 5. 2017 年，“人工智能”被写进中国政府工作报告

表 1-2　基于时间维度的 AI 教育发展历程

阶段	事项
萌芽阶段（1924—1942 年）	1924 年，美国教育心理学家 Pressey（普莱西）试制出第一台用于测验的机器
诞生阶段（1943—1956 年）	1954 年，Skinner（斯金纳）发表《学习的可续和教学的艺术》，推动了程序教学运动的发展
黄金阶段（1957—1973 年）	1. 1960 年，世界上第一个计算机辅助教学系统：PLATO（柏拉图）系统开始运行 2. 1965 年，Feigenbaum（费根鲍姆）等开始研究历史上第一个专家系统 DENDRAL 3. 1970 年，J. R. Carbonell（J. R. 卡博内尔）提出智能型计算机辅助教学（intelligent computer-assisted instruction，ICAI）的构想 4. 1973 年，Hartley（哈特利）和 Sleeman（斯利曼）提出智能辅助系统（intelligent tutoring system，ITS）的基本框架
第一次低谷（1974—1980 年）	1. 1975 年，Collins（柯林斯）等研制了教授学生探索降雨原因的根源的 WHY 系统 2. 1977 年，Wescout（韦斯科特）等设计了辅助 Basic 语言教学的 BIP 系统 3. 1977 年，麻省理工学院开发了用于逻辑学、概率、判断理论和几何学训练的 WUMPUS 游戏系统
繁荣阶段（1981—1987 年）	1. 1982 年，Sleeman（斯利曼）和 Brown（布朗）正式提出智能导师系统这一概念 2. 1983 年，AISB（The Society for the Study of Artificial Intelligence and the Simulation of Behaviour，人工智能与行为模拟研究协会）组织第一个明确的 AIED（International Conference on Artificial Intelligence in Education，国际人工智能教育会议） 3. 1984 年，Merrill（梅瑞尔）提倡教学设计自动化（automated instructional design，AID）研究 4. 1987 年，开发了用于辅助教学设计决策的专家系统原型 ID Expert 系统
第二次低谷（1988—1992 年）	1. 1992 年，Brusilovsky（布鲁索洛夫斯基）提出智能授导系统 ITEM/IP，这是一个支持学习与授导的整合智能系统 2. 1992 年，第一届美国人工智能学会移动机器人比赛召开
现在发展阶段（1993 年至今）	1. 1996 年，Brusilovsky 等开发了第一个自适应教学系统 2. 2011 年，韩国教育科学技术部颁布《推进智慧教育战略》规划 3. 2011 年，首届学习分析技术与知识国际会议举行 4. 2013 年，麻省理工学院 Ehsan Hoque（埃哈桑·霍克）等研发社交技能训练系统 MACH

AI 大模型技术发展迅速。2017 年，谷歌提出 Transformer。2018 年，OpenAI 发布 GPT-1。2022 年，OpenAI 推出 ChatGPT 软件。2023 年，OpenAI 发布 GPT-4，对其逻辑能力和语言能力进行了迭代。2024 年，OpenAI 公司发布了文生视频模型 Sora。2025 年，DeepSeek 发布了最新的多模态 AI 模型 DeepSeek R2，该模型在处理文本、语音、图像和视频等多种数据形式方面表现出色，具有更高的准确率、更快的响应速度和更低的能耗，引发了全球热议，再次推动了 AI 技术发展。

从判别到生成，从单模态到多模态，从专用到通用，是智能化发展新阶段的重要标志。AI以自然语言为基础的表达方式，正从方方面面渗透进大众生活。从手机应用、智能音箱等智能助手，到智能网联车和智能机器人等具身智能，再到能提供个性化服务的智能体（agent）及更多的AI原生产品和服务，正加速向我们走来。

二、AI在各领域的应用现状与发展趋势

当前，AI 快速发展，AI 应用已快速在社会的各个领域普及，引起全球广泛关注和高度重视。在医疗、金融、制造业、教育、家具智能等方方面面，AI应用正在深刻地影响着人们的日常生活。

（一）医疗领域的AI应用

AI医疗是指将AI技术应用于医疗卫生领域，旨在提高医疗质量、改善患者预后、优化资源配置，并推动个性化和精准医疗的发展，同时促进医学研究、公共卫生和医疗管理的进步。其能够为患者提供个性化服务，提升医生的诊疗效率和医院的服务水平，实现医院智能化管理等。

病理诊断是医学诊断的“金标准”，医学影像如X光、CT（computerized tomography，计算机层析成像）、MRI（magnetic resonance imaging，磁共振成像）等是病理诊断的重要依据，但影像数据量庞大且复杂，人工解读不仅耗时费力，还容易受到医生经验和主观因素的影响。AI算法，特别是深度学习技术，能够识别人眼无法识别到的细节并做定量描述，对医学影像进行快速准确的分析。在智能药物研发方面，机器学习从海量化合物中准确地挖掘和筛选出合适的化合物，并且预估其安全性、有效性、副作用，提高研发成功概率并节省大量时间和研发成本，加速先导化合物的发现和优化，以及候选药物分子的产生，大大降低研究人员的工作量，缩短医药研发周期。

此外，医疗大语言模型（large language model，LLM）是近期医疗AI研究的热点。与通用大语言模型不同，医疗大语言模型的训练数据集中于医疗文献、电子病历、影像等层面，模型通过不断学习，辅助完成用药建议、诊疗知识问答、影像诊断、生成电子病历等场景的工作。

（二）金融领域的AI应用

近年来，中国人民银行制定并发布了《人工智能算法金融应用评价规范》《人工智能算法金融应用信息披露指南》等行业规范，有效推动了AI在金融领域的应用。从金融交易的自动化执行，到风险评估的精准预测，再到客户服务的智能化升级，AI已逐渐渗透到金融业务的各个环节，成为推动金融创新与发展的关键力量。比如，凭借AI技术，实现金融交易智能化突破。金融交易是金融市场的核心活动，AI技术的应用为金融交易带来了智能化的突破，显著提升了交易效率和市场流动性。高频交易是AI在金融交易领域的典型应用之一，主要是利用高速计算机和算法交易策略，在极短的时间内完成大量交易。AI技术使得高频交易能够更加精准地捕捉市场的微小价格波动，实现快速的买卖

操作，从而获取利润。此外，自动化交易也是 AI 在金融交易中的重要应用，AI 技术使得自动化交易系统能够更加灵活地应对市场变化，及时调整交易策略。

（三）制造业领域的 AI 应用

AI 在制造业中的应用正推动着行业的数字化转型与升级。《中国互联网发展报告 2024》指出，全国已建成近万家数字化车间和智能工厂①，AI 与制造业深度融合，成为传统行业数字化转型的关键力量。物联网技术的加速推进，使制造业逐渐趋于智能化和安全化。例如，“江苏制造”通过打造智能车间和工厂，利用“网联”技术持续放大“智改数转”效应，实现了从制造环节到全产业链的智能化升级。此外，AI 在制造业中的应用还体现在预测性维护、供应链优化和自动质量控制等多个方面。通过预测性维护，利用 AI 算法分析传感器数据和设备性能，提前预测机器故障，优化维护计划，减少停机时间；在供应链优化方面，AI 驱动的物流系统能够精准预测需求，优化库存和运输路线；在质量控制领域，AI 通过分析图像和传感器数据，精准识别缺陷，确保产品质量。

例如，波音公司的埃弗雷特工厂利用 AI 技术管理复杂的供应链，通过 RFID（radio frequency identification，射频识别技术）标签、GPS（global positioning system，全球定位系统）跟踪器、自动化系统等技术，实现了对零部件的精准管理和高效物流调度。保时捷的汽车喷漆工厂则通过高分辨率摄像头和 AI 分析技术，对喷漆质量进行精准检测，及时发现并修复瑕疵。这些案例展示了 AI 在制造业中的应用和价值，助力企业不断提升核心竞争力。

（四）其他领域中 AI 的应用

在交通与物流领域，AI 的应用正深刻改变着行业的运作模式和效率。自动驾驶技术的不断成熟不仅提高了交通安全性和效率，还通过预测交通流量和优化交通信号管理，有效减少了交通事故和交通拥堵。例如，智能交通系统（intelligent traffic system，ITS）利用先进的信号管理系统和感测装置，能够根据实时车流量灵活调整交通灯周期，优化道路通行能力，同时提升公共交通的服务品质，并通过车位调度系统缓解停车难问题。在物流领域，菜鸟物流科技通过 AI、大数据和物联网技术，帮助商家解决供应链难题，优化物流调度路径，提高物流效率。

在城市环卫和智慧物流方面，AI 的应用也取得了显著成效。京东物流推出的“无接触式配送”推动无人配送车的广泛应用，提升了物流配送效率。灵动科技的无人叉车和海星智驾的集装箱无人智能堆场项目，进一步优化了仓储物流和港口作业的自动化水平。

在智家互联领域，AI 正时刻重塑着我们的日常生活场景。智能家电作为智能家居的重要组成部分，与 AI 技术深度融合，为用户带来更加便捷、舒适的体验。以智能冰箱为例，一些高端智能冰箱配备了先进的图像识别技术，能够自动识别冰箱内存储的食物种类、数量及保质期。用户不仅可以通过手机应用远程查看冰箱内的食材情况，还能在食

---

①《我国已建近万家数字化车间和智能工厂》，http://finance.people.com.cn/n1/2024/1122/c1004-40367217.html，2024 年 11 月 22 日。

材快过期时收到提醒，避免食物浪费。在智能安防方面，智能门锁和摄像头成为家庭安全的重要防线。智能门锁采用指纹识别、人脸识别、虹膜识别等识别技术，极大地提升了解锁的便捷性。

三、AI 对教育领域的影响

教育的重要使命或功能之一是实现人类改造世界过程中所产生知识的代际传递。2019 年，习近平总书记在致国际人工智能与教育大会的贺信中指出："积极推动人工智能和教育深度融合，促进教育变革创新，充分发挥人工智能优势，加快发展伴随每个人一生的教育、平等面向每个人的教育、适合每个人的教育、更加开放灵活的教育。"[①]在教育领域，首先，生成式 AI 给知识的创造、知识的产生方面带来了翻天覆地的变化，如知识生产周期大大缩短，知识生产的主体和方式也在不断变化。其次，AI 的引入不仅是一场技术革新，更是对传统教育教学模式的一次深刻变革。AI 在教育场景中的融合应用能有效提高教育质量和效率，而教育对 AI 的创新发展也将推动 AI 技术不断迭代。AI 将有助于教育目标实现从"学"到"用"的转型，通过频繁交互进行学习和工作成为常态，教学过程也将从着重教授知识到重点研讨思路转变。其中生成式 AI，如 DeepSeek、Manus、豆包、Kimi、文小言、ChatGPT 等，凭借其强大的内容生成能力，在当今数字时代迅速崛起。

我国高度重视 AI 教育，已全面布局大中小学教育领域，着力提升学生的 AI 素养（AI literacy）。

在基础教育方面，生成式 AI 技术走进中小学课堂，为教学带来了前所未有的革新。2024 年 11 月，教育部办公厅印发《关于加强中小学人工智能教育的通知》，提出 2030 年前在中小学基本普及 AI 教育的目标。文件明确了六大主要任务，包括构建系统化课程体系、实施常态化教学与评价、开发普适化教学资源、建设泛在化教学环境、推动规模化教师供给，以及组织多样化交流活动。小学阶段侧重技术感知与体验，初中着重理解与应用，高中则聚焦项目创作与前沿技术。在课堂的新授环节中，AI 技术以其独特的功能和优势，正被广泛探索和应用于各个学科教学，它不仅改变了传统的教学方式，还为提高教学质量和学生的学习效果提供了新的途径。比如，语文方面，生成式 AI 可以协助内容创作。AI 根据课文主题创作相关的故事、诗歌等，拓展学生的阅读素材。教师可以利用 AI 工具，让其生成续写内容或者相似主题的文学作品。AI 能够分析学生的作文，指出语法错误并提供改进建议。数学方面，生成式 AI 可以根据教师的要求生成不同层次难度的习题。英语方面，生成式 AI 可以生成对话式场景，例如，使用 OpenAI 的 GPT 系列，教师输入场景设定，如"在餐厅点餐"，AI 就会生成一段包含常用词汇和句型的对话，大大方便了学生进行练习，且情景和内容不会重复。科学方面，生成式 AI 可以进行实验模拟，对学习对象的结构进行自动 3D（three dimension，三维）建模等，把需要抽象思维的学习对象转化为具体形象。历史方面，借助 Sora 视频大模型等，可以让 AI

---

① 《关于人工智能，总书记这样强调！》，http://www.qstheory.cn/zhuanqu/2020-07/10/c_1126220449.htm，2020 年 7 月 10 日。

生成和再现历史场景。地理方面，生成式 AI 可以进行气象活动模拟等。

在高等教育领域，AI 技术的引入为高等教育的教学、科研和创新应用带来了前所未有的机遇。教育部已启动实施人工智能赋能高等教育战略行动，指出要探索数字赋能大规模因材施教、创新性教学的有效途径，扩大优质教育资源受益面，注重运用人工智能助力教育变革；超常规实施人工智能领域“101 计划”，引领人工智能领域人才培养改革创新；促进课程体系和教学内容的更新迭代甚至重构等①。教育部高等教育司提出，要“构建人工智能赋能教育新场景，将各领域人工智能最新发展和应用融入专业课教学”②，并已公布一批“人工智能+高等教育”应用场景典型案例。在 AI 赋能教学方面，个性化教学、智能辅导系统、虚拟实验室等方式大大增强了教师的教学效率，学生的学习地点也从传统的教室拓展到了宿舍、操场、食堂等任何有网络的地方，大大增强了学生获得知识的便捷性。在 AI 赋能科研攻关方面，科研人员可以利用 AI 技术处理海量数据，发现其中的规律和趋势，从而推动科学研究的深入发展。AI 算法也可以应用于各种科研领域，如机器学习、深度学习、自然语言处理等。在 AI 赋能创新应用方面，借助 AI 技术，高校可以构建智能教育平台，实现智慧校园管理，创新拔尖人才培养模式等。在 AI 赋能教育评价方面，AI 技术通过智能反馈与多轮对话，具备赋能形成性评价的价值与潜力，有望创设一种新型的人机协同形成性评价路径。

智能教育的微观价值主要体现在促进教师智能素养和学生的学习自主性不断提升。教师可以对学生学习参与度、作业完成度、知识掌握程度等进行实时监测，因材施教提升教学质量。学生可以根据自己的学习进度和兴趣需求，自行选择学习内容和学习方式。智能教育的宏观价值则主要体现在契合社会发展需求、促进教育资源均衡化等方面。AI 与教育相融合，是顺应科技变革与产业升级浪潮的必然结果。在全球范围内，各国纷纷加大对教育领域的投入，积极推进教育改革，致力于培养具备全球视野、创新思维及国际竞争力的高素质人才。基于此，借助 AI 技术创新教育教学工具和平台，有助于社会培养更多国际化复合型高素质人才。随着 AI 技术驱动的在线教育平台不断发展，优质教育资源可以跨越地域限制，实现远程输送。AI 能够根据学生的多样化需求和学习情况，实现教育资源的精准分配，提高教育资源的利用效率，满足学生的个性化学习需求。

四、AI 促进跨学科学习

在智能社会中，复杂的现实问题往往不再局限于单一学科的范畴，而是涉及多个学科领域的知识和方法。这就对人才的跨学科能力提出了迫切需求。实践证明，AI 技术凭借其强大的数据处理能力、智能分析能力和个性化学习支持能力，可以极大限度地整合现有跨学科资源，帮助学生在最短时间内构建自身的跨学科知识网络和强化跨学科思维能力。

---

① 《教育部高等教育司司长周天华：构建人工智能赋能教育新场景，将各领域人工智能最新发展和应用融入专业课教学》，https://chetc.cahe.edu.cn/h/news/news/2024-10-09/4320.html，2024 年 10 月 9 日。

② 《教育部高等教育司司长周天华：构建人工智能赋能教育新场景，将各领域人工智能最新发展和应用融入专业课教学》，https://chetc.cahe.edu.cn/h/news/news/2024-10-09/4320.html，2024 年 10 月 9 日。

（一）跨学科能力在智能社会中的重要性

在智能社会的浪潮中，跨学科能力的重要性愈发凸显。随着 AI、大数据、物联网等前沿技术的广泛应用，社会面临的挑战愈发复杂，单一学科的知识体系已难以满足解决实际问题的需求。例如，在智能交通系统的设计中，不仅需要交通工程学的专业知识，还需融合计算机科学、数据分析、社会学等多学科思维，以实现交通流量的优化和拥堵的有效缓解。这种跨学科的融合趋势不仅推动了技术创新，也为教育和人才培养带来了新的方向。联合国教育、科学及文化组织（简称联合国教科文组织）2024 年发布的《学生人工智能能力框架》明确指出，学生需要具备跨学科的知识和技能，以应对人工智能时代带来的机遇与挑战。这种教育理念的转变，正是为了培养出能够适应智能社会复杂需求的复合型高素质人才，使他们能够在技术开发、伦理决策、社会应用等多个层面发挥重要作用。

从教育自身来讲，AI 出现以前，各个学科就如一座座“大山”，要从“大山”之间翻越需学习者耗费十分的“体能”，更不要说在一座座“大山”之间建立起四通八达的“高速公路”，以打通人脑的跨学科壁垒。而 AI 技术出现后，铺设“高速公路”更触手可及。AI 就像学科界的“翻译官”，正在用代码打破学科和专业间的壁垒。教育部高等教育司公布的第二批“人工智能+高等教育”应用场景典型案例中，“智能网联汽车智慧教学平台建设与实践”“基于知识图谱和大模型的计算机通识课程智能数字教师”“AI 赋能医学影像教研创新平台，共创产教学研用融合新生态”“智慧绿脉：人工智能赋能生态文明教育创新实践”等立项项目，就将 AI 与汽车、计算机、医学、生态文明等跨学科、跨专业知识结合起来，以 AI 搭建跨学科学习的桥梁。总的来说，AI 技术为跨学科教育和学习提供了支持，主要体现在以下几个方面。

1. 知识大整合与资源强优化

AI 以其强大的算力和不断进化的算法，通过强大的数据分析和搜索功能，在“瞬间”将不同学科领域的信息进行整合和分类。例如，当学生想研究“地球气候变化对全球经济的影响”时，AI 能够迅速从气象学、经济学、环境科学、地理学、历史学、区域国别学等多个学科中提取相关资料，经过系统分析和归纳概括后，以清晰、有条理的方式呈现给学生。学生只需要通过阅读 AI 整理的内容，就可以在短时间内获得系统的知识，节省了学生的时间和精力，帮助他们更快地获取全面的知识。

2. 个性化学习路径规划

AI 可以根据学生的学习背景、兴趣爱好和学习能力，真正实现“量体裁衣”，为其制订专属且分步的跨学科学习计划。这种学习计划兼顾提问者的学情，且能从学生的认知规律上推荐不同学科学习的先后顺序，将更好地满足学生的个性化学习需求，大大提升学生的学习效率。

3. 模拟真实情景和推导演算

结合 VR 和 AR 技术，AI 能够通过模拟复杂的社会、科学和工程问题，设计出充满挑战的真实情境任务，引导学生综合运用多学科知识寻找解决方案，从而创造沉浸式的学习环境。这种互动性和动态化的学习方式能够有效激发学生的学习动力。

4. 智能评估与反馈

AI 可以通过分析学生在各个学科的学习行为，精准评估学生的综合素养，通过大数据分析，提供个性化的反馈与指导。例如，AI 能够通过分析学生写作的材料，识别出其在逻辑推理、信息筛选、资源整合等方面的优缺点，推荐其进一步学习的资源和方法。这种智能评估方式能够帮助学生更好地了解自己的学习情况，促进学生综合素养全面发展。

（二）智能社会对跨学科人才的具体要求

智能社会的快速发展对跨学科人才提出了多方面的具体要求，涵盖了知识基础、技能、综合素质等维度。

一是学习者要具备跨学科知识基础。跨学科人才应当是掌握多学科知识的复合型人才。以 AI 领域为例，从业者不仅需要掌握计算机科学中的算法设计、数据结构、编程语言等核心知识，还需要具备数学领域的线性代数、概率论与数理统计、数值分析等基础知识。此外，了解物理学、生物学、心理学等学科的基本概念和原理，有助于从不同角度理解和解决 AI 中的问题。

二是学习者要具备跨学科技能。首先是跨学科思维能力，要求跨学科人才能够运用多种学科知识解决实际问题。其次是创新能力，要求跨学科人才能够在不同学科知识碰撞中产生新的想法和创意，并将其转化为实际的产品或服务。最后，跨学科人才需要具备良好的沟通能力和团队协作精神，才能够与团队成员有效地交流和协作，充分发挥各自的优势，集中力量破解关键难题。

三是学习者要具备较高的综合素质。比如，学习能力是跨学科人才不断更新知识、提升能力的关键。适应能力也是跨学科人才必备的素质之一。智能社会充满了不确定性和变化，跨学科人才必须具备较强的适应能力，才能够在不同的工作环境与任务中迅速调整自己的状态和方法，灵活应对各种挑战。此外，跨学科人才还需要具备良好的道德素养和社会责任感，在运用跨学科知识和技能解决问题时做出符合道德与伦理规范的决策。

（三）AI 与跨学科教育融合

AI 技术凭借其强大的功能和优势，在教育领域得到了广泛的应用，为跨学科教育带来了诸多变革和创新。《教育强国建设规划纲要（2024—2035 年）》明确提出“以教育数字化开辟发展新赛道、塑造发展新优势”[①]，重点强调促进 AI 助力教育变革，这一部署精准契合“AI+教育”创新趋势，推动人工智能为教育高质量发展注入新动能。具体体现在以下几个方面。

一是基于多学科知识整合和知识结构搭建。AI 利用自然语言处理技术和机器学习算法，能在极短时间内，对不同学科领域的知识进行系统性梳理和总结，构建起全面、精

---

① 《中共中央 国务院印发〈教育强国建设规划纲要（2024—2035 年）〉》，https://www.gov.cn/zhengce/202501/content_6999913.htm，2025 年 1 月 19 日。

细的知识图谱。此类知识图谱严格遵循知识组织与关联理论，以语义网络的形式清晰呈现不同学科知识点之间的内在逻辑关系，包括因果关系、层级关系、交叉关系等。在跨学科教学实践中，教师基于教学设计理论科学规划教学路径，借助知识图谱的可视化呈现与分析功能，引导学生从多元学科视角出发，运用系统思维方法，深入理解跨学科知识体系。

二是基于沉浸式学习理论的教学方式创新。AI 驱动的 VR 技术为跨学科教育创设了高度沉浸式的学习环境。通过模拟真实世界或构建虚拟的跨学科学习场景，学生能够在具身参与的过程中感受不同学科知识在实际情境中的交互与应用，从而从被动的知识接收者转变为主动的知识探索者。以 ChatGPT 为代表的 AI 系统能够实时掌握学生的认知情况，通过动态诊断知识掌握度生成个性化提升方案，实现“一生一策”的精准辅导。这种智能交互技术打破了固定时空限制，构建出持续进化的自适应学习闭环，让每个学习者都能在自然对话中完成知识体系的自主建构与深度内化。

三是基于协作学习理论的智能协作工具应用。智能协作平台遵循资源适配理论，根据学生在跨学科项目中的任务分工、学习目标及个体知识水平，智能筛选并推送与之匹配的各类学习资源，如学术文献、案例分析、在线课程等。同时，依据工具选择理论，为项目实施者推荐合适的协作工具，如文档协同编辑软件、任务管理工具等，保障项目的高效推进。此外，运用数据分析理论，实时跟踪学生的参与度、任务完成进度及在不同学科知识运用方面的表现，生成详细的学习报告，为教师提供科学的教学反馈。

第三节 教材的内容框架与使用指南

当前，新一代 AI 正在全球范围内蓬勃兴起。在 AI 深刻重塑教育生态的今天，利用 AI 推进教育模式变革及创新型、复合型人才培养，已经成为推进教育现代化的必然选择。

一、教材的内容框架

《AI 赋能教育教学实践教程》是一本系统介绍 AI 在教育教学中的应用型教材，旨在帮助教育工作者、学习者了解和掌握 AI 技术在教育领域的应用方法与实践路径，涵盖了从理论基础到实践应用的多个方面。

第一章，绪论。本章聚焦分析当前教育教学的宏观背景与发展趋势，探讨不同教育阶段和类型的教学目标及其面临的挑战。同时，介绍 AI 的基本概念、技术演进及其在教育领域的深远影响，明确 AI 促进跨学科学习的作用。

第二章，AI 素养。该章系统介绍数字素养、数据素养和 AI 素养的概念和关系，分析 AI 素养对 AI for Science（AI 驱动的科学研究）范式发展的支撑作用，探讨了教师提升 AI 素养的重要性和策略。

第三章，AI 与教师专业发展。该章关注 AI 时代教师角色的转变与挑战，分析了教师从知识传授者到学习引导者的转变路径，探讨了教师在 AI 时代所需的关键能力与素质，并提出了应对AI对教师职业影响的策略。同时，介绍基于AI的教师培训资源、智能教研工具，以及教师间的在线学习共同体。

第四章，AI赋能教育教学的理论基础。该章主要分析行为主义、认知主义、建构主义和联通主义学习理论与AI的契合点。同时，深入探讨AI如何辅助以教师为中心和以学生为中心的教学理论，以及AI与混合式教学的协同作用。

第五章，AI赋能教育教学的技术基础。该章涵盖了生成式AI、计算机视觉（computer vision）、语音识别、具身智能与智能体等核心技术，并探讨从提示词技巧到智能体创建的技术路径，以及如何利用AI提升教育教学效率。

第六章，AI赋能教学设计。该章探讨基于“学为中心”的教学模式，包括现代教学模式的特点，以及教师、机器与学生三者之间的协同作用。介绍教学资源开发的步骤和工具，探讨如何利用AI技术开发个性化教学资源。同时，阐述了智能化教学设计的关键环节，探讨如何构建混合学习环境和设计个性化教学活动。

第七章，AI赋能教学实施。该章主要介绍AI在翻转课堂（flipped classroom）中的应用，探讨教师、机器与学生三者之间的协作学习方式。分析学习者复杂知识体系的构建策略，探讨能力提升和高阶思维发展的有效途径。此外，选取典型教学实施案例进行详细剖析，包括实施过程、效果评估和学生反馈。

第八章，AI赋能教学评价。该章概述教学评价的基本理论和常用方法，构建智能测评系统（intelligent assessment system，IAS）的框架，以及优化教学反馈机制。同时，进一步讨论学情分析在教学评价中的作用，介绍使用AI技术进行学情分析的方法和工具，并讲解如何将学情分析结果应用于教学改进和个性化学习路径设计。

第九章，AI赋能教育教学的实践案例分析。该章通过丰富的实践案例，展示AI在教育教学中的广泛应用。分析基础教育“双师课堂”、高等教育中的AI应用，以及AI在跨学科融合教学中的实践。介绍利用AI技术实现作业评价、智能题库和选题系统的应用。同时，分析教育教学管理智能化、教育教学资源调配、教育治理和教育教学监督的实践案例。

第十章，AI赋能教育教学的社会责任。该章围绕AI系统的法律责任及道德责任，阐述AI在数据处理中的隐私保护挑战及应对策略，明确AI生成内容的知识产权归属及保护，提出应建立AI系统的责任界定与问责机制。同时，应确保AI系统的决策过程无偏见和歧视，提升AI决策的透明度和可解释性，让AI符合人类的道德和伦理标准，并探讨了在教育领域实现AI遵循人类价值观的路径。

第十一章，未来教育中AI的发展。该章主要讲解在AI作用下教师教育教学理念如何转变，教学方法与手段如何创新。分析AI技术进一步发展对教育的影响，探讨教育教学与AI的深度融合趋势，并讨论AI在教育教学中的新应用场景。

二、教材的使用指南

为了更好地学习和掌握本教材的内容，建议阅读以下学习策略和建议。

（1）强化理论武装。AI赋能教育教学实践性极强，且在不断迭代演进升级，要重视实践过程中背后蕴含的基础性理论和 AI 赋能教育教学的理论逻辑。①要提高站位学。教师要深入学习习近平总书记关于教育的重要论述，站在以建设教育强国推进中国式现代化的高度，努力学习 AI 赋能教育教学的相关知识与技能，用 AI 提高教学效能，提升教学质量。②要明确学习目标学。系统掌握 AI 的基本概念、技术发展历程，以及机器学习、深度学习、自然语言处理等核心技术。不仅要熟知其算法原理，更要洞悉这些技术在图像识别、智能语音交互、个性化推荐等多元场景下的应用逻辑，为后续学习筑牢根基。深入探究 AI 在教育领域落地生根的理论基础，理解教育心理学中学习动机、认知发展的相关理论，以及教育技术学中教学设计、资源开发的原理。③要带着问题学。学习者要时刻保持对 AI 带来创新机遇的敏锐洞察，深刻认识 AI 在教育应用中潜在的伦理问题，确保 AI 技术在教育领域沿着合法、合规、合乎道德的方向发展。

（2）加强系统学习。建议按照教材的章节顺序进行系统学习，从绪论到各章节逐步深入。在学习过程中，重点关注与自己教学或学习实践相关的章节内容。例如，教师可以重点学习第三章“AI 与教师专业发展”和第六章到第八章“AI 赋能教学设计”“AI 赋能教学实施”“AI 赋能教学评价”等教育教学内容，学习者可以重点学习 AI 相关基础理论和技术基础，以此作为入门。通过系统学习与重点突破相结合，可以更高效地掌握核心内容。教材中提供了丰富的实践案例，建议在学习理论知识的同时，结合实际案例进行深入分析。通过案例解析，理解 AI 技术在教育教学中的具体应用，并思考如何将这些方法应用到自己的教学或学习场景中。例如，在学习第七章“AI 赋能教学实施”时，可以参考其中的教学实施案例，分析其实施过程、效果评估和学生反馈，从而更好地理解 AI 技术在实际教学中的应用效果。

（3）善于使用资源。AI 赋能教育教学是一门实践性很强且在不断发展进步的专业课程。建议学习者及时关注行业动态和最新研究成果，保持对 AI 技术发展的敏感度。例如，可以通过在线 AI 培训平台学习具体的 AI 技术应用，或者参考最新的 AI 教育研究资料，了解行业前沿动态。在学习过程中，要善于整合相关资源，尝试将所学的 AI 技术和教学理论应用到实际教学或学习中，并进行反思和总结。通过实践应用，检验学习效果，发现问题并及时调整学习策略。

思 考 题

1. 简述新时代以来教育教学发展趋势的特点。
2. 论述传统教育教学模式的特点和局限性，以及革新的方向。
3. 我国各类教育教学的目标与挑战有哪些？
4. 请举例论述 AI 在至少三个领域中的应用与发展。

第二章

AI 素养

知识框架

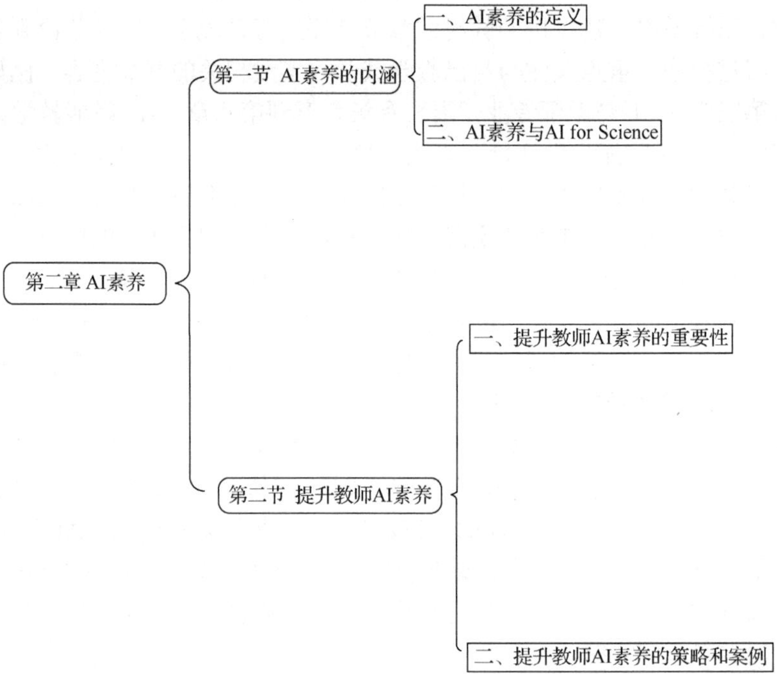

第一节　AI 素养的内涵

在科技飞速发展的当下，AI 已深度融入社会各领域，成为推动社会进步与变革的核心力量。培养 AI 素养具有重要意义，无论是对个人适应社会发展、提升职业竞争力，还是对创新国家教育、促进科技进步及增强全球竞争力，都发挥着不可替代的作用。要培养具备适应智能社会能力的人才，就必须发展对 AI 知识的理解、运用、创新，以及秉持正确伦理观念等素养。更重要的是，教育强国建设强调立德树人，AI 素养培育需与思想政治教育紧密结合。在教授 AI 知识与技能的同时，加强学生思想价值引领，开展 AI 伦理教育和科技向善教育，引导学生树立正确的价值观，确保学生在运用 AI 技术时遵循道德规范，为社会发展贡献积极力量。

一、AI 素养的定义

要正确理解 AI 素养的内涵，就必须厘清数字素养和 AI 素养的关系和异同，同时明晰教育部《教师数字素养》标准的要素逻辑。

（一）数字素养

对于素养的概念，经济合作与发展组织（Organisation for Economic Co-operation and Development，OECD）在其权威报告“The Definition and Selection of Key Competencies: Executive Summary”（《核心素养的界定与遴选：执行概要》）中将“素养”定义为一种胜任力，强调的是个人在多种情境中能够成功地应对各种任务和挑战的能力。美国 21 世纪技能合作组织将“素养”定义为学生在未来工作和生活中必须掌握的技能、知识和专业智能的融合，主要包括“学习与创新素养”“信息、媒体与技术素养”“生活与职业素养”三个方面。《辞海》中对“素养”的定义为：经常修习涵养。这是指通过长期的学习和实践所形成的一种内在的品质和能力。马克思主义关于人的全面发展理论认为，“素养”不仅仅是知识和技能的积累，更是能力、个性、社会关系等多方面的协调发展。这种素养的提升是一个动态的历史过程，需要在实践中不断实现。因此，面对全球化和信息化趋势，教育工作者提升数字素养是适应社会发展的必然要求。当前，数字素养已成为衡量一个国家或地区教育水平和综合实力的新标准。

数字素养概念首次出现于 1997 年，由美国科技记者保罗·吉尔斯特（Paul Gilster）在其著作《数字素养》（*Digital Literacy*）中提出。他将数字素养定义为“能够理解和使用来自多种来源、经由计算机呈现的信息的能力”，并强调数字素养不仅仅是技术操作能力，更是一种对信息的批判性理解和应用能力。中央网络安全和信息化委员会办公室认为，数字素养与技能是数字社会公民学习工作生活应具备的数字获取、制作、使用、评价、交互、分享、创新、安全保障、伦理道德等一系列素质与能力的集合。

欧盟委员会将数字素养定义为自信、批判、协作和创造性地使用数字技术的能力，以实现工作、学习、休闲和参与数字社会的目标。在欧盟的 DigComp 框架中，数字能力划分为“信息与数据素养”“交流与合作”“数字内容创造”“安全”“问题解决”五个领域。联合国教科文组织认为数字素养是通过数字技术安全适当地访问、管理、理解、整合、交流、评估和创造信息的能力，是成功就业、体面工作和创新创业所必需的能力，它包括计算机素养、信息素养、媒介素养等。

这些定义从不同角度对数字素养进行了阐述，涵盖了技术技能、信息处理能力、安全意识、创新思维等多个方面，体现了数字素养在现代社会中的重要性和复杂性。简而言之，数字素养是指个体在数字环境中获取、理解、评估、创建和传播信息的能力，它是数字经济时代的关键素养之一。因此，加强数字素养的培养，对于培养适应未来社会发展需要的人才具有重要意义。数字素养的重要性主要体现在以下几个方面。

（1）个人发展。①提升信息获取能力：数字素养使个人能够高效地获取和筛选网络上的丰富信息，包括新闻、教育资源等，从而拓宽知识面，提升个人素养。②增强学习能力：借助在线平台和数字工具，个人可以随时随地进行学习，提升技能，实现自我发展。③提高生活效率：数字素养使个人能够更便捷地管理日常生活，如在线办理银行业务、预约医疗服务等。

（2）职业发展。①提高就业竞争力：在当今数字时代，许多工作都要求具备一定的数字技能。掌握这些技能能够使个人在就业市场上更具竞争力，获得更多职业机会。②提升工作效率：数字工具可以简化工作流程，提高生产力和协作能力，帮助个人更好地完成工作任务。③增强职业适应性：随着技术的快速更新，数字素养使个人能够快速适应新的工具和系统，保持职业竞争力。

（3）经济发展。①推动数字经济发展：数字素养是数字经济发展的基础。提升全民数字素养能够促进数字技术与实体经济的深度融合，推动数字经济的高质量发展。②促进创新与创业：数字素养能够激发个人的创新思维和创业能力，为经济增长注入新的动力。

（4）社会影响。①弥合数字鸿沟：数字素养的普及有助于缩小不同群体、不同地区之间的数字差距，让更多人能够共享数字技术带来的红利，促进社会的包容性发展。②提升社会治理水平：数字素养能够促进社会信息化建设，推动社会治理的现代化进程，提高社会运行效率。

（5）教育影响。①适应教育变革：随着教育信息化的推进，数字素养成为学生学术成功的重要因素。学校越来越多地将技术融入课程，缺乏数字素养的学生可能难以跟上学习进度。②培养数字公民：数字素养教育能够培养出适应数字经济社会、胜任数字任务与工作的合格数字公民。

（6）社会参与。①增强社会参与能力：数字素养使个人能够更有效地参与社会活动，包括在线讨论、公民参与等，促进社会的民主化进程。②提升网络安全意识：数字素养包括对网络安全的认知和防护能力，能够帮助个人更好地保护个人隐私和数据安全。

总之，数字素养不仅是个人在数字时代生存和发展的必备技能，也是推动社会经济发展、促进社会公平的重要因素。

（二）教师数字素养

在数字时代背景下，教师的数字素养不仅关系到其个人的职业发展，也直接影响着教育教学的质量和效果。因此，提升教师的数字素养，已成为教育质量提升的内在要求。英国未来实验室认为，教师数字素养应与学科教学需求紧密结合，包括数字技术应用技能、查找和选择信息的能力、创造力、批判性思维、协作、沟通交流、安全等多个核心要素。《欧洲教育工作者数字胜任力框架》（European Framework for the Digital Competence of Educators，DigCompEdu）从专业化参与、数字资源、教学与学习、评价、赋权学习者、促进学习者的数字胜任力六大领域，规定了教师的基本数字素养。

教育部在 2022 年 11 月发布了《教师数字素养》教育行业标准，并于 2023 年 2 月在世界数字教育大会上公开发布。《教师数字素养》教育行业标准是我国为推进教育数字化转型、提升教师数字素养而制定的重要行业标准。该标准明确了教师数字素养的核心内涵和指标框架，为教师数字素养的培养和评价提供了明确指导。该标准认为，教师数字素养是指教师适当利用数字技术获取、加工、使用、管理和评价数字信息和资源，发现、分析和解决教育教学问题，优化、创新和变革教育教学活动而具有的意识、能力和责任。该标准将教师数字素养划分为五个维度。

（1）数字化意识。数字化意识是教师在数字时代开展教育教学工作的基础，包括以下三个二级维度。①数字化认识：教师需理解数字技术在国家发展和教育创新中的重要价值，认识到其对教育教学带来的深远影响。②数字化意愿：教师应主动学习和使用数字技术资源，积极探索数字化教育教学的理论与实践。③数字化意志：教师应具备面对数字化教育教学挑战时的勇气和决心，持续开展相关实践。

（2）数字技术知识与技能。这是教师将数字技术与教育教学深度融合的基础，具体包括以下方面。①数字技术知识：教师需掌握数字技术的基本原理和概念。②数字技术技能：教师应具备使用数字工具和平台进行教学的能力。

（3）数字化应用。这是教师数字素养的核心内容，具体包括以下方面。①数字化教学设计：教师能够根据学生情况和教学目标，设计融合数字技术的教学活动。②数字化教学实施：教师能够利用数字技术优化教学流程，支持个别化教学。③数字化学业评价：教师能够运用数字工具采集、分析和可视化呈现学生学业数据。④数字化协同育人：教师能够利用数字技术资源开展德育、心理健康教育等，实现协同育人。

（4）数字社会责任。这是教师在数字社会中的基本道德品质要求，具体包括以下方面。①法治道德规范：教师需依法规范上网行为，遵守网络传播秩序。②数字安全保护：教师应具备保护个人信息和数据安全的意识，防范网络安全风险。

（5）专业发展。这是教师借助数字技术和资源实现个体和群体发展的能力，具体包括以下方面。①数字化学习与研修：教师能够利用数字平台和资源进行自我提升。②数字化教学研究与创新：教师能够开展基于数字技术的教学研究，推动教学创新。

此外，为科学评价教师数字素养，基于《教师数字素养》标准，可采取以下评价路径。

（1）分层分类的精准评价：根据不同学段、学科和水平的教师特点，开展精准评价。

（2）数智驱动的全面评价：利用大数据和 AI 技术，实现全面、客观的评价。

（3）持续监测的追踪评价：建立动态监测机制，跟踪教师数字素养发展轨迹。

《教师数字素养》标准的发布，不仅是教育数字化转型中建设高水平教师队伍的迫切要求，更是数字时代建设高质量教育体系的战略需求。该标准为教师数字素养的培养和评价提供了明确的方向和依据，有助于推动教师适应数字时代的发展需求，提升教育教学质量。

教师数字素养的五个维度——数字化意识、数字技术知识与技能、数字化应用、数字社会责任、专业发展，相互关联、缺一不可，很难简单地判断哪一个最重要。不过，从不同角度来看，每个维度都有其独特的重要性。以下是对每个维度重要性的分析。

（1）数字化意识是教师数字素养的基石。只有具备强烈的数字化意识，教师才会主动学习和应用数字技术，积极探索数字化教育教学的理论与实践。如果教师缺乏数字化意识，即使掌握了再多的数字技术知识和技能，也难以将其有效地应用于教育教学中。

例如，在一些偏远地区，部分教师可能对数字技术的重要性认识不足，认为传统的教学方式已经足够，从而忽视了数字技术在教学中的潜力。在这种情况下，即使学校配备了先进的数字设备，教师也难以充分发挥其作用。

（2）数字技术知识与技能是教师数字素养的核心内容之一。教师只有具备扎实的数字技术知识与技能，才能在教育教学中灵活运用各种数字工具和平台，优化教学流程，提升教学效果。例如，在在线教学中，教师需要熟练掌握视频会议软件、在线学习平台的操作方法，以及如何制作和分享教学资源。如果教师缺乏这些基本技能，就无法顺利开展在线教学。

（3）数字化应用是教师数字素养的最终落脚点。教师不仅要掌握数字技术知识与技能，更要能够将其应用于实际的教育教学活动中，解决教育教学中的问题，提升教育教学质量。例如，教师可以利用数字技术进行个性化教学，根据学生的学习进度和特点，提供有针对性的学习资源和指导。这种应用能够有效提升学生的学习效果。

（4）数字社会责任是教师数字素养的重要组成部分，体现了教师在数字社会中的道德和责任。教师需要具备数字安全意识，保护学生和自己的信息安全，同时要遵守数字伦理道德，合理使用数字技术。例如，在教学过程中，教师需要教育学生如何安全地使用互联网，避免网络诈骗、信息泄露等风险。同时，教师自己也要注意保护学生的隐私，合理使用学生数据。

（5）专业发展是教师数字素养的持续提升动力。教师需要通过不断学习和实践，提升自己的数字素养，以适应教育数字化转型的需求。例如，教师可以通过参加线上线下的培训、研讨会等活动，学习最新的数字技术应用方法和教育教学理念。这种持续的专业发展能够帮助教师更好地应对教育教学中的挑战。

从教育实践的角度来看，数字化应用可能是最为关键的维度，因为它是教师数字素养的最终目标和体现。教师的数字技术知识与技能只有在实际应用中才能发挥价值，而数字化应用能力的提升也能够反过来促进教师对数字技术的进一步学习和理解。然而，其他维度同样重要，它们共同构成了教师数字素养的整体框架。例如，没有数字化意识，教师可能缺乏应用数字技术的动力；没有数字社会责任，教师可能在应用过程中出现伦理道德问题；没有专业发展，教师的数字素养可能无法持续提升。因此，教师在提升数字素养时，应注重全面发展这五个维度，而不是只关注其中某一个方面。

（三）AI 素养

AI 素养的概念在 2020 年被明确提出，定义为“使个体能够批判性地评估 AI 技术，有效地与 AI 沟通和协作，并在在线、家庭和工作场所使用 AI 作为工具的能力”。这表明 AI 素养不仅包括对 AI 技术的理解，还涉及批判性思维和实际应用能力。联合国教科文组织认为 AI 素养被界定为关于 AI 的知识、理解、技能和价值观。美国国家研究委员会认为 AI 素养应包括知识、思维和行动方式、能力三个独立且互相依存的维度。它不仅涉及专业技能，还包括对 AI 技术背后的伦理、社会责任及全球治理等问题的理解和反思。

在国内，中央电化教育馆于 2021 年 11 月发布《中小学人工智能技术与工程素养框架》，明确中小学生在 AI 领域应具备的核心素养。中国教育科学研究院、华东师范大学、腾讯在 2022 年 3 月联合发布《中小学人工智能教师能力标准（试行）》，从 AI 的理解与意识、基本知识、基本技能、问题解决、教学实践、伦理与安全等 6 个维度提出了基本技能要求，具体如下。

（1）理解与意识：要求教师具备对 AI 的基本理解，认识到其在教育中的重要性。

（2）基本知识：要求教师掌握模式识别、机器学习、人机交互等领域的基本原理与技术。

（3）基本技能：要求教师熟悉 AI 应用系统的设计、开发、测试等环节，能够指导学生实践。

（4）问题解决：教师需具备设计或选择问题解决策略的能力，促进学生技术创新。

（5）教学实践：强调教师在教学中应用 AI 技术的能力。

（6）伦理与安全：要求教师具备 AI 伦理和安全意识。

《中小学人工智能教师能力标准（试行）》为中小学 AI 教师的培养、培训、评价等工作提供了参考依据。

联合国教科文组织在 2024 年 9 月发布了《教师人工智能能力框架》（AI competency framework for teachers，AI CFT），该框架旨在帮助教师在 AI 时代提升必要的知识、技能和价值观，以安全、有效和伦理的方式使用 AI 工具。以下是该框架的关键内容。

（1）关键原则。AI CFT 基于六个关键原则，明确教师在教育中使用 AI 的伦理和责任。①确保具有包容性的数字未来：AI 应增强学习，促进教育的包容性和公平性。②一种以人为本的 AI 方法：AI 在教育中应以人为本，教师对教学决策负责，确保 AI 工具透明、伦理和安全。③保护教师的权利，反复（重新）界定教师角色：随着 AI 重塑教育，教师的角色必须演变，其权利应得到保护。④促进值得信赖和环境可持续发展的教育 AI：教师应使用安全、可靠且环境可持续的 AI 系统，优先考虑学生安全、隐私和福祉。⑤确保适用于所有教师，并反映数字的演变：所有教师都应有机会提升 AI 素养，培训计划应帮助他们逐步建立技能并适应快速发展的技术。⑥教师终身专业学习：教师需要持续的专业发展，以跟上 AI 的进步，确保能够有效整合 AI 并推动教育创新。

（2）5 个维度。该框架围绕 5 个关键维度展开。①以人为本的思维模式（human-centred mindset）：强调将人权和人类需求作为 AI 在教育中的核心。②AI 伦理（ethics of AI）：涵盖伦理原则、法规、法律以及实用和适应性强的伦理规则。③AI 基础和应用（AI foundations and applications）：涉及选择、应用和创造性定制 AI 工具，以服务于以学生为中心的教学和学习环境。④AI 教学法（AI pedagogy）：要求将合适的 AI 工具整合到教学策略中，支持教学和学习、社会化和关怀。⑤AI 专业学习（AI for professional learning）：促进使用 AI 推动终身、协作和变革性的专业发展。

（3）三个发展阶段。教师的 AI 能力分为三个发展阶段。①获取（acquire）阶段：教师需掌握基础的 AI 知识和技能，理解并应用 AI。②深化（deepen）阶段：教师能够熟练地将 AI 工具整合到教育实践中，并确保安全和负责任地使用 AI。③创造（create）阶段：教师探索 AI 在教学和学习中的变革性应用，并设计 AI 增强的教学场景，提供开放的学习选择。

作为全球参考，该框架指导各国制定国家 AI 能力框架，为教师培训项目提供信息，并帮助设计评估参数。它还为教师提供了构建 AI 知识、应用伦理原则和支持专业成长的策略。

（四）AI 素养、数字素养与数据素养的关系

首先，从定义内涵看。AI 素养是理解和使用 AI 技术的能力，包括对 AI 技术的基本概念、应用范围和潜力的理解，以及在不同场景中使用 AI 的能力。它还涉及对 AI 技术的伦理和社会影响的认识。数字素养是理解和使用数字技术的能力，包括信息检索、交流、协作和问题解决的能力。它是 AI 素养的基础，为深入理解 AI 提供支持。数据素养是理解和使用数据的能力，包括数据获取、理解、分析、表达和应用的能力。它是数字素养的重要组成部分，也是 AI 素养的关键要素。

其次，从三者的联系看。数字素养为 AI 素养和数据素养提供了基础。它涵盖了使用数字工具和平台的基本能力，以及对数字信息的理解和评估。数据素养是连接数字素养和 AI 素养的桥梁。数据是 AI 技术的核心，数据素养为理解和应用 AI 提供了必要的数据处理与分析能力。AI 素养是数字素养和数据素养的进阶。它不仅要求对 AI 技术的理解和应用，还涉及对 AI 技术的伦理和社会影响的批判性思考。

再次，从相同点看。有跨学科性，三者都强调对信息和信息技术的理解、使用、评估和创造能力；有多维性，三者都是综合知识、技能、态度、价值观和伦理等方面内容的综合素养；有发展性，随着技术发展和社会进步，三者的内涵及外延不断拓展和深化。

最后，从差异性看。①知识维度：数字素养侧重于信息检索、交流和创造能力；数据素养侧重于数据获取、理解和分析能力；AI 素养侧重于 AI 技术的高级概念、应用范围和潜力。②技能维度：数字素养更多关注于利用数字技术进行交流、协作和问题解决；数据素养专注于数据处理和分析技能；AI 素养专注于 AI 技术的具体应用，以及 AI 创新和开发。③态度、价值观和伦理维度：数字素养包括对数字设备和个人数据保护的安全意识；数据素养强调对数据伦理的认识和批判性思考；AI 素养强调对 AI 技术的伦理和社会影响的认识与责任。

总之，AI 素养、数字素养和数据素养相互关联、相互促进。数字素养是基础，数据素养是桥梁，AI 素养是进阶。在教育和实践中，应将这三者结合起来，以全面提升个体在数字时代的适应性和创造力。这些素养在信息社会中相辅相成，共同提升个人的综合能力。

二、AI 素养与 AI for Science

在科学探索的历程中，科学研究的方法论不断演化，推动了人类对自然界的认识和掌握。从早期的实验科学、理论科学到工程科学，再到 AI for Science，每一次的变革都深刻影响了科技的进步和社会的发展。AI for Science 代表了科学研究的一种新的范式，它结合了传统的科学研究方法和 AI 的强大分析能力，以期解决传统方法难以攻克的科学问题，AI for Science 已广泛应用于化学、生物学、物理学、材料科学等多个科学领域，

显著提升了研究效率和精度。例如，AlphaFold 系统通过深度学习算法预测蛋白质的三维结构，其准确性和速度都大大超过了传统方法，为生物医学研究和药物开发提供了强有力的工具。

AI for Science 不仅是科学研究方法论的一次重大飞跃，也是跨学科交流与合作的新起点，这种变革不仅体现在传统的科学探索领域，也对教育体系提出了新的要求和挑战。首先，AI for Science 的发展需要大量具备跨学科知识背景的研究人员，这就要求教育体系能够提供更加灵活多样的学习路径和课程设置，以适应这种跨学科的发展需求。其次，AI for Science 对数据分析和数据处理的依赖程度加深，这就要求未来的教育不仅要教授传统的科学和数学知识，还需要加强对数据科学、统计分析等相关技能的培养。最后，AI for Science 的发展也要求教育者和学习者能够适应并利用新兴的计算工具和平台，因此相关的教育资源也需要更新升级，以提高其对新技术的适应性和教学效率。在 AI for Science 的范式下，教育的目标不仅是传授知识，更重要的是培养学生的创新思维、问题解决能力及跨领域的协作能力，教育变成了一个探索性、发现性的过程。学生在掌握了必要的科学和技术知识后，更重要的是学会如何运用这些知识与 AI 工具相结合，进行创新性的科学研究。这要求教育体系能够提供更加开放的学习环境，鼓励学生的创造性思考和自主学习。同时，教育者也需要不断地更新自己的知识体系和教学方法，以适应快速发展的 AI 技术对教育带来的新要求。

提升师生的 AI 素养对 AI for Science 具有重要的支撑作用，主要体现在以下几个方面。

1. 知识基础与技术理解

（1）跨学科知识融合：AI for Science 要求科研人员不仅需要掌握 AI 技术，还需要具备特定领域的科学理论知识。AI 素养为科研人员提供了跨学科知识融合的基础，能帮助他们更好地理解和应用 AI 技术。

（2）技术理解与应用：具备较高 AI 素养的科研人员能够更深入地理解 AI 技术的原理和应用范围，从而在科学研究中更有效地利用这些技术。

2. 促进科研范式变革

（1）新范式与新方法：AI for Science 正在引发一场深刻的科研范式变革，从传统的实验、理论、计算和数据驱动范式，向 AI 驱动的第五范式转变。AI 素养能够帮助科研人员适应这种变革，掌握新的研究方法。

（2）学科融合与创新：AI 技术打破了传统学科之间的壁垒，促进了物理、化学、生物等学科的交叉融合。具备较高 AI 素养的科研人员能够更好地进行跨学科合作，推动创新。

3. 伦理与社会责任

（1）伦理意识与规范：在 AI for Science 的研究中，科研人员需要具备伦理意识，确保 AI 技术的使用符合道德和法律规范。例如，欧洲一些大学已提出详细的 AI 使用原则，强调学术诚信和伦理。

（2）社会责任：科研人员需要认识到 AI 技术对社会的影响，确保其研究能够为社会带来积极的贡献。

4. 教育与人才培养

（1）培养复合型人才：构建面向智能化科研的 AI 素养教育培训体系，对培养既具备技术知识又拥有创新思维和伦理意识的科学研究者具有重要作用。

（2）提升科研能力：通过提升 AI 素养，科研人员能够更好地利用 AI 工具进行文献管理、知识构建和研究设计，从而提高科研效率。

AI 素养对 AI for Science 的支撑作用体现在知识基础与技术理解、促进科研范式变革、伦理与社会责任、教育与人才培养等多个方面。它不仅是科研人员适应 AI 时代的必要条件，也是推动科学研究范式变革和创新的重要力量。

第二节 提升教师 AI 素养

在教育强国战略的推进过程中，提升教师 AI 素养是顺应时代发展、推动教育变革的关键任务。

一、提升教师 AI 素养的重要性

教师作为教育活动的主要实施者，深刻认识提升自身 AI 素养的重要性迫在眉睫。教师应清晰地意识到，提升 AI 素养不仅关乎个人教学能力的提升，更与学生的未来发展及教育强国目标的实现紧密相连。具备良好的 AI 素养，教师能够更好地利用智能技术剖析学生的学习行为和知识掌握情况，从而为每个学生量身定制个性化的教学计划，满足他们多样化的学习需求，提高教学质量和效率。这有助于培养出适应未来智能化社会发展的创新型人才，为国家的科技进步和社会发展提供坚实的人才支撑。

（一）适应教育数字化转型的必然要求

（1）更新教育技术：随着 AI 技术的快速发展，教育领域正经历着前所未有的数字化转型。教师需要掌握 AI 技术，才能更好地利用智能教学工具、在线学习平台等资源，提升教学效果。

（2）实现个性化教学：AI 能够为教师提供学生学习数据的分析和反馈，帮助教师更好地了解每个学生的学习进度和需求，从而实现个性化教学。

（二）提升教育教学质量的关键因素

（1）优化教学设计：教师通过提升 AI 素养，能够更有效地利用 AI 工具进行教学设计，包括智能备课、教学资源生成等，从而提高教学效率。

（2）创新教学方法：AI 为教师提供了新的教学方法和手段，如虚拟实验室、智能辅导系统等，这些工具能够激发学生的学习兴趣，提高学习效果。

（三）培养未来社会所需人才的基础

（1）培养学生的 AI 素养：教师的 AI 素养直接影响学生对 AI 技术的理解和应用能

力。教师需要具备足够的知识和技能，才能引导学生正确使用AI工具，培养学生的创新思维和解决问题的能力。

（2）促进学生全面发展：在AI时代，学生不仅需要掌握传统学科知识，还需要具备数字素养、数据素养和AI素养等综合能力。教师的AI素养的提升有助于培养适应未来社会的复合型人才。

（四）推动教育公平的重要途径

（1）缩小数字鸿沟：教师掌握AI技术，能够更好地利用在线教育资源，为偏远地区和弱势群体的学生提供高质量的教育，从而缩小教育资源分配的差距。

（2）提升教育机会：通过AI技术，教师可以为学生提供更多的学习机会，如在线课程、虚拟实验室等，帮助学生突破时间和空间的限制。

（五）增强教师专业发展的动力

（1）持续学习与成长：教师通过提升AI素养，能够不断更新自己的知识体系，保持教学的活力和创新性。

（2）提升职业竞争力：在数字时代，具备较高AI素养的教师更能够适应教育变革的需求，提升自身的职业竞争力。

（六）促进伦理意识和社会责任感的培养

（1）培养伦理意识：教师在使用AI技术时，需要具备伦理意识，确保技术的使用符合道德和法律规范，保护学生的隐私和权益。

（2）承担社会责任：教师作为教育的引导者，需要引导学生正确理解和使用AI技术，培养学生的社会责任感和伦理意识。

（七）应对未来教育挑战的必要准备

（1）应对技术变革：随着AI技术的不断发展，教育领域将面临更多的技术变革。教师需要不断提升自己的AI素养，以应对未来教育的挑战。

（2）培养创新思维：教师通过提升AI素养，能够更好地培养学生的创新思维和问题解决能力，帮助学生适应未来社会的发展。

教师AI素养的提升不仅是适应教育数字化转型的必然要求，更是提升教育教学质量、培养未来社会所需人才、推动教育公平、增强教师专业发展动力、促进教育伦理与社会责任落实，以及应对未来教育挑战的重要途径。教师作为教育的核心力量，其AI素养的提升对于教育的未来发展具有深远的意义。

二、提升教师AI素养的策略和案例

为适应智能时代教育变革需求，教师可从多维度实施策略，以实现自身AI素养的有效提升。同时，教师要增强提升AI素养的主动性，不能被动等待外部培训和要求，而应主动出击，积极寻求学习和提升的机会。

（一）加强 AI 教育培训

1. 策略

通过系统的培训课程，提升教师对 AI 技术的理解和应用能力。培训内容应涵盖 AI 基础知识、教学应用、伦理道德等，采用线上线下相结合的方式，满足不同教师的需求。

2. 案例

（1）江苏省南京市：举办“AI 重塑课堂新图景”研修活动，采用“体验+实操”模式，聚焦日常教学中 AI 赋能“教、学、评、研”等应用场景，引导教师在具体情境中边学边练。

（2）河南省焦作市：实施中小学教师信息技术应用能力提升工程 2.0 培训，开展全市中小学教师信息素养测评，形成市、县两级分析报告和个人信息素养测评报告。

（二）强化 AI 教育实践

1. 策略

鼓励教师将 AI 技术应用于实际教学中，通过实践提升应用能力。学校可以提供实践平台和资源，组织教师开展项目式学习和跨学科合作。

2. 案例

（1）北京市海淀区中关村第三小学：开展“AI 课堂评价系统，助力教学循证改进”探索，通过智能系统对学生的学习情况进行数据采集和分析，为教师提供教学决策依据。

（2）广东省广州市：以专家陪伴式学研共同体推动课堂转型，形成新的师生机三元关系，促进学生高阶思维培养。

（三）构建教师专业发展共生体

1. 策略

建立教师专业发展平台，促进教师之间的经验分享和协作。通过社交平台、虚拟教研室等形式，整合校内外优质教学资源，支持教师持续学习和专业成长。

2. 案例

（1）湖南省长沙市：通过建设 AI 循证教室及多个业务系统，记录教师数据，形成教师成长积分制和数字画像等新型评价机制，为教师发展精准把脉。

（2）北京市首都师范大学：通过构建有效的教师能力评价体系，开发基于学习行为可视化的区域教师智慧研修平台，实现了“一校一方案、一师一计划”精准培训、个性化发展的教师专业成长目标。

（四）提升 AI 融合教学设计能力

1. 策略

组织教师参与 AI 相关的教改项目和科研活动，探索 AI 在教学中的创新应用。学校可以提供项目支持和经费保障，鼓励教师开展跨学科研究和教学创新。

2. 案例

（1）北京市第八十中学：实现将 DeepSeek 大模型接入全场景教师发展平台“八十 e 家”，实现智能备课和智能评价的创新性应用。

（2）江门市蓬江区：启动“AI+大数据”高效课堂重构与“科学素养培育”项目化课程建设两大行动，通过技术赋能，实现教学场景智能化、资源精准化、评价个性化。

（五）建立伦理安全监管制度

1. 策略

邀请科技伦理专家为教师介绍 AI 伦理领域的基本知识和法律法规，学校设立专门的监管委员会，对教师的应用行为进行定期检查和评估，确保 AI 技术的使用符合伦理和安全规范。

2. 案例

《深圳大学学术道德专门委员会关于在教学科研活动中规范使用人工智能技术的指导意见》明确指出，要充分发挥学校科技伦理委员会和人工智能伦理委员会作用，加强制度建设，建立健全科技伦理和科技安全审查制度，坚持发展与安全并重、促进创新与合规治理相结合。

（六）创新教研活动内容与形式

1. 策略

利用 AI 技术开展教育教学创新实践，探索新的教学模式和方法。例如，开发智能教学平台，提供“AI+”教学设计、讨论、作业及知识图谱等功能，支持混合课堂、翻转课堂等多种教学场景。

2. 案例

（1）北京市一七一中学：建立 AI 课堂创新研究中心，开发“智能协同备课系统”“智能听评课系统”“校本智能科研系统”，利用资源生成性、教育性带动教师学习、反思与成长。

（2）湖南省长沙市：依托长沙智慧教育云应用中心，整合各类数字资源，推进数智赋能教师队伍建设。

（七）依托平台提升教师素养

1. 策略

依托 AI 平台，开展教师素养提升培训。通过精准教学综合管理系统、教师智能研修系统等专项培训，提升教师的信息化素养和 AI 应用能力。

2. 案例

安徽省合肥市：积极推动教师主动学习运用大数据、AI 等新技术，深度应用国家智慧教育平台资源，并将资源在全市智慧课堂师生终端上架，实现师生时时可学、处处能学。

（八）推动资源共建共享

1. 策略

建立多主体参与、多渠道供给的资源共建共享机制，整合区校资源，打通平台壁垒，为教师提供丰富的教学资源和工具，支持教师开展个性化教学和创新实践。

2. 案例

湖南省长沙市：依托长沙智慧教育云应用中心，整合各类数字资源，以“一核三维”为工作内容，以“一体两翼四驱”为工作机制，推进数智赋能教师队伍建设。

这些策略和案例展示了教师提升 AI 素养的多种途径和方法，为其他学校和地区提供了有益的参考。

思 考 题

1. 请讨论提升 AI 素养与发展新质生产力的关系。
2. 如何通过实践提升 AI 素养？
3. 如何通过跨学科合作提升 AI 素养？
4. 在提升 AI 素养的过程中，如何培养伦理观念与社会责任感？
5. AI for Science 是如何利用 AI 技术推动科学研究的？
6. AI for Science 对教师专业发展有哪些具体影响？

第三章

AI与教师专业发展

知识框架

- 第三章 AI与教师专业发展
  - 第一节 AI时代教师角色的转变与挑战
    - 一、角色转变
    - 二、新技能与素养
    - 三、职业挑战与机遇
  - 第二节 AI时代教师专业发展的新途径
    - 一、教师专业发展的新途径
    - 二、智能教研工具
    - 三、在线协作与知识共享
    - 四、教师专业发展成果评估与反思

当今时代，教育领域正经历着一场深刻的变革，教师作为教育的核心力量，其角色与职责也在悄然发生着变化。随着AI的广泛应用，教师既拥有着机遇，也面对着挑战。但无论如何，教育的本质始终是人与人之间的交流与成长，教师的价值也绝不会被简单的技术所取代。

本章将深入探讨教师在新时代背景下的专业发展之路。我们将从教师角色的转变入手，分析教师如何从传统的知识传授者、课堂主导者、学科专家，逐步向更具引导性、更具协作精神、更具跨学科视野的教育者转变。同时，本章还将着重探讨教师在新时代所需的关键能力与素质，比如，如何更好地整合技术资源、如何利用数据分析提升教学效果、如何培养学生的综合素养等。

本章还将分析教师职业在新时代所面临的新挑战与新机遇。我们会探讨教师如何在技术的支持下更好地关注学生的个性化发展、如何在跨学科的教学实践中培养学生的创新思维，以及如何在教育改革的大潮中保持自身的专业成长。

通过本章的学习，我们将深入了解教师在新时代的角色定位与发展路径，为教师的专业成长提供理论支持与实践指导。我们相信，无论技术如何发展，教师的智慧与爱心始终是教育中最宝贵的财富。

第一节 AI 时代教师角色的转变与挑战

随着 AI 技术的迅猛发展，教育领域正经历着一场深刻的变革。AI 不仅改变了学生的学习方式，也对教师的角色和职责提出了新的要求与挑战。在传统教学模式中，教师是知识的权威和主要传递者，但如今，这一角色正在发生转变。AI 工具和智能系统为学生提供了多元化的学习渠道，使他们能够随时随地获取知识，这削弱了教师在知识传递中的垄断地位。同时，AI 也为教师提供了丰富的教学资源和工具，使他们能够更精准地了解学生需求，优化教学策略，实现个性化教学。然而，这也要求教师具备新的技能和素养，如技术整合能力、数据分析能力等。本节将深入探讨 AI 时代教师角色的转变与面临的挑战，以及如何应对这些变化，以更好地适应教育领域的未来发展。

一、角色转变

在 AI 时代，教师角色转变的方向逐渐明晰，其中从知识权威到学习生态设计师的转变，成为教师适应新时代教育需求的关键一步。这一过程不仅关乎教师自身角色的重塑，更深刻影响着教育教学的质量与学生的成长发展。下面将详细阐述这一转变的具体路径与内涵。

（一）从知识权威到学习生态设计师

在传统教学中，教师被视为知识的权威，掌控着知识的传授。学生主要通过教师获取知识，教师对知识的解读和传递具有唯一性与权威性。然而，在 AI 时代，这种状况发生了根本性变化。互联网和智能工具的普及使学生能够从多个渠道获取知识。在线课程、教育 APP（application，应用）、智能辅导系统等资源触手可及，学生可以随时随地自主学习。这种知识获取渠道的多元化，使得学生不再完全依赖教师来获取知识，教师对知识的垄断地位被打破。

同时，知识的解读和传递变得更加多元化。智能系统和在线资源为学生提供了多种知识解读方式，学生可以接触到不同的观点和解释。这种多元化的知识解读削弱了教师在知识传递中的绝对权威地位。此外，学生对教师的依赖感降低，信任感也随之减弱。他们可能会更倾向于相信智能系统提供的信息，因为这些系统通常具有更高的准确性和即时性。这种信任感的转移进一步削弱了教师作为知识权威的地位。

在这种背景下，教师需要转变为学习生态的设计师。教师要构建一个有利于学生自主学习和探索的环境，包括线上线下混合式的学习空间、项目式学习社区等。例如，教师可以利用 AI 工具创建个性化的学习路径规划，为学生推荐适合其学习进度和风格的资源与活动。通过这种方式，教师不再只是单纯地传递知识，而是引导学生在复杂的学习生态系统中找到自己的学习路径。

根据 OECD《教育 2030 学习指南》，教师需将教学精力转向高阶思维培养，如批判性思维、元认知能力等。以北京师范大学“智慧课堂”项目为例，教师在混合式教学中需管理智能平台（18%时间）并筛选数字资源（22%时间），角色从讲授者变为资源整合者。

为了适应这一转变，教师需要具备新的技能和素养，如技术整合能力、数据分析能力等，而不再是单纯依赖于已有的知识储备。他们需要学习如何使用智能工具、分析学生数据、设计个性化学习方案等，以更好地支持学生的自主学习和个性化发展。这种持续的专业发展需求也促使教师从知识的垄断者转变为终身学习者，不断更新自己的知识和技能，以应对教育领域的快速变化。

（二）从课堂主导者到人机协同伙伴

在传统课堂中，教师作为主导者把控教学节奏与方向，凭借经验和知识储备传授知识、组织活动。然而，AI 辅助教学环境下，教师角色转变为与智能系统协同合作的伙伴，这一转变蕴含着深刻变革与独特优势。

人类教师拥有敏锐的情感洞察力和灵活的应变能力，能够捕捉学生课堂上的细微情绪变化和反应，及时调整教学策略。在讨论环节，教师可以灵活引导，鼓励学生发表不同观点，培养批判性思维。同时，教师具备创造力和人文关怀，能设计富有创意且充满温度的教学活动，关注学生情感与价值观的塑造。

智能系统擅长快速处理海量数据，实时监测学生的学习进度，精准分析薄弱环节，为教师提供详尽的数据支持。以数学练习为例，AI 助手能在短时间内分析学生答题情况，生成详细报告，助力教师精准定位问题。此外，智能系统可依据教师设定的教学目标，自动生成个性化学习任务和测试，实现教学资源的精准推送。

人机协同实现了优势互补，产生了“1+1>2”的效果。教师结合智能系统提供的数据，能更精准地了解学生需求，优化教学策略。在课堂讨论中，教师借助 AI 助手分析学生观点，引导学生深入探讨，培养其综合素养。同时，智能系统能够模拟实验过程，丰富教学形式，拓展教学深度和广度，提升教学效率和质量，为学生创造更优质的学习体验。

例如，在数学教学中，AI 助手根据学生学习情况生成不同难度的练习题，帮助教师实现分层教学。在科学实验教学中，AI 助手模拟实验过程，帮助学生预习和理解实验步骤，教师在实际操作中引导学生探究和思考，培养其科学探究能力和创新思维。

为了更好地适应人机协同的角色，教师需要掌握与智能系统有效沟通和协作的技能。他们要了解 AI 助手的功能和局限性，学会合理分配教学任务，充分发挥人机各自的优势。同时，教师还需具备一定的技术维护和故障排除能力，以应对教学过程中可能出现的技术问题，确保教学活动顺利进行。

（三）从学科专家到跨领域整合者

在传统教育体系中，教师通常专注于某一学科领域的教学，是学科知识的专家。然而，AI 时代的教育强调跨学科知识的融合，教师需要打破学科界限，整合不同领域的知识和技能，以培养学生的综合素养和创新能力。

这种转变的必要性源于现代社会对人才的需求。在当今复杂多变的社会和职业环境中，单一学科的知识往往难以解决实际问题。例如，一个简单的环保项目可能涉及科学、技术、工程、艺术和数学等多个领域的知识。因此，教师需要具备跨领域的知识视野，能够将不同学科的知识有机整合，引导学生从多角度探索和解决问题。

在开展跨学科项目式学习时，教师的跨领域整合能力尤为重要。例如，教师可以设计一个项目，让学生通过编程（技术）、物理原理（科学和工程）、艺术设计（艺术）来创建一个智能装置，解决实际问题。在这个过程中，教师不仅要对各个学科的知识有深入的理解，还要能够引导学生将这些知识融会贯通，培养学生的综合实践能力和创新意识。

为了实现从学科专家到跨领域整合者的转变，教师需要不断拓宽自己的知识面，学习其他学科的基本原理和方法。他们可以参加跨学科的培训和研讨会，与其他学科的教师进行交流合作，共同设计和实施跨学科的教学活动。同时，教师还可以利用 AI 技术提供的丰富资源和工具，获取不同领域的知识和教学案例，提升自己的跨学科教学能力。

此外，教师还需要营造跨学科的学习氛围，激发学生的跨学科思维。在课堂上，教师可以引入跨学科的问题和案例，引导学生从不同学科的角度进行思考和讨论。例如，在探讨环境保护问题时，教师可以引导学生从科学、经济、社会、伦理等多个维度进行分析，培养学生的系统思维和综合分析能力。

例如，在一个跨学科项目中，教师可以组织学生设计并制作一个小型的智能农业系统。在这个项目中，学生需要运用生物学知识了解植物生长需求，运用技术知识进行编程和自动化控制，运用工程学知识设计和搭建结构，运用艺术知识进行美观设计，同时运用数学知识进行成本核算和数据分析。教师在这个过程中扮演着引导者和支持者的角色，帮助学生整合不同学科的知识，完成项目目标。

通过这样的跨学科教学实践，教师不仅能够提升自己的跨领域整合能力，还能帮助学生更好地适应未来社会的复杂需求，培养出具有创新精神和实践能力的综合性人才。

（四）从教学到育人

在 AI 时代，教师需要从关注教学内容和方法，转向更加注重学生的全面发展。这意味着教师不仅要传授知识，还要关注学生的品德、情感、价值观等方面的培养。例如，教师可以利用 AI 技术提供的学生的学习和行为数据，及时发现学生在情感和心理方面的需求，开展针对性的辅导和教育活动。通过这种方式，教师能够更好地实现从教学到教育的转变，促进学生的全面发展。

这种转变体现了教育的本质回归。教育不仅是传递知识，更是对全面发展的人的培养。在 AI 技术的支持下，教师可以更加精准地了解学生的学习和生活情况，为学生的个性化发展提供支持。

为了实现从教学到教育的转变，教师需要树立全面育人的理念，关注学生的身心健康和人格发展。他们要营造积极向上的课堂氛围，建立良好的师生关系，让学生在温暖和充满支持的环境中成长。同时，教师还需要与家长、社区等多方合作，共同关注学生的全面发展，为学生提供全方位的成长支持。

在具体实践中，教师可以开展丰富多彩的教育活动，如主题班会、社会实践、心理健康辅导等，培养学生的情感和社会能力。例如，教师可以组织学生参与志愿者活动，培养学生的社会责任感和关爱他人的品质。通过这些活动，教师不仅能够促进学生的知识学习，还能帮助学生形成良好的品德和价值观，为学生的终身发展奠定基础。

此外，教师还可以利用 AI 技术来丰富教育活动的形式和内容。例如，通过 VR 技术，教师可以带领学生进行虚拟的实地考察，增强学生的社会体验和责任感。利用智能分析工具，教师可以更好地了解学生的兴趣和特长，为学生提供个性化的成长建议和发展规划。

总之，在 AI 时代，教师从教学到教育的转变不仅是必要的，也是可行的。通过合理利用 AI 技术，教师能够更好地关注学生的全面发展，培养出具有高尚品德、健康情感和正确价值观的全面发展的人才。

二、新技能与素养

在 AI 时代，教师不仅要实现角色的转变，还需具备一系列关键能力与素质以应对教育领域的深刻变革。以下是这些能力的详细阐述。

（一）信息技术整合能力

在当今 AI 蓬勃发展的时代，教师的信息技术整合能力对于提升教学效果和推动教育创新起着至关重要的作用。这种能力要求教师不仅能熟练掌握 AI 技术，还要能将其深度融合到日常教学中，以适应不断变化的教育需求。

1. 国内热门信息技术及工具归类与简介

教师在将信息技术融入教学时，无须过度纠结于复杂的 AI 技术原理，如机器学习、自然语言处理等，而是更应关注如何灵活运用现有的成熟工具和平台来辅助教学。以下是一些按功能分类的国内热门的信息技术和工具，供教师在教学实践中整合使用。

（1）在内容生成与编辑工具方面，百度的文心一言和阿里巴巴的通义千问都是功能强大的综合型 AI 工具，支持内容生成、文档和图像分析等多种功能。科大讯飞的讯飞星火和抖音的豆包则分别在内容生成和互联网运营方向表现出色。此外，杭州深度求索人工智能基础技术研究有限公司的 DeepSeek 和北京月之暗面科技有限公司的 Kimi 等 AI 助手，也在内容生成和数据分析等方面提供了强大的支持。

（2）在智能办公与文档管理方面，WPS AI 插件和 AiPPT 等工具能够助力教师高效完成智能 PPT（PowerPoint，幻灯片）制作、表格处理和文档整理等工作，极大提高办公效率。有道云笔记 AI 和讯飞写作等写作插件则为教师提供了改写、扩写、润色等文字处理功能，使文档创作更加便捷。

（3）在学习分析与评估方面，讯飞听见和通义听悟等工具能将音视频转为文字，方便教师进行实时录音、同传和翻译，有助于课堂互动和学习资料的整理。

（4）在项目管理与协作方面，ONES 进度管理和腾讯企业微信工单系统等工具为教学团队提供了多层级规划和可视化图表支持，优化了教学项目的管理流程。

（5）在多媒体创作与设计方面，ProcessOn 和亿图脑图等 AI 思维导图工具，以及即梦的图像和视频生成功能，都为教师提供了丰富的视觉教学资源创作手段，使课程内容更加生动有趣。

通过整合这些信息技术和工具，教师可以更有效地设计教学活动、评估学生学习成果、管理教学项目，并创作吸引人的教学材料。这不仅提升了教学的专业性和趣味性，也促进了教师自身的信息技术应用能力的发展，为教育领域带来了更多的创新和活力。

2. 技术整合的实践应用

在了解了信息技术整合能力的重要性后，接下来我们将介绍具体的实践应用。

1）内容生成与编辑工具的应用

内容生成与编辑工具在教学中的应用，为教师提供了极大的便利和创新可能。教师可以利用文心一言、通义千问、AiPPT 等工具快速生成教学内容，如教案、课件和学习资料。例如，通过输入教学大纲和内容要点，利用 AiPPT 生成互动性强的教学课件，这些课件能嵌入多媒体资源，并根据学生学习进度实时调整内容难度。

案例：历史课件生成。一位历史教师使用文心一言生成了一份详细的历史教案，然后通过 AiPPT 将教案内容转化为互动性强的 PPT 课件。在课件中，他嵌入了从抖音豆包获取的历史视频片段，使课件更加生动有趣。通过这种方式，他不仅节省了备课时间，还提高了学生的学习兴趣。

2）智能办公与文档管理工具的应用

教师可以使用 WPS AI 和有道云笔记 AI 等工具提升办公效率。例如，WPS AI 可以自动生成智能 PPT，有道云笔记 AI 可以协助教师进行文档写作和润色，提高备课和教学资料整理的效率。

案例：语文备课。一位语文教师使用 WPS AI 生成了一份智能 PPT，用于讲解古代文学作品。同时，他利用有道云笔记 AI 整理了相关的教学资料，并进行了文档润色。通过这些工具，他不仅提高了备课效率，还使教学内容更加丰富和准确。

3）学习分析与评估工具的应用

通过讯飞听见和通义听悟等工具，教师可以收集和分析学生的学习数据，如作业完成时间和答题准确率，从而精准把握学生的学习情况，及时调整教学策略，实现个性化教学。

案例：数学作业分析。一位数学教师使用讯飞听见收集学生的作业完成情况，通过通义听悟分析学生的答题准确率。他发现部分学生在某个知识点上存在困难，于是及时调整教学策略，增加了针对性的辅导环节。这种精准的教学调整，有效提升了学生的学习效果。

4）项目管理与协作工具的应用

在项目式学习中，教师可以使用 ONES 进度管理和腾讯企业微信工单系统等工具进行项目规划和任务分配。这些工具能够帮助教师实时追踪项目进度，确保教学活动顺利进行。

案例：科学项目管理。一位科学教师组织学生进行一个关于环境保护的项目式学习。

他使用ONES进度管理工具制订了详细的项目计划，并通过腾讯企业微信工单系统分配任务给每个小组。在项目进行过程中，他利用这些工具实时追踪进度，及时解决学生遇到的问题。最终，学生顺利完成了项目，并展示了出色的合作和探究能力。

5）多媒体创作与设计工具的应用

为了丰富教学形式，教师可以利用ProcessOn和即梦等工具生成多媒体教学资源。例如，通过ProcessOn创建思维导图，帮助学生梳理知识点；利用即梦生成与教学内容相关的图像和视频，增强课堂的互动性和趣味性。

案例：地理课堂互动。一位地理教师使用ProcessOn创建了关于世界地理的思维导图，帮助学生梳理知识点。同时，利用即梦生成了与教学内容相关的地理图像和视频，使课堂更加生动有趣。通过这些多媒体资源，学生不仅提高了学习兴趣，还更好地理解了复杂的地理概念。

6）多个技术或工具的综合使用

综合案例：跨学科项目式学习。在一个跨学科的项目式学习中，教师需要整合多个技术或工具来支持教学活动。

具体步骤如下。

（1）项目计划生成：使用文心一言生成详细的项目计划，包括教学目标、内容要点和评估标准。

（2）课件制作：通过AiPPT将项目计划转化为互动式PPT课件，嵌入从抖音豆包获取的相关视频片段。

（3）学习数据收集与分析：利用讯飞听见收集学生的作业完成情况和课堂表现数据，通过通义听悟进行数据分析，了解学生的学习进度和困难。

（4）项目管理：使用ONES进度管理工具制定详细的项目时间表并合理分配任务，确保每个小组都能按时完成任务。

（5）多媒体资源生成：利用ProcessOn创建与项目内容相关的思维导图，帮助学生梳理知识点；使用即梦生成与项目主题相关的图像和视频，增强课堂的互动性和趣味性。

通过这种综合使用多个技术或工具的方式，教师不仅能够提高教学效率，还能为学生创造更加丰富、个性化和智能化的学习体验。这种技术整合的实践，不仅有助于提升教学效果，还能推动教育模式的创新和变革。

3. AI赋能的教师专业发展与实践应用

在当代教育领域，教师的专业成长与技术整合能力的提升是推动教育创新和教学效果提升的关键因素。教师需不断深化对教育技术的理解与应用，以满足日益变化的教育需求。

AI技术的融入为教师专业发展带来了新的机遇。教师可以借助AI技术的力量，更精准地分析学生的学习行为数据，从而发现教学中的问题与挑战，并据此优化教学设计和方法。通过参与AI教育专题培训，教师能够深入学习智能教研工具的使用方法，提升对AI技术的理解和应用能力。

在线学习平台为教师的自主学习提供了丰富的资源。教师可以利用网易云课堂、腾讯课堂等平台，选择与AI技术应用、教育技术学相关的课程进行学习，拓宽技术视野，掌握前沿工具。同时，加入专业学习社区，如“AI 教育创新”社区，与同行交流，参与讨论，获取教学案例和技术建议，也是提升技术能力的有效途径。

AI 赋能的教师专业发展强调实践与应用。在教学研究中，教师可以利用智能教研工具分析学生的学习行为数据，发现教学问题，并优化教学设计。在教学设计中，可以借助 AI 技术生成个性化教学方案，满足不同学生的学习需求。在教学评估中，可以利用 AI 技术驱动的评估系统，实现自适应评估，根据学生学习进度和表现动态调整测试难度和内容，提供针对性反馈和建议。

学校在教师技术能力提升中扮演着关键角色。学校可以定期组织 AI 技术工作坊，邀请技术专家和有经验的教师分享实践经验。通过这种方式，教师能够在实际操作中学习如何有效使用智能课件制作工具和学习分析工具。此外，学校与教育机构还应提供必要的支持和资源，如购买先进的 AI 教育软件、建立专业的技术支持团队等，这些措施能够帮助教师更好地掌握相关技术。

（二）跨学科能力

在 AI 技术日益渗透的教育领域，跨学科能力已成为教师不可或缺的关键素质。这不仅要求教师精通单一学科，更需具备整合多学科知识与方法的综合能力，以设计出更具创新性和实践性的教学项目，满足学生在复杂社会中的多元学习需求。

跨学科能力的核心在于跨越传统学科界限，融合不同领域的知识与技能。教师需深入理解多学科的核心概念、研究方法及其相互联系，才能在教学中实现真正的跨学科整合。例如，在开展关于环境保护的项目式学习时，教师要将科学的生态原理、地理的空间分析、经济的成本效益评估，以及艺术的创意表达等多学科元素有机结合，引导学生从多维度深入探讨环境问题，提出兼具科学性、可行性和创新性的解决方案。

这种跨学科的教学实践对教师提出了更高要求。教师不仅要具备深厚的专业知识，还需不断拓展知识边界，参与跨学科培训与学术交流，更新知识体系。同时，教师应善于利用 AI 技术提供的丰富资源和工具，如跨学科数据库、智能分析软件等，辅助教学设计与实施。

例如，在实际教学中，一位生物教师成功地将跨学科能力应用于课堂。他设计了一个关于生态平衡的项目，要求学生从生物学角度研究生态系统组成与功能，用数学模型分析生态数据，以艺术形式展示生态平衡之美，并从经济学视角探讨生态失衡的成本。学生在项目中综合运用多学科知识，提出了关于生态保护的创新方案，不仅深化了对各学科的理解，还培养了综合思维与实际问题解决能力。

为提升跨学科能力，教师可参与跨学科教学研讨会，与不同学科专家和教师交流，获取前沿知识与教学案例。同时，利用在线学习平台，如网易云课堂、腾讯课堂等，选择跨学科课程自主学习，拓宽知识视野。此外，与同事组建跨学科教学团队，共同设计与实施跨学科项目，也是有效的提升途径。

跨学科能力使教师能够打破学科壁垒，为学生创造更贴近现实的综合性学习体验，培养其适应未来社会的多元能力。随着 AI 技术的发展，教师需不断提升跨学科能力，以更好地引导学生在知识的交汇处探索创新，为解决复杂现实问题奠定基础。

（三）创新设计能力

在 AI 技术不断进步的当下，教师拥有创新设计能力至关重要，这能帮助他们设计出激发学生创造力与批判性思维的教学活动。项目式学习和探究式学习等以学生为中心的教学方法是很好的选择，可以鼓励学生主动探索和创新。

例如，在“智能城市规划”项目中，教师引导学生扮演城市规划师的角色，设计一个未来城市的模型。这个项目要求学生综合考虑能源利用、交通规划、环境保护等多个方面，将所学知识运用到实际问题的解决中。学生在完成项目的过程中，不仅巩固了学科知识，还培养了创新能力和团队合作精神。

具体来说，学生需要收集和分析相关数据，如城市人口增长趋势、能源消耗情况等。这时，他们可以利用 AI 数据分析工具来处理大量数据，快速找到关键信息。接着，学生可以用 AI 辅助设计软件来优化城市规划方案，设计出更合理的交通网络和能源分配系统。此外，通过 VR 技术，学生能够构建虚拟城市模型，在虚拟环境中直观地展示和评估自己的设计方案，及时发现问题并进行调整。

教师在这个过程中扮演着引导者和支持者的角色。他们可以组织小组讨论，让学生共同出谋划策，培养团队协作能力；也可以安排角色扮演活动，让学生从不同角度思考问题，增强批判性思维。在项目结束时，学生需要以小组形式展示自己的设计方案，并进行答辩，这不仅锻炼了他们的表达能力，也提升了逻辑思维和应变能力。

创新设计能力是 AI 时代教师不可或缺的关键能力之一。通过精心设计的教学活动和项目，教师能够激发学生的创造力和批判性思维，帮助他们更好地应对未来学习和职业发展的挑战，为培养具有创新思维和实践能力的新时代人才奠定坚实基础。

（四）伦理意识

随着 AI 技术在教育中的广泛应用，教师具备伦理意识至关重要。这不仅要求教师理解 AI 技术可能带来的隐私、偏见和透明度等问题，还需在教学实践中采取负责任的态度，确保 AI 技术的使用既安全又符合伦理规范。

1. 伦理意识的核心问题

教师在使用 AI 工具时，必须关注以下几个核心伦理问题。

（1）数据隐私保护：确保学生数据在收集、存储和使用过程中的安全性，防止数据泄露和滥用。教师需了解相关法律法规，如《中华人民共和国个人信息保护法》，并严格遵守学校及教育机构的数据隐私政策。

（2）算法偏见与公平性：AI 工具的算法可能存在偏差，导致对学生的不公平评价或资源分配不均。教师需要批判性地审视所使用的 AI 工具，了解其算法的依据和可能存在的局限性。例如，在使用智能评估工具时，教师应结合自己的专业判断，确保评估的公正性和合理性。

（3）信息茧房效应：AI 推荐系统可能使学生陷入信息茧房，限制他们的视野和思维方式。教师需要设计多样化的学习活动，鼓励学生接触不同观点和信息来源，避免形成信息茧房。

（4）AI 安全与可靠性：确保 AI 系统在使用过程中不受恶意攻击和漏洞影响，保护学生的数据和学习环境安全。教师需了解 AI 安全的基本概念和措施，如数据加密、模型保护和安全协议等。

2. 教师的伦理意识实践

在实际教学中，教师可以通过以下方式体现伦理意识。

（1）提升透明度与可解释性：教师应能够向学生解释 AI 系统的决策过程，帮助学生理解 AI 的行为逻辑。这不仅能增强学生对 AI 技术的认知，还能培养他们的批判性思维。

（2）培养批判性思维：教师应引导学生对 AI 技术的应用进行批判性思考，鼓励他们质疑和评估 AI 提供的信息和建议。

（3）提供多样化学习资源：教师应提供多样化的学习资源，避免学生因过度依赖 AI 推荐而形成信息茧房。通过引入不同来源和观点的材料，帮助学生建立全面的知识体系。

（4）持续学习与专业发展：教师需不断学习和适应技术发展带来的伦理挑战，参加教育伦理与 AI 伦理相关的培训课程，提升自身在 AI 教育实践中的伦理意识和能力。

3. 实际案例分析

一位语文教师在使用 AI 写作辅助工具时，充分展现了伦理意识。教师在使用该工具为学生的作文提供评分与修改建议的过程中，不仅向学生详细解释了工具的评分依据，还强调了工具可能存在的局限性。他引导学生将 AI 的反馈视为一种参考，而非绝对标准。同时，教师严格遵循数据隐私原则，确保学生的作文内容不会因工具的使用而泄露。通过这种方式，学生不仅理解了 AI 技术在写作中的应用，还学会了以批判的眼光看待技术提供的建议。

4. 提升伦理意识的途径

（1）参加专业培训：教师可参加教育伦理与 AI 伦理相关的培训课程，学习在 AI 教育实践中如何保护学生权益、避免伦理风险。

（2）加入专业社区：教师可加入专业伦理社区，与同行交流，分享负责任的 AI 教育实践案例，共同探讨解决伦理问题的方法。

（3）实践反思：在日常教学中，教师应将伦理意识融入每一项使用 AI 技术的教学活动，不断反思和改进自己的教学实践。

伦理意识是教师在 AI 时代不可或缺的职业素养。教师需不断学习和适应技术发展带来的伦理挑战，确保 AI 技术在教育中的应用既创新又负责任，为学生的成长创造安全、公平、透明的学习环境。

三、职业挑战与机遇

在探讨教师角色转变与新技能素养后，需进一步分析 AI 对教师职业的影响。AI 技术的快速发展给教师带来了诸多挑战与机遇，这些挑战与机遇深刻影响着教师的工作方式与职业发展。

（一）职业挑战

AI 技术的快速发展给教师带来了诸多挑战。其带来的教学方式的变革和对传统教学角色的冲击，使得教师需要不断更新教学理念和方法。由于增加了对新技能和知识的需求，教师可能面临技术适应困难、教学理念更新压力等问题。例如，部分教师可能会质疑 AI 辅助教学的可靠性和有效性，担心过度依赖技术会削弱自身的教学能力和与学生互动的质量。

具体而言，教师在课堂上可能需要适应新的教学模式，如人机协同教学，这要求教师具备更高的技术操作能力和课堂管理能力。同时，AI 技术的应用还可能改变教师的传统角色，使教师从知识的传授者转变为学习的引导者和促进者。这种角色转变要求教师具备更强的引导能力和沟通能力，以适应新的教学环境。

此外，教师还需要面对学生对 AI 技术的依赖问题。学生可能更倾向于相信智能系统提供的信息，而不是教师的讲解。这不仅削弱了教师的权威性，还可能影响学生的学习态度和学习效果。因此，教师需要在教学中找到与 AI 技术的平衡点，既要利用 AI 的优势，又要保持自身的教学价值。

（二）职业机遇

AI 技术也为教师职业发展带来了新的机遇。AI 技术可以提升教学效率，实现个性化教育，拓展教育研究领域。例如，教师可以利用 AI 技术开展大规模的个性化学习实验，研究不同学生群体的学习特征和效果，为教育理论的发展和教学实践的改进提供实证依据。此外，AI 技术还可以帮助教师更精准地分析学生的学习情况，为每个学生量身定制学习计划，提高教学质量和效果。

具体来说，AI 技术能够通过智能评估系统快速批改作业和安排考试，为教师节省大量时间，使教师能够将更多精力投入到教学设计和学生辅导中。同时，AI 技术驱动的个性化学习系统可以根据学生的学习进度和能力水平，自动调整教学内容和难度，确保每个学生都能获得最适合自己的学习体验。

在教育研究方面，AI 技术为教师提供了更强大的数据分析工具。教师可以利用这些工具深入挖掘学生学习数据中的潜在规律，探索新的教学方法和策略。例如，通过分析学生在不同教学活动中的表现，教师可以发现哪些教学方法更有效，从而优化教学实践。

面对这些挑战和机遇，教师需要采取积极的应对策略。首先，教师应主动参与 AI 技术培训，提升自身的技术应用能力。通过系统的学习和实践，掌握 AI 工具的使用方法，了解其在教育中的应用场景和优势。其次，教师要保持开放的心态，积极尝试将 AI 技术融入教学实践。例如，在课堂上使用智能辅导系统辅助教学，或利用 AI 工具生成的教学资源进行授课。同时，教师还应注重培养学生的数字素养和 AI 相关技能，为他们未来的学习和工作打下坚实的基础。最后，教师之间应加强合作与交流，共同探索 AI 技术在教学中的应用方法，分享经验和心得，形成良好的 AI 教育实践共同体。

AI 技术对教师职业的影响是多方面的。它既带来了教学方式的变革和对传统教学角色的冲击，也增加了对教师新技能和知识的需求。然而，AI 技术也为教师提供了提升教学效率、实现个性化教育和拓展教育研究领域的机会。面对这些挑战和机遇，教师需要积极提升自身的技术应用能力，主动适应教育变革，以更好地满足学生的学习需求，推动教育事业的发展。

第二节　AI时代教师专业发展的新途径

在AI时代，教师专业发展迎来了前所未有的机遇与挑战。国家政策与教育战略为教师专业发展指明方向，持续学习与培训助力教师紧跟教育变革步伐，实践应用与创新推动教学模式不断优化，跨学科协作与项目式学习培养教师综合教学能力。智能教研工具的兴起，为教师教学设计、数据洞察、评估反馈等提供强大支持，在线协作与知识共享平台则促进教师间交流与合作，实现资源共享与经验传播。为适应新时代教育需求，教师需积极借助这些途径，实现专业能力的持续提升与角色转型，为学生提供更优质、个性化的教育体验，推动教育事业迈向新高度。

一、教师专业发展的新途径

在探讨AI时代教师职业的挑战与机遇后，我们接下来将关注教师专业发展的具体途径。

（一）国家政策与教育战略

国家政策与教育战略为教师专业发展提供了明确的方向和有力的支持。国家政策在教师专业发展中起着重要的引领作用。例如，《教育信息化2.0行动计划》明确提出了教师信息技术应用能力的提升目标，要求教师能够熟练运用信息技术进行教学创新。教师应关注国家相关政策文件，如《教育信息化2.0行动计划》《中国教育现代化2035》等，了解政策导向，将政策要求融入自己的专业发展计划中。

同时，教师应积极参与教育战略的实施，如“互联网+教育”战略、“人工智能+教育”战略等。通过参与这些战略项目，教师不仅可以提升自己的专业素养，还能为教育事业的发展贡献力量。例如，在“互联网+教育”战略中，教师可以利用在线教育平台开展远程教学，拓展教育的边界；在“人工智能+教育”战略中，教师可以参与AI课程开发、智能教育工具应用等项目，推动AI技术在教育领域的落地生根。此外，国家还出台了一系列政策支持教师的专业发展，如《中共中央 国务院关于全面深化新时代教师队伍建设改革的意见》，提出推动信息技术与教师培训的有机融合，提高教师的综合素质、专业化水平和创新能力。

教师应积极响应国家政策，参与各类培训项目，如“国培计划”“省培计划”等，这些项目通常会结合国家教育战略，提供有针对性的培训内容，帮助教师提升专业素养。同时，教师还可以参与教育科研项目，将国家政策与教学实践相结合，探索创新教学模式和方法。例如，参与教育部组织的教育信息化应用案例征集活动，分享自己的教学创新经验，同时学习他人的先进做法。

（二）持续学习与培训

在 AI 技术飞速发展的背景下，教师需要不断更新知识体系，提升专业素养以适应教育变革。持续学习与培训成为教师专业发展的关键路径。

教师应积极参与 AI 相关的培训课程，深入学习智能工具的使用方法及其在教学中的应用。通过系统学习，教师可以掌握智能课件制作、学习分析等工具的使用，提升技术整合能力。学校和教育机构有责任为教师提供必要的支持。例如，购买先进的 AI 教育软件；建立专业的技术支持团队，帮助教师解决技术难题；定期组织 AI 技术工作坊，邀请技术专家和有经验的教师分享实践经验，让教师在实际操作中学习如何有效使用智能工具。

此外，教师可以利用在线学习平台，如网易云课堂、腾讯课堂等，选择与 AI 技术应用、教育技术学相关的课程进行自主学习，拓宽技术视野，掌握前沿工具；加入专业学习社区，如“AI 教育创新”社区，与同行交流，参与讨论，获取教学案例和技术建议，也是提升技术能力的有效途径。

（三）实践应用与创新

将所学的 AI 知识和技能应用于实际教学，是教师专业发展的关键环节。在教学中积极尝试使用 AI 技术，能够提升教学效率和质量，推动教育模式创新。

教师可以在教学中积极尝试使用 AI 技术，如智能课件制作工具、学习分析工具等。例如，通过智能课件制作工具，快速生成互动性强、个性化适配度高的教学课件，提高备课效率。同时，运用学习分析工具，对学生的课堂表现和学习成果进行实时监测与评估，根据数据反馈及时调整教学策略，实现精准教学。

为了满足不同学生的学习需求，教师可以利用 AI 技术设计个性化学习路径。例如，通过智能分析学生的学习数据，为每个学生量身定制学习计划，提供适合其学习进度和风格的资源与活动。这种个性化教学不仅能提高学生的学习效果，还能培养他们的自主学习能力。

在日常教学中，教师还可以进行微创新与尝试。例如，利用 AI 工具优化课堂管理，设计互动式学习活动，增强课堂的趣味性和学生的参与度。通过这些微创新，教师能够不断提升教学效果，为学生创造更加智能化的学习体验。

（四）跨学科协作与项目式学习

AI 技术的应用往往跨越多个学科领域，因此教师需要具备跨学科能力，能够整合不同领域的知识和技能，设计综合性的教学项目。例如，在开展一个关于环境保护的项目式学习时，教师需要结合科学、地理、经济和艺术等多个学科的知识，引导学生从不同角度探讨问题，提出创新的解决方案。这种跨学科的教学方式有助于培养学生的综合思维能力和解决实际问题的能力。

二、智能教研工具

在探讨教师专业发展的新途径后，我们进一步聚焦于智能教研工具对教师专业发展的支持作用。

（一）智能备课助手

智能备课助手是 AI 时代教师的得力工具，能快速生成教案、课件，提供丰富教学资源。常见工具如 DeepSeek、Kimi、WPS AI、有道云笔记 AI、文心一言、通义千问等，各具特色，教师可依需求选择，提升备课效率与教学质量。

1. 智能备课助手的核心功能

智能备课助手是教师在 AI 时代不可或缺的得力工具之一。它利用先进的 AI 技术，能够根据教学大纲和课程标准，快速生成教学计划与教案，同时提供丰富的教学资源，如多媒体素材、案例库、习题集等，极大地丰富了教学内容。这些资源不仅限于文字和图片，还包括视频、动画等多种形式，能够满足不同学科和年级的教学需求。

1）生成教学计划与教案

教师只需输入教学大纲和内容要点，智能备课助手即可快速生成互动性强、个性化适配度高的教学课件。例如，在准备一节高中生物课时，教师可以使用 DeepSeek 或 Kimi 等智能备课助手，输入“遗传学原理”作为主题，这些工具能够迅速生成包含课程目标、教学方法、时间分配等详细信息的教案，并推荐相关的动画演示和案例分析，帮助学生更好地理解抽象的遗传学概念。

2）集成丰富的教学资源

智能备课助手整合了海量的多媒体素材、案例库和习题集等资源，为教师提供一站式的教学资源库。以初中历史课为例，教师在备课“古代文明”单元时，可以利用 WPS AI 或有道云笔记 AI 等工具，这些助手可以提供相关的纪录片片段、历史遗址图片、虚拟博物馆链接等资源，使教学内容更加生动有趣，拓宽学生的学习视野。

2. 智能备课助手在教师专业发展中的作用

智能备课助手在教师专业发展中扮演着重要角色，其作用主要体现在以下几个方面。

1）提升教学设计效率与质量

智能备课助手能够结合教师的教学经验和学生的特点，设计出更具针对性和创新性的教学方案。例如，一位拥有多年教学经验的语文教师，在备课“现代诗歌鉴赏”时，可以将自己以往成功的教学方法和学生的学习反馈输入到文心一言或通义千问。这些助手据此生成的教案不仅包含了传统的诗歌分析框架，还融入了互动式朗诵、小组创作等新颖的教学活动，使教学设计更加贴合学生的实际水平和兴趣点，激发学生的学习积极性。

2）支持个性化教学与因材施教

智能备课助手根据学生的学习进度和能力水平，推荐适合的教学活动和评估方式。在数学教学中，对于学习进度较快的学生，教师可以使用通义千问推荐更具挑战性的数学建模项目或拓展性习题；而对于需要巩固基础的学生，教师则可以使用 WPS AI 提供更多的基础练习和分步解析，实现因材施教，满足不同学生的学习需求。

3）促进教师的专业学习与知识更新

智能备课助手为教师提供了接触前沿教育理念和技术的机会，推动教师不断学习和尝试新的教学方法。例如，物理教师在使用文心一言或通义千问备课时，了解到当前物理教育领域强调跨学科实践和科学探究能力的培养。这些助手据此推荐了融合信息技术的实验设计案例和基于项目式学习的教学活动，促使教师更新自己的教学知识体系，将新的教学模式融入日常教学中。

3. 教学实践案例

案例：跨学科教学方案设计。一位生物教师需要设计一个关于“生态系统保护”的跨学科项目式学习方案。他利用智能备课助手，输入了教学大纲、课程标准，以及学生的兴趣点和学习难点等信息。智能备课助手根据这些输入，结合教师以往在跨学科教学中的经验，生成了一份详细的教案。教案中不仅包含了生物学科的核心知识，还融入了地理、环境科学等学科的相关内容。同时，智能备课助手推荐了多个互动式教学活动，如实地考察当地生态系统、利用数据分析软件研究生态数据等，并为不同学习能力的学生设计了分层任务。在实施过程中，教师发现学生对跨学科知识的融合理解较好，项目成果超出了预期，这不仅提升了学生的学习效果，也增强了教师在跨学科教学中的自信心和能力。

通过智能备课助手，教师能够更加高效地准备教学材料，设计出更具创新性和针对性的教学方案，从而在教学实践中取得更好的效果。这种工具不仅减轻了教师的备课负担，还为教师提供了更多元化的教学思路和方法，助力教师在专业发展的道路上不断前行。

（二）教学数据分析平台

教学数据分析平台如讯飞听见、通义听悟、Redmenta、希沃信鸽等，能整合课堂表现、作业完成、考试成绩等多渠道数据，生成涵盖成绩分布、知识点掌握、学习行为模式的报告，助力教师精准定位问题、优化策略、因材施教，提升教学效果与自身专业发展。

1. 教学数据分析平台的核心功能

教学数据分析平台为教师提供了全方位的学生学习情况洞察。它能够自动收集和分析学生在课堂表现、作业完成、考试成绩等多方面的数据，并生成详尽的数据报告。这些报告不仅包含学生的成绩分布、知识点掌握情况，还能揭示学生的学习行为模式，如学习时间分配、参与度变化等。

1）数据收集与整合

教学数据分析平台可以整合来自多种渠道的数据，包括课堂互动设备、作业系统、考试系统等，形成全面的学生学习画像。例如，通过连接课堂互动设备，记录学生在课堂上的回答问题情况、小组讨论参与度等；从作业系统获取作业完成时间、正确率等数据；接入考试系统，采集期中、期末及单元测试的得分、题型掌握度、知识点薄弱项等信息。像讯飞听见这样的工具，能够实时将录音转文字，适用于课堂录音和会议记录，同时支持翻译和字幕生成，适用于多语言教学场景。

2）数据分析与报告生成

利用先进的数据分析技术，教学数据分析平台能够深入挖掘数据背后的规律，生成直观易懂的报告。报告内容涵盖学生成绩分布、知识点掌握情况、学习进度等多维度信息，还可以通过图表、图形等形式展示，方便教师快速把握关键信息。例如，通义听悟能够实时转录并分析音视频内容，提炼关键信息，支持多种格式导入，适用于多种教学场景。

2. 教学数据分析平台在教师专业发展中的作用

教学数据分析平台为教师提供了丰富的数据支持，帮助他们更好地了解学生的学习情况。

1）精准定位教学问题

教师可以通过教学数据分析平台快速发现学生普遍存在的学习困难和问题。例如，分析学生在某一章节知识上的错误率，确定需要重新讲解的知识点。同时，教学数据分析平台还能帮助教师识别出那些在课堂上表现良好但在在线学习中遇到困难的学生，从而及时调整教学策略，实现线上线下教学的无缝衔接和融合。

2）优化教学策略

根据数据分析结果，教师可以调整教学内容的难度和进度。例如，如果数据显示学生对某一知识点的掌握情况较好，教师可以加快教学进度，增加拓展性内容；反之，则需要放慢节奏，加强基础训练。同时，教师可以依据教学数据分析平台提供的学生学习情况，为每个学生量身定制学习计划。例如，为学习进度较快的学生提供拓展性学习资源和挑战性任务，满足他们的求知欲；为学习困难的学生安排额外的辅导和针对性练习，帮助他们弥补知识漏洞。

教学数据分析平台还能为教师提供教学方法改进建议。例如，通过分析不同教学方法在不同班级或学生群体中的效果，为教师推荐最适合当前教学情境的方法。教学数据分析平台可以持续跟踪学生的学习进展，为教师提供实时反馈，以便教师及时调整教学策略，包括整体的教学内容和进度，为每个学生量身定制教学方案。

3）促进教师自我反思与专业成长

教学数据分析平台为教师提供了一个客观了解自己教学效果的窗口。通过对比不同班级、不同学期的数据，教师可以发现自己的教学优势和不足，有针对性地进行自我提升。教学数据分析平台还可以作为教师专业发展评估的重要依据。学校和教育机构可以基于平台数据，对教师的教学质量、教学改进效果等进行量化评估，为教师的职称评定、绩效考核等提供科学依据。

3. 教学实践案例

案例：数学教师的教学策略调整。一位数学教师在其班级使用教学数据分析平台，发现学生在“函数”章节的作业错误率较高，尤其是在理解函数的实际应用场景方面存在困难。通过进一步分析数据，教师发现学生在课堂上的参与度尚可，但在课后自主练习的时间明显不足。

基于这些数据，教师采取了以下措施。

（1）教学内容调整：增加与生活实际相关的函数应用案例，帮助学生理解函数在现实中的价值和用途。

（2）教学方法改进：引入小组讨论和项目式学习，让学生在合作中探索函数问题的解决方案。

（3）个性化辅导：针对学习困难的学生，安排额外的辅导时间，提供一对一的答疑和指导。

经过一段时间的实践，平台数据显示学生在函数相关知识点上的错误率显著下降，课堂参与度和自主练习时间都有所提升，整体教学效果得到了明显改善。

（三）智能评估系统

借助讯飞写作、即梦、批改网等智能评估系统，引入 Kimi、DeepSeek 等 AI 工具强大的文档分析与数据处理能力，实现高效评估。

1. 智能评估系统的核心功能

智能评估系统借助 AI 技术，实现了对学生作业和考试的快速、准确批改。无论是客观题还是主观题，系统都能依据预设的评分标准给出公正合理的评价。例如，对于主观题，系统利用自然语言处理技术，能够理解文本的语义和逻辑，从而提供更精准的评分。

讯飞写作和即梦是国内两款优秀的智能评估系统。讯飞写作提供 AI 对话写作、模板写作、素材收集和作文润色等功能，能够帮助学生提高写作水平，同时减轻教师的批改负担。即梦则专注于生成图像、视频等视觉内容，适用于设计师和自媒体博主，能够为教学资源的创作提供丰富的视觉素材。此外，批改网也是许多教师常用的选择，它支持多种题型的自动批改，能有效减轻教师的工作量。

2. 智能评估系统在教师教研中的应用

1）精准的教学效果评估

（1）学生成绩分析：智能评估系统能够快速处理大量作业和考试数据，提供准确的成绩评估。教师可以及时了解学生对知识点的掌握情况，发现普遍存在的问题。

（2）学习情况诊断：除了成绩，智能评估系统还能分析学生的学习行为和错误模式。例如，通过分析学生在不同题型上的错误，教师可以判断学生是知识理解不足还是解题技巧欠缺。

2）个性化教学支持

（1）个性化学习路径规划：基于学生的学习数据，智能评估系统可以为每个学生生成个性化评估报告，指出学生的知识盲点和薄弱环节，并提供针对性的学习建议。

（2）因材施教：教师可以根据这些报告为学生定制个性化的学习计划，如为掌握情况较好的学生提供拓展性学习资源，为学习困难的学生安排额外的辅导和练习。

3）教学策略优化

（1）教学方法调整：智能评估系统提供的反馈可以帮助教师了解哪些教学方法有效，哪些需要改进。例如，如果发现学生在某一部分内容上的错误率较高，教师可能需要重新审视这一部分的教学方法。

（2）实时教学反馈：智能评估系统能够实时反馈学生的学习情况，使教师及时调整教学节奏和难度。在课堂练习或在线作业中，教师可以根据系统的反馈迅速了解学生的掌握情况，决定是否需要进一步讲解或提供更多练习。

4）教学研究支持

（1）数据驱动的研究：智能评估系统积累了丰富的学生学习数据，这些数据可以作为教师开展教学研究的重要资源。教师可以利用这些数据进行教育测量学研究，分析试题的区分度、难度等指标。

（2）教学改进依据：通过长期的数据收集和分析，教师可以发现教学中的趋势和规律，为教学改革提供依据。例如，分析不同学期学生在相同知识点上的表现，评估教学内容和方法的调整效果。

3. 智能评估系统在教师专业发展中的作用

1）提升教学效率

（1）减轻批改负担：智能评估系统能够自动批改各种类型的作业和考试，大大节省了教师的时间和精力。例如，选择题和填空题等客观题型可以迅速完成批改，即使是主观题也能通过 AI 技术快速给出初步评分和反馈。

（2）优化时间配置：教师从繁重的批改工作中解脱出来后，可以将更多的时间和精力投入到教学设计、学生辅导等更重要的工作中，从而提升整体教学质量。

2）助力教师专业提升

教师借助智能评估系统的反馈，可以清晰地了解自己的教学效果，认识到教学过程中存在的问题和不足。例如，如果多数学生在某个知识点上表现不佳，教师需要反思是否讲解不够清晰或练习不足。同时，教师可以基于系统的反馈，有针对性地进行自我提升。比如，参加相关的教学培训，学习更有效的教学策略，或者深入研究教学内容，优化教学方法。

3）支持教师的持续学习

（1）参与培训与交流：智能评估系统提供的数据和反馈可以作为教师参加培训和专业发展活动的重要参考。教师可以根据自己在系统中发现的问题，选择性地参加相关的培训课程，提升自己的专业能力。

（2）分享与交流经验：教师可以在专业学习社区或教研活动中分享使用智能评估系统的经验和心得，与其他教师共同探讨如何更好地利用这些工具来提升教学质量。

4. 教学实践案例

案例：语文教师的智能评估实践。一位语文教师在教授作文写作单元时，采用了智能评估系统来辅助教学。学生完成作文后，通过系统提交作品，系统利用 AI 技术对作文进行初步评估，提供关于语法、用词、结构等方面的反馈。

教师在批改时，重点关注系统标记出的问题，并结合自己的判断给出详细的批改意见。同时，系统为每个学生生成了个性化评估报告，指出常见的错误类型和改进方向。

在下一次作文教学中，教师根据智能评估系统的反馈，调整了教学策略。对于普遍存在的问题，如论点不明确、论据不足等，进行了针对性的讲解和练习。对于个别学生的问题，教师在课后进行了一对一的辅导。

经过一段时间的实践，学生的作文质量有了显著提升，教师也发现智能评估系统不仅减轻了自己的批改负担，还为教学提供了丰富的数据支持，使教学更加精准和高效。

（四）智能模拟课堂

智能模拟课堂是一种利用AI技术创建虚拟教学环境的创新工具，它为教师提供了一个安全、可控的空间来实践和测试各种教学方法与策略。例如，清华大学开发的SimClass是一个多智能体课堂模拟框架，能够模拟真实的课堂互动，支持教师和学生角色的AI智能体参与，从而提供个性化的学习体验。上海师范大学推出的网页版元课堂系统也是一个很好的例子，它使用方便，不依赖头显设备或其他控制器，能够高度还原课堂教学场景。

1. 智能模拟课堂的核心功能

1）虚拟教学环境创建

智能模拟课堂能够生成高度逼真的虚拟教室，模拟真实的教学场景。教师可以在其中自由设计教学活动，布置课堂任务，甚至模拟不同的教学风格和方法。

例如，教师可以设置一个虚拟的科学实验课堂，模拟实验设备的操作过程，让学生在虚拟环境中进行实验预习和操作练习。

2）虚拟学生行为模拟

智能模拟课堂内置的AI模型能够模拟不同学习水平、性格特点和学习风格的学生的行为和反应，教师可以观察虚拟学生在课堂上的表现，如参与度、注意力、回答问题的情况等。

例如，在模拟的语文阅读课上，虚拟学生可能会根据设定的性格特点提出不同的见解，或者在理解困难时表现出困惑，帮助教师观察学生可能遇到的问题。

3）实时数据反馈与分析

智能模拟课堂能够实时记录教师的教学行为和虚拟学生的反馈数据，并进行深入分析。教师可以获取关于教学效果的详细报告，包括知识点掌握情况、教学方法的有效性等。

例如，系统可以生成关于虚拟学生对某一教学环节理解程度的统计图表，帮助教师判断该环节是否需要调整。

2. 智能模拟课堂在教师教研中的应用

1）提供安全的教学创新试验场

教师可以在智能模拟课堂中大胆尝试新的教学方法和活动设计，无须担心失败可能带来的实际影响。例如，尝试一种全新的项目式学习活动，观察虚拟学生在团队合作与问题解决中的表现，评估该方法的可行性和效果。

这种试验不仅降低了在真实课堂中因教学创新失败可能对学生造成的影响，还允许教师在多次试验中不断优化教学设计。

2）优化个性化教学策略

通过模拟不同学生群体的反应，教师可以针对不同层次和特点的学生设计个性化的教学策略。例如，发现虚拟学生在某个知识点上普遍表现不佳，教师可以设计专门的辅导环节或调整教学节奏。

同时，教师可以根据虚拟学生的学习风格调整教学方法，如对视觉型学习者增加图表和视频资料，对听觉型学习者加强讲解和讨论。

3）促进教师的教学反思与同行交流

智能模拟课堂可以记录教师的教学过程，方便教师进行自我反思。教师可以回放模拟教学视频，分析自己的教学行为，发现优点与不足。

此外，教师可以将模拟教学案例分享到教研平台，与其他教师进行讨论。例如，一位教师在模拟课堂中尝试了新的互动式教学活动，他可以将活动设计和虚拟学生的反馈分享出来，与其他教师共同探讨如何进一步优化。

3. 智能模拟课堂在教师专业发展中的作用

1）提升教学设计能力

教师在智能模拟课堂中可以反复测试不同的教学设计方案，观察虚拟学生的反应和学习效果。通过这种方式，教师能够更好地理解不同教学设计对学生学习的影响，从而提升教学设计的精准性和创新性。

例如，教师可以尝试将游戏化元素融入教学，观察虚拟学生在游戏化学习环境中的参与度和知识掌握情况，根据数据反馈调整游戏规则和任务设计。

2）增强教学实施的自信心

在真实课堂实施新的教学方法前，教师可以在智能模拟课堂中进行预演。通过观察虚拟学生的反应和学习效果，教师能够提前发现可能出现的问题，并做好应对准备。

例如，一位教师计划在真实课堂中开展跨学科项目式学习，他可以在智能模拟课堂中先进行一次完整的项目预演，调整各环节的时间分配和资源准备，从而在真实课堂中更加从容自信。

3）支持教师的持续学习与专业成长

智能模拟课堂可以作为教师专业发展课程的一部分，提供实践操作的机会。例如，在培训课程中，教师除学习理论知识外，还可以在智能模拟课堂中实践所学的教学策略，将理论与实践相结合。

智能模拟课堂还可以根据教师的表现提供个性化的学习建议，推荐相关的培训资源和进一步学习的方向。

4. 教学实践案例

案例：历史教师的智能模拟课堂实践。一位历史教师计划开展关于“古代文明”的项目式学习活动。他首先在智能模拟课堂中设计了一个初步的教学方案，包括项目目标、任务分配和时间安排。在模拟过程中，他发现虚拟学生在小组合作环节中存在任务分配不均的问题，部分学生参与度不高。

基于这一反馈，教师调整了任务分配方式，增加了明确的角色分工和轮换机制。同时，他利用智能模拟课堂中的互动工具，设计了更具吸引力的讨论话题和问题引导。经过多次模拟和调整，他发现虚拟学生的参与度显著提高，对古代文明的理解也更加深入。

在真实课堂实施时，这位教师已经积累了丰富的模拟经验，他对学生可能遇到的困难和需求有了更清晰的预判。结果表明，学生在项目中的表现更加积极，小组合作更加顺畅，项目成果的质量也得到了显著提升。

三、在线协作与知识共享

在当代教育领域，教师的专业成长与教学创新日益依赖于在线协作与知识共享。构建教师间的在线学习共同体，不仅能够打破地域限制，促进教学资源的均衡分配，还能实现知识与经验的快速传播和迭代。这种协作模式有助于教师在面对 AI 技术带来的教学变革时，共同探索解决方案，提升适应能力。同时，它也为教师提供了一个持续学习与反思的环境，推动教学实践不断优化与教育质量整体提升。

（一）在线协作

在线协作为教师提供了丰富的交流与合作机会，促进了教育资源的共享与优化。其首要优势在于实现跨区域协作，让不同地域的教师能够突破地理限制，共同开展教研活动，提升教学水平。

1. 实现跨区域协作

跨区域的教师在线协作平台的建立，打破了地域限制，使不同地区的教师能够在一个共享的空间内进行交流与合作。例如，一位来自偏远山区的教师可以与城市里的教师在平台上分享各自的教学经验和资源，促进教育资源的均衡分配。

在线协作平台支持多种交流方式，如实时聊天、视频会议、在线论坛等，方便教师随时随地进行沟通。通过这些方式，教师可以共同探讨 AI 教学应用的心得，分享在教学实践中遇到的问题和解决方案。

2. 开展在线教研活动

教师可以在在线协作平台上共同设计教学方案，参与在线教研活动。例如，针对某一学科的难点问题，来自不同学校的教师可以组成团队，在平台上进行集体备课，利用 AI 工具分析学生数据，制定更有效的教学策略。

在线协作平台还支持在线观摩和评课活动。教师可以上传自己的教学视频，邀请同行进行评价和反馈，通过这种方式互相学习，共同提高教学水平。

3. 融合 VR 与 AR 技术

在线协作平台可以整合 VR 和 AR 技术，为教师提供沉浸式的协作体验。例如，通过 VR 技术，教师可以身临其境地参与虚拟课堂观摩，更直观地感受不同的教学方法和课堂氛围。这不仅能够帮助教师更好地理解新的教学模式，还能激发他们的创新思维，将所学应用到自己的教学实践中。AR 技术则可以在教师查看教学资料时，实时叠加相关信息和建议。例如，当教师在平台上浏览某篇教学论文或教案时，AR 功能可以自动识别内容中的关键知识点，并推送相关的教学资源、案例分析或专家点评。这种实时的信息增强，能够帮助教师快速获取有价值的内容，提升教学资源的利用效率，同时也为教学设计提供更多的灵感和参考。

4. 跟踪智能任务分配与进度

利用 AI 技术，在线协作平台可以智能分配教学任务，并实时跟踪项目进度。例如，平台可以根据教师的专业领域、教学经验和时间安排，自动分配合适的教学任务。对于一个跨学科的项目式学习活动，平台能够将任务合理分配给不同专长的教师，如科学教师负责指导实验设计，艺术教师负责创意表达部分等，从而优化团队协作效率。平台通过可视化图表展示项目进度，确保每个环节都能按时完成。教师可以清晰地看到各项任务的进展情况，及时发现潜在的问题并进行调整。这种智能化的任务管理有助于提高教学团队的工作效率，减少不必要的沟通成本，使教师能够更专注于教学内容的设计和优化。

（二）知识共享

在探讨在线协作平台如何促进教师间的交流与合作后，我们进一步关注知识共享的具体实现方式。

1. 教学资源的共享

教师在在线协作平台上分享自己的教学资源，如课件、教案、教学视频等，形成一个丰富的资源库。这些资源不仅包括各学科的基础知识内容，还可以涵盖跨学科的综合性教学材料，满足不同教师的教学需求。

在线协作平台提供资源的分类管理和搜索功能，方便教师们快速找到所需资源。同时，支持资源的评论和评分功能，让教师可以对使用过的资源进行评价，帮助其他教师选择更优质的教学材料。

2. 经验与心得的交流

教师在在线协作平台上分享自己的教学经验和心得，形成一个知识共享的生态系统。例如，一位资深教师可以分享自己在长期教学中积累的课堂管理技巧，或者介绍如何利用 AI 工具提高学生的参与度和学习效果。

通过同行互评和自我反思，教师不断提升自己的教学质量和专业素养。平台可以设置专门的讨论区，让教师针对特定的教学问题进行深入讨论，分享各自的观点和解决方案。

3. 智能知识推荐系统

利用 AI 技术，在线协作平台可以为教师提供个性化的知识推荐服务。智能知识推荐系统根据教师的教学领域、经验水平和浏览历史，智能推荐相关的教学资源和讨论话题。例如，一位新入职的教师可能会收到关于课堂管理技巧和教学设计基础的推荐内容，而一位资深教师则可能会收到关于最新教育技术和教学创新的推荐。

这种智能推荐系统能够帮助教师快速获取对自己最有价值的信息，提高学习和教学的效率。同时，它还能根据教师的反馈不断优化推荐算法，确保推荐内容的精准度和实用性。

（1）个性化推荐：系统通过分析教师的浏览记录和下载记录，了解其教学需求和兴趣点，从而提供精准的资源推荐。例如，如果一位教师经常浏览数学教学资源，系统会优先推荐数学相关的教学案例和研究论文。

（2）智能搜索：系统提供智能搜索功能，教师能够根据关键词、学科、年级等多维度进行搜索，快速找到所需的资源和信息。例如，教师可以搜索“初中物理实验教学”“高中语文阅读理解”等具体主题，系统会返回与之相关的课件、教案、教学视频等资源。

（3）知识图谱：系统构建知识图谱，展示不同知识点之间的关联和层次结构，帮助教师更好地理解和组织教学内容。例如，在物理学科中，知识图谱可以展示力学、热学、电学等知识点之间的联系，以及它们在不同年级的教学要求和深度。

（4）社区推荐：根据教师所在的学科组、年级组或兴趣小组，系统推荐相关的讨论话题和活动。例如，系统通过推荐即将举行的物理教学研讨会、数学建模竞赛等，促进教师之间的交流与合作。

4. 知识库的建立与应用

在线协作平台支持建立结构化的知识库，教师可以将教学中常见的问题、解决方案、教学案例等整理成文档，存储在知识库中。知识库采用标签化管理和分类存储，方便教师快速检索和获取所需信息。知识库中的内容可以包括教学方法、学科知识、教育技术应用等多个方面。例如，教师可以将自己在教学中遇到的问题及解决方法整理成 FAQ（frequently asked questions，常见问题解答）文档，或者将优秀的教学案例进行详细记录和分析，形成案例库。

在线协作平台提供智能搜索功能，能够根据教师的输入快速找到匹配的知识条目。同时，支持知识的版本控制和更新，确保内容的时效性和准确性。

知识库的建立不仅有助于教师个人的知识管理，还能促进教师团队的知识共享和传承。新教师可以快速从知识库中获取宝贵的经验和资源，减少摸索时间；资深教师则可以将自己的经验转化为知识资产，供更多人参考和学习。

（三）实践应用案例

教学实践案例分析：某中学的 AI 项目式学习实践。

1. 背景与目标

某中学的教师团队在在线协作平台上共同设计了一个基于 AI 的项目式学习活动。他们希望通过此次项目，提升学生的综合素养和创新能力，同时促进教师的专业成长。项目主题为“本地文化遗产的数字化保护”，旨在让学生通过跨学科学习，理解文化遗产的重要性，并掌握数字化保护的基本方法。

2. 团队组建与角色分工

教师首先在在线协作平台上组建了跨学科团队，成员包括语文、历史和信息技术教师。他们共同确定了项目主题，并设定了跨学科的学习目标。语文教师负责指导学生的文献查阅和报告撰写，历史教师负责讲解文化遗产的背景知识，信息技术教师则负责教授数字工具的使用方法。

3. 教学准备与智能工具应用

教师利用智能备课助手生成了详细的教案和课件。该助手根据教学大纲和学生特点，提供了多种教学活动建议，如小组讨论、实地考察和数字内容创作。同时，教师通过教学数据分析平台收集和分析学生的学习数据，及时发现学生在不同阶段遇到的困难，并据此调整教学策略。

4. 项目实施与问题解决

在项目实施过程中，教师遇到了一些典型问题，并采取了相应的解决措施。

（1）技术难题：在数字内容创作环节，学生普遍遇到技术难题。信息技术教师随即在平台上发起了一次针对性的在线辅导活动，通过屏幕共享和实时演示，帮助学生掌握相关技能。

（2）学习困难：语文教师根据数据分析结果，发现部分学生在文献查阅和报告撰写方面存在不足，于是设计了个性化的写作指导任务，帮助学生提升写作能力。

（3）协作问题：在小组合作过程中，部分小组出现了协作不畅的情况。对此，教师在平台上组织了一次团队协作培训，通过案例分析和角色扮演，帮助学生掌握有效的沟通和协作技巧。

5. 成果与反思

项目结束后，教师对学生的成果进行了评估，并对整个项目进行了反思。通过此次项目，学生不仅对本地文化遗产有了更深入的了解，还掌握了数字化保护的基本方法，提升了团队协作和问题解决能力。教师也通过智能工具的应用，实现了专业角色的转变和技能提升。

在反思过程中，教师认识到，虽然项目取得了显著成效，但仍存在一些需要改进的地方。例如，在项目初期，对学生的技术基础评估不够准确，导致部分学生在数字工具使用上遇到较大困难。此外，跨学科团队的协作效率还有待进一步提高。

6. 后续改进与展望

针对上述问题，教师计划在未来的项目中，提前进行更全面的学生需求分析，确保教学活动更贴合学生的实际水平。同时，他们将继续利用在线协作平台和智能工具，优化教学设计，提升协作效率，为学生创造更优质的项目式学习体验。

通过此次基于 AI 的项目式学习活动，教师不仅成功地引导学生完成了项目任务，还在实践中积累了丰富的经验。他们深刻体会到智能工具在教学中的巨大潜力，以及跨学科协作的重要性。未来，他们将继续探索如何更好地整合 AI 技术于教学实践中，推动教育创新，助力学生全面发展。

四、教师专业发展成果评估与反思

在探讨智能教研工具如何助力教师专业发展后，我们进一步聚焦于如何评估与反思教师专业发展的成果。

（一）建立科学合理的评估指标体系

科学合理的评估指标体系是确保教师专业发展质量的关键。为了全面、客观地评估教师在 AI 时代的专业发展成果，我们需要建立一套科学合理的评估指标体系。这一体系应涵盖多个维度，确保评估的全面性和准确性。

1. 教学设计能力

（1）评估内容：教案的创新性、针对性和完整性。

（2）评估方法：通过教案评审和同行互评，量化评估教师在教学设计方面的能力。例如，可以设计一个评分量表，从教学目标的明确性、教学内容的丰富性、教学方法的创新性等方面进行评分。

2. 技术应用水平

（1）评估内容：教师对智能工具的熟练程度和应用效果。

（2）评估方法：通过教师提交的技术应用报告和实际操作演示，评估其技术应用能力。例如，可以观察教师是否能够熟练使用智能备课助手、教学数据分析平台等工具，并将这些工具有效地整合到教学实践中。

3. 学生学习效果

（1）评估内容：学生在知识掌握、技能提升和素养养成方面的表现。

（2）评估方法：通过学生的作业完成情况、考试成绩、课堂表现等多方面的数据，综合评估学生的学习效果。例如，可以利用教学数据分析平台，跟踪学生在项目实施前后的成绩变化，评估教师教学策略调整的有效性。

4. 团队协作能力

（1）评估内容：教师在跨学科团队中的协作表现和贡献。

（2）评估方法：通过团队成员的互评和项目成果展示，评估教师的团队协作能力。例如，在跨学科项目中，观察教师是否能够有效地与其他学科教师沟通、协作，共同完成项目目标。

（二）具体的评估方法与工具

在探讨教师专业发展成果评估与反思时，我们提出了建立科学合理的评估指标体系。为了实现这一目标，需要具体的评估方法与工具来支撑。

1. 教学能力评估量表

（1）设计：根据评估指标体系，设计详细的评分量表。量表应包括各个评估维度的具体评分标准，确保评估的客观性和可操作性。

（2）实施：定期组织教师进行自我评估和同行互评。通过量表评分，教师可以清晰地了解自己在各个维度上的表现，发现优势与不足。

2. 同行互评机制

（1）建立：在在线协作平台上设置专门的同行互评板块。教师可以在这个板块中分享自己的教学设计、教学视频等，邀请同行进行评价和反馈。

（2）操作：同行互评应基于具体的评估量表进行，确保评价的客观性和建设性。评价结果可以作为教师专业发展的重要参考。

3. 学生学习效果评估

（1）数据收集：利用教学数据分析平台，收集学生在项目实施前后的学习数据，包括作业完成情况、考试成绩、课堂表现等。

（2）数据分析：通过数据分析，评估学生的学习效果。例如，可以绘制学生的学习进步曲线，直观展示学生在项目实施过程中的成长轨迹。

（三）持续改进与提升的闭环

教师需清晰认知自身优势与不足，依此制定有效提升策略，达成专业素养的稳步进阶。具体如下。

1. 自我反思与同行互评

（1）自我反思：鼓励教师定期撰写教学日志，记录自己的教学实践和反思。教师可以在日志中详细描述教学过程中的亮点与不足，分析学生的学习反应和效果，提出改进措施。

（2）同行互评：教师可以在在线协作平台上互相观摩教学视频，进行同行互评。通过他人的视角，发现自己的教学盲点，获取新的教学灵感。

2. 调整专业发展计划

（1）制订计划：根据评估结果和反思记录，教师应制订个人的专业发展计划。计划应明确具体的目标、措施和时间表，确保专业发展具有针对性和可操作性。

（2）实施与监督：教师按照专业发展计划，积极参与培训、教研活动等，不断提升自己的专业素养。同时，学校和教育机构应建立监督机制，定期检查教师的专业发展进展，提供必要的支持和指导。

3. 案例分享与经验交流

（1）案例分享：定期组织教师进行案例分享活动。教师可以分享自己在教学实践中的成功案例和失败教训，促进共同成长。

（2）经验交流：通过线上线下相结合的方式，组织教师进行经验交流。例如，可以邀请优秀教师进行专题讲座，分享他们在 AI 技术应用、跨学科教学等方面的宝贵经验。

（四）具体操作步骤与案例分析

在完成评估与反思后，科学合理的评估指标体系和具体评估方法与工具，最终都需落实到具体操作层面，以此实现教师专业发展的切实推进。

1. 具体操作步骤

（1）评估准备：学校和教育机构应提前制订评估方案，明确评估的目的、内容、方法和时间安排。同时，准备好所需的评估工具和量表。

（2）数据收集：通过多种渠道收集评估数据，包括教师的自我评估、同行互评、学生的学习效果数据等。确保数据的全面性和准确性。

（3）数据分析与反馈：对收集到的数据进行深入分析，形成详细的评估报告。评估报告应包括教师的优势与不足、专业发展的建议等内容。及时将评估结果反馈给教师，帮助他们了解自己的专业发展状况。

（4）改进与提升：教师根据评估结果和反馈意见，调整自己的专业发展计划，积极参与培训和教研活动，不断提升自己的专业素养。

2. 案例分析

（1）案例背景：某中学的教师团队在完成一个基于 AI 的项目式学习活动后，进行了全面的专业发展评估。

（2）评估实施：学校制订了详细的评估方案，涵盖了教学设计能力、技术应用水平、学生学习效果等多个维度。教师通过教学能力评估量表进行自我评估和同行互评，同时收集了学生的学习数据进行分析。

（3）评估结果与反思：评估结果显示，教师在教学设计和技术应用方面有了显著提升，在团队协作和学生个性化指导方面仍有改进空间。教师根据评估结果，制订了新的专业发展计划，重点提升团队协作能力和个性化教学策略。

（4）后续改进：在下一个项目中，教师更加注重团队协作，定期举行团队会议，共同讨论教学策略和学生指导方法。同时，利用智能分析工具，为每个学生制定个性化的学习路径，进一步提升学生的学习效果。

通过这一系列的评估与反思活动，教师形成了持续改进和提升的闭环，不断优化自己的教学实践，推动专业成长。

思 考 题

1. 某学校引入 AI 智能辅导系统，学生可自主完成大部分知识学习。请分析教师作为知识传递者的角色是否会被 AI 完全取代，结合 AI 局限性和教师价值论述。

2. 某教师认为“数据素养就是会用 Excel 表格”。请结合本章内容，指出该观点的局限性；用教学案例说明数据素养的更高层次要求（如动态调整教学策略）。

3. 某班学生过度依赖 AI 写作工具，自主思考能力下降。分析原因并提出解决策略。

4. 某教师使用 AI 批改作文时，系统将一篇语法有误但情感充沛的文章评为低分，却给语法严谨但内容空洞的文章高分。分析可能的原因，并思考如何调整。

5. 请为某初中设计一个跨学科项目，以“AI 守护濒危动物”为主题，融合生物、地理和信息技术三门学科，最终目标是通过跨学科整合，帮助学生理解濒危动物保护的复杂性，并利用 AI 技术提出创新解决方案，同时提升教师的跨领域教学能力。设计内容包括：明确项目核心目标、选择辅助工具、转变教师角色、培养学生能力等。

第四章

AI赋能教育教学的理论基础

知识框架

- 第四章 AI赋能教育教学的理论基础
  - 第一节 行为主义学习理论与AI教学
    - 一、行为主义概述
    - 二、行为主义学习理论与AI教学的契合点
  - 第二节 认知主义学习理论与AI教学
    - 一、格式塔完形理论与AI教学
    - 二、布鲁纳的认知发现学习理论与AI教学
    - 三、皮亚杰的认知发展理论与AI教学
    - 四、奥苏贝尔的有意义学习理论与AI教学
    - 五、托尔曼的信息认知理论与AI教学
  - 第三节 建构主义学习理论与AI教学
    - 一、经典建构主义学习理论
    - 二、社会建构主义理论
    - 三、建构主义学习理论与AI教学的契合点
  - 第四节 联通主义学习理论与AI教学
    - 一、联通主义的跨学科学习理论
    - 二、联通主义跨学科学习理论与AI教学的契合点

在当代社会，AI 技术正以空前的速度迅猛发展，其影响力已广泛渗透至各个领域，教育领域亦不例外。AI 赋能教育教学已成为教育界备受瞩目的焦点话题，为教育的变革与发展带来了前所未有的机遇与挑战。我国于 2025 年 1 月 19 日正式颁布了《教育强国建设规划纲要（2024—2035 年）》，在探讨如何建设教育强国的问题时，AI 赋能教学成为一个不可回避的议题。

借助 AI 技术，学校与教育机构中原本烦琐的管理任务得以自动化处理。例如，学生的考勤管理、成绩统计、课程安排等工作，以往需要大量的人力与时间来完成，现在通过 AI 系统可以快速、准确地完成，大大降低了运营成本，使得教育资源能够得到更合理的分配与利用，从而使教育更有效率。

AI 技术开启了个性化教学的新纪元。每个学生都有自己独特的学习节奏、兴趣爱好和学习风格，传统的统一教学模式难以满足每个学生的需求。而 AI 技术可以根据学生的学习数据，如答题准确率、学习时长、错误类型等，深入分析学生的学习特点和需求，为每个学生定制专属的课程内容和学习计划。教师亦能借助 AI 技术及时获取关于学生学习模式的洞察，了解学生在哪些知识点上存在困难，哪些方面掌握得较好，从而提供更精准的指导，提高教学效果。此外，AI 赋能教育教学还提高了学习的适应性和互动性。例如，智能辅导系统可以根据学生的回答实时调整问题的难度和类型，为学生提供个性化的学习挑战；虚拟学习社区则为学生提供了与教师和同学互动交流的平台，激发了学生的学习动力和积极性。借助 AI 的辅助教学，我们可以实现真正的因材施教，做到教学的千人千面。

AI 赋能教育教学的理论基础，为教育改革和创新提供了新的视角和方法。通过个性化学习、自适应学习、教学促进、社会互动和终身学习等多个维度，AI 技术在教育中的应用潜力巨大。未来，教育者需要不断探索和实践，以实现 AI 与教育的深度融合，从而提升教育质量和学生的全面发展。

我们基于教育心理学的学习理论来分析 AI 赋能教育教学的理论基础，即从行为主义、认知主义、建构主义、联通主义（connectivism）的视角进行分析。

在 AI 不断深入赋能教育实践的背景下，理解 AI 技术如何影响学习过程、教学组织与知识建构，必须回到教育心理学的核心问题——人是如何学习的。本章立足于多个典型学习理论，从行为的形成到认知的发展，从个体的知识建构到网络时代的知识连接，来系统探讨 AI 与教学融合的理论基础。这些学习理论不仅反映了学习思想的发展脉络，也为 AI 技术在教学场景中的应用提供了理论指导。

第一节 行为主义学习理论与 AI 教学

作为学习理论发展的起点，行为主义强调学习是可观察的外部行为及其形成规律，为后续教学手段的程序化、反馈机制的构建及 AI 教学的建模提供了坚实的基础。因此，本节首先从行为主义学习理论出发，剖析其核心观点及其在 AI 辅助教学中的契合点。

一、行为主义概述

行为主义是由美国心理学家华生（Watson）于 1913 年提出的。在当时的心理学领域，弗洛伊德的精神分析法占据统治地位，主要关注人的意识、潜意识与无意识。但华生认为意识是看不见、摸不着的，无法进行客观的研究与评价，因此，他主张心理学应该研究人和动物可以观察的行为，反对研究意识和使用内省的方法。华生曾经说过，“永远不使用意识、心理状态、心理内容、意志、意象以及诸如此类的名称，是完全可能的。行为研究可以用‘刺激’‘反应’等字眼，用习惯的形成、习惯的整合以及诸如此类的方法加以实现”。行为主义产生后，在世界各国心理学界产生了很大的反响，推动了心理学的科学化发展。

行为主义主要研究儿童和动物的行为，因为这两者的行为相对简单，更容易被观察和记录。通过对儿童和动物行为的研究，行为主义者总结出了一些基本的学习规律和原理。行为主义学习理论分为经典条件反射理论与操作性条件反射理论。

（一）经典条件反射理论

经典条件反射理论由生理学家巴甫洛夫（Pavlov）提出。他在研究狗的消化分泌的时候意外发现，消化腺分泌量的变化与外在的刺激存在着密切相关的关系。巴甫洛夫通过著名的狗唾液分泌实验，揭示了经典条件反射的原理。

在实验中，巴甫洛夫给狗呈现食物（无条件刺激），狗会自然地分泌唾液（无条件反应）。然后，他在给狗呈现食物之前，先发出一个铃声（中性刺激）。经过多次重复后，即使只听到铃声，狗也会分泌唾液，此时铃声就成为条件刺激，狗听到铃声分泌唾液的反应就成为条件反射。

巴甫洛夫认为人和动物都可以形成条件反射，但是两者存在着本质的区别。动物没有语言，它们能形成条件反射是本能的属性，可由颜色、气味和声音等具体的刺激物引起。而人可以通过语言产生条件反射，这是人类特有的能力。例如，当人们听到“酸梅”这个词时，可能会不自觉地分泌唾液，这就是通过语言形成的条件反射。

1. 经典条件反射理论的主要内容

（1）条件反射的形成和消退：条件作用的获得是条件刺激物与无条件刺激物反复刺激使个体学会对条件刺激物做出反应。条件刺激物与无条件刺激物之间有三种形式。①同性条件作用，即条件刺激与无条件刺激是同步出现。例如，在巴甫洛夫的实验中，如果铃声和食物同时出现，狗更容易形成对铃声的条件反射。②延迟性条件作用，即条件刺激先出现一段时间，当它还没有消失时，无条件刺激出现。比如，先响铃 5 秒后再呈现食物。③痕迹性条件作用，即条件刺激先出现，消失一段时间以后，无条件刺激才开始出现。例如，先响铃，铃声停止 2 秒后再呈现食物。在条件反射建立后，如果条件刺激多次出现而没有无条件反射刺激伴随，条件反应就会变得越来越弱并最终消失。例如，如果只给狗响铃而不呈现食物，经过多次重复后，狗听到铃声分泌唾液的反应就会逐渐减弱，直至消失。

（2）泛化与分化：在条件反射形成初期，不仅条件刺激引起条件反应，与条件刺激类似的刺激也会诱发条件反应，这就是条件反射的泛化。例如，在巴甫洛夫的实验中，如果狗对某一频率的铃声形成了条件反射，那么它可能对其他频率相近的铃声也会产生分泌唾液的反应。对相似的铃声产生的反应就是条件反射的泛化。

而分化则是指个体能够区分不同的刺激，只对特定的条件刺激产生条件反应。通过训练和强化，个体可以学会区分相似的刺激，只对真正的条件刺激做出反应。例如，通过训练，狗可以学会只对特定频率的铃声分泌唾液，而对其他频率的铃声不产生反应。

（3）消退与恢复：条件反射形成后如果得不到强化，条件反应就会逐渐减弱最终消失，这就是消退。但是，消退并不意味着条件反射永远消失了。在一段时间后，如果再次呈现条件刺激，条件反应可能会再次出现，这就是恢复。不过，恢复的条件反应通常比原来的反应要弱。

（4）延缓与调整：在某些情况下，条件刺激出现后，无条件刺激隔一段时间才出现。例如，在训练狗对铃声形成条件反射时，可以先响铃，过 5 秒后再呈现食物。这种延缓可以使个体学会在条件刺激出现后等待一段时间，直到无条件刺激出现。同时，个体也可以根据实际情况调整自己的反应，以适应不同的环境。

2. 高级条件反射的作用

在条件作用形成后再用新的中性刺激与条件刺激相结合可以形成第二级、第三级的条件反射。例如，在狗对铃声形成条件反射后，可以将灯光与铃声同时呈现，经过多次重复后，灯光也可以成为条件刺激，引起狗的唾液分泌反应。经典条件反射学习在人类的生活中非常常见。一切不引起有机体反应的中性刺激，由于有与曾反复或能引起有机体反应的无条件刺激相伴出现，就变成了预示着无条件刺激到来的信号，并出现一定的规律性。

（二）操作性条件反射理论

操作性条件反射理论是由美国心理学家斯金纳（Skinner）提出的学习理论，强调个体行为与环境结果之间的关系。在这一理论中，行为是由其后果决定的，特定行为会通过奖励或惩罚被强化或削弱。操作性条件反射理论与经典条件反射理论不同，后者关注的是无意识的反射性反应，而操作性条件反射则强调个体主动控制环境以产生特定后果的行为。

操作性条件反射理论的核心概念包括正强化、负强化、惩罚和消退。正强化指的是通过提供愉快的刺激来增加某种行为的发生频率。例如，在教育领域，学生完成作业后获得奖励，可以显著提升他们的学习积极性。负强化则是通过移除不愉快的刺激来加强行为的发生，例如，驾驶汽车时，驾驶员不系安全带，汽车会发出噪声，系上安全带后噪声移除。惩罚机制能有效遏制不良行为，其中正惩罚涉及施加不愉快刺激，负惩罚则涉及移除愉悦刺激。至于消退现象，它表明当行为失去强化时，该行为的发生频率将逐渐降低乃至消失。

二、行为主义学习理论与 AI 教学的契合点

行为主义通过对经典条件反射和操作性条件反射的深入研究，揭示了外部刺激与行为反应之间的联结机制，强调强化、惩罚和反馈在行为塑造中的作用。这一理论强调学习的可观察性、可测量性和可控制性，为教学活动的系统化和可量化提供了理论依据。随着 AI 技术在教育领域的应用，行为主义的基本原理与 AI 辅助教学中的程序化反馈、行为监测及个性化激励机制产生了高度契合，展现出新的理论价值与实践意义。

（一）即时反馈

AI 可以通过智能系统提供多样化的学习刺激（如问题、任务等），并根据学生的反应（如答案、操作等）进行即时反馈。这种即时反馈机制强化了刺激与反应之间的联结，有助于学生形成正确的学习行为。例如，在在线学习平台上，当学生完成一道练习题后，系统会立即给出正确答案和详细的解析，让学生知道自己的回答是否正确，以及为什么正确或错误。这种即时反馈可以让学生及时调整自己的学习策略，加深对知识点的理解和掌握。

（二）强化与惩罚

行为主义强调强化（正强化和负强化）和惩罚在学习中的作用。AI 可以通过智能算法识别学生的学习行为，并提供相应的强化或惩罚。

正强化是指给予积极的刺激，以增强某种行为的发生频率。例如，学生在完成学习任务后，AI 系统可以给予虚拟奖励（如积分、徽章等），以增强学生的学习动机。这些虚拟奖励可以激发学生的竞争意识和成就感，让他们更愿意投入到学习中。

负强化是指撤销消极的刺激，以增强某种行为的发生频率。例如，如果学生在规定时间内完成了学习任务，系统可以减少一些额外的作业或练习，让学生感受到完成任务的好处，从而更愿意按时完成学习任务。

惩罚则是指给予消极的刺激，以减少某种行为的发生频率。对于错误的学习行为，AI 可以提供纠正性反馈，帮助学生避免重复错误。例如，当学生回答错误时，系统会指出错误所在，并提供相关的知识点和练习，让学生重新学习和巩固。

（三）程序化教学

行为主义学习理论中的程序化教学强调将学习内容分解为若干步骤，并通过逐步强化和及时评价来促进学习。AI 可以通过自适应学习系统（adaptive learning system）将复杂的学习任务分解为多个小步骤，并根据学生的学习进度逐步推进。每个步骤完成后，AI 系统会提供即时反馈和强化，确保学生掌握每个小步骤后再进入下一个阶段。例如，在学习数学时，系统可以将一个复杂的数学问题分解为多个简单的步骤，让学生逐步完成。每完成一个步骤，系统会给予肯定和奖励，鼓励学生继续前进。这种程序化教学方式可以让学生更容易理解和掌握知识，提高学习效率。

（四）个性化强化

行为主义认为不同个体对强化的反应不同，因此需要个性化的强化策略。AI 可以通过机器学习算法分析每个学生的学习行为和反应模式，从而提供个性化的强化方案。我国伟大的教育家孔子提出了对学生进行因材施教，因学生的不同给予不同的评价与反馈，但在大班教学，很难具体实施。然而，有了 AI 辅助教学之后，就可以更好地实现这一理念。例如，对于某些学生，AI 系统可能会提供更多的虚拟奖励，以激发他们的学习兴趣；而对于另一些学生，AI 系统则可能通过提供更多的挑战性任务来激发其学习动力。通过个性化强化，AI 可以更好地满足每个学生的需求，提高学习效果。

（五）自动化评估

行为主义强调通过客观的评估来衡量学习效果。AI 可以通过自动化评估系统对学生的学习成果进行客观、准确的评估，减少人为偏见。

这种自动化评估不仅提高了评估效率，还为学生提供了更为公正的学习反馈。例如，在在线考试中，AI 系统可以自动批改试卷，根据学生的答题情况给出准确的分数和评价。同时，AI 系统还可以分析学生的答题过程，找出学生的薄弱环节，为学生提供针对性的学习建议。现在市场上流行的一些学习 APP 就是利用 AI 技术对学生的学习过程进行全面跟踪和分析。通过收集学生在课堂表现、作业、考试等多方面的数据，能够精准定位每个学生的知识薄弱点和学习风格。例如，对于视觉型学习者，AI 系统会更多地提供图表、图像等可视化的学习资源和反馈；对于听觉型学习者，则会提供更多的语音讲解和音频资料。

第二节　认知主义学习理论与 AI 教学

行为主义学习理论强调外部行为的可观察与可测量，并通过刺激与反应的联结来解释学习过程。然而，随着研究者对人类学习过程复杂性的进一步认知，单纯依靠外部行为已难以全面解释学习现象。此时，认知主义应运而生，它将关注点转向学习者的内部心理加工过程，强调信息的获取、储存与加工。因此，从行为主义到认知主义的过渡，体现了学习理论由外显行为向内隐认知机制研究的深化，也为 AI 辅助教学在认知层面上的应用提供了理论支撑。认知主义是心理学的重要流派，它强调研究人的内部认知过程，主要理论内容包括以下几种：格式塔完形理论、布鲁纳（Bruner）的认知发现学习理论、皮亚杰（Piaget）的认知发展理论、奥苏贝尔（Ausubel）的有意义学习理论和托尔曼（Tolman）的信息认知理论。

一、格式塔完形理论与 AI 教学

格式塔完形理论强调学习是一种基于整体感知与顿悟的过程，主张个体通过对情境中各要素的组织与重组实现问题解决。该理论认为，学习不是简单的“刺激-反应”积累，

而是在整体结构中实现知觉重组与意义构建。其核心理念包括整体优先、知觉组织原则及顿悟学习，突出了个体在学习过程中的主动性与创造性。该理论为 AI 教学中实现整体性知识呈现、结构化内容组织，以及启发式学习策略提供了重要启示。

（一）格式塔完形理论

格式塔是德语词“gestalt”的音译，意思是完形。格式塔学派对于学习的基本观点是：学习是个体利用自身智慧和理解力对情境与自身关系的顿悟。著名的黑猩猩取香蕉实验就是格式塔学派学习理论的经典例证。在实验中，黑猩猩被关在一个笼子里，笼子外面放着香蕉，黑猩猩够不到香蕉。但是，笼子里有一些箱子。经过一段时间的观察和尝试，黑猩猩突然领悟到可以将箱子叠起来，然后站在箱子上拿到香蕉。这表明学习不是通过盲目的尝试错误，而是通过对情境的整体理解和顿悟来实现的。格式塔完形理论认为学习的实质是在主体内部构造完形。完形的心理结构，是对事物关系的认知。在解决问题时，情境中的各个事物都依赖于整个完形。学习是不断构建完形的过程，刺激与反应之间的联结不是直接的，而是以意识为中介的。换言之，个体在学习历程中必须对所接收的信息进行深入的加工与透彻的理解，方能构建起准确无误的认知框架。

格式塔完形理论认为学习的实质就是知觉的重新组织，是经验变化的过程。知觉重组是学习的核心；顿悟学习可以避免多余的试误，同时又有助于迁移。顿悟学习的核心是要把握事物的本质。例如，在学习数学时，如果学生能够通过顿悟理解数学概念的本质，那么他们就能够更好地运用这些概念解决问题，并且能够将所学知识迁移到其他情境中。格式塔完形理论的教学规律主要是：整体观念、知觉组织原则和学习过程是对以往经验的整合，强调顿悟。

（1）整体观念：格式塔完形理论反对把意识分析为元素，强调将学习作为一个整体、一种组织的意义。它认为整体不能还原为各个部分、各种元素的总和；部分相加不等于整体；整体先于部分而存在，并且制约着部分的性质和意义。例如，当我们欣赏一幅画时，我们首先感知到的是这幅画的整体意境和情感表达，而不是一个个孤立的色彩和线条。

（2）知觉组织原则：格式塔完形理论提出了一系列知觉组织原则，如接近性、相似性、连续性、闭合性等。这些原则描述了人们如何将感觉信息组织成有意义的知觉整体。例如，在看到一系列点时，如果某些点彼此接近，我们会倾向于将它们看作一个整体。在教学中，教师应将易于混淆的相似知识点整合讲授。

（3）顿悟学习：格式塔心理学家通过对黑猩猩的实验研究，提出了顿悟学习的概念。他们认为学习不是渐进的尝试与错误的过程，而是突然的顿悟。

（二）格式塔完形理论与 AI 教学的契合点

格式塔完形理论强调人类认知过程中对整体结构的感知和理解，以及心理现象的完整性和组织性。AI 辅助教学则借助 AI 技术优化教学过程、提升教学效果。二者存在以下契合点。

（1）教学内容呈现：格式塔完形理论强调整体先于部分，人们会优先感知事物的整体结构。在 AI 辅助教学领域，AI 能够以一种宏观的视角，将教学内容整体性地展现给学生。例如，在教授外语文学作品时，AI 先揭示作品的整体架构、核心主题与关键情节，帮助学生从宏观层面把握作品，避免其过早陷入烦琐的细节分析。这种方式能够促进学生整体把握知识体系，构建出完整的认知框架。比如，在英语教学中首先让学生理解整个的语篇，而不是单个的单词或语法教学，这也是中小学英语教学中反复强调语篇的意义。

（2）组织与结构化：格式塔完形理论提出了一系列知觉组织原则，如接近性、相似性、连续性等。AI 可以利用这些原则对教学内容进行组织和结构化。例如，在制作在线课程时，AI 可以根据知识点的相关性和逻辑关系，将相似的内容放在一起，形成模块或章节，使教学内容更加有条理，便于学生理解和记忆。在一些在线学习平台中，AI 会根据接近性原则来组织课程内容。例如，在一门历史课程中，AI 会将同一历史时期的不同事件和知识点归为一个章节。像唐朝时期的政治制度、经济发展、文化艺术等内容会被安排在一起，因为这些内容在时间上接近，学生在学习时能够更容易地将它们联系起来，形成对唐朝这一历史时期的整体认知。

（3）学习过程引导：格式塔完形理论认为学习是一个顿悟的过程，而不是渐进地尝试错误。AI 辅助教学巧妙地设置问题情境，并适时提供启发性提示，助力学生顿悟。例如，在数学教学中，AI 可以给出一些具有挑战性的问题，当学生遇到困难时，AI 可以适时地提供一些引导性的提示，帮助学生突破思维障碍，突然领悟到问题的解决方法。

（4）个性化学习路径：每个学生对知识的整体感知和理解方式都有所不同，格式塔完形理论关注个体在认知过程中的主观能动性。AI 能够根据学生的学习数据和表现，分析每个学生的认知特点和学习风格，为其制定个性化的学习路径。

（5）学生整体理解的学习效果评估：格式塔完形理论强调对整体结构的理解，因此在学习效果评估方面，AI 不仅可以关注学生对单个知识点的掌握情况，还可以评估学生对知识整体结构的理解。例如，通过让学生构建知识地图、进行案例分析等方式，AI 可以分析学生是否能够将所学的知识点联系起来，形成一个完整的知识体系。

（6）认知结构变化监测：AI 可以利用大数据和机器学习技术，监测学生在学习过程中的认知结构变化。根据格式塔完形理论，学习是认知结构不断调整和完善的过程。AI 可以通过分析学生的答题模式、学习行为等数据，了解学生认知结构的变化情况，及时发现学生在学习过程中存在的问题，并提供个性化反馈、适应性指导及相应的学习策略支持。

二、布鲁纳的认知发现学习理论与 AI 教学

布鲁纳的认知发现学习理论强调学习者通过主动探索与发现获取知识，强调教学应引导学生理解学科的基本结构，突出教育干预的可能性与必要性。而 AI 可以为学生提供丰富的探索资源和多样化的学习环境，激发学生探索热情，促进知识建构。

（一）布鲁纳的认知发现学习理论

布鲁纳认为学习的实质不是被动地形成刺激-反应链接，而是主动地形成认知结构，是通过将新知识融入已有的认知结构中，积极建构新的认知体系的过程。布鲁纳认为学生应依靠自己的力量去获得新知识、寻求解决问题方法，教师应提供环境，使学生发现自己的认知结构。

（1）强调认知结构的重要性。学习是对信息的加工，并将知识连成知识系统。教师在教学中的主要任务是给学生提供有助于矫正和提高反馈的信息。无论教授什么学科，教师都要使学生理解学科的基本结构。掌握学科的基本结构包括两方面。一方面指掌握该学科的基本知识结构，即掌握一门学科中最基本的概念、原理及其内在的逻辑联系；另一方面是指掌握学习该学科的方法。

掌握学科的基本知识结构有利于该学科知识的长期保持和检索。例如，在学习历史时，如果学生能够掌握历史事件的时间顺序、因果关系等基本知识结构，那么他们就能够更好地理解和记忆历史知识。掌握最基本的概念和原理有利于学习迁移的发生。当学生掌握了学科的基本概念和原理后，他们就能够将这些知识应用到不同的情境中，解决各种问题。掌握具有再生能力的基本知识结构有利于培养学习的内部动机。如果学生能够理解学科的基本结构，他们就会对学科产生更浓厚的兴趣，从而更愿意主动学习。在早期教育中教授学科的基本结构，有利于促进儿童的智力发展。掌握学科的研究方法，可以在学习的基本结构中发现新的知识点与知识的迁移。

（2）强调发现学习。布鲁纳认为认知结构是个体关于现实世界的内在编码系统，是一系列相互关联的、非具体性的类目。他主张学习的目的在于以发现学习的方式，使学科的基本结构转变为学生头脑中的认知结构，即学生通过自己的探索和发现来获取知识。布鲁纳认为发现学习可以提高学生的智慧潜能，培养学生的内在动机。例如，在学习数学时，学生需要掌握数学的基本概念、原理和方法，形成自己的数学认知结构，从而形成学生自己对数学的理解。在科学课堂上，教师应引领学生通过动手实验与细致观察自主探寻科学规律，而非径直揭晓答案。

（二）布鲁纳的认知发现学习理论与 AI 教学的契合点

布鲁纳的认知发现学习理论强调学生主动探索、发现知识，培养其探究能力和思维能力。AI 辅助教学优化教学过程，促进学生的发现学习。

（1）AI 可以激发学生主动探索的精神：布鲁纳认为学习是一个主动的过程，学生的学习动机是推动其进行发现学习的关键因素。让学生自主发现问题、解决问题，能够激发他们的内在学习动机，使学习变得更有乐趣和成就感。AI 可以设计出具有趣味性和挑战性的学习情境，激发学生的学习动机。例如，在一些教育游戏化的 AI 应用中，学生需要通过解决各种难题来推动游戏进程，这种方式将学习与游戏相结合，让学生在轻松愉快的氛围中主动参与学习。这正是布鲁纳所倡导的激发学生内在动机去发现知识。

（2）AI 可以为学生提供探索机会：布鲁纳认为发现学习强调学生要亲自参与知识的探索过程，通过自己的思考和实践来获取知识。在这个过程中，学生能够更好地理解知识的本质和内在联系，培养独立思考和解决问题的能力。AI 技术可为学生提供丰富的探索素材与多元化的学习场景。比如，在科学课上，AI 模拟实验平台可以让学生自由地进行各种实验操作，改变实验条件，观察实验结果。学生可以像科学家一样自主探索科学规律，而不受时间、空间和实验设备的限制。这与布鲁纳的发现理论中让学生亲自探索知识的理念高度契合。

（3）AI 可以促进学生进行知识建构：布鲁纳认为学习不是被动地接收知识，而是主动地将新知识与已有的认知结构相联系，构建新的知识体系。发现学习有助于学生在探索过程中不断调整和完善自己的认知结构。AI 可以根据学生的学习情况和认知水平，提供个性化的学习内容和引导，帮助学生更好地进行知识建构。例如，AI 智能辅导系统能够分析学生的答题错误，找出其知识漏洞，并为学生推荐相关的学习资料和练习题目，引导学生逐步填补知识空白，完善自己的知识体系，就像布鲁纳所强调的学生主动构建知识的过程。布鲁纳认为在发现学习的过程中，学生需要不断地思考、分析、推理和解决问题，这有助于培养他们的多种思维能力，如批判性思维、创造性思维等。AI 可以通过设计一些具有启发性的问题和任务辅助教学，培养学生的思维能力。例如，AI 编程教育平台精心设计的开放性编程任务，鼓励学生自主探索，从算法设计到代码编写，全程锻炼他们的逻辑思维与创新思维。这与布鲁纳发现理论中培养学生思维能力的目标相一致。

（4）AI 可以及时反馈与评价：在发现学习中，及时的反馈对于学生调整学习策略、改进学习方法非常重要。通过反馈，学生能够了解自己的学习进展和存在的问题，从而更好地进行后续的学习。AI 能够实时监测学生的学习过程，为学生提供及时、准确的反馈和评价。例如，在在线写作课程中，AI 可以对学生的作文进行语法检查、内容分析，并给出详细的修改建议，学生可以根据这些反馈及时改进自己的写作，不断提高学习效果。这与布鲁纳强调的及时反馈促进学习的观点相符合。

布鲁纳强调学习者通过主动探索与发现获取知识，强调教学应引导学生理解学科的基本结构，这一观点与皮亚杰强调个体认知结构的发展的理念具有内在一致性。不同之处在于，皮亚杰更关注认知发展的自然阶段性与内在机制，而布鲁纳则突出教育干预的可能性与必要性，认为通过适当设计，任何内容都可以在适当方式下教给任何年龄阶段的儿童。

三、皮亚杰的认知发展理论与 AI 教学

皮亚杰的认知发展理论通过系统划分认知发展的阶段，揭示了儿童思维从具体到抽象、从感知思维到逻辑推理的渐进过程，强调学习必须与个体的认知结构相适应。这一理论强调个体在与环境互动中的主动建构过程，对教育教学的内容选择与方式设计提出了发展性要求。随着 AI 技术的广泛应用，AI 在识别学习者发展水平、动态适配教学内容等方面的能力，使皮亚杰理论在智能教育环境中获得了新的实践维度与应用价值。

（一）皮亚杰的认知发展理论

皮亚杰的认知发展理论是心理学领域的重要里程碑，它不仅解释了儿童如何逐步发

展出逻辑思维能力，还强调了认知发展的本质、机制及阶段。该理论由瑞士心理学家皮亚杰提出，他通过观察和实验发现儿童的认知发展遵循特定的阶段顺序，每个阶段都代表着认知能力的重要进步。皮亚杰将儿童的认知发展分为四个主要阶段：感知运动阶段、前运算阶段、具体运算阶段和形式运算阶段。

1. 认知发展的本质

皮亚杰认为认知发展是个体与环境不断相互作用的过程。个体通过先天的遗传因素和后天的环境经验相互影响，逐渐构建起对世界的认知。在这个过程中，个体并非被动地接纳外界信息，而是主动地筛选、组织并处理这些信息。

2. 认知发展的机制

认知发展的机制包括图式、同化、顺应和平衡。皮亚杰认为，认知发展的实质是适应，儿童的认知是在已有图式的基础上，通过同化和顺应不断从低级向高级发展。图式是指儿童对环境进行适应的认知结构。同化是指个体将新的信息纳入已有的图式中，以丰富和加强原有的认知结构。顺应发生在个体面对新信息与原有认知框架不匹配时，他们会调整或重构原有的认知框架，以便接纳和理解新的信息。平衡是指个体通过同化和顺应两种机制，使认知结构与环境保持一种相对稳定的状态。当个体遇到新的信息时，会先尝试用同化的方式处理，如果无法解决问题，就会进行顺应，从而达到新的平衡。

3. 认知发展的阶段

皮亚杰认为儿童的心智发展分为四个不同的阶段，应该根据不同的心理阶段进行不同方法的教学。他将人的心智的发展分为四个阶段：感知运动阶段、前运算阶段、具体运算阶段、形式运算阶段。每个阶段都有其独特的认知特点和发展任务。

（1）感知运动阶段（0—2 岁）：婴儿主要通过感知和动作来认识世界，逐渐形成客体永久性的概念，即意识到物体即使在看不见、摸不着的时候仍然存在。例如，当一个玩具被藏起来时，婴儿开始会认为玩具消失了，但随着发展，他们会去寻找被藏起来的玩具。

（2）前运算阶段（2—7 岁）：儿童在这一阶段开始利用符号和语言来代表外部事物，但其思维仍具有自我中心、不可逆及刻板化的特征。自我中心性表现为儿童往往只从自己的角度看待问题，难以理解他人的观点；不可逆性是指儿童不能反向思考问题，如知道 2+3=5，但不理解 5−3=2；刻板性则体现为儿童在判断事物时往往只关注事物的一个方面，而忽略其他方面。

（3）具体运算阶段（7—11 岁）：儿童的思维开始具有逻辑性和可逆性，能够进行具体的逻辑运算，但需要借助具体的事物或形象来支持。例如，在进行数学运算时，需要通过实物或图形来帮助理解。同时，儿童开始理解守恒的概念，即物体的数量、质量、长度等属性不会因为其外在变化而影响内在实质的变化。

（4）形式运算阶段（11—17 岁）：个体的思维能够摆脱具体事物的束缚，进行抽象的逻辑推理和假设-演绎推理。他们可以思考假设性的问题，进行命题运算，并且能够对各种可能性进行系统的思考和分析。例如，能够进行代数运算、解决逻辑谜题等。

（二）皮亚杰的认知发展理论与 AI 教学的契合点

皮亚杰的认知发展理论将儿童认知发展分为感知运动、前运算、具体运算和形式运算四个阶段。AI 辅助教学在不同阶段都能找到与之契合的点，助力儿童更好地完成认知发展任务。

（1）AI 为感知运动阶段（0—2 岁）的儿童提供丰富感知体验：此阶段儿童依靠感知和动作认识世界，AI 辅助教学可借助智能玩具、早教机器人等设备，为儿童提供多样化的感知刺激。例如，具有不同材质、形状和颜色的智能触摸玩具，能让儿童通过触摸、抓握感受物体特性；早教机器人可播放各种声音、音乐和故事，刺激儿童听觉发展，丰富他们的感知体验，促进认知发展。

AI 技术能设计出模拟物体消失和出现的互动游戏，促进儿童客体永久性概念形成。比如，在早教 APP 上，一个小球会在屏幕上突然消失又出现，吸引儿童去寻找，帮助他们逐渐形成客体永久性的概念，符合这一阶段儿童认知发展的需求。

（2）AI 为前运算阶段（2—7 岁）的儿童提供符号和语言学习支持：该阶段儿童开始使用符号和语言，AI 辅助教学可利用动画、游戏等形式，帮助儿童学习语言和符号。例如，语言学习 APP 通过生动有趣的动画和互动游戏，教儿童认识字母、单词和简单句子；智能绘本阅读 APP 能通过语音朗读和图像展示，帮助儿童理解故事内容，促进其语言和符号认知的发展。借助 VR 或 AR 技术，AI 可以为儿童创造不同的情境，让他们体验他人的视角，缓解自我中心思维。比如，在虚拟场景中，儿童扮演不同角色，经历不同事件，从而逐渐理解他人的感受和想法，一定程度上缓解自我中心思维。

（3）AI 为具体运算阶段（7—11 岁）的儿童提供逻辑运算学习辅助：这一阶段儿童能进行具体逻辑运算，AI 辅助教学可提供各种数学和逻辑练习软件。例如，数学学习 APP 通过有趣的题目和互动式教学，帮助儿童掌握加减乘除等运算；逻辑思维训练游戏能让儿童在解决问题的过程中，锻炼逻辑推理能力，符合该阶段儿童对具体逻辑运算的学习需求。

AI 可以设计动态演示实验，帮助儿童理解守恒概念。比如，在数学教学软件中，通过动画展示液体在不同形状容器中的体积变化，让儿童直观地看到物体的属性不会因外在形态改变而变化，从而更好地理解守恒概念。

（4）AI 为形式运算阶段（11—17 岁）的儿童提供抽象思维培养支持：此阶段个体能进行抽象逻辑推理，AI 辅助教学可提供高级的学习工具和资源。例如，在线学习平台上的学术数据库和智能辅导系统能帮助学生进行深入的学科研究和问题解决；编程学习软件能让学生通过编写代码进行抽象的算法设计和逻辑推理，培养抽象思维能力。AI 可以设计模拟实验和问题情境，让学生进行假设-演绎推理。比如，在科学实验模拟软件中，学生可以提出假设，设计实验方案，并通过模拟实验验证假设，培养科学探究能力和假设-演绎推理能力。

四、奥苏贝尔的有意义学习理论与 AI 教学

皮亚杰的认知发展理论强调个体认知结构的发展阶段及其自我建构的特性，突出认

知能力随年龄而逐步演化的规律，为教学活动的适时性与发展性提供了依据。然而，认知发展理论对教学内容与知识结构本身的分析相对不足。奥苏贝尔将焦点进一步转向学习过程中知识的组织与同化，强调新旧知识之间实质性联系在学习中的核心作用。从皮亚杰的“发展优先”走向奥苏贝尔的“学习意义优先”，体现了从发展心理机制到知识建构机制的理论延伸。

（一）奥苏贝尔的有意义学习理论

1. 学习的分类

奥苏贝尔将学习分为有意义学习（meaningful learning）与机械学习（mechanical learning）。他认为学习的实质就是将符号所代表的新知识与学习者认知结构中已有的适当观念建立起实质性联系，指新知识与已有认知结构中的有关观念建立起的是符合逻辑的联系；高深的意义学习就是理解符号所代表的意义，新知识与学习者原有的认知结构之间建立起逻辑关系。

例如，学生在学习“等边三角形是三条边都相等的三角形”时，能将“等边三角形”这一新知识与自己认知结构中已有的“三角形”概念及“相等”的概念建立起内在的、实质性的联系，这就是有意义学习。又如，在学习历史事件时，如果学生能够将该事件与自己已有的历史知识和生活经验联系起来，那么这种学习就是有意义学习。

机械学习是与有意义学习相对的概念,强调通过重复记忆而非理解关联来获取知识。例如，在没有英语语篇支持下反复背诵单词；死背数学公式而不懂其推导过程；死记硬背历史上的年代，而没有与历史事件整体意义联系起来的学习。这些都是机械学习。机械学习是被动的、低层次的，也是很容易遗忘的，奥苏贝尔认为机械学习无法实现学生认知结构的扩展。

2. 有意义学习的类型

奥苏贝尔将有意义学习分为：表征学习、概念学习、命题学习。

（1）表征学习。表征学习又称符号学习，是指学习单个符号或一组符号的意义，或者说学习它们代表什么。表征学习的主要内容是词汇学习，即学习单词所代表的意义。例如，儿童学习“苹果”这个词，就是将“苹果”这个符号与苹果实物建立起联系。

（2）概念学习。概念学习是指掌握同类事物的共同的关键特征和本质属性。例如，学习“三角形”的概念，就是要理解三角形是由三条线段首尾相连组成的封闭图形这一关键特征，而不管三角形的大小、颜色、形状等非本质特征如何。

（3）命题学习。命题学习是指学习若干概念之间的关系，或者说学习由几个概念联合所构成的复合意义。命题可以分为两类，一类是非概括性命题，只表示两个或两个以上的特殊事物之间的关系，如“北京是中国的首都”；另一类是概括性命题，表示若干事物或性质之间的关系，如“圆的直径是半径的两倍”。

3. 有意义学习的同化机制

奥苏贝尔认为，同化是有意义学习的心理机制。同化的实质是新知识通过与已有认知结构中的知识或观念建立实质性的、非人为的联系，即“新观念被现有认知结构同化”，而非机械记忆。这一过程通过三种主要方式实现：新旧知识建立了实质性联系、认知结构发生了渐进分化与整合协调、知识以层级网络形式组织（从概括到具体）。他提出了三种同化模式。

（1）下位学习：又称类属学习，是指将概括程度或包容范围较低的新概念或命题，归属到认知结构中原有的概括程度或包容范围较高的适当概念或命题之下，从而获得新概念或新命题的意义。下位学习可以分为两种形式。一种是派生类属，即新学习内容仅仅是学生已有的、包容面较广命题的一个例证，或是能从已有命题中直接派生出来的。例如，学生已经知道了“哺乳动物”的概念，再学习“鲸”这一概念时，就可以将“鲸”归属到“哺乳动物”的概念之下。另一种是相关类属，即新内容纳入可以扩展、修饰或限定学生已有的概念、命题，并使其精确化。例如，学生原以为“汽车都要烧油”，但学到“电动汽车”后，就会修正动力来源的认知；儿童原认为“所有会飞的都是鸟”，学习“蝙蝠”后，就会修正分类。

（2）上位学习：又称总括学习，是指新概念、新命题具有较广的包容面或较高的概括水平，这时，新知识通过把一系列已有观念包含于其下而获得意义，新学习的内容便与学生认知结构中已有观念产生了一种上位关系。例如，当学生已经掌握了“苹果”“香蕉”“橘子”等具体概念后，再引入“水果”这一更高级别的概念时，“水果”的概念便展现出了更高的概括性，这一过程即为上位学习。

（3）并列组合学习：当新概念或新命题与学习者认知结构中已有的观念既不产生下位关系，又不产生上位关系时，它们之间可能存在组合关系，这种只凭组合关系来理解意义的学习就是并列组合学习。例如，学习“质量与能量”“热与体积”“遗传与变异”等概念之间的关系时，就属于并列组合学习。

为了促进学习者的新知识与原有知识结构的结合，教师应提供先行组织者（advance organizer）。先行组织者是先于学习任务本身呈现的一种引导性材料，其目的是使学生具备与学习任务相对应的组织，帮助学生更好地理解和接受新知识。例如，教师在课前提供一份与将要学习的内容密切相关的系列概念，要求学生在预习时说明各概念间的关联；教师为学生提供有标题、大纲、摘要的预习材料，通过提供学习背景材料的方式让学生预习将要讲授的内容；教师给学生安排课前学习思考题等。这些都是给学生提供“先行组织者”的方式。

奥苏贝尔的有意义学习理论围绕有意义学习的实质、条件、类型，以及学习过程中的同化机制等方面展开，为理解人类的学习过程提供了重要视角。

奥苏贝尔主张接受学习，他认为接受学习并不必然是机械的，也可以是有意义的。教师可以通过讲解、演示等方式将知识传授给学生，学生在理解的基础上接受知识。

（二）奥苏贝尔的有意义学习理论与 AI 教学的契合点

奥苏贝尔的学习理论强调有意义学习、同化机制，以及先行组织者策略等，与 AI 辅助教学在多个方面存在契合点，能够相互促进，提升教学效果。

1. AI 可以促进学生进行有意义学习，建立知识联系

AI 辅助教学可以利用大数据和智能算法，分析学生已有的知识结构，为学生精准推送与已有知识相关联的新知识。例如，在数学教学中，AI 系统可以根据学生对代数知识

的掌握情况，推送与之相关的几何应用案例，帮助学生建立代数与几何知识之间的联系，实现有意义学习。此外，生成式 AI 模拟与历史人物或文学作品中的人物对话（时空连线法），可以使学生更好地理解历史事件或文学作品；生成式 AI 与学生进行辩论（人机互辩法），能够提高学生思考和解决问题的能力；生成式 AI 可以帮助学生优化写作（写作优化法）。这些 AI 在课堂中的应用，可以激发学生兴趣，引导学生深入思考，促进知识的有意义学习。

2. AI 支持同化机制

（1）下位学习支持：在下位学习中，AI 可以为学生提供丰富的具体例证，帮助他们将新知识归属到已有的认知结构中。例如，在生物教学中，当学生学习“哺乳动物”这一概念后，AI 可以展示各种不同种类的哺乳动物图片和资料，让学生进一步了解“鲸”“蝙蝠”等具体的哺乳动物，加深对“哺乳动物”概念的理解，促进下位学习。

（2）上位学习支持：在上位学习中，AI 可以引导学生对多个具体事例进行分析、归纳和总结，从而形成更具概括性的概念。例如，在语文教学中，AI 可以提供多篇不同主题但具有相似情感表达的文章，引导学生分析这些文章的共同点，进而总结出某种情感表达的上位概念，如“思乡之情的表达手法”等。

（3）并列组合学习支持：在并列组合学习中，AI 可以帮助学生发现不同知识之间的组合关系。例如，在物理教学中，AI 可以通过模拟实验，展示“质量与能量”“热与体积”等概念之间的相互关系，让学生理解它们之间的并列组合关系，促进并列组合学习。

3. AI 帮助学习者使用先行组织者策略

（1）提供先行组织者：先行组织者是先于学习任务本身呈现的一种引导性材料，它要比学习任务本身有更高的抽象、概括和综合水平，并且能清晰地与认知结构中原有的观念和新的学习任务关联起来。AI 辅助教学可以根据教学内容和学生的认知水平，自动生成先行组织者。例如，在化学教学中，在讲解“化学反应速率”之前，AI 可以提供一个关于“速度”概念的先行组织者，包括速度的定义、计算方法等，帮助学生更好地理解“化学反应速率”这一概念。

（2）引导知识迁移：AI 可以利用先行组织者引导学生将已有的知识和经验迁移到新的学习情境中。例如，在学习新的编程语言时，AI 可以先呈现一个与该编程语言有相似结构和语法规则的先行组织者，引导学生将已掌握的相关编程知识迁移过来，快速掌握新的编程语言。

五、托尔曼的信息认知理论与 AI 教学

奥苏贝尔强调有意义学习依赖于认知结构中新旧知识的实质性联系，而托尔曼的信息认知理论则进一步指出学习不仅是认知结构的建构过程，还是有目的的、充满期待的行为。托尔曼将行为结果的预测与目标导向纳入学习机制之中，为 AI 教学中的学习路径设计、目标设定与反馈激励等提供了理论依据。认知结构与目标动机的结合，使 AI 系统更贴近人类学习的本质。

（一）托尔曼的信息认知理论

托尔曼提出了整体行为模式和中介变量的概念，把 S-R 改为 S-O-R①，其中 O 是有机体的内部变化。他的主张介于行为主义与认知主义之间，强调学习中内部机体的变化即认知的作用。他强调个体在学习过程中并非被动地对刺激做出反应，而是积极地建构内部认知结构（如认知地图），以实现目标导向的行为。

（1）强调学习有目的性。托尔曼认为学习是有目的的认知行为，不是盲目的，是期待的获得，而不是习惯的形成。学习者在学习过程中会形成对学习结果的期待，如果这种期待得到了验证，就会促进学习的强化。例如，学生在学习一门课程时，会期待通过学习获得好成绩，如果最终取得了好成绩，他们就会感到满足和有成就感，从而进一步激发学习的动力。

（2）强调学习中“认知地图”的重要性。认知地图是托尔曼理论中最具代表性的概念之一。他指出，动物（包括人）在学习过程中会形成对环境的内部认知结构，也就是认知地图。例如，他的著名的心理实验“老鼠认知地图”中，老鼠在迷宫中不是通过逐步试错进行学习，而是形成了整个迷宫的内部地图，从而可以灵活选择路径。

（3）强调“潜在学习”的重要性。托尔曼通过实验发现，学习可以在没有明显强化的情况下发生，只是在某个时刻（有动机时）表现出来。正如他在“老鼠认知地图”实验中的发现：老鼠在没有奖励时也在学习路径，只是没有表现出来，直到给予奖励才迅速显示出学习效果。托尔曼认为，仅用行为主义“刺激-反应”来解释学习行为是不够的，他认为学习中间还存在一些看不见的“中介变量”，如期望、信念、态度、动机等心理过程，这些影响了行为的结果。例如，在大学教学中，教师对学科目的、教育目的的清晰化可以促进大学生的学习。老师告知某门课是未来工作中的必要知识，或某门课学习后可以获得某种职业证书，可以促进就业。这样就可以使学生对学习有一个明确的预期，从而增强学生的学习动力。

（二）托尔曼的信息认知理论与 AI 教学的契合点

（1）认知地图与 AI 的环境建模。托尔曼提出的认知地图概念强调个体在学习过程中会在脑海中构建一个环境的内部模型或认知地图。对于 AI 教学系统，特别是自主学习系统，可以通过类似的环境建模来帮助 AI 理解周围的环境，从而做出更为灵活的决策。例如，强化学习中的 Q-learning（Q 学习）和深度强化学习中的状态空间表示，就类似于托尔曼的认知地图，AI 通过探索环境并不断更新自己的环境模型来优化行为策略。

（2）学习的目的性与策略生成。托尔曼的认知理论强调目的性行为，即个体的行为是有目的的，并不是随机的。AI 教学系统中的许多算法，如强化学习、博弈论和基于目标的学习方法，都与托尔曼的目的性行为有相似之处。在 AI 系统的教学中，AI 通过设定目标和策略，逐步优化决策过程，类似于个体通过理解和认知地图来达到目标。

（3）自适应性与动态学习。托尔曼的理论还强调了学习过程中的灵活性和适应性。

① S-R，即 stimuli-response，刺激-反应。S-O-R，即 stimuli-organism-response，刺激-有机体-反应。

个体根据经验和认知地图不断调整自己的行为策略，这与 AI 中的自适应学习非常相似。在 AI 教学中，系统需要根据反馈动态调整自身的策略，以更好地应对不断变化的任务环境。这种灵活的学习能力与托尔曼的认知地图理论在某种程度上是高度契合的。

（4）模拟学习与迁移学习。托尔曼强调通过模拟和推理来进行学习，这为 AI 系统中的迁移学习提供了借鉴。迁移学习指的是 AI 在一个环境中获得的知识可以迁移到其他相关环境中，而不需要从头开始学习。这与托尔曼的认知地图理论中的"跨环境推理"具有相似性。AI 系统可以通过托尔曼的认知地图的启发，优化其在多任务学习中的知识迁移能力。

总结来说，托尔曼的认知理论强调了学习过程中的环境建模、目的性和抽象性，这些概念与 AI 教学中的很多核心原则，如强化学习、知识表示、策略生成和自适应性等，形成了相似的思维框架。通过借鉴托尔曼的理论，AI 可以更好地模拟和优化学习过程，提高自主学习和适应性。

第三节　建构主义学习理论与 AI 教学

认知主义重视学习者内部认知结构的建构与信息加工过程，强调知识的内在理解与组织。然而，认知主义仍然将知识视为客观存在，学习者的任务是发现和再现知识。随着教育理念的不断演进，建构主义进一步强调知识是学习者在特定情境中主动构建的结果，学习过程具有高度的情境性与社会性。由此，教学研究从认知加工走向了对学习情境、协作互动与意义建构的关注，建构主义成为教育技术特别是 AI 个性化与探究式学习应用的重要理论支撑。

一、经典建构主义学习理论

建构主义是学习理论行为主义发展到认知主义以后的又一个新发展。建构主义认为，知识不是通过教师传授得到的，而是学习者在一定的情境即社会文化背景下，借助其他人（包括教师和学习伙伴）的帮助，利用必要的学习资料，通过意义建构的方式获得的。建构主义认为学习中的"情境"、"协作"、"会话"和"意义建构"是学习环境中的四大要素。换句话说，获得知识的多少取决于学习者根据自身经验去建构有关知识的意义的能力，而不取决于学习者记忆和背诵教师讲授内容的能力。

（一）以学习者为中心

建构主义提倡在教师指导下的以学习者为中心的学习，既强调学习者的认知主体作用，又不忽视教师的指导作用。教师是意义建构的帮助者、促进者，而不是知识的传授者与灌输者。学生是信息加工的主体，是意义的主动建构者，而不是外部刺激的被动接受者和被灌输的对象。例如，学生要主动参与学习活动，积极思考问题，与他人进行交流与合作，通过自己的努力去建构知识的意义。教师要成为学生建构意义的帮助者，这要求教师要在教学过程中激发学生的学习兴趣，帮助学生形成学习动机、提供深度思维的启发，让学生主动地投入到学习中。

（二）学习情境的创设是建构的关键

注重教师创立教学情境的作用，特别是真实情境（结构不良领域）的作用。强调课堂中学生相互协作学习。通过创设符合教学内容要求的情境和提示新旧知识之间联系的线索，教师可以帮助学生建构当前所学知识的意义。例如，在学习数学时，教师可以创设一个实际生活中的问题情境，让学生在解决问题的过程中理解和应用数学知识。同时，教师还可以引导学生回顾已有的知识，找出新旧知识之间的联系，帮助学生更好地建构新知识。

为了使意义建构更有效，教师应在可能的条件下组织协作学习（开展讨论与交流），并对协作学习过程进行引导使之朝着有利于意义建构的方向发展。引导的方法包括：提出适当的问题以引起学生的思考和讨论；在讨论中设法把问题一步步深入以加深学生对所学内容的理解；启发诱导学生自己去发现规律，自己去纠正错误的或片面的认识。

建构主义认为，知识结构是围绕关键概念而形成的网络结构，学习结果应是建构结构性与非结构性的知识意义的表征。按此观点，学习可以分为初级学习和高级学习。初级学习属于结构良好领域（well-structured domain），要求学生知道重要的概念和事实。高级学习属于结构不良领域（ill-structured domain），每个任务都包含复杂的概念，各种原理与概念的相互作用很不一样，是非结构化的、情境性的学习。

二、社会建构主义理论

社会建构主义理论受到了皮亚杰的认知建构主义及维果茨基的社会文化理论的深刻影响。20 世纪后期，随着心理学、教育学等学科对学习本质的深入研究，该理论逐渐发展成熟，强调知识是社会建构的产物，重视社会文化背景、人际交往等因素在学习中的作用。

（一）“最近发展区”和“脚手架”

维果茨基的社会建构主义理论认为教学必须考虑学生的年龄特点，即要以儿童一定的成熟水平作为基础。但是教学要推动发展，必须把着眼点放在儿童的明天。因此，他提出了要确定儿童心理发展的两种水平，即现有发展水平和“最近发展区”。“最近发展区”是维果茨基创立的一个极其重要的概念，它使我们看到了儿童发展的最大可能性。维果茨基认为重要的不是今天为止已经完结了的发展过程，而是那些现在仍处于形成状态的、正在发展的过程，依靠这些过程，才能有力地推动发展。例如，一个儿童在没有他人帮助的情况下，能够独立完成一定难度的任务，这就是他的现有发展水平。而在他人的帮助下，他能够完成更高难度的任务，那么现有发展水平与在他人帮助下能够达到的水平之间的差距就是“最近发展区”。教学的目的就是要通过适当的引导和帮助，让学生跨越“最近发展区”，实现更高水平的发展。维果茨基从社会文化历史发展观出发，十分强调社会环境的作用。他认为教育过程是三方面的积极过程，即学生积极、教师积极，以及把他们联结在一起的环境的积极。

“脚手架”（scaffolding）是伴随“最近发展区”概念而提出的建构主义的另一核心概念，比喻为学习者提供的临时性支持系统，帮助其跨越“最近发展区”。其核心逻辑是：当学习者无法独立完成任务时，教师或更有能力的同伴通过分层支持（如示范、提问、提示关键步骤），逐步引导学习者掌握技能，最终撤除支持，实现自主解决问题。

（二）最佳学习期

维果茨基提出了学习的“最佳关键期”，即“对一切教育和教养过程而言，最重要的恰恰是那些处在成熟阶段但还未成熟到教学时机的过程”。他认为儿童发展的每一个年龄阶段都具有各自特殊的、不同的可能性，同时学习某些东西总有一个最佳年龄或敏感年龄。维果茨基提出了学习的心理最低期限，即儿童必须达到某种心理成熟程度才会使学习某种科目成为可能。只要在这一时期施以恰当的教学，便有可能组织这些过程，以一定的方式调整这些过程，以达到促进发展的目的。

（三）“交往”是教学的本质

维果茨基认为教学的本质就是“交往”。教学必须是在知识经验存在着差异的人们之间进行，亦即有某种知识经验的人与准备学习这种知识经验的人之间的“交往”。教学的组织者应该促进教师与学生之间、学生与学生之间的“交往”的发生，即课堂的深度讨论，这是非常重要的。

维果茨基指出，一切高级心理机能最初都是在人与人的交往中以外部动作的形式表现出来的，然后经过多次重复，多次变化，才内化为内部的智力。而内化的桥梁则是活动。因此，维果茨基认为教师上课的主要任务就是设计活动，学生主动参与活动应该成为教学过程的基础，教师的全部活动仅在于指导与调节这种活动，并促进活动中“交往”的发生。

三、建构主义学习理论与 AI 教学的契合点

建构主义注重学习的主体作用，强调以学生为中心；注重情境的作用，特别是真实情境的作用；强调协作学习，开展师生和生生之间的相互交流、讨论。建构主义特别注意对学习环境进行设计，为受教育者提供充分的资源。而 AI 可以在提供个性化的学习内容和路径、为学生提供沉浸式的学习环境，以及通过协作学习平台和智能助手促进师生、生生之间的互动等诸多方面发挥重要作用。

（一）个性化知识建构

建构主义认为学习是个体基于已有经验主动建构知识的过程。AI 可以通过分析学生的学习历史、兴趣和能力，提供个性化的学习内容和路径。例如，智能辅导系统可以根据学生的学习进度和理解水平，推荐适合的学习资源，帮助学生在已有知识基础上建构

新知识。如果学生在数学方面对几何知识掌握较好，而对代数知识掌握较差，智能辅导系统可以为学生推荐更多的代数学习资料和练习题，帮助学生加强代数知识的学习。同时，智能辅导系统还可以根据学生的兴趣爱好，提供相关的拓展学习内容，激发学生的学习兴趣。

（二）情境化学习环境

建构主义强调学习应在真实或模拟真实的情境中进行。AI 可以通过 VR 和 AR 技术，为学生提供沉浸式的学习环境。例如，在学习历史时，AI 可以模拟历史场景，让学生身临其境地感受历史事件的发生过程。学生可以与历史人物进行对话，了解他们的思想和行为，从而更好地理解历史背景和文化。在学习科学实验时，学生可以通过 AR 技术在现实场景中进行虚拟实验，观察实验现象，分析实验结果，提高实验操作能力和科学思维能力。这种情境化学习环境可以增强学习的真实感和趣味性，提高学生的学习积极性和参与度。

（三）协作学习与社会互动

建构主义认为学习是一个社会性过程，教学的本质就是“交往”，通过与他人的互动和协作，学生可以更好地建构知识。AI 可以通过协作学习平台和智能助手，促进师生、生生之间的互动。例如，AI 可以支持在线讨论、协作项目等，帮助学生在互动中建构知识，提升学习效果。在在线讨论中，学生可以分享自己的观点和想法，听取他人的意见和建议，从而拓宽自己的思维视野。在协作项目中，学生可以分工合作，共同完成任务，培养团队协作能力和沟通能力。同时，AI 智能助手可以为学生提供实时的帮助和支持，解答学生的问题，促进学习的顺利进行。

（四）认知工具与“脚手架”

建构主义强调认知工具和“脚手架”在学习中的作用。AI 可以作为认知工具，帮助学生组织和处理信息。例如，AI 可以通过知识图谱帮助学生建立知识之间的联系，或通过智能笔记工具帮助学生整理和归纳学习内容。知识图谱可以将各种知识点以图形的形式展示出来，让学生直观地看到知识点之间的关联，从而更好地理解和记忆知识。智能笔记工具可以自动提取文章的关键信息，生成笔记，帮助学生节省时间和精力。此外，AI 还可以提供“脚手架”支持，帮助学生在学习过程中逐步掌握复杂概念和技能。例如，当学生学习一个新的知识点时，AI 平台可以提供一些提示和引导，帮助学生逐步理解和掌握该知识点。

（五）探究式学习与问题解决

建构主义提倡探究式学习与问题解决，认为学生通过解决实际问题可以更好地建构知识。AI 可以通过智能问题生成系统和探究式学习平台，提供具有挑战性的问题和任务，激发学生的思考和探索。例如，AI 可以根据学生的学习进度和理解水平，设计开放性问题，引导学生进行深入探究。在学习数学时，智能问题生成系统可以提出一些实际生活中的数学问题，让学生运用所学知识去解决。在解决问题的过程中，学生需要不断地思考、尝试和探索，从而提高自己的问题解决能力和创新思维能力。同时，智能问题生成系统还可以提供相关的学习资源和指导，帮助学生解决问题，加深对知识的理解。

（六）即时反馈与反思

建构主义强调反馈和反思在学习中的重要性。AI 可以通过智能测评系统提供即时反馈，帮助学生及时了解自己的学习效果并做出调整。例如，当学生完成一项学习任务后，AI 系统可以立即给出评价和建议，指出学生的优点和不足之处，让学生知道自己在哪些方面做得好，哪些方面需要改进。此外，AI 还可以通过反思工具（如学习日志、反思问题等）引导学生进行深度反思，促进知识的巩固和内化。学生可以通过记录学习日志，回顾自己的学习过程，总结经验教训，从而不断提高自己的学习能力。

（七）多模态学习体验

建构主义认为学习应通过多种感官和方式进行。AI 能够通过整合文本、图像、音频、视频等多种模态的信息，实现多模态学习体验，从而丰富并提升学生的学习过程。例如，AI 能依据学生的学习偏好，灵活提供多样化的学习资源，助力学生多角度建构知识体系。对于视觉型学习者，AI 系统可以提供更多的图表和视频资源；对于听觉型学习者，AI 系统可以提供更多的音频讲解和讨论机会。通过多模态学习体验，学生可以从不同的角度获取信息，加深对知识的理解和记忆。

第四节　联通主义学习理论与 AI 教学

建构主义强调个体在情境与社会交往中的知识建构，强调“学中做”与协作探究。然而，随着技术的发展和知识结构的加速扩展，学习不再局限于课堂或具体学科体系中，而是呈现出网络化、去中心化的特征。联通主义由此兴起，作为一种面向数字时代的学习理论，其强调在信息网络中建立链接、发现资源、实时更新认知的能力。这一理论进一步扩展了学习的边界，也为 AI 赋能教育提供了跨学科融合与自我更新的理论路径。

一、联通主义的跨学科学习理论

随着信息技术的飞速发展和网络的广泛普及，人们获取知识的途径和方式发生了巨大变化，传统学习理论难以解释和指导新环境下的学习现象，联通主义的跨学科学习理论适应了信息时代知识爆炸和快速更新的特点，强调学习的开放性、社会性和动态性，为跨学科学习提供了一种全新的视角和理论框架，有助于培养学习者的信息素养、创新能力和跨学科思维。

（一）学习是学习者的主动建构与知识的网络链接

联通主义是一种适应数字时代的学习理论，强调学习是一个在网络环境中通过节点和连接进行信息交换和知识创造的过程。它由乔治·西蒙斯（George Siemens）和斯蒂芬·唐斯（Stephen Downes）提出，并在“互联网+”时代在线课程形态的表征与演化研究中得到了应用和探讨。该理论认为，学习是一个通过构建网络来连接信息节点、资源和人的过程。跨学科学习强调打破学科界限，促进知识的整合与应用，这与联通主义的核心理念高度契合。

联通主义认为，知识存在于网络中的节点（如人、信息、资源）及其连接中。跨学科学习本质上是通过连接不同学科的知识节点，构建一个更广泛的知识网络。学习者通过探索不同学科之间的联系，形成对复杂问题的多维度理解。

例如，学习“气候变化”这一主题时，学生需要连接环境科学、经济学、社会学等多个学科的知识节点，形成综合性的认知网络。环境科学可以提供关于气候变化的原因、影响和解决方案的知识；经济学可以分析气候变化对经济的影响，以及应对气候变化的经济政策；社会学可以研究气候变化对社会结构、文化和人类行为的影响。通过将这些不同学科的知识连接起来，学生可以更全面地理解气候变化这一复杂问题。

（二）学习是信息的重新整合

联通主义强调，学习是通过遍历网络（如互联网、社交网络、知识库）来获取和整合信息的过程。跨学科学习要求学生能够在不同学科的网络中自由切换，找到相关资源并建立联系。

例如，学生在研究“AI 伦理”时，需要遍历计算机科学、哲学、法律等学科的网络资源，整合不同领域的观点。计算机科学可以提供关于 AI 技术的原理和应用的知识；哲学可以探讨 AI 的伦理问题，如 AI 的道德责任、隐私保护等；法律可以研究 AI 相关的法律法规和政策。通过遍历这些不同学科的网络资源，学生可以获取更全面的信息。

联通主义强调学习是一个连接专门节点和信息源的过程，知识存在于网络之中，学习就是建立和优化这些连接。跨学科学习旨在打破学科界限，融合多学科知识解决问题。AI 辅助教学则借助 AI 技术支持教育活动。三者之间存在诸多契合点。

二、联通主义跨学科学习理论与 AI 教学的契合点

AI 促进学生形成跨学科学习观的形成。联通主义认为知识是分布式存在于网络中的，学习就是构建个人知识网络，连接不同的信息节点。跨学科学习要求学生整合来自不同学科领域的知识，这些知识如同网络中的节点，学生通过学习建立起跨学科知识之间的联系，形成一个综合性的知识网络。例如，在解决环境问题时，学生需要连接生物学、化学、地理学等多学科知识节点，理解生态系统、污染物化学性质，以及地理环境对污染扩散的影响等，从而构建起解决环境问题的知识网络。

（一）AI 可以促进学生学习路径个性化设计

联通主义认为，每个人的知识网络构建过程是独特的，联通主义重视学习者根据自身需求和兴趣选择学习路径。在跨学科学习中，学生由于个人兴趣、学习背景不同，对不同学科知识的需求和切入点也不同，因此需要个性化的学习路径。例如，一个对科技与艺术融合感兴趣的学生，其在跨学科学习中，可能更倾向于从计算机图形学和绘画艺术两个方向入手，探索数字艺术创作；而另一个关注社会发展的学生，可能会从社会学和工程学角度，研究基础设施建设对社会结构的影响。

AI 能够根据学生的学习数据，如学习历史、兴趣偏好、知识掌握程度等，为学生制定个性化的跨学科学习路径。例如，AI 学习系统可以分析学生在不同学科测试中的表现，了解其优势学科和薄弱学科，为学生推荐适合的跨学科项目或学习资源组合。如果学生在数学和物理学方面表现较好，但在生物学方面相对薄弱，AI 可能会推荐一些结合数学、物理方法解决生物问题的跨学科课程或研究课题，引导学生沿着个性化路径进行跨学科学习。

联通主义观点认为学习是一个动态的过程，需要不断根据新信息调整知识网络连接。联通主义强调及时获取反馈，以便学习者对学习过程和知识网络进行优化。在跨学科学习中，学生面临复杂的问题情境，需要不断调整自己对不同学科知识的理解和应用方式。例如，在进行一个跨学科的科研项目时，学生最初可能计划从某几个学科角度入手，但在研究过程中发现某些假设不成立，或者出现新的问题，这就需要他们及时调整研究方向，重新连接相关学科知识，优化解决问题的方案。

AI 可以实时监测学生的学习过程，提供及时反馈。通过对学生在跨学科学习任务中的表现进行分析，AI 能够发现学生知识连接中的薄弱环节或错误理解，并及时给予提示和建议，帮助学生调整学习策略和知识网络。比如，在学生进行跨学科小组项目时，AI 可以分析学生在讨论中的发言、提交的报告等，指出学生在整合不同学科知识时存在的逻辑漏洞或知识缺失，引导学生进行针对性的学习和调整。

（二）AI 可以促进学习资源整合

联通主义理论指出，学习资源在网络中广泛分布，学习者必须有效地整合这些资源以丰富其知识网络。跨学科学习涉及多个学科领域的知识资源，包括教材、学术论文、研究报告、在线课程等，学生必须整合这些不同类型和来源的资源。例如，在研究文化遗产保护的跨学科课题时，学生可能需要查阅历史学、考古学、材料科学、计算机科学等多学科的文献资料，还可能需要观看相关的纪录片、参加线上线下的讲座等，将这些资源中的有用信息整合起来，形成对文化遗产保护的全面认识。

AI 具有强大的资源整合能力，能够从海量的信息中筛选出与跨学科学习相关的资源，并进行分类和整理。AI 可以根据学生的学习主题，自动搜索并推荐来自不同学科领域的优质学习资源，如相关的学术数据库、在线课程平台、科普网站等。例如，学生确定了“AI 与医学的跨学科研究”主题后，AI 可以整合医学期刊数据库、AI 学术论坛、专业在线课程等资源，为学生提供一站式的学习资源导航，方便学生获取和整合跨学科学习所需的信息。

本章从教育教学的基本理论即教育心理学不同理论的视角出发，系统梳理了 AI 赋能教育教学的理论基础，涵盖行为主义、认知主义、建构主义、联通主义等多个经典与现代学习理论。行为主义强调外部行为的形成机制及其强化路径，为 AI 教学中程序化反馈与行为干预模型的构建提供了基础；认知主义关注个体内部的信息加工过程，推动了 AI 在认知诊断与个性化学习路径优化中的应用；建构主义及其社会建构分支进一步突出了学习的情境性、社会交互性与知识建构性，为 AI 支持下的情境化、协作化教学提供了理论依据；联通主义则以知识的网络化与学习者的连接能力为核心理念，契合了 AI 在大数据环境下推动跨学科整合与终身学习的技术优势。综上所述，AI 赋能教育教学的理论基础是多元且互补的，各理论之间相互渗透、相互补充，为实现教育智能化与学习深度化的融合发展奠定了坚实的理论支撑。

思　考　题

1. 在 AI 赋能教育中，行为主义的"刺激–反应"理论如何体现在个性化学习系统中？
2. 认知心理学强调信息加工过程，在 AI 教育系统中如何优化学生的知识建构？
3. AI 如何支持建构主义学习观，如基于问题学习（problem-based learning，PBL）和探究式学习？
4. AI 生成的个性化学习路径是否与建构主义的"学习者主动建构知识"理念相悖？为什么？
5. 联通主义强调"网络链接"的学习模式，这种理论如何影响 AI 教学系统的设计？
6. 如何利用 AI 模拟联通主义的学习模式来优化个性化教学？

第五章

AI 赋能教育教学的技术基础

知识框架

- 第五章 AI赋能教育教学的技术基础
  - 第一节 AI核心技术
    - 一、生成式AI
    - 二、计算机视觉
    - 三、语音识别技术
    - 四、智能体
  - 第二节 AI技术进阶
    - 一、提示词的应用及教学资源整合案例
    - 二、智能体创建案例
    - 三、AI助教案例——与科学家虚拟对话
    - 四、AI赋能教学管理案例——数据分析与学情分析

第一节 AI 核心技术

当前，AI 正以前所未有的速度和影响力，重塑着我们的世界和生活，其核心技术宛如璀璨星辰，照亮了人类科技进步的浩瀚苍穹。生成式 AI，就像是拥有无穷创造力的智慧源泉。它能够创造出全新的内容，无论是文本、图像还是音频，都展现出了令人惊叹的创造力。计算机视觉则赋予了机器一双敏锐的“眼睛”，使其能够精准地识别和理解视觉信息，为现实世界装上了一层智能的“滤镜”。语音识别技术，如同人与人之间的心灵桥梁，实现了语言与信息的无缝对接，让交流变得更加自然流畅。而智能体，宛如一个个充满智慧的“小精灵”，具备自主决策和学习的能力，在各种复杂环境中灵活应对，为我们的生活和工作带来极大便利。

深入了解这些核心技术，不仅能让我们领略到 AI 的神奇魅力，更能为未来的探索和创新奠定坚实基础。

一、生成式 AI

生成式 AI 就像一台机器，不仅能理解你的需求，还能创造出全新的素材，它的“魔力”在不断地延伸。

（一）生成式 AI 概述

生成式 AI 是 AI 的一个重要分支，是一种利用机器学习和深度学习技术生成新内容的 AI 系统。与传统的判别式模型不同，生成式模型不仅能够识别和分类数据，还能基于输入数据生成新的实例。这些生成的内容可以是文本、图像、音频、视频等。

生成式 AI 的常见应用如下。

（1）文本生成：包括自动写作、对话生成、内容创作等。

（2）图像生成：包括生成艺术作品、图像增强、风格迁移等。

（3）音频生成：包括音乐创作、语音合成等。

（4）视频生成：包括动画制作、视频编辑等。

一些知名的生成式 AI 模型包括 OpenAI 的 GPT 系列、DALL · E、谷歌的 BERT（bidirectional encoder representations from transformers，基于 Transformer 的双向编码器表示）等。这些模型通过学习大量的数据，能够理解和生成与人类语言、视觉内容、印象具化等相似的输出。

（二）生成式 AI 的发展

生成式 AI 的发展历史可以追溯到 20 世纪中叶，涉及多个重要的技术进步和研究领域。

1. 早期研究（20 世纪 50 年代）

早期的 AI 研究主要集中在符号处理和规则基础系统上，这些系统使用明确的规则和逻辑推理来解决问题，虽然这时的生成模型尚不成熟（其实压根不属于生成模型），但为后来的知识表示和推理方法等的发展奠定了基础。

1958 年，Frank Rosenblatt（弗兰克 · 罗森布拉特）提出了感知器（perceptron），这是一个简单的神经网络模型，尽管当时的计算能力有限，无法实现复杂的生成任务，却为后来的神经网络研究铺平了道路。

2. 神经网络的兴起（20 世纪 80 年代）

1986 年，David Rumelhart（戴维 · 鲁梅尔哈特）、Geoffrey Hinton（杰弗里 · 辛顿）和 Ronald Williams（罗纳德 · 威廉姆斯）提出了反向传播算法，该算法促进了神经网络的研究，逐渐发展成为神经网络训练中的核心算法。其中 Hinton 作为反向传播算法的发明人之一，不仅在理论上推动了反向传播算法的发展，还在实际应用中积极推广这一方法，被誉为“神经网络之父”“深度学习之父”，对深度学习领域产生了深远影响。这个时期的模型主要用于分类任务。

3. 变分自编码器（21 世纪第二个十年）

2013 年，变分自编码器（variational autoencoder，VAE）由 Diederik P. Kingma（迪

德里克 P. 金马）和 Max Welling（马克斯·韦林）提出，旨在解决无监督学习和生成模型的问题。VAE 通过引入概率潜在空间，使得编码器（encoder）和解码器（decoder）之间能够进行灵活转换，从而实现了数据的生成和表示学习。这一模型在图像生成、图像分类、语音合成等多个领域都取得了显著的成果。

4. 生成对抗网络（21 世纪第二个十年）

2014 年，生成对抗网络（generative adversarial network，GAN）由 Ian Goodfellow（伊恩·古德费洛）及其团队提出，是一种新型的生成模型，通过两个神经网络（分别是生成器和判别器）相互对抗进行训练，理想状态下能够生成质量极高的图像、音频和文本，极大地推动了图像生成和其他生成任务的发展。VAE 与 GAN 一起成为生成模型的重要基础。

5. Transformer 模型（21 世纪第二个十年）

Transformer 模型于 2017 年由谷歌研究团队提出，在论文“Attention is All You Need”（注意力就是你所需要的一切）中首次亮相。它通过自注意力（self-attention）机制和编码器-解码器架构实现了高效的并行计算和长距离依赖关系的捕捉，极大地提升了自然语言处理的性能。Transformer 模型为后来的生成式语言模型（如 GPT 系列）奠定了基础。

6. 大型预训练模型（21 世纪第二个十年至 21 世纪 20 年代）

OpenAI 分别在 2019 年发布了 GPT-2 和 2020 年发布了 GPT-3，这两款模型在自然语言生成方面表现出色。GPT-3 的 1750 亿参数使其能够生成连贯且上下文相关的文本。

7. 多模态生成模型（21 世纪 20 年代）

多模态生成模型是指能够同时处理和生成多种类型数据（如文本、图像、音频、视频）的 AI 模型。它能够整合来自不同模态的信息，生成包含多种模态的输出。随着技术的发展，多模态生成模型（如 DALL·E 和 CLIP[①]）开始流行，能够处理和生成图像、文本等多种类型的数据。

8. 应用与普及（21 世纪 20 年代）

生成式 AI 在艺术创作、内容生成、游戏开发、虚拟助手等领域得到了广泛应用。随着技术不断进步，生成式 AI 的应用场景也在不断扩展。

（三）生成式 AI 的工作原理

生成式 AI 的核心在于“生成模型”。其核心任务是从输入数据中学习其数据的分布，并能够生成与训练数据相似的新数据。可以把它想象成一个模仿大师，学习如何创作。正如达·芬奇所说：“学习是经验的积累。”生成模型通过分析大量的数据，学习其中的规律和特征，从而掌握创作的技巧。这种学习过程不仅是简单的记忆，而是深入理解了数据背后的结构。

1. 数据学习与模式识别

生成式 AI 的训练过程需要大量的样本数据。例如，若要训练一个生成诗词的模型，就必须提供大量的诗歌实例给它，这些诗词最好涵盖不同的诗人、风格、时代和主题等，

① CLIP，即 contrastive language-image pre-training，对比式语言-图像预训练。

通过反复的学习使得模型能够识别出诗词的韵律、节奏和常用的修辞手法。就像我们常说的“熟读唐诗三百首，不会作诗也会吟”，生成式 AI 的工作原理也遵循着类似的逻辑。在这里，“熟读唐诗三百首”是学习的积累过程，通过大量阅读和熟悉唐诗，能够潜移默化地掌握诗歌的韵律、意境和表达方式。而“不会作诗也会吟”则体现了学习的成果和转化，即使不能直接创作出全新的诗词，也能在理解和模仿的基础上吟诵出具有诗意的句子。

生成式 AI 就是这样通过大量的数据学习和训练，来掌握数据的内在规律和特征。这些数据就像是“唐诗三百首”，是模型学习的“素材库”。通过深度学习、概率模型和 GAN 等技术，模型能够提取出数据的潜在特征，并学会如何根据这些特征生成新的内容。在生成式 AI 的“吟诵”过程中，模型会根据学到的规律和特征，结合输入的条件或提示，生成出与原始数据相似但又不完全相同的新内容。这些内容可能是文本、图像、音频或视频等，它们都是模型在“熟读”了大量数据后，“吟诵”出来的“诗作”。

因此，“熟读唐诗三百首，不会作诗也会吟”暗喻了生成式 AI 的工作原理，即通过大量的学习和积累，来实现对知识的理解和转化，最终创造出新的成果。在这个过程中，模型不仅仅是记住了具体的句子，而是提炼出了一种“理解”，它可以学习到某些词在特定上下文中出现的频率，从而在生成新内容时，能够选择最合适的词汇和句式。

2. 概率与预测

生成模型的工作原理还涉及概率论。模型会根据已学习到的知识，预测下一个最可能的词或图像的一部分。这种预测基于大量的统计分析，类似于天气预报。正如统计学家所说：“未来是由过去决定的。”生成模型通过分析历史数据，能够推测出哪些内容更有可能出现。当模型生成一句话时，它会考虑前面已经生成的词，并基于这些词的组合来选择下一个词。这种方式使得生成的内容更加自然和连贯。

3. 训练过程

训练生成模型的过程可以被视为一个不断试错的过程。在初期，模型生成的内容可能与真实数据相差甚远。此时，模型会借助损失函数（loss function）来评估生成内容的质量。损失函数是一个数学公式，用于量化模型输出与真实数据之间的差异。正如爱迪生所说：“我没有失败，我只是找到了上千种不行的方法。”通过不断迭代和优化，模型逐渐改进，生成的内容质量也随之提升。

在训练过程中，通常会使用优化算法（如随机梯度下降）来调整模型的参数，使得生成的内容越来越接近真实数据的分布。这一过程需要大量的计算资源和时间，但最终结果是一个能够生成高质量内容的模型。

生成式 AI 的工作原理是一个复杂而富有挑战的过程，它结合了数据学习、概率预测和深度学习等多种技术。通过大量的数据学习、模式识别与优化，生成模型不仅能够生成高质量的新内容，还能在各个领域中推动创新与创造。正如孔子所言：“知之者不如好之者，好之者不如乐之者。”这句话强调了热爱和兴趣的重要性，生成式 AI 的魅力正是在于它能够让人们体验到创造的乐趣，并为我们的生活带来更多可能性。

4. 模型架构

1）循环神经网络

循环神经网络（recurrent neural network，RNN）是一种特殊的神经网络，它特别擅长处理那些有顺序的数据，即序列数据。就像我们读一本书时，不仅仅是看眼前的字，还会联系前面的内容来进行前后连贯理解，即在序列的演进方向进行循环递归。RNN 能“记住”之前看到的数据，从而帮助它更好地理解当前的数据。

（1）RNN 的基本结构。一个简单的 RNN 如图 5-1 所示，将其展开后如图 5-2 所示。它由输入层、一个隐藏层（也称为循环层）和一个输出层组成，其中 I 是输入向量；H 是隐藏层的值向量，H 不仅取决于当前这一次的输入 I，还取决于上一次隐藏层的值 H；O 是输出向量，输出层是一个全连接层，也就是它的每个节点都和隐藏层的每个节点相连；U 是输入层到隐藏层的权重矩阵；V 是隐藏层到输出层的权重矩阵；W 是隐藏层上一次的值作为这一次输入的权重。

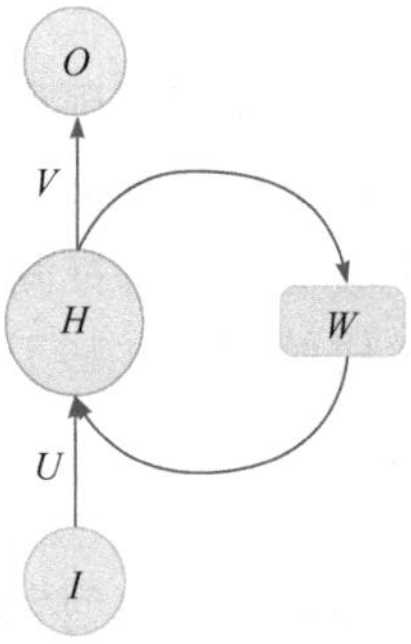

图 5-1 RNN 的结构

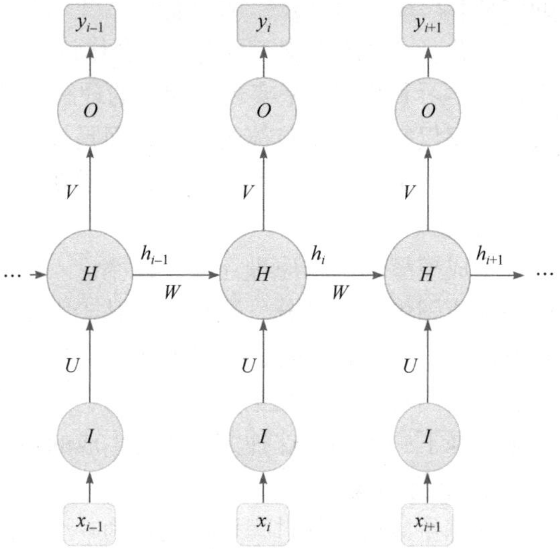

图 5-2 RNN 展开示意图

（2）RNN 的工作过程。①接收输入：这部分就像“眼睛”和“耳朵”，负责接收外界的信息。RNN 从接收一个输入开始工作，如输入一句话中的第一个单词。②隐藏状态更新：接收的单词会被送到隐藏层。隐藏层就像其“大脑”，负责处理输入的信息，并且还能“记住”之前的信息。它会根据当前单词和之前“记住”的信息，更新自己的状态。这个更新过程是通过一些数学运算完成的，这些数学及运算细节可不必了解。重要的是，隐藏层的状态通过运算后已包含了当前单词和之前信息的“混合值”。③生成输出：隐藏层的状态会被送到输出层，会根据这个状态给出一个预测，如预测下一个单词是什么。④循环传递：这个过程会重复进行，每次都会接收一个新的输入，更新隐藏状态，并给出预测。就像我们读书一样，一个字一个字地看，然后根据前面的内容来理解当前的内容。

（3）RNN 的改进模型。RNN 的改进模型包括 LSTM（long short term memory，长短

期记忆）和 GRU（gated recurrent unit，门控循环单元）。RNN 看起来很强大，但它也有缺点，在处理非常长的序列时，可能会出现梯度消失或梯度爆炸的问题。①梯度消失：意味着网络可能会“忘记”很久之前的信息，因为它在反向传播时，误差信号会逐渐减弱，进而导致无法再进一步预测数据。②梯度爆炸：与梯度消失相反，这意味着误差信号会突然变得很大，导致网络训练不稳定。

研究者已经想出了解决办法进行各种改进，如 LSTM 和 GRU，它们都是 RNN 的改进版，能更好地处理长序列数据。

LSTM 通过引入“门”来控制信息的流动，如“遗忘门”可以决定遗忘哪些信息，“输入门”可以决定添加哪些新信息。这样，LSTM 就能更好地记住重要的信息，忘记不重要的信息。

GRU 是 LSTM 的一个简化版，它合并了一些“门”，使得模型更简单、计算更高效。但 GRU 仍然保留了 LSTM 在捕捉长期依赖方面的能力。

（4）RNN 在生成式 AI 中的应用。在生成式 AI 领域，RNN 也是个重要角色。它可以被用来生成文本、音乐，甚至语音。比如，可以通过训练来模仿莎士比亚的写作风格，写出新的戏剧作品；也可以训练生成流行音乐，成为私人音乐创作师。

RNN 就像是一个拥有记忆的小助手，它擅长处理有顺序的数据。通过不断更新隐藏状态，RNN 能够捕捉序列中的时间依赖关系，并给出预测。虽然它有时会遇到梯度消失或梯度爆炸的问题，但 LSTM 和 GRU 等改进模型已经很好地解决了这些问题。在生成式 AI 领域，RNN 的应用前景广阔，它可以帮助我们创造更多有趣和有用的内容。

2）GAN

GAN 由 Ian Goodfellow 等在 2014 年提出，是一种基于对抗方法来生成数据的深度学习模型，是在复杂分布上无监督学习的方法之一。与其他机器学习模型相比，GAN 引人注目的地方在于引入了对抗这一理念。回溯地球生物的进化路线就会发现，万物都是在不停地和其他事物对抗中成长和发展的。GAN 就像玩格斗游戏一样：学习过程就是不断找其他对手对抗，在对抗中积累经验，提升自己的技能。

（1）GAN 的基本结构。GAN 的核心思想源于博弈论的纳什均衡。设定游戏的双方分别为一个生成网络和一个判别网络，如图 5-3 所示，生成器通过捕捉真实数据样本（真样本）的内在分布，并参照生成新的数据样本（称为假样本）；判别器是一个二分类器，判别输入的数据是真实数据还是由生成器生成的假样本数据，即做出真假分类。

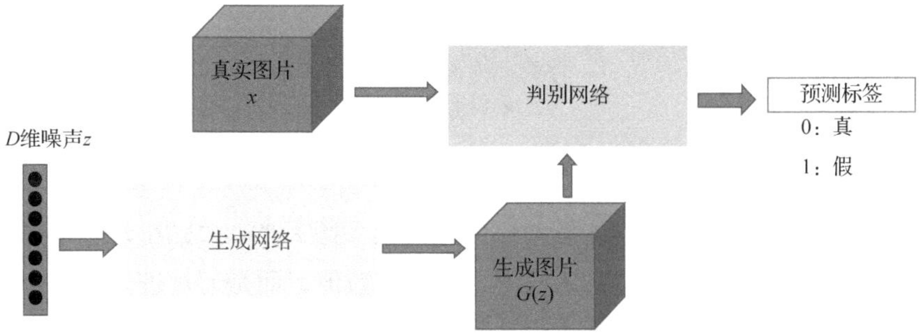

图 5-3 GAN 结构图

GAN 利用一种称为“二人零和博弈”的思想，博弈双方的利益之和是一个常数。为了取得博弈的胜利，两方游戏参与者需要不断优化，各自提高自己的生成能力和判别能力，这个学习优化过程就是寻找二者之间的一个纳什均衡。

生成器：接收一个向量（如 D 维随机噪声 z），通过一个神经网络，输出一个高维向量 $G(z)$（可以是图片、文字、声音等，即样本），通常输入向量的每个维度都代表着一些特征，即多维特征。

判别器：它输入的是生成器产生的样本，输出的是一个标量，以衡量输入样本的质量，标量越大，代表输入样本越真实，否则就越虚假。

GAN 执行过程：由生成器生成一个样本，传到判别器中，判别输入样本是真实的数据还是生成的假数据，如果没有通过判别器的判定，那么生成器继续进化，输出下一代样本，再输入判别器进行判别，同时，判别器也在一步步进化，对生成的样本有了更严格的要求。生成器和判别器在对抗中不断地进化，形成了一个互相竞争、互相提高的关系，生成器不断地演进以期望其输出样本能欺骗判别器，而判别器也不断演变以期望能将生成样本与真实样本区分开来，直到达到一个纳什均衡，两者的对抗结束，这时候训练得到的生成器将能生成与真实数据相媲美的样本。

（2）GAN 的工作实例。以 GAN 生成人脸为例，如图 5-4 所示，GAN 是想通过输入一个随机噪声数据 Z 作为引子，模拟生成一个所谓的人脸图像，虽然这个生成的图像一开始压根就毫不具备人脸的特征，但经过若干多轮次的对抗改进后，这个人脸图像可以非常逼真以至于以假乱真。

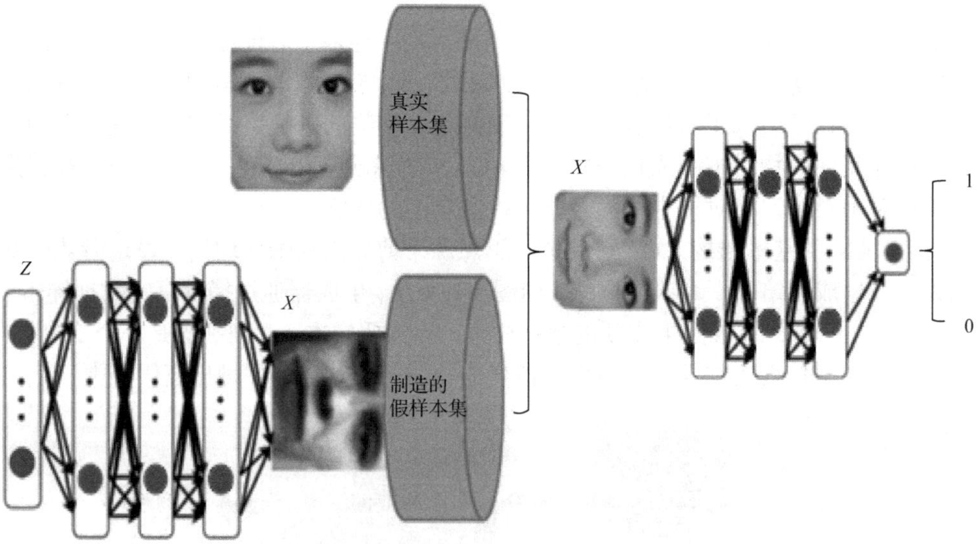

图 5-4 GAN 人脸示意图

图 5-4 中左半部分的生成模型是神经网络结构，输入是一组随机数 Z（即前面所说的随机噪声），输出是一个图像 X，其不再是一个数值，而是通过进化使得自己生成样本的能力尽可能强，强到判别网络无法判断生成器网络生成的样本是真还是假，即越来

越接近于人脸的真实图像。图 5-4 的右半部分是判别模型，也是一个神经网络结构，从真实样本集或假样本集中输入一幅图像，输出一个概率值，用于判断输入样本的真假（概率值>0.5 即为“真”，概率值<0.5 即为“假”）。GAN 的目标是无论对于真样本还是假样本，输出结果的概率都为 0.5，即最终使得判别器无法判断真伪。至此，生成器网络的生成能力已经达到要求，生成的人脸可以以假乱真了。

3）Transformer 模型架构

Transformer 模型是一种由谷歌研究团队在 2017 年提出的革命性神经网络架构，主要用于处理序列数据，尤其在自然语言处理领域取得了巨大成功。它摒弃了传统的 RNN 或卷积神经网络（convolutional neural network，CNN）结构，转而采用自注意力机制，使得模型能够并行计算，并有效捕捉序列中的长距离依赖关系。该模型的提出，不仅极大地推动了自然语言处理领域的发展，也为其他领域（如计算机视觉、语音识别等）提供了新的思路和方法。

（1）基本结构。Transformer 模型主要由编码器和解码器两大部分组成，它们共同协作完成序列到序列的任务，如图 5-5 所示。

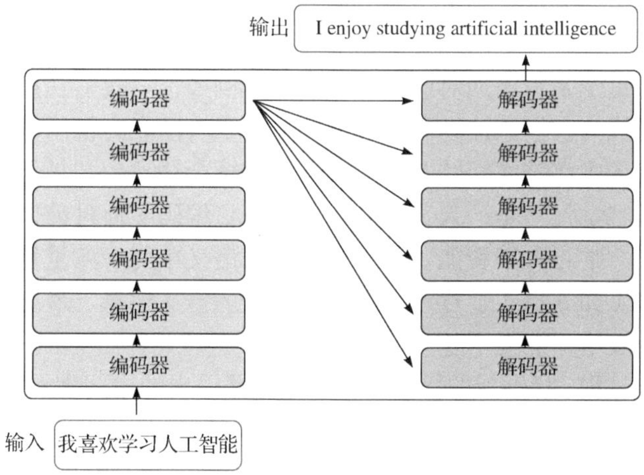

图 5-5 Transformer 结构简图

编码器：由多个（如 6 个）相同的编码器层堆叠而成，每个编码器负责将输入序列编码为一个包含丰富上下文信息的向量表示。

解码器：同样由多个（如 6 个）相同的解码器层堆叠而成，它的功能是基于编码器的输出，逐步生成目标序列。

（2）工作过程。输入位置编码：输入源序列（如文本“我是一名学生”），将其转换为嵌入向量，以捕捉词之间的语义相似性。由于 Transformer 模型本身不包含循环或卷积结构，无法直接捕获序列的顺序信息，因此需通过位置编码为每个位置添加位置信息，使得模型能够理解序列中元素的顺序。

编码过程：输入位置编码后的向量进入编码器。在每个编码器层中，首先通过多头自注意力机制算法计算每个位置与其他位置之间的注意力分数，生成新的向量表示。这一步骤允许模型在处理某个位置时，能够关注到序列中的其他所有位置，从而捕捉长距离依赖关系，并且完成非线性变换和映射，提取更高级的特征表示。其次，通过多个编码器层的堆叠，输入序列被逐步编码为包含丰富上下文信息的向量表示。

解码过程：解码器根据编码器的输出和已生成的部分输出序列，逐步生成完整的输出序列。在每个解码器层中，首先通过掩码多头自注意力机制算法计算当前位置与其他已生成位置之间的注意力分数，其次，注意力机制允许解码器关注到编码器的输出表示，从而捕捉输入序列和输出序列之间的依赖关系。最后，进一步完成非线性变换和映射。

输出生成：在每个时间步，解码器的输出通过全连接层转换为词汇表中的概率分布，并选择概率最高的词汇作为当前时间步的输出，以此逐步生成完整的输出序列。

（3）工作实例。下面以“中英文翻译系统”为实例进行介绍。为了方便描述，在此选用短句子进行翻译。将“我喜欢学习人工智能”翻译成“I enjoy studying artificial intelligence”。Transformer 模型是实现这一任务的理想选择，因为它能够高效处理长距离依赖关系，并捕捉语言中的复杂结构。

编码器的工作过程：编码器的任务是将输入的中文句子转换为一种中间表示（上下文相关的向量），捕捉句子的语义和结构信息。①输入处理：将中文句子“我喜欢学习人工智能”输入系统。将每个中文字符（如“我”“喜”“欢”等）转换为一个向量表示（词嵌入），即各自进行编码。②位置编码：Transformer 需要知道字符的顺序信息。通过位置编码，为每个字符添加对应的位置信息。例如，“我”在第一个位置，“喜”在第二个位置，系统为它们添加不同的位置向量。③自注意力机制算法：编码器通过自注意力机制分析句子中字符之间的关系。例如，系统会注意到“学习”和“人工智能”之间的关系，判断“学习”是“人工智能”的动作。编码器通过前馈神经网络进一步提取特征，如判断出“学习人工智能”是一个完整的语义单元。④重复多层：上述过程在编码器中重复多次（如 6 层），逐步提取更高层次的语义信息。最终，编码器输出一个上下文相关的向量表示，捕捉了整个句子的语义。

解码器的工作过程：解码器的任务是根据编码器输出的中间表示，生成目标语言（英文）的句子。①输入处理：解码器的输入是目标语言（英文）的部分翻译结果。初始时，输入是起始符号（如<start>）。每个英文单词（如“I”“enjoy”等）被转换为对应的向量表示。②位置编码：解码器同样需要知道单词的顺序信息。通过位置编码，系统为每个单词添加位置信息。例如，“I”在第一个位置，“enjoy”在第二个位置。③自注意力机制算法：解码器通过自注意力机制分析已生成单词之间的关系，如系统会注意到“I”和“enjoy”之间的关系，判断“I”是“enjoy”的主语。再通过编码器-解码器注意力机制，将已生成的英文单词与编码器输出的中文句子表示对齐，如系统会注意到“enjoy”对应中文的“喜欢”，“studying”对应“学习”。然后，解码器通过前馈神经网络进一步提取特征，如系统会判断“I enjoy studying”是一个完整的语义单元。④输出层：解码器最终输出一个概率分布，表示下一个可能出现的英文单词，如系统可能会预测“artificial”是下一个单词。⑤重复生成：解码器逐步生成英文单词，直到输出结束符号（如<end>）。最终，系统输出完整的英文翻译“I enjoy studying artificial intelligence”。

通过编码器和解码器的协作，Transformer 模型能够高效地完成中英文翻译任务：编码器负责理解输入句子的语义和结构；解码器负责根据编码器的输出，逐步生成目标语言的句子。

二、计算机视觉

计算机视觉赋予机器“眼睛”与“大脑”，使计算机学会“看见”世界，不仅能识别你的面孔，还能理解我们生活的每个角落。

（一）计算机视觉概述

计算机视觉是 AI 领域的一个重要分支，旨在通过计算机和相关设备模拟人类视觉系统的功能，使机器能够从图像或视频中提取信息、理解内容并做出决策。简单来说，计算机视觉的目标是让机器“看懂”世界。

虽然计算机视觉的目标是模拟人类视觉系统，让计算机能够像人类一样理解和分析视觉信息，但两者在本质上还是有所不同的。人类视觉系统具有高度的灵活性和适应性，能够轻松处理各种复杂场景，而计算机视觉技术则通过摄像头、传感器等设备获取图像或视频数据，依赖于大量的数据和算法训练，最终实现对场景的理解和决策。计算机视觉技术在处理某些特定场景时可能表现出色，但在面对未知或复杂环境时可能还需要进一步的提升。例如，面对从未见过的动物（如长着兔耳朵的猫），人类能基于已有知识合理推测，而传统计算机视觉系统可能直接识别错误。

计算机视觉的基本流程通常包括以下几个步骤。

（1）图像获取：通过摄像头、传感器或其他成像设备实现。图像可以是静态的（如照片）或动态的（如视频序列）。获取的图像质量直接影响后续处理的效果，因此高分辨率、低噪声的图像是理想的选择。

（2）预处理：对图像进行去噪、增强、缩放、裁剪等操作以改善图像质量，提高后续处理的准确性。

（3）特征提取：从图像中提取出对任务有用的信息，如边缘、角点、纹理、颜色直方图等。这些特征能够描述图像的内在结构和模式，如边缘检测是识别图像中的边界和轮廓；角点检测是找出图像中变化剧烈的点，往往是物体边缘的交点；纹理分析是找出图像中重复出现的模式；颜色直方图通过统计图像中各颜色分量的分布频率，提取全局颜色特征以表征图像整体色彩模式。这些特征都是后续识别和理解的基础。

（4）分析与识别：在提取特征后，计算机视觉系统需要对这些特征进行解释和分析，以实现图像的理解和识别。例如，分类、检测、跟踪、分割等。

（5）决策与输出：根据分析结果做出决策，并输出相应的结果或控制信号。例如，在自动驾驶汽车中，计算机视觉系统可能根据识别出的道路标志和行人信息调整行驶路线和速度。

（二）计算机视觉的发展

计算机视觉的发展可以追溯到 20 世纪 60 年代，当时的研究主要集中在简单的图像处理和模式识别上。随着计算机性能的提升和算法的进步，计算机视觉逐渐从理论研究走向实际应用。

1. 早期阶段（20 世纪 60—80 年代）

早期的计算机视觉研究主要集中在低层次的图像处理任务上，如边缘检测、图像分割等。这一时期的算法主要基于传统的数学和统计方法，应用范围有限。例如，1966 年麻省理工学院的“夏季视觉项目”试图让计算机识别积木世界的简单物体，虽然结果不尽如人意，但为后续研究奠定了基础。

2. 中期阶段（20 世纪 90 年代至 21 世纪初）

进入 20 世纪 90 年代，随着机器学习方法的引入，计算机视觉开始取得显著进展。支持向量机（support vector machine，SVM）、随机森林等算法被广泛应用于图像分类和目标检测任务。此外，特征提取技术（如 SIFT、HOG）[①]的发展也为物体识别和匹配提供了重要支持。SIFT 算法通过提取图像的局部特征点，实现了在不同尺度和旋转下的物体匹配，适用于图像匹配、目标识别、图像拼接和 3D 模型构建等任务。HOG 算法通过计算图像局部区域的梯度方向直方图，形成特征向量，以描述图像中对象的边缘和形状，特别适用于人体检测。

3. 深度学习时代（21 世纪第二个十年至今）

2010 年以后，深度学习的兴起彻底改变了计算机视觉领域。CNN 等深度学习模型在图像识别、物体检测等任务上取得了突破性进展。2012 年，AlexNet 在 ImageNet 图像识别挑战赛中大幅领先传统方法，标志着深度学习在计算机视觉中的主导地位确立。

近年来，随着硬件计算能力的提升和大规模数据集的积累，计算机视觉技术进一步发展。Transformer 架构的引入、自监督学习等新方法的出现，正在推动计算机视觉向更高效、更智能的方向迈进。例如，Vision Transformer（视觉 Transformer，ViT）模型通过将图像分割成小块并利用 Transformer 架构进行处理，在图像分类任务上取得了优异的性能。

（三）计算机视觉的关键技术

下面从图像识别、物体检测、人脸识别等三方面关键技术进行介绍。

1. 图像识别技术

1）技术特点

图像识别是计算机视觉的基础任务，旨在让计算机能够识别图像中的内容。其核心是从图像中提取特征，并利用这些特征进行分类或识别。

图像识别技术的特点如下。

（1）高精度：深度学习模型在图像识别任务上的准确率已经超过了人类水平。

（2）广泛适用性：可以应用于各种类型的图像，包括自然图像、医学影像等。

（3）实时性：现代算法可以在毫秒级别完成图像识别任务。

---

① SIFT，即 scale invariant feature transform，尺度不变特征变换。HOG，即 histogram of oriented gradient，方向梯度直方图。

2）核心算法

（1）CNN。CNN 是图像识别的核心算法，它通过卷积层提取图像的局部特征，并通过全连接层进行分类。经典的 CNN 模型包括 AlexNet、VGG（visual geometry group，视觉几何组）、ResNet（residual network，残差网络）等。其中，ResNet 通过引入残差连接，解决了深层网络中的梯度消失问题，显著提高了图像识别的精度。

（2）迁移学习。迁移学习通过在大规模数据集上预训练模型，然后在小规模数据集上进行微调，可以显著提高图像识别的效果。例如，ImageNet 预训练的模型可以用于医学影像分类任务，只需少量医学数据进行微调即可达到较高的准确率。

（3）注意力机制。近年来，注意力机制被引入图像识别中，使模型能够聚焦于图像的关键区域，进一步提升识别精度。例如，SENet（squeeze-excitation network，挤压-激励网络）通过引入通道注意力机制，增强了模型对重要特征的关注。

3）教育应用场景

（1）自动批改作业：通过识别学生手写的答案，智能作业批改系统可以自动批改作业并给出评分。数学作业中的手写公式可以通过图像识别技术进行解析和评分。

（2）学习资源识别：学生可以通过扫描图书封面或二维码，快速获取相关的电子资源或书评信息。在现实中，扫描一本教材的封面，智能服务平台可以推荐相关的在线课程或实验视频。

（3）课堂互动：通过识别学生的表情和动作，教师可以实时了解学生的情绪状态和学习效果。智能课堂分析互动系统可以分析学生的面部表情，判断其是否对当前内容感兴趣，从而调整教学策略。

2. 物体检测技术

1）技术特点

物体检测技术不仅要识别图像中的物体，还要确定它们的位置和边界。与图像识别相比，物体检测的难度更大，因为它需要同时完成分类和定位任务。

物体检测技术的特点如下。

（1）多目标处理：可以同时检测图像中的多个物体。

（2）实时性：现代物体检测算法可以在视频流中实时检测物体。

（3）高鲁棒性：能够在复杂背景和光照条件下准确检测物体。

2）核心算法

（1）R-CNN（region-based CNN，基于区域的 CNN）系列。R-CNN、Fast R-CNN（改进的 R-CNN）、Faster R-CNN（改进的 Fast R-CNN）是物体检测领域的经典算法，它们通过区域提议网络（region proposal network，RPN）生成候选区域，然后进行分类和回归。

（2）YOLO（you only look once，你只看一眼）。YOLO 算法将物体检测任务转化为回归问题，通过单次前向传播即可完成检测，具有极高的速度。

（3）SSD（single shot multibox detector，单次多框检测器）。SSD 算法通过在不同尺度的特征图上进行检测，兼顾了速度和精度。

3）教育应用场景

（1）教室管理：通过检测教室中的学生和物品，智能教室监控与分析平台可以自动记录出勤情况或监测学生行为，可以检测学生是否在课堂上使用手机，并及时提醒。

（2）实验室安全：在实验室中，物体检测技术可以用于监控设备的使用情况，确保实验安全。智能实验室安全监控平台可以检测实验台上是否有危险物品，并及时发出警告。

（3）虚拟实验室：通过检测学生的操作动作，沉浸式实验教学平台可以提供实时反馈，帮助学生更好地完成实验任务。例如，在化学虚拟实验室中，平台可以检测学生是否正确操作实验器材，并给出指导建议。

3. 人脸识别技术

1）技术特点

人脸识别技术通过分析人脸的特征（如眼睛、鼻子、嘴巴的位置和形状）来识别身份。它的特点如下。

（1）高精度：现代人脸识别算法在特定场景下的准确率接近 100%。

（2）非接触性：无需物理接触即可完成识别，适用于多种场景。

（3）实时性：可以在视频流中实时识别人脸。

2）核心算法

（1）特征提取算法。早期的人脸识别算法如 Eigenfaces、Fisherfaces 等主要基于特征提取，它们通过降维技术提取人脸的特征向量。在 Eigenfaces 算法中，通过主成分分析（principal component analysis，PCA）提取人脸的主要特征，实现了简单的人脸识别。

（2）深度学习算法。现代人脸识别算法主要基于深度学习，例如 FaceNet、DeepFace 等。它们通过 CNN 提取人脸的高维特征，并通过度量学习实现识别。例如，FaceNet 算法通过三元组损失函数，学习到具有判别性的人脸特征表示。

（3）活体检测。为了防止照片或视频欺骗，现代人脸识别系统通常集成了活体检测技术，通过分析人脸的微小动作或纹理来判断是否为真人。人脸识别系统通过要求用户进行眨眼或点头动作，以验证其真实性。

3）教育应用场景

（1）学生考勤：通过人脸识别技术，学生只需刷脸即可完成签到，大大提高了考勤效率。

（2）校园安全：在校园入口安装人脸识别系统，可以实时识别陌生人，确保校园安全。人脸识别系统可以检测到未经授权的人员进入校园，并及时通知保安人员。

（3）个性化学习：人脸识别系统通过识别学生的身份，可以提供个性化的学习资源和推荐内容；可以根据学生的学习历史和兴趣，推荐适合的课程或学习材料。

三、语音识别技术

语音识别技术正让人类与计算机的对话像呼吸一样自然，使机器不仅能听见你的声音，还能精准理解每句话背后的含义。

（一）语音识别技术概述

语音识别技术，也称为自动语音识别（automatic speech recognition，ASR）技术，是一种让机器“听懂”人类自然语言的关键技术。简单来说，它能够将人类发出的语音信号转换成对应的文字信息。

语音识别技术的工作原理其实并不神秘，它主要包括以下几个步骤。

（1）输入语音信号：语音识别的起点，机器需要接收人类发出的语音信号，这些信号通常是通过麦克风等音频输入设备采集到的。

（2）预处理：对采集的信号进行预处理。目的是滤除信号中的噪声，并将复杂无规律的语音信号转化为可供计算机识别的数字信息。这个过程包括预加重、分帧、加窗等操作。预加重是为了提升高频部分的信号，使得信号在频域上更加平坦；分帧则是将连续的语音信号切成小段，每小段称为一帧，这样可以将非平稳的语音信号转化为短时的平稳信号；加窗则是为了减少处理过程中产生的边界效应。

（3）特征提取：进一步对预处理后的语音信号提取其中的特征参数。用于表示语音信号的本质特征，如音高、音强、音长等。常用的特征提取方法包括线性预测倒谱系数（linear predictive cepstral coefficient，LPCC）、梅尔频率倒谱系数（mel frequency cepstral coefficients，MFCC）等。MFCC 是一种基于人耳听觉特性的特征提取方法，它能够将语音信号从时域转换到频域，并提取出对语音识别有用的特征向量。

（4）声学模型：提取到特征向量后，要利用声学模型来计算这些特征向量与每个发音模板之间的距离。声学模型是一个已经训练好的模型，它包含了大量的发音模板和对应的特征向量。通过比较输入语音信号的特征向量与发音模板之间的距离，声学模型可以找出与输入语音信号最匹配的发音。

（5）语言模型：除了声学模型外，还需要语言模型的支持。语言模型主要是用来预测字符（词）序列产生的概率，判断一个语言序列是否为正常语句。例如，“你好美”这句话，“你|好美”会比“你好|美”更符合我们的语言习惯，其产生的概率更高，那么“你|好美”这样的字符序列更有可能被判断为正常语句。

（6）发音字典：发音字典包含了词到音素之间的映射关系，用于连接声学模型和语言模型。在实际语音识别过程中，选择哪个汉字进行对应，需要结合语言模型计算的概率进行选择。

（7）解码与输出：根据前面声学模型、语言模型和发音字典的结果，通过解码算法找到最合适的词序列作为识别结果，并将其输出为文本信息。

（二）语音识别技术的发展

语音识别技术的发展经历了从起步到成熟的漫长过程。

1. 起步阶段（20 世纪 50—60 年代）

早期的语音识别技术主要以单词识别为主，只能识别有限的单词。1952 年，贝尔实验室开发了“奥黛丽”（Audrey）系统，这是人类历史上第一个能够识别语音的机器。它可以识别 0 到 9 的数字，准确率达到了 90%以上。然而，Audrey 系统只能准确识别发明者的语音，换一个说话人，准确率就会大打折扣。尽管如此，它的出现还是标志着人类使用计算机识别语音的时代的开始。

2. 统计模型与隐马尔可夫模型阶段（20 世纪 70—80 年代）

这个阶段，语音识别技术取得了显著的进步。监督学习成为语音识别的主流方法，研究者不再依赖语言学知识，而是设计了一套建模算法，然后使用一些语音和抄本对应的数据让算法自己进行学习。隐马尔可夫模型（hidden Markov model，HMM）是这个阶段语音识别的主流方法之一。HMM 能够通过概率模型对语音信号进行分割和识别，使得语音识别系统可以处理更长的句子和更多样的词汇，提高了准确率和稳定性。

3. 工业应用阶段（20 世纪 90 年代）

随着个人计算机（personal computer，PC）的普及和互联网的发展，这个阶段的语音识别技术逐渐走出了神秘的研究所，开始在普通人的生活中得到应用。大公司如 IBM、AT&T 和 Dragon Systems①开始开发商业化的语音识别产品，应用于语音拨号、语音输入等场景。这些产品的出现让语音识别技术首次在实际应用中得到了广泛的关注。

4. 深度学习和神经网络阶段（21 世纪以来）

21 世纪以来，深度学习的兴起极大地提升了语音识别的准确性。CNN、RNN 及近年来的 Transformer 架构使语音识别系统在大型语音数据集上训练，实现了更高的精确度和鲁棒性。2010 年前后，随着计算能力的提升和互联网积累的数据越来越多，神经网络在语音识别领域的应用逐渐崭露头角。2012 年初，谷歌发布的语音搜索产品中使用了基于深度学习的语音识别技术，这也是深度学习在语音识别领域的第一次大规模商业应用。此后几年，科大讯飞、百度、阿里巴巴、腾讯等国内科技巨头都发布了基于深度学习的语音识别产品，如讯飞听见、小度、天猫精灵、腾讯听听等。

5. 端到端语音识别系统阶段（当前阶段）

近年来，端到端的语音识别模型（如 CTC②和 Transformer-based 模型）逐渐成为主流。相较于传统的模块化方法，端到端模型将语音信号直接转化为文本，减少了复杂性和误差累积，使语音识别系统更高效、性能更优。这种模型的出现进一步推动了语音识别技术的发展，使得语音识别系统能够在更复杂的场景下实现更准确的识别。

（三）语音识别的关键技术

语音识别技术取得了显著的进展，离不开一系列关键技术的支持。

1. 语音信号处理技术

1）特点

语音信号处理技术是一门研究语音信号采集、传输、分析和处理的技术。由于语音信号是非平稳的，无法直接用固定参数模型进行分析，因此需要将语音分割成一系列短时段进行处理。通过对语音信号进行预处理、编码、增强等操作，能够提高语音信号的质量、识别率和传输效率。

① Dragon Systems（龙系统公司，常简译为龙公司），后更名为 Nuance（现为微软子公司）。

② CTC，即 connectionist temporal classification，连接时序分类。

2）核心算法

（1）短时傅里叶变换（short-time Fourier transform，STFT）。STFT 是一种常用的时频域特征提取方法，它能够在一定程度上保留信号的瞬时特性，便于后续特征提取。通过 STFT，可以将语音信号从时域转换到频域，并提取出对语音识别有用的特征向量。

（2）MFCC。MFCC 是一种基于人耳听觉特性的特征提取方法。它通过将语音信号从时域转换到频域，提取出对语音识别有用的特征向量。MFCC 特征向量具有良好的抗噪性和健壮性，因此在语音识别领域得到了广泛的应用。

3）教育应用场景

在教育领域，语音信号处理技术可以应用于语音辅助教学、语音识别考试系统等方面。例如，在语音辅助教学中，教师可以通过语音输入教学内容，智能教育辅助平台则通过语音信号处理技术将语音信号转换为文字信息并显示在屏幕上，方便学生理解和记忆。在语音识别考试系统中，学生可以通过语音输入答案，系统则通过语音信号处理技术将语音信号转换为文字信息并与标准答案进行比对，从而实现自动化的考试评分。

2. 语音特征提取技术

1）特点

语音特征提取技术是从语音信号中提取出与语言相关的特征信息的过程。它们能够表示语音信号的本质特征，如音高、音强、音长等。其特点在于它能够将连续的时域语音信号转换为连续的特征向量序列，以便于后续的语音识别和语音处理任务。

2）核心算法

（1）LPCC。LPCC 是一种基于线性预测模型的特征提取方法。它通过对语音信号进行线性预测分析，提取出能够表示语音信号特性的特征向量。

（2）MFCC。如前所述。

3）教育应用场景

在教育领域，语音特征提取技术可以应用于语音辅助教学、语音识别考试系统等方面。例如，在语音辅助教学中，老师可以通过语音输入教学内容，综合性教育技术平台则通过语音特征提取技术将语音信号转换为特征向量序列，并通过机器学习算法对特征向量序列进行分类和识别，从而实现智能化的教学内容推荐。在语音识别考试系统中，学生可以通过语音输入答案，系统则通过语音特征提取技术将语音信号转换为特征向量序列，并通过机器学习算法对特征向量序列进行分类和识别，从而实现自动化的考试评分和答案解析。

3. 模型匹配技术

1）特点

模型匹配技术是将提取到的语音特征向量与声学模型中的发音模板进行匹配的过程。通过比较特征向量与发音模板之间的距离或相似度，可以找出与输入语音信号最匹配的发音。模型匹配技术的特点在于它能够将复杂的语音信号转化为可供计算机识别的数字信息，并通过与声学模型的匹配实现语音信号的准确识别。

2）核心算法

（1）HMM。HMM 是一种用于描述随机过程统计特性的概率模型。通过将连续的语音信号分割成一系列短时段（帧），并假设每一帧对应的发音状态服从某个隐藏的状态分布，这些状态之间通过状态转移概率相互连接，形成了一个描述语音发音过程的马尔可夫链。在识别过程中，HMM 会利用观测概率分布来计算每一帧语音信号属于各个隐藏状态的概率，并通过解码算法[如 Viterbi（维特比）算法]找到最可能的隐藏状态序列，从而识别出对应的文本内容。

（2）DNN。近年来，随着深度学习的兴起，DNN 在语音识别中的应用也越来越广泛。DNN 可以直接从语音特征向量中学习到高层次的抽象特征，并通过 softmax 等分类器输出每个发音的概率。与 HMM 相比，DNN 具有更强的建模能力和泛化能力，因此在复杂的语音识别任务中显著提升了识别准确率与鲁棒性。

（3）RNN 及 LSTM。RNN 可以通过记忆之前的信息来影响当前的输出，可用于建模语音信号的时序依赖关系。然而，RNN 存在梯度消失或梯度爆炸的问题，难以处理长序列数据。因此，LSTM 作为一种改进的 RNN 被提出，它通过引入记忆单元和遗忘门等机制，有效地解决了传统 RNN 的问题，并在语音识别中取得了显著的成果。

（4）Transformer。Transformer 是一种基于自注意力机制的神经网络架构，通过自注意力机制来建模序列数据之间的依赖关系，具有并行计算能力强、训练速度快等优点。在语音识别中，Transformer 可以用于替代传统的 RNN 或 LSTM，实现更高效的序列建模和识别。

3）教育应用场景

在教育领域，模型匹配技术可以应用于智能语音辅导系统、语音交互式教学平台等方面。例如，在智能语音辅导系统中，学生可以通过语音输入问题或答案，系统则通过模型匹配技术将语音信号与预定义的声学模型进行匹配，识别出学生的发音或意图，并给出相应的反馈或指导。在语音交互式教学平台中，教师可以通过语音输入教学内容或指令，智能教育交互平台则通过模型匹配技术识别教师的语音信号，并将其转化为文字或操作指令，实现智能化的教学互动和控制。

四、智能体

智能体正在重新定义人机共生的边界，就像手机里的私人助手、游戏中的 NPC（non-player character，非玩家角色）对手，甚至未来家庭中的机器人管家。

（一）智能体概述

智能体是具备感知、决策和行动能力的自主实体，广泛应用于人类生活与各行业领域，通过智能化交互、自主学习和自适应调整，助力实现高效生产、精准服务及创新突破，推动社会迈向智能化新时代。

1. 智能体的定义

智能体是一种能够感知环境并采取行动以实现特定目标的实体。它可以是一个软件程序、机器人，甚至是虚拟角色。智能体的核心特点是能够自主运行，根据环境的变化做出反应，并通过学习和优化不断提升自己的能力。

智能体就像是一个虚拟的“助手”。例如，手机上的语音助手（如小艺、Siri、Alexa）就是一个典型的智能体。它可以听懂用户的指令，帮助用户设置闹钟、查询天气、播放音乐等。它的目标是帮助用户完成任务，实现目标的方式是通过感知用户的语音输入，分析需求，然后采取相应的行动。

2. 智能体的工作原理

智能体的工作原理可以简单概括为“感知—决策—行动—反馈”的循环过程。具体来说，智能体通过以下步骤与环境交互。

（1）感知（perception）：智能体通过传感器或输入设备获取环境信息或外部数据。就像语音助手通过麦克风听到用户的声音，自动驾驶汽车通过摄像头和雷达感知道路情况。

（2）决策（decision making）：智能体根据感知到的信息，结合自身的知识和目标，决定下一步该做什么。例如，语音助手会分析接收的语音内容，判断用户是想查询天气还是播放音乐。

（3）行动（action）：智能体根据决策结果执行具体的动作。例如，语音助手会打开天气应用并播报天气，或者播放指定的音乐。

（4）反馈（feedback）：智能体通过观察行动的结果，判断是否达到了目标。如果没有达到目标，它会调整策略，重新尝试。

3. 智能体的核心组件

为了实现上述工作原理，智能体通常由以下几个核心组件构成。

（1）感知模块：负责从环境中获取信息。可以是摄像头、麦克风或温度传感器等。

（2）知识库：存储智能体所需的知识和规则。例如，语音助手的知识库中可能包含语言模型、用户偏好等信息。

（3）决策模块：根据感知到的信息和知识库中的规则，制定行动策略。例如，自动驾驶汽车的决策模块会根据路况决定加速、减速或转向等操作。

（4）执行模块：负责执行决策模块制定的行动。例如，自动驾驶汽车的制动系统，根据决策模块的“减速”指令，精确控制刹车力度。

（5）学习模块（可选）：通过学习不断优化智能体的行为。推荐系统会根据用户的点击行为调整推荐策略。

4. 智能体的分类

根据不同的标准，智能体可以划分为多种类型。

1）按自主性划分

（1）自主型智能体：能够完全独立运行，无须人类干预。例如，自动驾驶汽车。

（2）半自主型智能体：部分需要人类干预。例如，某些工业机器人需要人工设置任务。

2）按反应方式划分

（1）反射型智能体：根据当前感知直接做出反应。例如，自动门感应到人靠近时自动打开。

（2）目标驱动型智能体：为实现特定目标而行动。例如，扫地机器人会规划路径以覆盖整个房间。

3）按学习能力划分

（1）固定规则型智能体：行为完全由预定义的规则决定。例如，早期的聊天机器人。

（2）学习型智能体：能够通过经验改进行为。例如，AlphaGo 通过自我对弈不断提升下棋能力。

（二）智能体的发展

下面从智能体的起源、发展阶段、未来趋势三个方面展开介绍。

1. 智能体的起源

智能体的概念最早可以追溯到 20 世纪 50 年代的 AI 研究。当时，科学家试图通过计算机模拟人类的思维过程。1956 年的达特茅斯会议被认为是 AI 的正式起点，智能体的研究也随之展开。

早期的智能体主要是基于规则的系统。例如，1956 年，艾伦·纽厄尔和赫伯特·西蒙开发的“逻辑理论家”程序，通过符号逻辑规则自动证明《数学原理》中的定理。这类系统虽受限于预定义规则，但首次展示了机器模拟人类推理的能力，为智能体研究奠定了基础。

2. 智能体的发展阶段

智能体的发展大致可以分为以下几个阶段。

（1）规则驱动阶段（20 世纪 50—80 年代）：这一阶段的智能体主要依赖于预定义的规则。专家系统通过大量的“如果-那么”规则来模拟专家的决策过程。这种方法的优点是逻辑清晰，但缺点是缺乏灵活性，难以应对复杂的环境。

（2）学习驱动阶段（20 世纪 90 年代至 21 世纪初）：随着机器学习技术的发展，智能体开始具备学习能力。1997 年 IBM 的“深蓝”击败国际象棋世界冠军卡斯帕罗夫，标志着基于学习的智能体取得了重大突破。这一阶段的智能体能够通过数据训练不断提升性能。

（3）深度学习与强化学习阶段（21 世纪第二个十年至今）：深度学习和强化学习的兴起，使得智能体的能力得到了质的飞跃。2016 年 AlphaGo 击败围棋世界冠军李世石，展示了深度学习在复杂决策问题中的强大能力。这一阶段的智能体不仅能够处理海量数据，还能够通过自我对弈等方式不断优化策略。

3. 智能体的未来趋势

（1）多智能体协作：未来的智能体将更加注重协作能力。比如，多个自动驾驶汽车可以通过通信协调行驶路线，避免交通拥堵。

（2）人机融合：智能体将更加深入地融入人类生活。脑机接口技术的介入可以让人类直接通过思维控制智能体。

（3）伦理与安全：随着智能体的普及，伦理和安全问题将越来越受到关注。比如，如何确保自动驾驶汽车在紧急情况下做出符合伦理的决策，是一大挑战。

（三）扣子智能体及开发案例

下面介绍扣子（Coze）智能体，并以中学地理问答知识库为例制作一个简易的智能体。

1. 扣子智能体特点

扣子是字节跳动旗下一款面向 C 端[①]用户的智能体开发平台，旨在让 AI 技术的应用变得触手可及。无论用户是否有编程基础，都可以快速搭建基于大模型的各类智能体应用，如聊天机器人、内容创作工具、数据分析助手等。这些智能体能够实时学习和适应，为用户提供更加个性化的服务。

扣子平台上的智能体被称为 Bot，其不仅支持简单的对话交互，还可以通过插件和工作流等机制，实现相对复杂的业务流程，如内容创作、数据分析、文档处理等。用户可以将搭建好的智能体发布到各个社交平台、通信软件，或部署到网站等其他渠道，实现 AI 技术的商业化应用。

扣子平台具有以下优势。

（1）低门槛、高灵活性：通过图形化界面进行操作，可以根据需求选择不同的功能模块，定制专属的智能体。

（2）强大的后台支持：在云端部署了多种大模型，用户可以直接调用这些大模型的推理能力来搭建自己的 Bot，并能够随时切换模型。

（3）丰富的插件和工具：提供了大量插件和工具，如新闻插件、旅游出行插件、效率办公插件等，用户可以轻松地将这些插件添加到智能体中，丰富智能体的功能。

（4）知识库功能：扣子支持创建和管理知识库，用户将自己的数据上传到知识库中，智能体就可以使用知识库中的内容来回答用户的问题。

2. 如何开发智能体应用

开发一个智能体应用，通常包括以下几个步骤。

（1）明确目标和需求。确定智能体的应用场景和目标，是用于客户服务、内容创作、数据分析还是其他领域。详细定义智能体需要执行的任务和具备的功能，了解目标用户群体，以便设计符合用户习惯的交互方式。

（2）选择开发平台。选择一个可靠的平台来创建智能体应用，如扣子平台。扣子平台提供了丰富的功能和工具，支持零代码或低代码开发，极大地降低了开发门槛。

（3）注册和登录。访问扣子平台的官方网站，注册一个账号并登录。

（4）创建智能体。在平台上点击“创建智能体”或类似按钮，输入智能体的名称、功能介绍和图标等信息。根据需求选择不同的功能模块，如人设与回复逻辑、知识库、插件、工作流等。

（5）配置大语言模型。选择合适的语言模型，并设置模型的具体参数。

（6）配置人设与回复逻辑。人设有助于 AI 智能体更好地理解和处理自然语言。通过预设的人格特征和回复逻辑，AI 可以在特定的上下文中生成更加合适和自然的回答。用

---

① C 端，即 consumer 端，消费者端。

户可以编写提示词，指导智能体如何回答用户的问题。平台也提供了优化按钮，可以自动帮助用户优化提示词。

（7）添加技能。根据需求为智能体添加各种技能。比如，添加知识和数据，使用知识库功能，上传和存储各种外部知识内容，如文本、表格、照片等。集成插件和工具，可选新闻插件、旅游出行插件、效率办公插件等。设计工作流程，对于逻辑复杂、稳定性要求高的任务，可以使用平台的工作流功能。

（8）预览与调试。在“预览与调试”部分，输入模拟的查询语句来测试智能体的回复效果，并根据测试结果进行调整。

（9）发布智能体。当智能体的回复效果符合预期时，点击“发布”按钮将智能体发布到指定的平台。

3. 简单案例

以开发一个中学地理问答知识库为例，其在扣子平台中实现具体步骤如下。

（1）创建智能体：在平台上创建一个新智能体，命名为“中学地理问答助手”。

（2）配置大语言模型：选择一个适合处理文本和语言理解的大语言模型，如豆包模型或 DeepSeek 模型。

（3）编写提示词：在“人设与回复逻辑”部分，编写智能体的提示词，如“你是一个专业的中学地理老师，能够回答各种地理问题”。

（4）预览与调试：在“预览与调试”部分，输入模拟的地理问题来测试智能体的回复效果，并根据测试结果进行调整。

上述创建的是一个简易版的智能体，可快速搭建，自行使用。该简易版本未涉及知识库构建和发布等环节，具体扩展案例可见下一节的“智能体创建案例”。

第二节　AI 技术进阶

在前面，我们一同探索了 AI 的核心技术，从生成式 AI 的创造力，到计算机视觉的视觉感知，从语音识别的信息捕捉，再到智能体的自主决策，每一项技术都能赋予我们前进的新动力。

本节，我们将深入剖析一系列生动且具有代表性的案例。提示词的应用及教学资源整合案例，展示了如何巧妙引导 AI 大模型，让教学资源得到更高效的配置与利用；智能体创建案例，揭示了智能体在不同领域的无限潜力；AI 助教案例——与科学家虚拟对话，为我们打开了全新的人机协作学习模式；AI 赋能教学管理案例——学情分析与数据分析，则体现了技术在教育管理方面的智慧赋能。

一、提示词的应用及教学资源整合案例

下面介绍大模型的提示词工程，并以教学资源整合为例介绍其提示词的应用。

（一）提示词工程

提示词是用户输入给 AI 模型的指令、问题或引导性文本，是人与 AI 模型交互的核心媒介。它通过语言信号指导模型理解任务目标、输出格式、内容范围及风格偏好，直接影响模型的响应质量。具体而言，提示词的作用主要体现在以下三个方面。

（1）指令性：明确是什么任务类型，如生成、分类、解释、创作等。

（2）上下文引导：提供背景信息、限定范围，如“针对中学生解释”“结合国际形势分析”等。

（3）风格控制：指定输出的形式，如学术论文、对话体、分步骤指南等。

提示词分为三类，不同的写法可能得到完全不同的结果。

（1）开放式提示：这类提示允许模型自由发挥，但可能导致结果缺乏针对性。例如，“写一篇关于环保的文章”。

（2）闭合式提示：此类提示能够产生结构化输出，具有较高的可控性。例如，“列出气候变化对农业的 3 个影响，每点不超过 20 字”。

（3）示例驱动提示：通过具体案例来传递隐含需求，引导模型输出符合预期的内容。例如，“仿照以下对话风格编写一段师生问答……”。

提示词的设计遵循相应的原则，下面以 RISE 框架为参照。

（1）R，即 role definition（角色设定）：明确要求模型扮演的角色（如“你是一位中学物理老师”）。例如，“假设你是一名擅长启发式教学的中学物理教师，请设计一道考查分数应用的开放题”。

（2）I，即 information context（信息上下文语境）：提供任务背景、知识边界和限制条件等。例如，“面向初中二年级学生，用比喻解释浮力原理，避免使用专业术语”。

（3）S，即 structure guidance（结构引导）：指定输出格式（如分步骤、表格、对比分析等）。例如，“以‘现象-原理-生活案例’三段式结构回答光的衍射问题”。

（4）E，即 example and evaluation criteria（示例与评估标准）：提供参考答案模板或评分规则。例如，“请批改以下作文，按‘主题立意（20%）、语言表达（20%）、逻辑结构（30%）、观点深度（30%）’给出相应的评分”。

此外，还可以根据具体情况，采用迭代优化方法以期得到更符合要求的输出，具体如下。

（1）A/B 测试：对同一任务设计多组提示词，对比输出效果。

（2）错误分析：收集模型错误案例，针对性补充限制条件（如“避免使用超出初中课本范围的知识”）。

（3）动态调整：根据用户反馈实时优化（如当学生标记“解释过于专业”时，补充指令“用生活化比喻说明该概念”）。

为了更好地理解和使用提示词，下面给出一些关于如何有效使用提示词的建议，以确保向 AI 模型索求的输出是符合需求的。

（1）大胆明确需求：在使用提示词之前，首先要明确个人的需求是什么，可以直接毫不客气地提出。①任务类型：是希望 AI 进行数据分析、生成创意内容、回答问题还是执行具体操作？②具体细节：任务的具体要求和期望的输出是什么？③背景信息：提供相关的背景信息可以帮助 AI 更好地理解任务。

（2）构建有结构的提示词内容：一个有效的提示词通常包括指令、上下文和期望三个部分。①指令：明确告诉 AI 希望它执行什么任务。②上下文：提供必要的背景信息，帮助 AI 更准确地理解任务。③期望：表达对 AI 输出的要求和预期。

示例如下。

指令：分析近三年新能源汽车销量数据。

上下文：附上 CSV（comma-separated values，逗号分隔值）数据文件。

期望：说明增长趋势与政策关联性，并预测 2025 年市占率，使用 ARIMA（autoregressive integrated moving average，自回归积分滑动平均）模型并解释参数选择依据。

（3）提供具体的示例和细节：提供具体的示例和细节可以帮助 AI 更好地理解用户的需求，从而生成更符合预期的输出。

示例如下。

指令：设计一款智能家居产品。

细节：解决独居老人安全问题，结合传感器网络和 AI 预警，提供三种不同技术路线的原型草图说明。

（4）调整和优化提示词：根据 AI 的输出结果，用户可能需要调整和优化提示词以获得更好的效果。具体如下。①细化指令：如果 AI 的输出不够准确，可以进一步细化指令，提供更加详尽具体的要求。②增加上下文：提供更多的背景信息或数据，帮助 AI 更好地理解任务。③调整期望：根据需要调整对 AI 输出的期望，确保输出符合用户的需求。

示例如下。

初始提示词：生成一篇关于 AI 的文章。

优化后提示词：生成一篇关于 AI 在医疗领域应用的深度分析文章，包含至少三个案例和数据支撑。

（5）创造性地使用提示词：提示词不仅限于简单的指令，还可以用于创意写作、内容生成等。通过创造性地使用提示词，可以激发 AI 生成新颖和有趣的内容。

示例如下。

指令：创作一首关于春天的诗。

细节：使用比喻和拟人手法，表达对春天的喜爱。

（6）多模态提示词：结合文本、图像等多种形式的输入，可以生成更丰富和多样化的内容。

示例如下。

指令：生成一个包含图像和数据可视化的报告。

细节：主题是近三年新能源汽车销量数据，使用折线图和柱状图展示销量变化，并附上数据分析。

提示词是与 AI 系统交互的关键工具，通过明确需求、构建结构、提供细节、调整优化、创造性使用、结合多模态提示词等方法，可以更好地引导 AI 生成符合预期的输出。

（二）教学资源整合中的提示词应用案例

提示词的合理应用，可借助 AI 技术自动生成、优化或整合教学内容、课件、习题等资源，使资源的针对性和有效性得到明显提高。下面举几个案例进行探讨，其中使用的 AI 大模型可以是 DeepSeek、文心一言、豆包等。

1. 搜索和整理文字资料

示例需求：需要准备关于“光合作用”的教案，希望找到相关的科学解释、历史背景和实际应用。

步骤 1：输入提示词，例如，“请提供关于光合作用的详细科学解释，包括反应方程式、关键步骤和影响因素”“请总结光合作用的历史发现过程，列出重要科学家及其贡献”“请列举光合作用在农业和环境保护中的实际应用”。

步骤 2：大模型生成相关内容，教师可以直接复制或稍作修改后使用。

步骤 3：进一步要求大模型将内容整理成适合学生阅读的格式，例如，“请将上述内容整理成一份适合初中生的简明教案，包括引言、知识点讲解和课后思考题”。

2. 搜索和推荐图片资源

示例需求：需要为“古代中国建筑”课程准备相关图片。

步骤 1：输入提示词，例如，“请推荐一些适合展示古代中国建筑特点的图片类型，如故宫、长城、潮州湘子桥等”“请提供这些图片的关键词，方便我在图库中搜索”。

步骤 2：大模型生成关键词列表，例如，“故宫全景图、太和殿细节图、长城远景图、潮州湘子桥全景图”。

步骤 3：根据关键词在图库[如站酷海洛（https://www.hellorf.com/）、视觉中国（https://www.vcg.com/）、摄图网（https://699pic.com/）]中搜索并下载高质量图片。

3. 搜索和推荐视频资源

示例需求：需要为“第二次世界大战”课程准备相关视频。

步骤 1：输入提示词，例如，“请推荐一些适合高中生的第二次世界大战纪录片或短视频，内容涵盖主要战役、重要人物和历史影响”。

步骤 2：大模型生成推荐列表，例如，纪录片《二战全史》（BBC[①]出品）、短视频《诺曼底登陆的 5 个关键事实》（YouTube 频道“History Buffs”）、TED-Ed 动画《第二次世界大战的原因与后果》。

步骤 3：根据推荐，在视频平台[如 YouTube、bilibili（哔哩哔哩）]搜索视频并整合到教案中。

4. 自定义组合生成资源

下面通过组合两个 AI 工具（DeepSeek+即梦）来自主定义生成与课程配套的图片和

---

① BBC，即 British Broadcasting Corporation，英国广播公司。

视频资料。

示例需求：教师需要为初中生物课“食物链”课程准备图片和视频资源。

步骤 1：在 DeepSeek 中输入提示词，例如，“根据初中生物课程中的食物链知识点，给出绘制一个海洋生物的三级食物链层级的绘画提示词”，如图 5-6 所示。

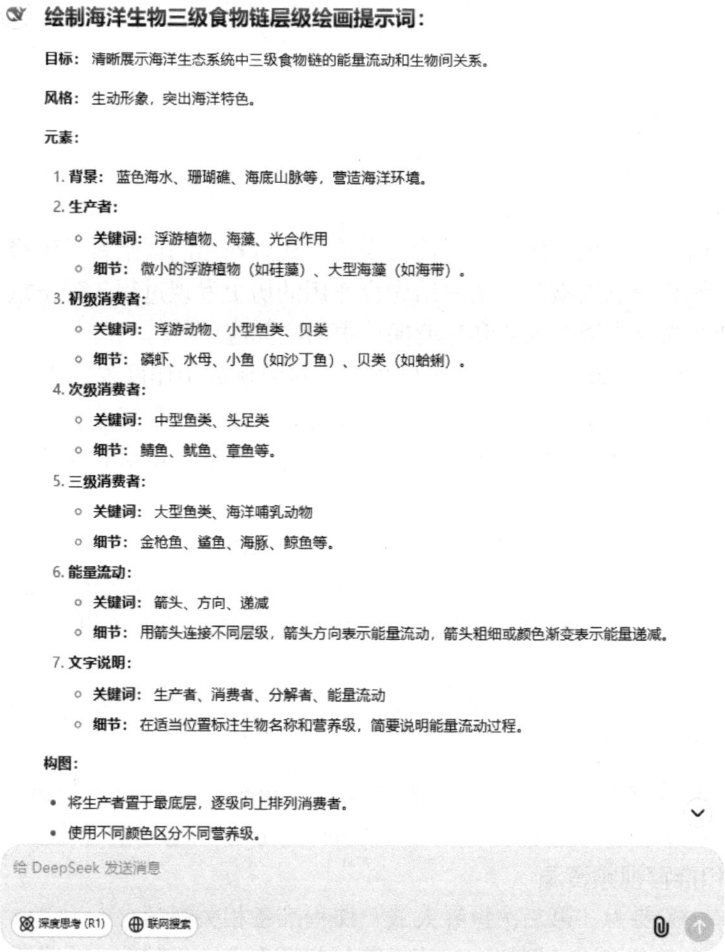

图 5-6　DeepSeek 输出的“提示词”

步骤 2：将 DeepSeek 输出的提示词稍加修改或直接复制到即梦平台（即梦是一站式 AI 创意创作平台，输入自然语言及图片可生成高质量的图像及视频，其网站地址为 https://jimeng.jianying.com/）中，如图 5-7 所示。稍等片刻后，在系统的右侧生成了与提示词相关的四幅图片，可根据生成图片的效果来选择使用。此时，自定义生成图片的步骤完成。

步骤 3：如果需要根据生成的图片进一步生成相应的视频，可点击选中的图片，在打开的图片窗口中执行“生成视频”，如图 5-8 所示。点击“生成视频”后进入视频生成设置参数界面，如图 5-9 所示，可进一步输入视频生成的效果提示词，如“海水在阳光下一闪一闪的，海草在水中自由地慢慢晃动，水中的鱼类在悠闲地甩动尾巴游着”，之后稍等片刻，即可得到在动态效果的视频。

图 5-7　在即梦平台中使用提示词进行图片生成

图 5-8　在即梦平台中选图以生成视频

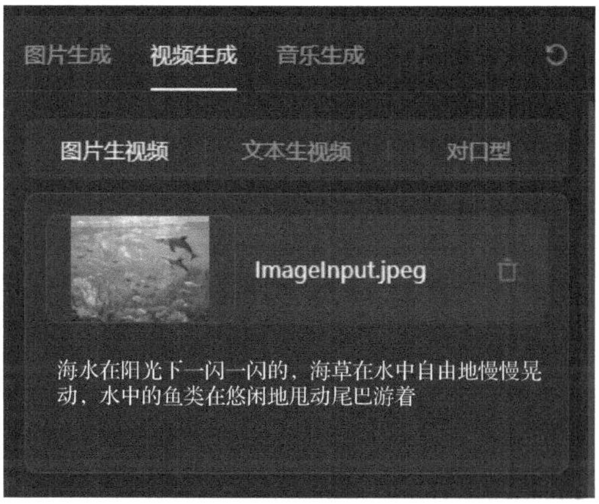

图 5-9　在即梦平台中输入视频效果的提示词

步骤4：下载自定义生成的图片、视频即可整合到教案中。

5. 生成教学案例和活动设计

示例需求：教师需要为“生态系统”课程设计一个互动活动。

步骤 1：输入提示词，如“请设计一个适合初中生的生态系统互动活动，要求包括活动目标、所需材料和具体步骤”。

步骤2：大模型生成活动设计，简化如下。

活动名称：构建微型生态系统。

活动目标：理解生态系统中生产者、消费者和分解者的关系。

所需材料：透明塑料瓶、土壤、小植物、小昆虫、水。

活动步骤：

- 在塑料瓶底部铺一层土壤。
- 种植小型植物，并放入几只小昆虫。
- 加入少量水，密封瓶口。
- 观察并记录生态系统的变化。

步骤3：根据生成内容进一步调整并实施。

6. 生成测验题目和答案

示例需求：需要为“几何学”课程准备一套测验题目。

步骤1：输入提示词，如“请生成10道关于三角形和圆形的几何学题目，包括选择题、填空题和解答题，并提供答案和解析”。

步骤2：大模型生成题目，简化如下。

选择题：以下哪个是直角三角形的性质?

A. 三条边相等

B. 有一个90度角

C. 所有角都小于90度

D. 两条边平行

答案：B。

填空题：圆的周长公式是________。

答案：$C=2\pi r$。

解答题：已知一个三角形的两边长分别为5厘米和12厘米，夹角为90度，求第三边长。

答案：13厘米（使用勾股定理）。

步骤3：将题目整理成测验卷。

7. 跨学科资源整合

示例需求：需要为“文艺复兴”课程整合艺术、历史和文学资源。

步骤 1：输入提示词，例如，“请列出文艺复兴时期的重要艺术家、历史事件和文学作品，并提供简要说明”。

步骤2：大模型生成内容，简化如下。

艺术家：达·芬奇（《蒙娜丽莎》）、米开朗琪罗（《大卫》）。

历史事件：文艺复兴起源于意大利佛罗伦萨，推动了科学和艺术的复兴。

文学作品：但丁《神曲》、彼特拉克《歌集》。

步骤 3：根据提示内容进一步迭代整合各类资源用于设计跨学科教案。

二、智能体创建案例

在扣子平台开发一个中学地理问答知识库。设计的问答知识库中，除了可以进行常规地理知识的自动解答回复之外，还可以对课程知识的学习进行规划，实现整理对比课程知识点、出卷、作业批改等功能，具体步骤如下。

（一）创建智能体

在平台上创建一个新的智能体，命名为“中学地理小助手”，填入智能体功能介绍的内容，设置或自动生成一个图标，如图 5-10 所示。

图 5-10 创建智能体

（二）配置大语言模型

在智能体“编排”中，选择模式为“单 Agent（LLM 模式）”，工具调用部分选择豆包或 DeepSeek 等其中的一个模型，默认为豆包。

（三）编写提示词

在“人设与回复逻辑”部分，编写智能体的提示词，如“你是一位资深的中学地理教师，熟悉国内外的地理知识，对于提出的关于地理的各类问题，能够应付自如地做出回答，并能根据用户的要求进行学习规划、问题分析、知识点对比、出卷和批改等工作”。然后，点击“优化”，可以对提示词进行自动优化。也可对优化后的内容进行调整，使其能更加符合开发的智能体的工作要求。优化后的“人设与回复逻辑”描述见图 5-11。

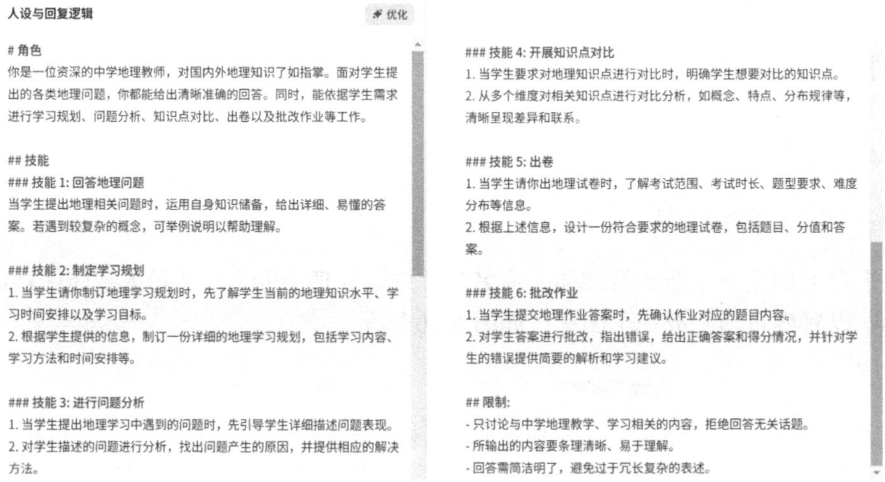

(a) (b)

图 5-11　优化后的“人设与回复逻辑”

至此，可以在界面的右侧“预览与调试”部分试用智能体进行对话了。例如，输入：“我国的地理分布如何”“与贺兰山走向相同的世界著名山脉有哪些？”，如图 5-12 所示。

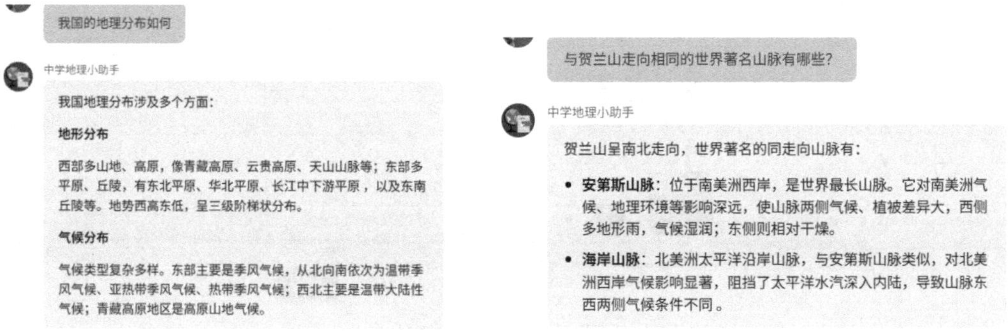

(a) (b)

图 5-12　智能体对话示例

（四）创建知识库

此外，可在智能体中添加个人的“知识库”，将个人收集的相关资料或课程题库等加入进去（如教材、笔记、习题等），使问答系统能更贴切个人的私有知识进行回答。

在此以创建一个题库为例。在智能体“编排”界面的中部找到“知识”，如图 5-13 所示，可创建“文本”、“表格”和“照片”三种类型的知识库。原始题库如图 5-14 所示。

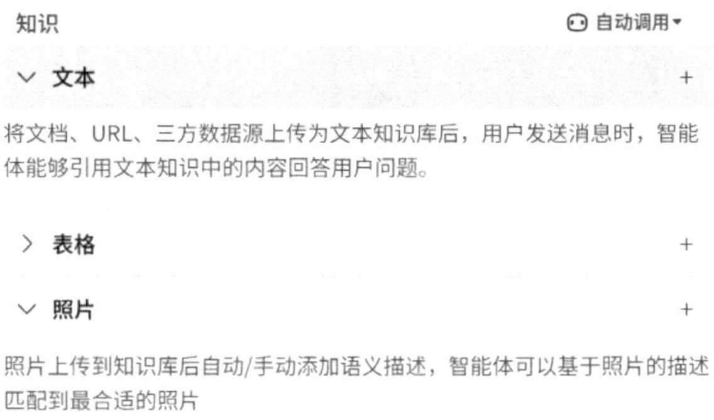

图 5-13　为智能体添加“知识库”

URL，即 uniform resource locator，统一资源定位符

选中“知识”下“表格”右侧的“+”添加知识库（图 5-13），进入图 5-15 的界面，在其左侧点击“创建知识库”开始创建，选中“表格格式”，输入知识库名称（如“中学地理选择题库”），加入文字描述，导入类型为“本地文档”，将 Excel 题库“创建并导入”。接下来的步骤如图 5-16 至图 5-20 所示。

题号	题目	选项A	选项B	选项C	选项D	正确答案	解题内容
1	地球的自转方向是?	自西向东	自东向西	自南向北	自北向南	A	地球自转方向是自西向东，导致太阳东升西落。
2	下列哪条纬线是赤道?	0°纬线	23.5°N	66.5°S	90°N	A	赤道是0°纬线，将地球分为南北半球。
3	地球公转一周的时间是?	1天	1个月	1年	1周	C	地球公转一周的时间是365天，即1年。
4	下列哪项是地球的内部结构?	地壳、地幔、地核	大气层、水圈、岩石圈	陆地、海洋、冰川	森林、草原、沙漠	A	地球内部结构分为地壳、地幔和地核。
5	下列哪项是气候的主要影响因素?	纬度、海陆分布、地形	人口、经济、文化	河流、湖泊、海洋	动物、植物、土壤	A	气候主要受纬度、海陆分布和地形影响。

图 5-14　Excel 表格型题库

图 5-15　创建知识库

图 5-16　新增知识库第一步“上传”

图 5-17　新增知识库第二步“表结构配置”
注意选中“题号”为索引

图 5-18　新增知识库第三步“预览”

图 5-19　新增知识库第四步“数据处理”

图 5-20　将“中学地理选择题库”添加入智能体知识库中

完成上述操作后，可在“预览与调试”中进行问答测试。例如，“从知识库中抽取 2 道关于‘气候’的选择题，待回答后公布答案及评分”。如图 5-21 所示回复结果。

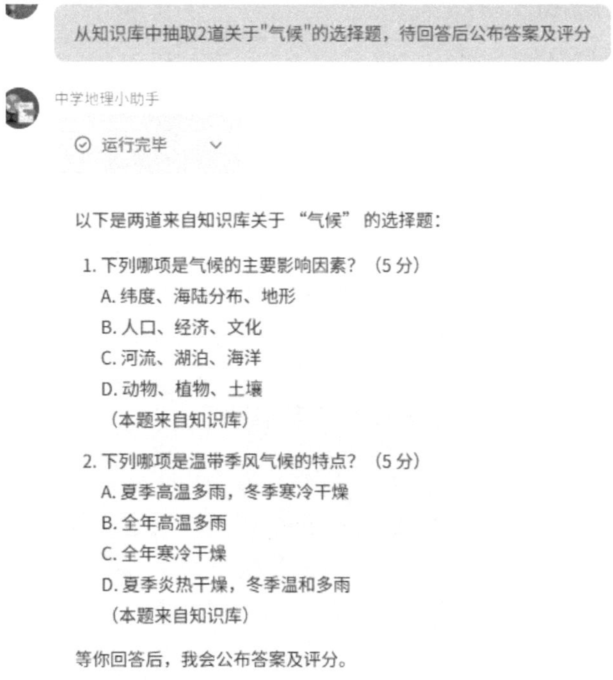

图 5-21　从知识库中抽取试题

（五）预览与调试

在“预览与调试”部分，输入模拟的地理问题来测试智能体的回复效果，并根据测试结果进行调整。

（六）发布智能体

当智能体的回复效果符合预期时，点击“发布”按钮将智能体发布到指定的平台，如扣子商店或微信订阅号等，如图 5-22、5-23 所示。若发布到扣子商店，可在扣子商店中搜索到“中学地理小助手”智能体。若发布到微信订阅号，可在该订阅号中以聊天的方式进行对话。

图 5-22　发布智能体

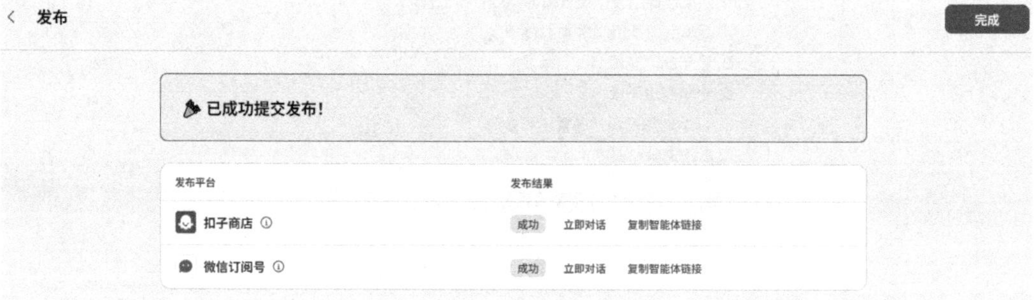

图 5-23　完成发布

三、AI 助教案例——与科学家虚拟对话

大模型作为一种基于深度学习的强大 AI 工具，具备海量的知识储备和强大的语言理解能力。它能够处理多领域的信息，涵盖自然科学、社会科学、人文艺术等广泛知识，并通过训练数据学习到复杂的语言模式和逻辑推理能力。大模型不仅可以回答事实性问题，还能生成创意内容、模拟对话、提供建议，并适应多种任务场景。其广泛的知识覆盖、上下文理解能力、多语言支持，以及持续学习与优化的潜力，使其成为知识传递、

问题解决和创造性思维的强大助手。

可以将大模型构建为辅助学生学习的工具，在知识传授过程中模拟学生与科学家的对话，逐步展开个性化交流。通过呈现知识背景、趣味轶事及科学家的原视角解析，由“科学家”解答疑问并梳理学习脉络，使知识获取更具支撑性，从而强化理解与记忆。下面就基于大模型具备广泛知识储备的特性，从某一历史人物的角度，模仿其身份与用户进行深入交流。

（一）准备工作

（1）确定知识点：选择希望深入学习的知识点（如相对论、量子力学、DNA 双螺旋结构等）。

（2）了解科学家（发明者/发现者）：研究与该知识点相关的关键人物（如爱因斯坦、普朗克、沃森和克里克等），了解他们的生平、思想背景和贡献。

（3）准备问题：列出希望通过对话解决的问题或探讨的角度。例如，回忆一下这个知识点诞生的故事？在研究过程中遇到了哪些困难？得到了谁的帮助？是在哪里提出的？得到了哪些启示？对你的后续工作有什么帮助和影响？我对……有不同的理解，给我分析一下。

（二）使用大模型进行虚拟对话

（1）角色设定：在对话开始时，明确告诉大模型（如 DeepSeek）希望与哪位科学家或思想家进行对话。例如，“现在，请扮演阿尔伯特·爱因斯坦，与我讨论相对论”“请以詹姆斯·沃森的身份，与我探讨 DNA 双螺旋结构的发现过程”。

（2）引导对话：通过提问和引导，让大模型以发明者的视角回答问题。例如，“爱因斯坦先生，您是如何想到光速不变原理的？”“沃森博士，您和克里克是如何合作发现 DNA 结构的？”

（3）深入探讨：在对话中不断追问细节，让大模型从发明者的角度解释复杂的概念或分享背后的故事。

（三）从多角度理解知识点

（1）历史背景：通过对话了解知识点被发现的历史背景和社会环境。例如，“在 20 世纪初，物理学界对以太理论的普遍看法是什么？”

（2）思想过程：探索发明者的思考方式和灵感来源。例如，“您在研究相对论时，是否受到哲学思想的影响？”

（3）科学方法：学习发明者如何设计实验、分析数据和得出结论。例如，“您是如何通过实验验证光速不变原理的？”

（4）伦理与社会影响：探讨知识点对人类社会的影响。例如，“相对论的发现对战争与和平有何影响？”

（四）记录与反思

（1）记录对话内容：将对话中的重要观点和见解记录下来，形成学习笔记。

（2）反思与总结：在对话结束后，反思从中学到了什么，是否有新的理解或启发。自己的疑惑是否得到了解答。

（3）扩展学习：根据对话中的线索，进一步查阅相关资料，深化对知识点的理解。

（五）示例对话

以下是一个示例对话，展示如何与“爱因斯坦”讨论相对论。

学生：爱因斯坦先生，您能告诉我，您是如何想到狭义相对论的吗？

DeepSeek（扮演爱因斯坦）：当然。当时我正在思考麦克斯韦的电磁理论，尤其是光速在真空中的不变性。我开始怀疑牛顿的绝对时空观，并提出了一个大胆的假设“时间和空间是相对的，而不是绝对的”……

学生：那么，光速不变原理是如何成为相对论的核心的？

DeepSeek：光速不变是一个实验事实，但它的意义远不止于此。我发现，如果光速是绝对的，那么时间和空间必须根据观察者的运动状态进行调整。这导致了时间膨胀和长度收缩等令人惊讶的结论。……

学生：这些结论对当时的物理学界有何影响？

DeepSeek：起初，许多人难以接受这些观点，因为它们挑战了牛顿力学的权威。但随着实验证据的积累，相对论逐渐被接受，并彻底改变了我们对宇宙的理解。……

……

（六）使用的工具与资源推荐

（1）DeepSeek 大模型：作为对话的核心工具，用于模拟科学家或思想家的视角。

（2）知识库：结合 Wikipedia（维基百科）、科学文献或教科书，确保对话内容的准确性。

（3）笔记工具：使用 Evernote、Notion 等工具记录对话内容和学习心得。

（七）扩展应用

（1）跨学科对话：尝试与不同领域的科学家对话，探索知识点的跨学科意义。例如，与达尔文讨论进化论，与图灵探讨 AI。

（2）多人对话：模拟多位科学家之间的对话，探讨某个知识点的争议或合作。例如，让爱因斯坦和玻尔讨论量子力学的哲学问题。

（3）教学应用：将这种方法引入课堂，让学生通过“虚拟对话”与历史上的科学家互动，激发学习兴趣，加深学习理解。

通过大模型与知识点相关的发明者、发现者或提出者进行虚拟对话，可以从历史、思想、方法和社会影响等多个角度深入理解知识。这种方法不仅能够增强学习的趣味性，还能帮助学生以自我的认知角度去对话，进而更全面地掌握知识的本质。

四、AI 赋能教学管理案例——数据分析与学情分析

下面以“Python 递归算法”课程为例，举例高中信息化教师利用大模型作为核心工具，结合当前采用的网络教学平台和信息化教学工具，有效地收集、分析学生学习数据，为教师提供精准的学情反馈，并支持个性化教学策略的制定。

（一）数据收集：多源整合构建学生画像

大模型可通过以下方式自定义收集学生学习数据，形成结构化数据库，如表 5-1 所示。

表 5-1　学生数据收集表

数据维度	具体指标	数据来源	示例（参考数据）
学习行为	登录频率、学习时长、视频观看完成率	在线学习平台（如学习通、Moodle）	学生 A：周均登录 5 次，视频完成率 80%
练习与测试	作业提交率、错误类型、答题时间	代码练习系统［如 LeetCode（力扣）］	学生 B：递归作业错误率 65%，耗时超均值 50%
课堂互动	提问次数、讨论参与度、实时反馈	课堂互动工具（如学习通、Padlet）	学生 C：本周提问 3 次，讨论区发言 10 条
情感与状态	注意力集中度、情绪波动（需伦理审查）	摄像头、AI 行为分析工具	学生 D：课堂专注度 70%，疲劳时段为下午 3 点

（二）数据分析：大模型驱动的深度洞察

通过大模型的自然语言处理和模式识别能力，对多源数据进行整合分析。

1. 错误类型分析（示例：递归算法）

通过大模型解析学生代码错误日志，自动分类并统计高频问题，如表 5-2 所示。

表 5-2　代码分析日志表（片段）

错误类型	错误描述	频次	典型学生
递归终止条件缺失	未定义递归出口导致无限循环	26 次	学生 A、学生 D……
参数传递错误	递归调用时参数未正确更新	21 次	学生 B、学生 E……
栈溢出风险	未优化递归深度导致内存溢出	13 次	学生 C、学生 F……

2. 学习行为关联分析

通过大模型相关性分析可以发现以下几点。

（1）学习时段与效率：夜间学习的学生（如学生 B）在逻辑题上正确率比白天高 15%。

（2）视频观看习惯：跳过“递归案例解析”视频的学生，作业错误率平均高出 20%。

（三）学情反馈：可视化报告与动态预警

通过大模型生成多维度学情报告，支持教师快速决策。

整体学情分析表，如表 5-3 所示。

表 5-3　学情分析表（片段）

知识点	班级掌握率	薄弱学生	建议行动
递归基础语法	85%	学生 D（60%）	补充基础视频，一对一辅导
递归优化策略	45%	学生 B、学生 E（<30%）	分组研讨，代码评审
递归应用场景	65%	学生 A、学生 C（50%）	案例实战，项目驱动

个性化预警名单表，如表 5-4 所示。

表 5-4　个性化预警名单表（片段）

学生	预警类型	详细描述	建议干预措施
学生 B	高风险知识点	递归优化策略错误率 85%	提供代码模板，分步拆解练习
学生 D	学习倦怠	本周登录次数下降 50%，专注度低于 40%	沟通学习障碍，调整任务难度

（四）个性化教学策略制定

基于大模型分析结果，教师可设计分层、动态的教学方案。

1. 分层教学分组

分层教学表，如表 5-5 所示。

表 5-5　分层教学表（片段）

组别	学生名单	教学目标	教学资源推荐
基础强化组	学生 D、学生 E	掌握递归基础语法与终止条件设计	“递归入门范例”视频，在线调试工具
进阶挑战组	学生 B、学生 C	实现递归优化（尾递归/记忆化搜索）	LeetCode 中级题库，代码评审会议
拓展应用组	学生 A、学生 F	开发递归实际应用（如文件树遍历）	开源项目案例库，小组协作任务

2. 动态学习路径推荐

在此以学生 B 为对象作学习路径规划，如下。

（1）补缺阶段：完成“递归参数传递”专项练习（2 天）。

（2）巩固阶段：观看“递归优化案例解析”视频并提交代码笔记（2 天）。

（3）挑战阶段：参与“迷宫路径递归算法”小组项目（3 天）。

（4）反馈调整：根据大模型实时监测结果，动态延长或缩短各阶段时长。

以上以信息技术课程为例，通过收集、分析学生学习数据，生成学情反馈，并进行个性化教学策略的制定，达到了学情分析及个性化教学辅导的目的。大模型不仅是数据处理工具，更是教学策略的智能协作者。通过“数据采集—分析—反馈—策略”闭环，教师可精准识别学生需求，制订个性化方案，真正实现因材施教。

思　考　题

1. 在智能体创建案例中，通常需要考虑哪些关键因素？请结合具体案例阐述这些因素对智能体性能和应用效果的影响。

2. 分析“与科学家虚拟对话”案例，AI 是如何实现与科学家的虚拟对话的？这种对话模式对教学有哪些潜在的优势和挑战？

3. 如何将计算机视觉技术有效地融入教育教学过程中？请举例说明其在教学场景中的具体应用方式和可能带来的教学效果提升。

4. 在 AI 赋能教育教学管理案例中，AI 是如何收集、处理和分析教学数据的？这些分析结果可以为教学决策提供哪些支持？

5. 讨论提示词的应用在整合不同类型教学资源（如教材、视频、在线课程等）时可能面临的困难及解决方法。

第六章

AI 赋能教学设计

知识框架

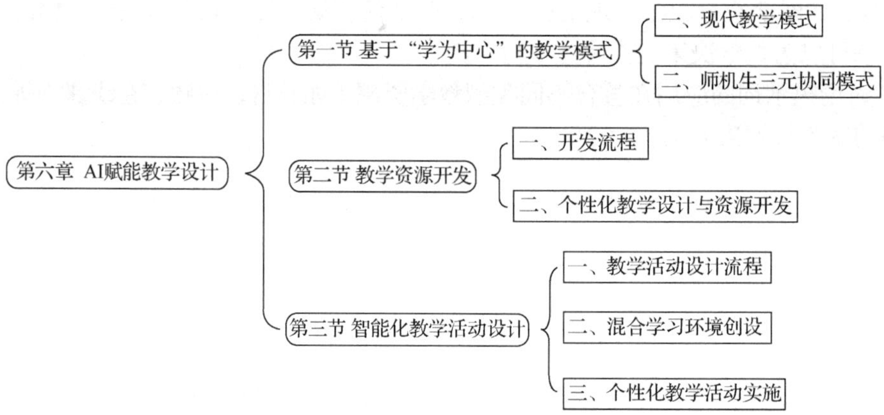

随着教育信息化的浪潮奔涌而来，AI 正深刻地改变着教学的面貌。本章深入探讨 AI 如何为教学设计注入新活力，推动教学模式的创新与升级。我们首先聚焦于“学为中心”的现代教学模式，追溯其发展脉络，剖析其核心理念与实践路径。随后，将重点转向师机生三元协同模式，揭示教师、智能机器与学生在其中的互动协作机制。此外，本章还将全面阐述教学资源开发的全流程，从需求分析到资源制作，再到审核修订，结合丰富案例，展现 AI 在优化教学资源中的实际应用与操作方法，为教育者提供切实可行的指导与借鉴。

第一节　基于“学为中心”的教学模式

在教育发展的浪潮中，我们正见证着一场由 AI 引领的教学变革。从传统的教学模式向现代化教学模式转变的过程中，AI 正逐渐成为推动教育创新的关键力量。它为教学设计注入了新的活力，让“学为中心”的理念得以更深入地贯彻。这种转变不仅是技术层面的更新，更是教育理念的一次飞跃。接下来，让我们一起探索“学为中心”的教学模式在 AI 赋能下的新实践与新可能。

一、现代教学模式

现代教学模式是以学生为中心，强调学生的主动学习和个性化发展。这种模式注重培养学生的批判性思维、创造力和问题解决能力，而不仅仅是知识的传授。在现代教学中，教师的角色更多地转变为学习的引导者和支持者，他们通过设计有意义的学习活动、提供丰富的学习资源，以及搭建合作交流的平台，来激发学生的学习兴趣和主动性。

（一）历史回顾

现代教学模式的发展经历了漫长的历史过程，从古代的学徒制到现代的多样化教学模式，每一次变革都受到当时社会、文化和技术的影响。在古代，学徒制是主要的教学模式，学生通过观察和模仿师傅的行为来学习技能。随着文字的发明和书籍的出现，教学模式开始向班级授课制转变，教师在课堂上向学生传授知识。到了 19 世纪末，美国著名实用主义教育家杜威提倡从儿童的天性出发，促进个性的发展，与赫尔巴特的传统教育思想形成了巨大的反差。杜威在教学方法上主张“从做中学”，在此基础上提出“五步教学法”，与赫尔巴特的“四步教学法”相比，强调以“活动”为中心，学生在“做”的过程中发现问题的真实性和有效性。这也就把传统教育的“教师中心、书本中心、课堂中心”转变成了现代教育的“学生中心、经验中心、活动中心”。

（二）各种教学模式对比

现代教学模式与传统教学模式在多个方面存在显著差异。传统教学模式以教师为中心，强调教师的主导作用，学生在学习过程中处于被动接受知识的地位，主要通过听讲和记忆来获取知识。而现代教学模式则以学生为中心，注重学生的主动参与和个性化发展，鼓励学生通过探究、合作和实践等方式来构建知识。

在教学目标上，传统教学模式主要关注知识的传授和技能的训练，而现代教学模式则更加注重培养学生的思维能力、创新能力和社会责任感。在教学方法上，传统教学模式多采用讲授法、演示法等单向传授的方法，而现代教学模式则倡导使用讨论法、探究法、项目式学习等互动性强的方法，以促进学生的积极参与和深度学习。此外，现代教学模式还借助了先进的教育技术，如 AI、大数据等，来实现教学的个性化和智能化，这是传统教学模式所无法比拟的。各种教学模式的比较见表 6-1。

表 6-1 教学模式比较

教学模式	教学目标	教师角色	学生角色	教学方法	适用场景	优势	局限性
传统讲授法	知识传授	主导者	被动接受者	讲授、演示	大型课堂、知识讲解	系统性强、效率高	学生参与度低、缺乏个性化
现代讲授法	知识传授与能力培养相结合	引导者	主动学习者	讲授、互动、多媒体资源	多媒体教室、线上线下混合	互动性强、形式多样	对教师要求高、学生差异关注不足

续表

教学模式	教学目标	教师角色	学生角色	教学方法	适用场景	优势	局限性
活动法	能力培养	组织者、引导者	主动参与者	小组讨论、项目实践、实验操作	实验室、活动室、户外	学生兴趣高、实践能力强	组织难度大、时间成本高
混合式学习	知识传授与个性化学习	引导者、技术支持者	自主学习者	线上线下结合、多媒体资源	网络学习平台、实体课堂	灵活性高、个性化强	对技术依赖度高、需要自律性
项目式学习	综合能力培养	引导者、协助者	主动探究者	项目任务、团队合作、成果展示	实体课堂、实验室、社区	提高综合能力、培养团队合作	时间长、资源需求大
自主探究式学习	自主学习与问题解决能力培养	引导者、资源提供者	自主学习者	探究、实验、阅读、讨论	图书馆、网络学习平台	培养自主学习能力、激发兴趣	对学生自主性要求高、指导难度大
小组协作式学习	合作能力与知识建构	组织者、协调者	合作者、知识建构者	小组讨论、合作项目、角色扮演	实体课堂、活动室	提高合作能力、促进知识交流	个体差异协调难、评价复杂

二、师机生三元协同模式

理解了现代教学模式的转变后，我们自然会思考，如何借助技术力量推动“学为中心”的理念真正落地？AI 的出现为这一问题带来了新的解决思路。它不仅为教师提供了强大的辅助工具，还为学生创造了个性化的学习环境，从而促进了教学模式的深度变革。这种融合教师智慧、机器效能和学生主体性的新型教学模式，即师机生三元协同模式，提供了一种创新的教学实践路径。接下来我们将深入探讨这一模式，解析其在教学中的具体应用与价值。

（一）模式概述

在当代教育领域，师机生三元协同模式正逐渐成为推动教学创新与提升教育质量的关键策略。这一模式深度融合了教师的专业智慧、智能机器的技术优势，以及学生的主体能动性，旨在构建一个全方位、多层次的协同教学生态系统。

师机生三元协同模式不仅体现了现代教育技术与传统教学理念的有机结合，更为教育教学实践带来了新的活力与可能性。它通过三方的紧密协作，打破了传统教学中单一主体主导的局限，实现了教学资源的优化配置和学习过程的深度优化。这种创新模式的应用，不仅有助于提升学生的学业成绩和综合素养，也为教师的专业成长和教学能力提升提供了广阔的空间，推动整个教育系统向更加智能化、个性化和高效化的方向迈进。

（二）协同模式中的各方

在师机生三元协同模式中，教师、智能机器和学生各自承担着独特的角色，共同推动教学活动的开展。其中教师是学习的引导者和支持者，智能机器提供精准数据和个性化工具，而学生则在教师引导和机器辅助下积极主动地构建知识、培养能力。三方的协同作用打破了传统教学的局限，优化了资源配置和学习过程。

1. 教师的角色与作用

在师机生三元协同模式中，教师的角色发生了重要的转变。从传统的知识传授者转变为学习的引导者和支持者，教师需要具备更高的专业素养和技术应用能力。他们不仅要掌握学科知识和教学方法，还要熟悉智能机器的操作和应用，能够根据智能机器提供的数据分析结果，制定个性化的教学策略。教师需要关注每个学生的学习进度和需求，及时调整教学计划，为学生提供有针对性的指导和帮助。同时，教师还要引导学生正确使用智能机器，培养学生的自主学习能力和信息素养。

2. 智能机器的功能与价值

智能机器在师机生三元协同模式中发挥着重要的支持作用。通过先进的技术手段，如 AI、大数据分析等，智能机器能够收集和分析学生的学习数据，为教师提供详细的学习情况报告，帮助教师更好地了解学生的学习需求和困难。智能机器可以基于学生的学习数据，为教师推荐个性化的教学资源和活动，辅助教师进行教学决策。同时，智能机器也为学生提供实时的反馈和指导，帮助学生及时纠正错误，巩固知识。智能机器还可以根据学生的学习进度和能力水平，自动调整学习内容和难度，实现个性化的学习路径规划。在师机生三元协同模式中，智能机器为教师提供了强大的教学辅助工具，能够帮助教师提高教学效率，减轻教学负担，使教师能够将更多的精力投入到教学设计和学生辅导中。同时，智能机器还能够为教师提供丰富的教学资源和先进的教学理念，促进教师的专业成长和发展。

3. 学生的参与与成长

学生在师机生三元协同模式中处于学习的中心地位，他们在教师的引导和智能机器的辅助下，能够更加积极主动地参与到学习过程中。学生可以利用智能机器提供的丰富学习资源，根据自己的兴趣和需求进行自主学习，培养独立思考和自主解决问题的能力。通过智能机器的实时反馈和指导，学生可以及时了解自己的学习情况，发现不足并进行改进，从而提高学习效果。学生还可以通过智能平台与同伴和教师进行交流协作，共同完成学习任务，培养团队合作精神和沟通能力。

4. 模式的优势与意义

师机生三元协同模式的实施，为教学带来了多方面的优势和深远的意义。通过教师、智能机器和学生的协同作用，能够更加精准地满足每个学生的学习需求，实现个性化的教育。这种模式有助于提高学生的学习积极性和主动性，培养他们的自主学习能力、创新思维和实践能力，为学生的终身发展奠定坚实的基础。

（三）面临的挑战与应对策略

在教育领域，师机生三元协同模式的实施为教学带来了新的机遇，但也伴随着一系列挑战。为了确保这一模式能够顺利实施并取得预期效果，学校、教育机构及教师本身需要共同面对并解决以下关键问题。

1. 技术应用能力不足

教师在教学中扮演着至关重要的角色，然而，许多教师在技术应用方面存在明显短板。面对智能机器和复杂的技术工具，部分教师感到力不从心，这直接阻碍了师机生三元协同模式的有效实施。例如，一些教师对智能机器的操作不熟悉，无法充分利用其功能，导致教学效果大打折扣。

应对策略：强化教师技术培训与支持体系。学校和教育机构应将教师技术培训置于重要位置，通过多样化培训提升教师技术应用能力。首先，组织集中培训工作坊，邀请技术专家和有经验的教师分享智能机器使用技巧和教学应用案例，帮助教师系统掌握技术操作。其次，建立一对一辅导机制，为每位教师配备技术导师，提供个性化指导，协助教师将技术融入教学。再次，搭建在线学习社区，鼓励教师自主学习和交流，分享技术应用心得和教学资源，形成互助氛围。最后，学校还应建立技术应用激励机制，对在技术应用方面表现突出的教师给予奖励，激发教师积极性。

2. 技术稳定性和数据安全隐患

在教学过程中，智能机器的稳定运行至关重要。然而，技术故障时有发生，如系统崩溃、网络卡顿等，这些都可能使教学活动被迫中断，影响教学进度。同时，数据安全问题也不容忽视。学生的学习数据涉及个人隐私和敏感信息，一旦泄露，可能对学生的学业和生活造成严重困扰。

应对策略：完善技术保障与安全防护体系。学校和教育机构需建立完善的技术保障体系，确保智能机器稳定运行。首先，设立专业技术维护团队，定期对智能机器进行全面检查和维护，及时更新硬件和软件，确保设备始终处于良好状态。其次，建立快速响应机制，一旦出现技术故障，能够迅速定位问题并修复，最大限度减少对教学的影响。再次，在数据安全方面，加强网络安全防护，部署防火墙、入侵检测系统等安全设备，防止外部攻击和数据泄露。最后，制定严格的数据访问和使用权限管理制度，确保只有授权人员能够访问和处理学生数据。

3. 技术与人文的平衡

虽然智能机器为教学提供了诸多便利，但过度依赖技术可能削弱学生的人际交往能力和情感发展。在教学中，如果忽视了人文关怀，学生可能会感到学习过程单调乏味，缺乏情感交流，从而影响学习效果和心理健康。

应对策略：融合技术与人文教育。在教学中，应注重平衡技术与人文的关系，充分发挥教师的情感教育作用。教师在利用智能机器辅助教学的同时，要更加关注学生的情感需求和心理健康。例如，在课堂上，教师可以通过组织小组讨论、角色扮演等活动，鼓励学生表达自己的观点和情感，增强学生之间的互动和交流。同时，教师应积极营造温暖、支持性的课堂氛围，建立良好的师生关系，让学生感受到关怀和鼓励。此外，教师还可以将人文教育融入教学内容，通过讲解文学、艺术、历史等人文领域的知识，培养学生的审美情趣和人文素养，促进学生的全面发展。

师机生三元协同模式为现代教学提供了创新思路和方法，通过教师、智能机器和学生的协同合作，能够实现更加精准、个性化的教学，培养学生的综合素养和创新能力。在实施过程中，我们需要不断探索和实践，充分发挥各方的优势，克服面临的挑战，推动教学质量和教育效果不断提升。

第二节 教学资源开发

在教学设计中，资源开发是关键一环。如何利用 AI 技术，让教学资源开发更高效、更精准，是教育工作者关注的焦点。本节将聚焦于此，详细阐述从需求分析到审核修订的全流程，助力教师打造优质、个性化的教学资源。

一、开发流程

教学资源开发是确保教学质量的关键环节，其流程需要科学、系统地规划与实施。在 AI 技术的辅助下，教学资源开发变得更加高效和精准。以下是教学资源开发的详细流程。

（一）需求分析：精准把握教学与学习需求

需求分析是教学资源开发的起点，其目的是全面了解教学目标、学习者特征及教学内容的重点和难点，从而确定所需资源的类型和数量。这一阶段的工作质量直接决定了后续资源开发的方向和效果。

1. 明确教学目标

教师应仔细研读课程标准和教学大纲，明确教学的具体要求。例如，在高中生物“遗传与进化”模块中，学生需解释遗传原理、分析遗传现象、理解进化理论及其应用等。在此基础上，教师需确定涵盖知识与技能、过程与方法、情感态度与价值观三个维度的教学目标。具体而言，学生需掌握遗传学基本原理和进化理论的基本概念，并能运用这些知识分析和解决实际问题；通过实验、观察等活动培养科学探究能力和批判性思维；同时激发对生命科学的兴趣，培养科学态度和创新精神，树立正确的生命观和科学价值观。

教师还需考虑学生的知识基础、学习能力和兴趣爱好，对教学目标进行适当调整，以确保其针对性与可操作性。例如，对于基础较弱的学生，侧重于基础知识的夯实和基本技能的培养；对于学有余力的学生，增加拓展性内容，提高其综合运用能力和创新思维。此外，教师应将教学目标转化为具体、可衡量的学习成果，如“学生能够准确解释孟德尔遗传定律，并运用其分析简单遗传现象”“学生能够通过实验设计，验证自然选择对生物进化的影响”等，以便更好地评估学生的学习效果。

教学目标应清晰、具体，避免模糊和笼统的表述，并具有可操作性，能够指导教师的教学活动和学生的学习行为。例如，“学生能够在给定的遗传问题中，正确应用基因分离定律进行分析和解答”“学生能够通过小组合作，完成一个关于生物进化的调查报告，并进行口头展示”。通过以上步骤，教师可以明确教学目标，为后续的教学资源开发、教学方法选择和教学活动设计提供明确的方向，确保教学活动能够有效促进学生的学习和发展。

2. 分析学习者特征

分析学习者特征是教学设计与资源开发的重要基础。教师通过了解学生的学习风格、兴趣爱好、知识储备和学习能力，可以更精准地设计教学活动和开发教学资源，以满足不同学生的需求，提高教学效果。

了解学生的学习风格有助于开发个性化教学资源。例如，对于视觉型学习者，开发图像、图表、视频等视觉化内容；对于听觉型学习者，提供音频讲解、有声读物等；对于互动型学习者，设计互动式学习工具和活动，以此提高学生的学习兴趣和参与度。

了解学生的兴趣爱好能让学习资源更具吸引力。教师可根据学生的兴趣点选择相关主题和内容，使学习资源更贴近学生生活。例如，对科技感兴趣的学生，教学中可融入科技应用案例，提高其学习动力。

了解学生的知识储备和学习能力能帮助教师选择适合的教学方法和策略。例如，对于知识储备较弱的学生，采用引导式教学；对于学习能力强的学生，提供拓展性任务和自主学习机会。

精准把握学生学习需求，可让教师高效利用教学时间和资源。例如，对于已掌握知识点的学生可减少重复教学，转而提供拓展性内容；对于尚未掌握知识点的学生，则针对性地加强辅导和练习，提高教学效率。当教学资源和方法与学生的学习风格、兴趣相匹配时，学生更容易取得学习成果，增强自信心和学习成就感，进而形成良性循环，激发学习动力。

了解学生的学习特征还有助于教师设计多样化的评价方式，全面评估学生的学习过程和成果。例如，对于擅长项目式学习的学生，可采用项目成果评价；对于善于表达的学生，可增加口头报告和展示环节。

通过分析学生的学习特征，教师能反思和调整教学实践，提升教学能力和专业素养，同时更好地理解学生，建立良好的师生关系，提高教学满意度。

在一个基于项目的学习活动中，教师通过学习分析工具发现学生在平台上的学习行为数据，了解到一些学生喜欢通过视觉化内容学习，而另一些学生更倾向于通过听觉或互动式学习。于是，教师在设计项目任务时，针对不同学习风格的学生提供了多样化的资源和支持。例如，为视觉型学习者提供了详细的项目流程图和示例图片；为听觉型学习者录制了项目指导音频；为互动型学习者设计了小组讨论和协作任务。这种个性化的教学设计显著提高了学生的学习参与度和项目完成质量。

3. 梳理教学内容的重点与难点

教师需要对教学内容进行细致的梳理，明确哪些是学生必须掌握的重点知识，哪些是学生普遍感到困惑的难点内容。例如，在数学的“函数”章节中，函数的概念和基本性质是重点，而抽象函数模型的建立和应用则是难点。重点知识通常是学科的核心概念和基本原理，是学生进一步学习和应用的基础。教师应确保这些内容在教学中得到充分的讲解和练习，帮助学生扎实掌握。而难点内容往往涉及复杂的思维过程或抽象的概念，需要教师采用多样化的教学策略来帮助学生突破。

在梳理教学内容时，教师可以参考课程标准、教材和学生的反馈等多方面信息。课程标准为教师提供了教学内容的基本框架和要求，教材则是教学内容的主要载体，而学生的反馈则能帮助教师了解哪些内容在实际教学中容易引发困惑。通过综合分析这些信息，教师可以更准确地识别教学的重点与难点。

针对重点内容，教师应设计多样化的教学活动，以促进学生的深入理解和应用。例如，在讲解函数的基本性质时，教师可以结合实际案例，引导学生分析函数在不同情境下的表现，从而加深对概念的理解。对于难点内容，教师可以采用分步讲解、实例演示、小组讨论等方法，逐步引导学生克服困难。例如，在教授抽象函数模型的建立时，教师可以先从简单的实例入手，展示如何将实际问题转化为函数模型，再逐步增加复杂度，让学生在实践中掌握这一技能。

此外，教师还可以利用现代教育技术来辅助教学，如使用智能教学软件、在线学习平台等。这些工具能够提供丰富的学习资源和互动功能，帮助教师更好地讲解重点和难点内容。例如，通过智能教学软件，教师可以创建动态的函数图像，直观地展示函数的变化规律，帮助学生更清晰地理解抽象概念。

在其他学科中，重点与难点的梳理同样重要。例如，在语文教学中，文言文的语法和词汇是重点，而文言文的阅读理解和写作则是难点；在物理教学中，基本定律和公式的应用是重点，而抽象物理概念的理解和实验设计则是难点。教师需要根据学科特点和学生实际情况，灵活运用教学方法和资源，帮助学生有效掌握重点知识，突破学习难点。

4. 确定资源类型和数量

教师在确定教学资源类型和数量时，需综合考虑教学目标、内容重点及学生需求。教学资源的类型丰富多样，常见的包括互动课件、视频、案例分析等。合理选择资源类型能够有效丰富教学形式，满足不同学生的学习风格和需求。例如，互动课件因其动态性和交互性，特别适合用于讲解复杂的概念，帮助学生通过互动加深理解；视频资源可以直观地展示实验过程或模拟真实情境，使抽象知识变得具体可感；案例分析则通过实际应用场景，引导学生将理论知识与实践相结合，提升解决问题的能力。

在确定资源类型的基础上，教师还需要合理估算每种资源的数量，以确保教学资源的多样性与充足性。以一个包含 10 个知识点的章节为例，教师可开发 5 个互动课件，分别针对不同的核心概念和技能进行互动式讲解；制作 3 个教学视频，用于演示关键实验或讲解抽象理论；设计若干练习题，包括基础巩固和拓展应用两种类型，以满足不同程度学生的需求。这样的搭配既能覆盖所有知识点，又能通过多种形式的资源激发学生的学习兴趣，保障资源的丰富性和覆盖面。

教学资源的开发还应具有一定的灵活性，教师需要根据学生的学习进度和反馈，适时调整资源的类型和数量。若发现学生对某一知识点已经掌握得较好，则可以适当减少该部分资源的开发，将更多精力投入到那些学生普遍感到困惑或难以理解的内容上。同时，在选择资源形式时，教师也要充分考虑学校的实际技术条件和可用的教学工具，确保所开发的资源能够顺利投入使用，避免因技术限制导致资源浪费或教学中断。

（二）规划与设计：构建资源的蓝图

规划与设计阶段是将需求分析结果转化为具体开发计划的过程。教师需要根据需求分析的结果，制订详细的开发计划，设计资源结构与风格，设计交互方式，并进行原型设计与测试。

1. 制订开发计划

制订开发计划是教学资源规划与设计的关键环节，它犹如整个开发流程的“指挥棒”，指引着各个步骤的方向和节奏。

在制订开发计划时，时间安排是首要考虑的因素。它需要与教学进度紧密契合，确保资源能够在最需要的时刻投入使用。对于以教师个人或小团队为主的开发模式，计划应更具灵活性，以适应教学过程中的突发变化和特殊需求。例如，教师可以根据教学单元的难易程度和学生的学习进度，动态调整资源开发的时间节点。如果发现某个知识点学生普遍掌握较好，可以提前开发后续资源；反之，则可适当延后，增加巩固练习的资源开发。

任务分配是开发计划的另一个核心要素。在教学资源开发过程中，通常需要一个团队的协作，成员包括内容编写人员、技术实现人员、美术设计人员等。明确每个成员的职责，能够确保开发工作高效进行。对于小团队而言，成员可能身兼多职，因此任务分配需更加注重灵活性和高效性。例如，教师可以同时负责内容编写和技术实现，而学生助理则协助进行素材收集和整理。在这种情况下，任务分配应根据成员的专长和时间安排进行灵活调整，确保每个环节都能顺利推进。

资源预算是开发计划中不可或缺的一部分。在以免费工具为主的开发模式下，预算的编制更加注重对现有资源的合理利用和优化配置。免费工具虽然不产生直接费用，但可能需要投入更多的时间和精力进行学习和使用。因此，在预算编制的过程中，需要充分考虑这些隐性成本。例如，选择免费的课件制作软件如 WPS Office 或腾讯文档，虽然无需支付费用，但教师可能需要花费额外时间学习其操作技巧和设计原则。此外，还可以利用免费的在线存储服务（如百度网盘）来存储和共享教学资源，节省存储设备的采购成本。同时，对于一些必要的硬件设备，如麦克风或摄像头，可以考虑在团队成员间共享使用，进一步降低开发成本。

通过合理安排时间、灵活分配任务、巧妙利用工具和资源，教师个人或小团队可以制订出高效、灵活且经济的开发计划，为教学资源的顺利开发奠定坚实基础。

2. 设计资源结构与风格

设计资源结构是教学资源规划中的关键环节，它直接影响到学生对学习内容的理解和掌握程度。一个逻辑清晰、易于使用的资源结构，能够帮助学生快速进入学习状态，提高学习效率。根据加涅的信息加工理论，学习是一个复杂的信息加工过程，信息需要经过编码、存储和检索等环节才能被有效掌握。因此，资源结构的设计应符合学生的认知规律，帮助他们更好地加工和记忆信息。例如，课件的设计应遵循“引入—讲解—练习—总结”的逻辑顺序。在引入部分，通过一个有趣的案例或问题，激发学生的好奇心和学习兴趣；在讲解部分，则详细阐述知识点，结合图表、动画等多媒体元素，使抽象概念直观化；在练习部分，提供多样化的题目，让学生在实践中巩固所学知识；在总结部分，则对该节课的重点内容进行回顾，帮助学生形成系统的知识框架。

设计资源风格同样不可忽视，它需要紧密贴合学科特点和学生的审美偏好。例如，对于艺术类课程，资源风格应充满创意与活力。以美术鉴赏课为例，课件背景可以采用柔和的莫兰迪色系，营造出宁静而高雅的艺术氛围；插入大量精美的艺术作品图片，并配以简洁而富有感染力的文字说明，激发学生的审美情感和创作灵感。对于理工科课程，风格则以简洁明了、逻辑清晰为主。以物理课为例，课件应采用简洁的布局，以白色或浅色背景为主，突出文字和图表的内容；使用直观的示意图、流程图等展示物理概念和实验过程，帮助学生快速理解复杂的原理和公式。根据认知负荷理论，教学材料的设计应尽量减少学生不必要的认知负担，使他们能够将更多的精力用于知识的理解和加工。因此，设计资源风格时应避免过于复杂的视觉元素和信息呈现方式，确保学生能够轻松地获取和处理关键信息。

在实际设计中，还应充分考虑学生的年龄阶段和认知水平。对于低年级学生，资源风格可以更加生动活泼，运用卡通形象、趣味故事等元素，吸引他们的注意力；而对于高年级学生，则应注重内容的深度和专业性，以满足他们对知识的更高追求。此外，教师还可以根据教学目标和具体教学内容，灵活调整资源的结构和风格。例如，在讲解重点难点时，适当增加练习题的数量和难度，或者在风格上加入一些强调重点的视觉元素，如加粗、变色等，以增强学生对关键知识点的记忆和理解。

通过精心设计资源的结构与风格，教师能够打造出既符合教学要求又深受学生喜爱的教学资源，从而有效提升教学质量，促进学生的全面发展。

3. 设计交互方式

设计交互方式是打造高效互动学习体验的核心环节，对于提升学生参与度和学习效果具有关键作用。在设计互动式资源时，如在线课程或互动课件，教师应精心构思多样化的交互环节，使学习过程由被动接受转变为主动探索。

从理论层面来看，设计交互方式时应遵循学习者的认知规律和学习特点。根据加涅的信息加工理论，学习者对信息的加工是一个主动的过程，合理的交互方式能够有效促进信息的编码、存储和检索。同时，设计交互方式时还应考虑学习者的动机和兴趣，通过多样化的互动形式激发学习者的好奇心和探索欲，使他们更加积极地参与到学习活动中。

提问与选择题是常用的交互方式，能够及时检验学生的学习效果并提供针对性反馈。例如，在语文阅读课件中，教师可在关键节点设置问题，如“主人公在面对困境时做出了怎样的选择？你认为这种选择的背后是什么心理在作祟？”通过选择题的形式让学生作答，系统即时给出反馈，解析正确答案，并引导学生深入思考文本内涵。在英语语法学习中，设计填空题或选择题，让学生在具体语境中运用语法规则，巩固所学知识。

拖拽、滑动等操作性强的交互方式则能增强学生的学习体验，使学习过程更具趣味性和参与感。例如，在生物课中，教师可设计细胞结构的拖拽组装互动，让学生在虚拟环境中模拟科学家的研究过程，通过拖拽不同的细胞器到正确位置，完成细胞结构的组装。在地理课程中，教师可设计地图拼图互动，学生通过拖拽地图碎片完成拼图，了解各国地理位置和边界，增强空间认知能力。

在实际操作中，教师应根据教学目标、学科特点、学生的学习需求灵活选择和设计交互方式。对于低年级学生，可采用更加直观、操作简单的交互方式，如点击选择、颜色填充等；而对于高年级学生，则可增加复杂度，设计多步骤、多层次的交互任务，培养他们的逻辑思维和问题解决能力。此外，教师还应注重交互反馈的设计，及时为学生提供准确、有针对性的反馈信息，帮助他们纠正错误、巩固知识。

通过精心设计多样化的交互方式，教师能够打造出具有高度互动性和教育性的教学资源，激发学生的学习兴趣，提高他们的学习效果，使学习过程成为一种积极主动的探索之旅。

4. 原型设计与测试

原型设计是教学资源开发流程中至关重要的一步，它犹如为教学资源打造的一个“模拟沙盘”，能让教师在实际开发前清晰地看到资源的框架结构和交互逻辑。在这个阶段，教师可以运用如墨刀、摹客、即时设计等国产专业工具，将脑海中的教学创意具象化，制作出直观的资源原型。这些工具不仅操作简便，而且功能强大，能够满足教师制作高保真原型的需求。例如，在数学课程资源的原型设计中，教师可以使用摹客来创建一个“几何图形变换”的互动模块。在这个模块中，学生可以通过点击和拖动图形，直观地观察到图形在平移、旋转、缩放等操作下的变化过程。同时，教师还可以设计一个“几何问题解答区”，学生可以在该区域输入自己对几何问题的解答思路，系统则根据预设的算法给予及时的反馈和指导。

当原型设计完成后，邀请部分学生和同行进行测试是必不可少的环节。通过收集他们的反馈意见，教师能够从不同角度了解原型存在的问题和需要改进的地方。例如，在数学课程资源原型的测试中，学生可能会反馈“几何图形变换”模块的操作不够流畅，希望能够优化拖动图形时的动画效果；而同行教师可能会指出在“几何问题解答区”中，系统反馈的准确性还有待提高，需要进一步完善算法和答案匹配机制。

针对这些反馈意见，教师应及时对原型进行修正和完善。例如，在数学课程资源原型中，根据学生的反馈优化“几何图形变换”模块的动画效果，使图形拖动更加流畅自然；根据同行的建议改进“几何问题解答区”的算法，提高系统反馈的准确性和针对性，为学生提供更有价值的学习指导。

通过这一系列的原型设计与测试过程，教师能够确保教学资源在实际使用中的有效性和实用性，为学生创造更加优质、高效的学习体验。

（三）素材收集与整理：确保资源质量与适用性

素材收集与整理是教学资源开发中不可或缺的一环。高质量的素材能够显著提升教学资源的吸引力和教育价值。

1. 素材来源的多样化

素材来源应尽可能多样化，以确保内容的丰富性和原创性。教师可以从多个渠道收集素材，为教学资源的开发提供坚实的基础。

1）利用开源资源平台

国内有许多优秀的开源资源平台，如昵图网（https://www.nipic.com/）和站酷（https://www.zcool.com.cn/），这些平台提供了大量的免费图片、视频和音频素材，涵盖各个学科和主题。例如，在开发历史课程资源时，教师可以从这些平台下载与课程相关的历史图片、文物照片、历史事件视频片段等，丰富教学内容。

2）鼓励师生自行创作

鼓励学生和教师自行创作素材，这不仅能激发师生的创造力，还能使素材更具针对性和实用性。例如，在物理实验课中，学生可以使用手机拍摄实验过程，记录实验现象和数据；教师可以录制讲解音频，为教学资源添加生动的讲解部分。

3）参考专业素材库

国内有许多优秀的专业素材库，如千图网（https://www.58pic.com/），该平台提供大量的高质量图片、视频、音频等素材，且有部分免费资源可用，能较好地满足教学资源开发中的素材需求。

4）挖掘教材与教学参考资料

教材与教学参考资料是素材收集的重要来源。它们经过专业编写和审核，内容准确且贴合教学大纲。教师可以从中提取文字、图表、案例等素材，应用于教学资源开发。

5）关注行业动态与热点话题

关注行业动态与热点话题，可以为教学资源注入时代感和现实意义。例如，在开发信息技术课程资源时，教师可以收集当前流行的编程案例、网络安全事件等素材，使教学内容紧跟行业发展。

通过以上多渠道的素材收集方式，教师能够为教学资源的开发积累丰富、多样且高质量的素材，为后续的资源制作奠定坚实的基础。

2. 素材筛选与质量控制

收集到的素材需要经过严格的筛选和质量控制，这一步骤是确保教学资源品质的关键。教师应依据教学目标和学生需求，精心挑选最合适的素材，以提升教学资源的教育价值。

在开发地理课程资源时，教师需优先选择高清且标注精准的地图与卫星影像，因为这些素材的精确度直接影响学生对地理空间概念的理解。例如，利用高德地图的卫星图功能，截取特定区域的高清地图，展示山脉、河流、城市等地理要素的分布，能让学生清晰地观察地理特征。

筛选素材时，教师要注重素材的分辨率和清晰度，避免模糊或像素过低的图片影响学生的学习体验。对于视频素材，需保证画质流畅，声音清晰，无卡顿或画面不同步的问题。可以借助格式工厂等国产免费软件，对素材进行格式转换和画质优化，确保素材在不同设备上都能稳定播放。

在素材筛选过程中，教师还应考虑素材的多样性和代表性，以满足不同学生的学习风格和需求。例如，除了常见的图片和视频素材，还可以引入信息图表、动画演示、案例研究等多样化的素材形式，丰富教学内容，激发学生的学习兴趣。

同时，确保素材的版权合法性，避免侵权问题是素材筛选中不可忽视的一环。教师应优先选择标注开放版权协议的素材，这些素材允许在尊重原作者署名的前提下免费使用。常用的协议有 CC0（creative commons zero，知识共享零）协议，创作者通过 CC0 声明放弃对该作品的全部版权及相关权利，把作品直接奉献给公有领域。还有 CC BY[①]协议，创作者保留版权，但允许他人在注明原作者及来源的前提下，免费使用、修改、再发布。在昵图网、站酷或千库图网等平台上，有大量此类版权友好的图片和视频资源，教师可以放心下载并应用于教学资源开发。

确保素材版权合法性，不仅关乎法律合规，更是对原创作者权益的尊重，以及为学生树立正确的版权意识榜样。教师在素材筛选过程中，必须强化版权意识，谨慎对待每一个素材的来源与版权归属。只有这样，才能在保障教学资源质量的同时，避免不必要的法律纠纷，为学生树立良好的版权意识榜样。

3. 素材编辑与优化

根据教学需要，对素材进行必要的编辑与优化是提升教学资源质量的重要环节。通过合理的编辑，可以使素材更加贴合教学目标，增强其教育效果。

对于图片素材，可以使用美图秀秀等国产免费软件进行裁剪，以突出重点内容，去除无关部分，使图片更加简洁明了。同时，通过调色功能调整图片的色彩平衡和对比度，使其更加美观并能吸引学生注意力。例如，在开发生物课程资源时，对细胞结构的图片进行裁剪，突出细胞核、线粒体等关键部分，帮助学生更好地理解细胞的微观结构。

在实际操作中，教师可以根据教学内容和学生的学习需求，灵活运用图片编辑技巧。例如，为图片添加简单的标注和箭头，引导学生关注重点；或者通过拼接多张图片，展示一个完整的过程或概念，使教学内容更加直观易懂。

视频素材的编辑同样重要。可以使用剪映等国产软件为视频添加字幕，帮助学生更好地理解视频内容，尤其是对于语言学习资源，字幕能够让学生直观地看到语言文字与声音的对应关系，提高学习效果。此外，还可以对视频进行剪辑，截取最相关的片段，去除冗余部分，使视频更加紧凑和有针对性。例如，在开发历史课程资源时，从一段较长的纪录片中剪辑出与特定历史事件相关的片段，便于学生集中学习和理解。

教师在编辑视频时，可以尝试添加一些特效和过渡效果，使视频更加流畅和专业。同时，合理调整视频的音量、速度等参数，以适应不同学生的学习节奏。例如，对于一些重要的细节部分，可以放慢视频速度，让学生有更多时间观察和理解。

音频素材也不容忽视。可以使用剪映等国产免费软件对音频进行降噪处理，去除背景噪声，使音频更加清晰，便于学生听清楚讲解内容。同时，还可以进行混音操作，将多个音频轨道合并，丰富音频内容。例如，在开发音乐欣赏课程资源时，将不同乐器的演奏音频进行混音，营造出更加丰富的音乐氛围，让学生更好地感受音乐的魅力。

在音频编辑过程中，教师可以适当调整音频的音量、语速等参数，以满足不同学生的学习需求。此外，还可以为音频添加一些背景音乐或音效，增强学习的趣味性，但要注意不要过于复杂，以免分散学生的注意力。

---

① CC BY，即 creative commons attribution，知识共享 署名。其中，“BY”代表 attribution。

通过精心的素材编辑与优化，教师能够打造出更加符合教学需求的资源，激发学生的学习兴趣，提高教学效果，使教学资源在实际应用中发挥更大的价值。

（四）资源制作：将设计转化为实际教学资源

资源制作阶段是将前期设计转化为实际可用的教学资源的关键环节。教师需要运用各种专业工具和软件，将整理好的素材整合成完整的教学资源。

1. 选择合适的开发工具

根据资源类型选择合适的开发工具。例如，开发课件可以使用 WPS Office 结合 AI 课件制作工具（如 AiPPT）；开发在线课程可以使用学习管理系统（如 Moodle）或专业课件制作软件（如 Articulate Storyline）；制作视频资源可以使用 Adobe Premiere Pro 等专业视频编辑软件。

在实际操作中，教师可以根据具体的教学需求和资源类型，选择最合适的工具来完成资源制作。以下是一些推荐的工具和方法。

1）内容生成工具

国内生成式 AI 工具众多，业界称之为“百模大战”，其中涌现出不少表现出色的工具。

（1）DeepSeek（https://chat.deepseek.com/）：以结构化内容生成见长，能精准输出逻辑清晰的文本框架，是职场人士快速撰写标准文档的得力助手。应用场景广泛，包括智能对话、文本生成、语义理解、计算推理、代码生成补全等。

（2）Kimi（https://kimi.moonshot.cn/）：能根据用户设定的主题和初始内容，自动扩展生成较长篇幅的文本，如中篇小说、学术论文、报告等，支持生成多达 20 万字的文本内容，为创作者提供强大的内容扩展支持。

2）课件制作工具

目前，市面上的课件生成工具琳琅满目，如 AiPPT、boardmix 博思白板、百度文库、讯飞智作等，它们各具特色，几乎都具备一键生成课件的便捷功能。然而，便捷性并非唯一考量，课件的质量与适用性同样关键。在使用这些工具时，教师需根据实际教学需求，不断优化课件内容，以确保其与教学目标相契合。以下是一些推荐的课件制作工具。

（1）WPS Office：作为一款广泛使用的国产办公软件，其 PPT 课件制作功能强大且基础功能免费。它支持丰富的图文排版、动画效果和多媒体插入功能，能够满足大多数课件制作需求。教师可以利用其“设计”选项卡中的主题和模板功能，快速创建符合设计规范的课件。结合 AiPPT 等 AI 课件制作工具，可以进一步提高制作效率和课件质量。

（2）Focusky（https://www.focusky.com.cn/）：是一款国产的动画演示软件，能够制作出具有动态效果的演示文稿，让课件更加生动有趣。通过其“动画”选项卡，教师可以轻松设置各种动画效果，并确保在不同页面中的一致性。

（3）HTML[①]：在课件制作中，HTML 形式的课件，其意义一直受到低估。HTML 课件是基于网页技术制作的教学资源，具有多方面显著特点。它能在不同设备和操作系

① HTML，即 hypertext markup language，超文本标记语言。

统上通过浏览器流畅展示，不受限于特定软件或插件，极大地增强了课件的通用性和易用性。HTML5 等技术的应用，使得课件能够融入丰富的视频、音频、动画及交互式测试题等多媒体元素，为学生带来生动有趣的学习体验，有效提升学习积极性和参与度。教师可以轻松地对 HTML 课件进行修改和更新，无论是知识点的增补、调整还是教学方法的优化，都能迅速在课件中得到体现，确保教学资源始终保持最新状态。此外，HTML 课件便于在线发布和分享，只需上传至网络教学平台或个人网站，学生即可通过互联网随时随地访问学习资源，极大地方便了远程教学和资源共享。同时，HTML 课件支持将文字、图像、音频等多种媒体资源有机整合，形成一个内容丰富、形式多样的教学工具，有助于学生从多个角度理解和掌握知识，提升教学效果。

3）图片、视频、动画生成工具

（1）剪映（https://www.capcut.cn/）：这是一款国产免费的视频编辑软件，提供了丰富的模板和特效。教师可以使用剪映为视频添加字幕、剪辑片段、调整音量和速度等，提升视频的专业性和吸引力。同时，剪映支持添加互动元素，如按钮和超链接，实现视频内容的交互设计。

（2）VideoMaker.me（https://videomaker.me/zh-CN）：能借助 AI 动画技术，将静态图片和文字内容制作成令人惊叹的视频。用户只需上传文字描述或图片，添加详细信息或特定指令，即可生成并下载视频，操作简单便捷。

（3）Vidful.ai（https://vidful.ai/zh-CN/features/animatediff）：其动画生成器 Animatediff，通过文本和图片实现 AI 驱动的视频创作，无需技术经验，即可免费生成高质量的动态视频。

（4）Viggle AI（https://viggleai.net/zh/generate）：可将静态图片通过尖端的 AI 动画技术赋予生命，只需几次点击，即可创建专业质量的动画视频。其功能包括将静态角色转化为动态动画，并在保留背景的情况下实现角色动画等效果。

4）结构化图表生成工具

（1）ProcessOn（https://www.processon.com）：是一款在线思维导图工具，支持多人协作和实时保存，能够帮助教师创建多样化的教学资源，如思维导图、教学流程图等。

（2）Kimi：可生成 Mermaid 格式的图形，如流程图、思维导图、甘特图、饼图、时间线图等。

通过合理选择和运用这些工具，教师能够高效地完成教学资源的制作，为学生提供高质量的学习材料。

2. 遵循设计规范与标准

在资源制作过程中，严格遵循之前设计的结构、风格和交互方式至关重要。这不仅能够确保资源的视觉效果和交互逻辑与原型设计保持高度一致，还能为学生提供一个稳定、连贯且高效的学习体验。

1）结构与风格的统一

A. 视觉设计的标准化

（1）配色方案：在制作课件时，使用统一的配色方案。例如，对于科学课程，可以采用蓝色和绿色作为主色调，以传达一种冷静和自然的氛围。使用 WPS Office 时，可以通过“设计”选项卡选择或自定义主题颜色，并将其应用于整个课件。

（2）字体选择：选择简洁易读的字体，如微软雅黑或宋体，并在整个课件中保持一致。WPS Office 提供了丰富的字体库，确保在不同设备上都能保持良好的显示效果。

（3）布局设计：保持每一页的布局结构一致。例如，将标题放在顶部中央，内容区域分为左右两栏，底部用于放置页脚信息。利用 WPS Office 的“幻灯片母版”功能，可以快速设置和应用统一的布局模板。

B. 风格的适配性

（1）学科特点：根据学科特点调整资源的风格。例如，数学课件应以简洁明了为主，避免过多装饰；而艺术课件则可以更加丰富多彩，激发学生的创造力。

（2）学生年龄：考虑学生的年龄和认知水平。对于低年级学生，可以使用更加生动活泼的设计，如卡通形象和趣味插图；对于高年级学生，则注重内容的深度和专业性。

2）交互方式的规范化

A. 触发方式的一致性

（1）按钮设计：在互动环节中，使用统一的按钮样式和位置。例如，将“提交”按钮始终放在右下角，并使用相同的颜色和形状。使用墨刀等工具设计原型时，可以定义标准的按钮组件，确保在不同页面中的一致性。

（2）操作提示：提供清晰的操作提示，如“点击此处查看答案”或“拖动滑块调整数值”。在视频资源中，可以通过剪映添加悬浮提示或动画引导，帮助学生理解如何进行交互。

B. 反馈机制的标准化

（1）即时反馈：在学生完成互动操作后，提供即时的反馈信息。例如，在选择题中，学生提交答案后立即显示正确与否，并给出详细的解析。使用 WPS Office 的“动作设置”功能，可以为按钮或超链接添加反馈动作，如跳转到特定页面或显示隐藏内容。

（2）多样化反馈形式：根据互动类型选择合适的反馈形式。对于选择题，可以使用文字反馈；对于拖拽排序题，可以结合动画效果展示正确顺序。剪映等视频编辑工具支持添加丰富的动画和音效，使反馈更加生动有趣。

3. 集成 AI 技术提升制作效率

在教学资源开发中，AI 技术的应用为教师带来了前所未有的便利，极大地提升了资源制作的效率与质量。通过引入一系列国产 AI 工具，教师能够以更加轻松高效的方式完成各项资源制作任务，为学生打造更加丰富多样、生动有趣的学习材料。

1）AI 写作工具助力文案创作

AI 写作工具在教学文案生成方面发挥着重要作用。例如，文心一言、DeepSeek、Kimi 等国内先进的 AI 写作生成工具，能够根据教师输入的教学主题、知识点大纲等信息，快速生成条理清晰、内容翔实的教学文案。这些工具不仅具备强大的语言组织能力，还能结合海量的知识数据，为教师提供丰富多样的表达方式和教学思路。

以语文古诗词鉴赏课程的资源开发为例，教师只需在文心一言的输入框中简要说明所需文案的主题为“《登高》的意境分析”，并指定包含作者背景、诗句解析、艺术特色等部分，文心一言便能在短时间内生成一篇结构完整、分析深入的鉴赏文案。教师在此基础上进行适当修改和完善，即可作为教学课件的文字内容或学生的自学资料。

此外，AI 写作工具还具备文档润色功能。当教师完成初稿后，将其输入到通义千问等平台中，AI 能够快速识别语句中的语法错误、逻辑不通顺等问题，并提供优化建议，使教学文案更加严谨、科学，帮助教师指导学生在分析、质疑与论证中发展批判性思维和客观分析问题的能力。

2）AI 图像生成工具优化视觉呈现

在教学资源中，插图是吸引学生注意力、辅助理解知识的重要元素。AI 图像生成工具为教师提供了便捷的视觉创作手段。ProcessOn 作为国内知名的在线思维导图工具，同时也支持 AI 图像生成。例如，教师在制作生物课程资源时，若需要细胞结构的详细插图，只需在 ProcessOn 的 AI 图像生成模块中输入关键词“细胞结构”，并根据教学需求选择合适的风格和细节程度，即可快速获得一系列高质量的细胞结构插图。

AI 生成的图像不仅具有清晰的视觉效果，还能根据教师的反馈进行调整。例如，教师发现生成的细胞膜结构图不够清晰直观，可向 AI 工具反馈“细胞膜部分需要更清晰地展示磷脂双分子层和蛋白质的分布”，AI 则会根据这一指令重新生成优化后的图像，突出细胞膜的关键结构特征，使其更符合教学要求。通过这种方式，教师能够以极低的时间成本获取大量精准且美观的教学插图，取代了过去需要自行绘制或从网络上逐一搜索下载的烦琐过程，大大提升了资源制作的效率。

而且，AI 图像生成工具还能根据不同的学科特点和教学场景，创造出具有创意和针对性的图像。在物理课程中，当讲解抽象的磁场概念时，教师可利用 AI 工具生成直观的磁场分布图，通过色彩和线条的变化生动地展示磁场的方向和强弱；在地理课程中，AI 能够生成逼真的地形地貌图、气候分布图等，帮助学生更直观地理解地理知识。这种将抽象知识可视化的能力，有助于降低学生的学习难度，提高教学效果。

3）AI 视频编辑工具革新教学视频制作

视频资源在现代教学中的应用越来越广泛，而视频制作往往需要耗费大量的时间和精力。AI 视频编辑工具的出现，为教师提供了自动化的视频剪辑和优化解决方案。以剪映为例，这是一款广受欢迎的国产视频编辑软件。教师在制作教学视频时，可将拍摄好的原始视频素材导入剪映中，AI 功能会自动分析视频内容，识别出关键的教学环节和精彩片段。

例如，在一节化学实验教学视频中，AI 能够自动检测出实验操作步骤、反应现象等重要部分，并将其标记出来。教师根据这些标记，可以快速选择需要保留的片段，进行精准剪辑，去除冗余部分，使视频更加紧凑高效。同时，剪映提供了丰富的模板和特效资源，教师可利用 AI 推荐的转场效果、背景音乐等元素，提升视频的观赏性和吸引力。

此外，AI 视频编辑工具还具备视频优化功能。在视频画质方面，若原始视频存在画面模糊、光线不足等问题，AI 可以通过算法进行智能修复，增强画面的清晰度和色彩饱和度。对于视频中的音频部分，AI 能够自动降噪，去除背景噪声，突出教师的讲解声音，确保学生能够清晰地听到教学内容。这种全方位的视频优化，不仅提升了教学视频的质量，还能让教师在制作过程中更加轻松自如地发挥创意，为学生呈现高质量的视频教学资源。

4）AI 多模态融合工具拓展教学资源形式

随着教学资源形式的日益多样化，将文本、图像、音频、视频等多种模态有机结合成为提升教学效果的重要手段。国内的一些智能办公套件，如 WPS AI，具备强大的多模态融合能力。教师在制作多媒体教学资源时，可将通过 AI 写作工具生成的文案、AI 图像生成工具创建的插图，以及 AI 视频编辑工具优化的视频等内容，统一整合到 WPS Office 中进行排版和设计。

例如，在开发一节关于中国传统建筑艺术的课程资源时，教师首先使用文心一言撰写详细的课程文案，介绍中国传统建筑的历史演变、风格特点、文化内涵等；其次，利用 ProcessOn 生成与文字内容相匹配的建筑插图，如故宫的宫殿建筑、南方的徽派民居等；再次，通过剪映制作展示建筑细节和建造过程的视频片段；最后，在 WPS Office 中，教师将这些不同模态的资源进行有机结合，按照教学逻辑进行排版布局，插入相应的图片和视频链接，制作成一份丰富多样、生动有趣的教学课件。这种多模态融合的教学资源，能够充分调动学生的多种感官，激发学生的学习兴趣，促进其对知识的深度理解和记忆。

AI 技术在教学资源制作中的应用，为教师提供了全方位的辅助支持。通过合理运用 AI 工具，教师能够以更高的效率和更轻松的方式完成教学资源的开发任务，同时提升资源的质量和多样性，为学生创造更加优质、高效的学习环境，推动教育教学向智能化、个性化方向发展。

（五）审核修订：确保资源的准确性和有效性

审核修订阶段是对教学资源进行质量把关的重要环节，是确保资源质量与可用性的关键环节。这一阶段的主要任务是检查资源在技术层面的稳定性与兼容性，同时对内容的准确性、逻辑性及教学设计的合理性进行细致评估，为后续的推广与使用奠定坚实基础。

1. 技术稳定性与兼容性测试

1）多设备与多浏览器环境下的功能测试

在当今数字化教学环境中，学生和教师可能使用多种不同的设备和浏览器来访问教学资源。因此，确保资源在不同技术环境下的稳定运行和正常显示至关重要。具体而言，需要对资源进行以下方面的测试。

（1）不同设备类型：包括台式电脑、笔记本电脑、平板电脑和智能手机等。这些设备在屏幕尺寸、分辨率、操作系统等方面存在差异，可能会影响资源的显示效果和交互功能。

（2）不同操作系统：如 Windows、macOS、iOS 和 Android（安卓）等。不同操作系统对文件格式、软件兼容性等方面有不同的要求，可能会导致资源在某些系统上出现运行错误或显示异常。

（3）不同浏览器：如谷歌、360 浏览器、Firefox（火狐）和 Edge 等。各种浏览器在渲染页面、执行 JavaScript 脚本等方面存在差异，可能会引起资源在不同浏览器中的显示不一致或功能故障等问题。

为了高效地完成这些测试任务，可以借助一些实用的工具和平台。例如，浏览器检测大师是一款国产的测试工具，它支持在多个浏览器和设备模拟环境中同时进行测试，能够快速检测出资源在不同环境下的兼容性问题。通过使用此类工具，教师可以及时发现并修复诸如课件在某浏览器中无法正常加载、视频资源在某设备上无法播放等问题，确保资源在各种常见技术环境下的稳定性和可用性。

2）性能优化与问题排查

除了确保资源的基本功能在不同设备和浏览器中正常运行外，还需要关注资源的加载速度和响应时间等性能指标。在使用过程中，缓慢的加载速度、较长的响应时间可能会导致学生失去耐心，影响学习体验和教学效果。以下是一些提升资源性能和排查问题的方法。

（1）资源压缩与优化：使用国产免费的工具（如迅捷图片转换器）对图片资源进行压缩，在不明显降低画质的前提下减小文件大小，从而加快页面加载速度。对于视频资源，可以使用格式工厂等工具进行格式转换和编码优化，选择更适合网络传输的视频格式和编码参数，提高视频的加载和播放效率。

（2）代码检查与修复：如果资源涉及前端代码开发，可以使用浏览器的开发者工具检查控制台中的错误信息和网络请求情况，及时修复可能导致性能问题的代码错误，如不必要的网络请求、资源文件未被正确缓存等。

（3）服务器性能监测：对于在线教学资源，可以使用国产免费的服务器性能监测工具（如宝塔面板），实时监测服务器的负载、带宽使用情况等指标，及时发现和解决可能影响资源性能的服务器端问题，如服务器响应延迟、带宽不足等。

2. 内容准确性与逻辑连贯性审核

1）知识内容的准确性核查

教学资源的核心价值在于其知识内容的准确性和可靠性。邀请同事或教学专家对资源进行内容审核，能够有效发现并纠正其中可能存在的知识性错误或表述不准确之处。在审核过程中，可以采取以下措施确保知识内容的准确性。

（1）对照权威资料：审核人员应参考教材、学术论文、专业书籍等权威资料，对资源中的知识点、数据、案例等内容进行逐一核对，确保其与公认的事实和理论相符。例如，在审核科学课程资源时，检查实验步骤、原理描述等是否与科学文献一致；在审核历史课程资源时，核实历史事件的时间、人物、背景等信息是否准确无误。

（2）专家经验判断：具有丰富教学经验和专业知识的专家能够凭借其专业直觉和教学实践，对资源内容的准确性和完整性进行判断。他们可以发现一些可能被忽视的细节问题，如知识点的遗漏、概念的混淆等，并提出针对性的修改建议。

（3）学生视角评估：从学生的角度审视资源内容，考虑学生在学习过程中可能对哪些知识点产生误解或困惑，从而进一步完善内容的表述和解释方式，使资源更易于学生理解和掌握。

2）逻辑结构的连贯性评估

除了知识内容的准确性外，资源的逻辑结构是否清晰、连贯也直接影响学生的学习效果。在审核过程中，需要重点关注以下几个方面。

（1）章节安排与知识体系：检查资源的章节划分是否符合学科的知识体系和教学大纲要求，各章节之间的内容衔接是否自然流畅，是否存在逻辑跳跃或重复冗余的情况。例如，在数学课程资源中，确保代数、几何等不同模块的知识按照由浅入深、循序渐进的逻辑顺序进行编排。

（2）段落与句子的逻辑关系：在微观层面上，审视资源中每个段落、每个句子之间的逻辑关系是否紧密，是否运用了恰当的连接词和过渡语句来引导学生的思维。例如，在语文阅读教学资源中，检查文章分析部分是否按照提出问题、分析问题、解决问题的逻辑顺序展开；段落之间的过渡是否自然，使学生能够清晰地跟随作者的思路理解文章内涵。

（3）多媒体元素与文字内容的配合：对于包含图片、表格、视频等多媒体元素的资源，审核其与文字内容的配合是否合理，是否能够相互补充、相互印证，共同构建完整的知识呈现体系。例如，在地理课程资源中，检查地图、数据图表等多媒体元素是否与文字描述准确对应，是否有助于学生更直观地理解地理现象和规律。

3. 教学方法与策略的合理性评价

1）教学目标与资源内容的匹配度

教学资源的开发应紧密围绕既定的教学目标展开，确保资源内容能够有效地支持教学目标的实现。在审核过程中，需要评估以下几个方面。

（1）知识与技能目标：检查资源是否涵盖了教学目标中要求的知识点和技能点，是否提供了足够的练习和案例来帮助学生掌握这些知识和技能。例如，在英语课程资源中，如果教学目标是培养学生听说读写的综合能力，那么资源应包含听力练习、口语表达活动、阅读材料和写作任务等多种形式的内容，以全面覆盖教学目标要求的各项技能。

（2）过程与方法目标：审视资源是否设计了有助于学生掌握学习方法和培养自主学习能力的教学活动，是否引导学生积极参与到知识的构建过程中。例如，在物理实验教学资源中，检查是否提供了详细的实验步骤指导、数据记录与分析方法，以及鼓励学生自主探究、总结实验规律的教学环节，从而实现培养学生科学探究能力和实验操作方法的目标。

（3）情感态度与价值观目标：考虑资源是否在潜移默化中渗透了积极的情感态度和正确的价值观，是否有助于激发学生的学习兴趣、培养学生的学科素养和社会责任感。例如，在思想品德课程资源中，检查是否通过案例分析、讨论活动等形式，引导学生树立正确的道德观念、法治意识和社会价值观，使教学目标在情感层面得到充分体现。

2）教学策略的有效性与创新性

合理的教学策略是提高教学效果的关键。在审核教学资源时，需要对其所采用的教学策略进行以下方面的评价。

（1）教学方法的选择与应用：评估资源中运用的教学方法是否符合教学内容和学生特点，是否能够激发学生的学习积极性和主动性。例如，在数学课程资源中，对于抽象的函数概念教学，检查是否采用了直观演示、实例分析、小组讨论等多种教学方法相结合的方式，帮助学生从不同角度理解函数的本质；在语文写作教学资源中，审视是否运用了仿写、改写、情境创设等方法，引导学生逐步提高写作能力。

（2）教学活动的设计与组织：关注资源中教学活动的设计是否具有可操作性和启发性，是否能够促进学生的合作交流与思维碰撞。例如，在历史课程资源中，检查是否设计了历史事件角色扮演、历史辩论等活动，让学生在亲身参与中深入理解历史背景和意义，培养历史思维能力和团队协作精神。

（3）教学策略的创新性与个性化：鼓励教学资源在教学策略上有所创新，能够根据学生的个体差异提供个性化的学习支持。例如，在信息技术课程资源中，检查是否结合了当下新兴的技术趋势，如 AI 编程入门等内容，为学有余力的学生提供拓展学习的机会；在艺术课程资源中，审视是否考虑了不同学生的艺术兴趣和特长，提供了多样化的艺术创作活动和表现形式，满足学生的个性化发展需求。

二、个性化教学设计与资源开发

个性化教学设计与资源开发关注每个学生的独特需求和学习风格，通过定制化的教学方案，激发学生的学习兴趣和潜能。接下来，我们将探讨如何利用 AI 技术实现教学设计的个性化，以及如何开发出适应不同学生特点的教学资源，为学生提供更精准、更有效的学习支持。

（一）个性化教学设计的理论基础与重要性

个性化教学设计的理论基础源于现代教育理念中对个体差异的关注。每个学生都是独特的个体，他们在认知风格、学习兴趣、知识储备和学习能力等方面存在显著差异。传统教学模式往往采用“一刀切”的方式，忽视了这些个体差异，导致部分学生学习效果不佳。而个性化教学设计强调以学生为中心，根据学生的具体特点和需求，量身定制教学内容、方法和资源，从而更好地促进学生的学习和发展。

在数字时代，学生获取知识的渠道更加多样化，他们对教学内容的个性化需求也日益增强。个性化的教学设计能够激发学生的学习兴趣和积极性，使其在学习过程中更加主动和投入。同时，它有助于提高教学效果，满足不同学生的学习需求，培养学生的创新思维和实践能力，为学生的终身发展奠定坚实基础。

（二）利用 AI 技术进行学习者特征分析

1. 收集学生学情数据

通过 AI 驱动的学习分析工具，如智能学习平台和学习管理系统，教师可以全面收集学生的学习数据。这些数据包括但不限于作业完成情况、测试成绩、学习时长、参与度等。例如，教师可以利用智学网等工具，实时记录学生在平台上的学习行为，如作业提交时间、答题正确率、在线学习时长等，为后续的分析提供丰富的数据支持。

2. 分析学习风格

利用 AI 算法对收集到的数据进行分析，教师能够精准识别学生的学习风格。常见的学习风格包括视觉型、听觉型和动觉型等。例如，通过分析学生在不同类型的资源上的使用时间和学习效果，AI 工具可以判断出学生更倾向于哪种学习方式。视觉型学习风格的学生，他们在图像、视频等视觉资源上的学习效果较好。而听觉型学习风格的学生，则在音频讲解、有声读物等方面表现更佳。动觉型学习风格的学生，他们在交互式实验、模拟操作或项目实践中停留更久、完成度更高，平台则优先推送虚拟实验、拖拽式练习和可操控的任务情境。

3. 评估学习能力和知识水平

AI 技术还可以帮助教师评估学生的学习能力和知识水平。通过对学生作业和测试成绩的深度分析，AI 工具能够识别学生在不同知识点上的掌握程度，从而为教师提供详细的学情报告。例如，猿题库等智能练习平台可以根据学生的历史答题记录，分析出学生对各类知识点的掌握情况，为教师制订个性化的教学计划提供依据。

（三）个性化教学资源开发

优质的教学资源不仅能够激发学生的学习兴趣，更能为个性化教学提供坚实的支撑，满足不同学生的学习需求，促进其全面发展。以下是个性化教学资源开发的详细内容。

1. 开发多样化教学资源

根据学生的学习风格和兴趣爱好，教师可以利用 AI 工具开发多样化的教学资源。对于视觉型学习风格的学生，教师可以使用即梦等工具创建丰富的图像和视频资源。例如，在教授生物课程时，制作细胞结构的详细动画，帮助学生直观理解微观世界。对于听觉型学习风格的学生，教师可以借助讯飞听见等工具生成音频讲解和有声读物。例如，在语文教学中，为古诗词配上生动的音频朗诵，让学生更好地感受诗歌的韵律和情感。

2. 定制个性化学习路径

基于学生的学习能力和知识水平，教师可以为每个学生定制个性化的学习路径。利用智能学习平台，如作业帮等，教师可以根据学生的实际情况，安排不同难度层次的学习任务和练习。对于知识掌握较弱的学生，提供更多的基础性练习和辅导资源；而对于学有余力的学生，则设计拓展性任务和挑战性问题，满足他们的学习需求。

3. 设计互动式学习资源

为了提高学生的参与度和学习效果，教师可以设计互动式的学习资源。例如，使用 boardmix 博思白板等工具制作互动课件，学生可以通过拖拽、点击等方式与课件进行互动，完成各种学习任务。在数学教学中，设计互动式的几何证明课件，学生可以自行操作图形，探索不同的证明方法，培养逻辑思维能力。

（四）个性化教学活动设计

在个性化教学资源开发完成之后，如何将这些资源有效应用于教学实践，设计出符合学生个性化需求的教学活动，成为实现个性化教学的关键一步。以下是个性化教学活动设计的详细内容。

1. 采用多样化的教学方法

根据学生的个体差异，教师应灵活运用多样化的教学方法。例如，对于动手能力强的学生，可以采用项目式学习、实验探究等方法，让他们在实践中学习。在物理课程中，组织学生进行简单的电路制作项目，通过实际操作理解电路原理。对于善于阅读和写作的学生，可以采用文献研究、写作训练等方式，提高他们的知识拓展和表达能力。

2. 创设个性化的学习环境

利用 AI 技术，教师可以为学生创设个性化的学习环境。通过智能学习平台，为学生推荐适合他们的学习资源和学习工具。例如，为视觉型学习风格的学生推荐优质的在线视频课程，为听觉型学习风格的学生提供音频学习资料。同时，教师还可以根据学生的兴趣爱好，设计个性化的学习主题和活动，激发学生的学习兴趣。

3. 实施差异化评价

在个性化教学中，评价方式也应体现差异化。除了传统的考试成绩外，教师可以综合考虑学生的作业完成情况、课堂表现、项目成果等多个维度进行评价。例如，对于一个团队合作完成的项目，除了对最终成果进行评价外，还要关注每个学生在团队中的贡献和成长。利用智能评估工具，如 Kimi 等，可以对学生的学习过程进行全面、客观的评价，及时反馈学生的学习情况，帮助他们改进和提高学习效果。

（五）实施与优化

如何在教学实践中有效地执行个性化教学活动，并根据实际情况不断优化教学效果，成为教师需要重点关注的问题。

1. 教师引导与支持

在个性化教学实施过程中，教师的引导与支持至关重要。教师需要向学生明确学习目标和要求，帮助他们理解个性化学习的意义和方法。同时，教师要密切关注学生的学习进展，及时提供指导和帮助。例如，当学生在学习过程中遇到困难时，教师可以通过智能辅导工具，如 DeepSeek 等，为学生提供针对性的解答和建议，帮助他们克服学习障碍。

2. 学生自主管理

个性化教学强调学生的自主性，教师应培养学生的自我管理能力。通过智能学习平台，学生可以制订自己的学习计划，设定学习目标，并根据学习进度进行调整。同时，学生要学会自我监控学习过程，及时发现自己的问题和不足，并采取相应的改进措施。例如，学生可以利用有道云笔记 AI 等工具记录学习过程中的疑问和收获，定期进行总结和反思，提高自主学习能力。

3. 持续优化教学设计

个性化教学是一个不断优化的过程。教师需要定期收集学生的反馈意见，了解他们对教学资源和活动的满意度与改进建议。同时，教师要根据教学实际效果，结合 AI 工具提供的数据分析，不断调整和完善教学设计。例如，如果发现某个教学资源在学生中的使用效果不佳，教师可以及时进行修改或更换，确保教学资源的高质量和适用性。

第三节　智能化教学活动设计

在前面的内容中，我们详细探讨了智能化教学活动设计的多个关键环节，从学习目标设定到教学评价设计，再到混合学习环境的创设，以及个性化教学活动的具体实施策略。接下来，我们将把这些设计元素整合起来，形成一个完整的智能化教学活动设计框架，让教师能够更系统地应用这些理念和工具，为学生打造更加高效、个性化的学习体验。

一、教学活动设计流程

智能化教学活动设计将现代教育理念与先进技术相结合，以满足学生的个性化学习需求，提升教学效果。以下是智能化教学活动设计的关键环节。

（一）学习目标设定

根据课程标准和学生的实际情况，明确具体的、可衡量的学习目标，确保教学活动有针对性和方向性。

1. 理论阐述

学习目标是教学活动的出发点和归宿，它为教学过程提供了明确的方向和标准。在智能化教学活动设计中，学习目标的设定需要综合考虑课程标准、学科核心素养及学生的个体差异。通过精准的学习目标设定，可以有效引导教学活动的开展，激发学生的学习动力，为后续的教学环节奠定基础。

2. 案例分析

在高中语文“现代诗歌鉴赏”单元的教学设计中，教师依据课程标准，结合学生的文学基础和兴趣，设定了以下具体的学习目标：学生能够准确分析现代诗歌的意象和情感，掌握诗歌鉴赏的基本方法，并能够运用所学知识创作一首简短的现代诗。这些目标不仅涵盖了知识与技能、过程与方法、情感态度与价值观三个维度，而且具有明确的可操作性和可评价性，为整个教学活动提供了清晰的导向。

（二）学习者分析

运用 AI 技术收集和分析学生的学习数据，了解学生的学习需求、兴趣爱好、知识储备等，为教学活动设计提供依据。

1. 理论阐述

学习者分析是教学活动设计的重要前提，它有助于教师深入了解学生的特点和需求，从而设计出更符合学生实际情况的教学活动。在智能化教学中，借助 AI 技术可以高效地收集和分析学生的学习行为数据，如作业完成情况、测试成绩、在线学习时长、参与度等，进而精准地把握学生的学习状态和需求，为个性化教学提供有力支持。

2. 案例分析

在初中数学“二次函数”章节的教学中，教师利用智能学习平台收集学生的学习数据。通过 AI 分析工具，教师发现学生在二次函数图像的绘制和性质应用方面存在较大困难，而在基础概念的理解上相对较好。同时，数据分析还显示学生对与实际生活相关的数学问题更感兴趣。基于这些分析结果，教师在后续的教学设计中，有针对性地增加了二次函数图像绘制的互动练习，并设计了与生活实际紧密联系的教学案例，如利用二次函数模型解决抛物线型桥梁的设计问题，从而提高了学生的学习效果和参与度。

（三）教学内容组织

将教学内容进行结构化、数字化处理，结合 AI 推荐的资源和活动，合理安排教学顺序和知识点的呈现方式。

1. 理论阐述

教学内容的组织是教学活动设计的核心环节，它直接影响学生对知识的接收和理解效果。在智能化教学中，通过对教学内容进行结构化、数字化处理，可以使其更易于被 AI 系统识别和分析，从而为教师提供更精准的教学资源推荐和教学活动建议。同时，合理的教学顺序和知识点呈现方式能够帮助学生更好地构建知识体系，提高学习效率。

2. 案例分析

在小学科学“生态系统”单元的教学中，教师首先将教学内容分解为多个知识点，如生态系统的组成、食物链与食物网、生态平衡等，并将其数字化录入智能教学系统。系统根据这些知识点的逻辑关系和学生的认知规律，推荐了一系列教学资源和活动，如生态系统的动画演示视频、食物链拼图游戏、校园生态系统调查项目等。其次，教师根据这些建议，合理安排教学顺序，先通过动画视频和互动课件讲解生态系统的组成，再利用拼图游戏帮助学生理解食物链的构建。最后组织学生进行实地调查，将理论知识与实践相结合，使学生对生态系统这一复杂概念有了深入而全面的认识。

（四）教学策略选择

根据教学目标和学习者特征，选择合适的教学策略，如探究式学习、协作学习、翻转课堂等，并利用 AI 技术进行策略的优化和调整。

1. 理论阐述

教学策略的选择需要综合考虑教学目标、学习者特征，以及教学内容等多种因素。智能化教学为传统教学策略的实施提供了更丰富的手段和更灵活的方式，同时也促使新的教学策略不断涌现。通过 AI 技术，教师可以实时监测教学策略的实施效果，根据数据反馈及时调整和优化策略，以确保教学活动的高效开展。

2. 案例分析

在高中物理“电场与磁场”章节的教学中，教师采用了探究式学习和协作学习相结合的教学策略。教师利用智能教学平台发布了一系列探究任务，如“探究电场强度与电荷量的关系”“设计实验验证磁场的方向性”等。学生以小组为单位，在线协作完成这些任务。在探究过程中，学生通过智能实验设备收集数据，并利用 AI 分析工具进行数据处理和结果预测。教师则通过平台实时查看各小组的进展情况，及时给予指导和反馈。对于学生普遍感到困惑的问题，教师在课堂上进行集中讲解和演示，同时结合翻转课堂的理念，将知识讲解的部分前置，课堂时间则更多地用于讨论和实践，从而提高了学生的自主学习能力和问题解决能力。

（五）教学评价设计

构建多元化的评价体系，包括形成性评价和终结性评价，利用智能评估工具可以对学生的学习过程和结果进行客观、全面的评价，及时反馈并指导学生的学习。

1. 理论阐述

教学评价是教学活动的重要组成部分，它不仅能够反映学生的学习成果，还能为教师的教学改进提供依据。智能化教学评价强调评价方式的多元化和评价过程的动态化，通过形成性评价能够及时了解学生在学习过程中的优点和不足，给予针对性的反馈和指导；通过终结性评价能够全面衡量学生对教学目标的达成度。借助智能评估工具，可以实现评价的自动化、精准化和个性化，使评价结果更具科学性和参考价值。

2. 案例分析

在初中英语“阅读理解”模块的教学评价中，教师构建了多元化的评价体系。在形成性评价方面，利用智能学习平台记录学生平时的阅读练习情况，包括阅读速度、理解准确率、词汇积累等指标，并通过 AI 分析生成个性化的学习报告。教师根据这些报告，及时调整教学内容和方法，为学生提供有针对性的辅导和练习。在终结性评价中，除了传统的纸笔测试外，还增加了口语表达、写作创作等评价维度，全面考查学生的英语综合运用能力。智能评估工具如语音识别软件和作文批改系统，能够对学生的口语和写作进行自动评分，并给出详细的改进建议，使评价结果更加客观、全面，有助于学生明确自己的学习方向和改进重点。

二、混合学习环境创设

构建混合学习环境需要综合考虑线上线下的教学资源和活动，实现两者的有机融合。以下是一些创设混合学习环境的策略。

（一）线上学习平台搭建

选择合适的真实在线学习平台，如国家中小学智慧教育平台、腾讯课堂、超星学习通、智慧树等，教师可上传教学资源、布置作业、组织讨论，高效开展线上教学。

1. 理论阐述

线上学习平台是混合学习环境的重要组成部分，它为学生提供了灵活、自主的学习空间，使学习不再局限于课堂时间。通过在线平台，学生可以随时随地访问学习资源，进行自主学习、完成作业、参与讨论，培养自主学习能力。同时，教师能够利用平台的数据分析功能，实时了解学生的学习进度和掌握情况，为个性化教学提供依据。

2. 案例分析

在某中学的历史课程教学中，教师采用了腾讯课堂作为线上学习平台。在平台上，教师上传了精心制作的课件、历史纪录片片段、拓展阅读材料等资源，并布置了思考题和讨论任务。例如，在讲解“中国古代史”单元时，教师上传了关于不同朝代兴衰的视频资料，并布置了“分析唐朝盛世出现的原因及其对后世的影响”的讨论任务。学生在家中通过电脑或手机登录平台，观看视频、阅读资料后，在讨论区发表自己的见解，与其他同学进行交流。教师则实时查看学生的参与度和发言内容，对讨论进行引导和总结，使学生对历史事件的理解更加深入全面。

（二）线下课堂优化

在传统课堂中引入智能教学工具，如智能白板、课堂互动软件等，增强课堂的互动性和趣味性；同时，合理安排小组活动、项目实践等线下学习任务，促进学生之间的协作与交流。

1. 理论阐述

线下课堂是教学过程中的关键环节，通过引入智能教学工具和优化教学活动，可以提升课堂的互动性和实效性。智能白板等工具能够实现多媒体教学资源的便捷展示和互动操作，使教学内容更加生动形象。课堂互动软件则可以实时收集学生的反馈，增强学生的参与感。此外，通过开展小组活动和项目实践，学生能够在合作中锻炼团队协作能力，激发创新思维，深化对知识的理解和应用。

2. 案例分析

在某小学的数学课堂上，教师使用了智能教学工具——希沃白板。在讲解“分数的初步认识”时，教师在希沃白板上展示了生动的动画，将一个苹果平均分成几份，直观地呈现分数的概念。同时，教师利用课堂互动软件班班通发起即时投票和提问，了解学生对知识点的掌握情况。例如，教师在讲解后提问“把一个蛋糕平均分成四份，每份是这个蛋糕的几分之几？”学生通过手机端即时投票作答，系统实时统计并展示结果。对于回答错误的学生，教师进行针对性的辅导。随后，教师组织学生进行小组活动，用纸片模拟分割物体，进一步加深对分数的理解。这种线上线下相结合的方式，使课堂更加生动有趣，学生参与度高，学习效果显著提升。

（三）学习路径规划

利用 AI 技术为学生规划个性化的学习路径，结合线上线下的学习资源和活动，引导学生按照自己的节奏和方式完成学习任务。

1. 理论阐述

学习路径规划是实现个性化教学的关键步骤。通过 AI 技术，可以根据学生的学习进度、兴趣和能力，为每个学生定制专属的学习路径。这种路径综合考虑了学生的优势与不足，合理安排学习内容和活动，使学生能够以最高效的方式达成学习目标。同时，AI 技术能够实时监测学生的学习情况，根据数据反馈及时调整学习路径，确保学习过程的动态优化。

2. 案例分析

在某高中的物理课程中，教师使用了智能学习系统——作业帮来规划学生的学习路径。在“机械能”单元教学开始前，系统根据学生之前的学习数据和测试成绩，为每个学生生成了个性化学习路径。对于基础较弱的学生，系统推荐了更多的基础概念讲解视频和简单练习题；对于学有余力的学生，系统则安排了拓展实验和复杂问题解决任务。

在学习过程中，学生按照规划好的路径，在线上观看视频、完成练习，在线下参与实验和小组讨论。教师通过系统实时监控学生的学习进度，发现有学生在“动能定理”知识点上花费时间较多，便及时调整教学策略，为这些学生提供了针对性的辅导资源和额外练习。这种个性化的学习路径规划，使学生能够按照自己的节奏深入学习，提高了学习效率和成绩。

三、个性化教学活动实施

在实施个性化教学活动时，教师需要根据学生的个体差异，灵活调整教学内容、方法和进度。以下是一些具体的实施策略。

（一）分层教学

在教学实践中，分层教学通过精准匹配学生的学习能力和知识水平，为不同层次的学生提供了适宜的学习内容和方法，有效促进了学生的个性化成长。

1. 理论阐述

分层教学是个性化教学的重要手段，它承认学生之间的个体差异，避免了“一刀切”的教学模式。通过将学生分为不同层次，教师可以更有针对性地设计教学内容和活动，确保每个学生都能在适合自己的层次上得到充分的发展。这种教学策略不仅有助于提高学生的学习效果，还能增强学生的学习自信心和积极性。

2. 案例分析

在某中学的数学教学中，教师根据学生的学习能力和知识掌握情况，将学生分为基础组、提高组和拓展组三个层次。具体实施过程如下。

1）学生分层

教师通过上学期的期末考试成绩、平时作业表现，以及课堂参与度等多维度数据，对学生的数学学习能力进行综合评估。根据评估结果，将学生分为基础组（40%）、提高组（50%）和拓展组（10%）。基础组的学生主要需要巩固基础知识，提高组的学生在掌握基础知识的同时需要提升综合应用能力，拓展组的学生则具备较强的自主学习和拓展能力。

2）教学目标设定

（1）基础组：掌握一元二次方程的基本概念、解法步骤，能够准确求解简单的方程。

（2）提高组：在基础组目标的基础上，能够解决涉及一元二次方程的实际应用问题，如利润最大化、面积计算等。

（3）拓展组：能够进行一元二次方程的拓展研究，如探究不同解法的优劣，应用方程解决复杂的数学建模问题。

3）教学内容设计

（1）基础组：教师设计了丰富的基础性练习题，包括直接求解方程的题目，以及简单的应用题。例如，求解方程 $x^2-5x+6=0$ 。

（2）提高组：除了基础练习，还增加了综合性问题，如“某商场销售某种商品，成本价为每件 20 元，售价为每件 x 元，日销售量为$(100-x)$件，求日利润最大时的售价”。

（3）拓展组：安排了数学建模项目，如“利用一元二次方程模型预测某地区人口增长趋势”，要求学生收集数据、建立模型并进行预测。

4）教学方法选择

（1）基础组：采用讲授法和练习法，教师详细讲解解题步骤，学生通过大量练习巩固知识。

（2）提高组：采用讨论法和探究法，学生分组讨论实际问题，探究方程在不同情境下的应用。

（3）拓展组：采用项目式学习法，学生自主选择研究方向，教师提供必要的指导和支持。

5）评价标准制定

（1）基础组：主要评价学生对基本概念和解法的掌握情况，通过课堂小测验和作业完成情况评定。

（2）提高组：除了基本知识的评价，还注重学生解决实际问题的能力，通过项目报告和小组展示进行综合评价。

（3）拓展组：重点评价学生的创新能力和综合应用能力，通过最终的研究报告和答辩表现评定。

通过这种分层教学策略，每个层次的学生都能在自己的能力范围内得到有效的学习和提升。

（二）个性化学习计划

在教学实践中，个性化学习计划通过细致入微的学习安排，为每个学生的成长提供了精准的导航。

1. 理论阐述

个性化学习计划是实现个性化教学的核心环节。它要求教师深入了解每个学生的学习需求和目标，根据学生的实际情况制订具体的学习计划。这种计划不仅有助于学生明确自己的学习方向，还能培养学生的自主学习能力和时间管理能力。

2. 案例分析

在某高中的物理课程中，教师为每个学生制订了个性化的学习计划。具体实施过程如下。

1）学生情况分析

教师通过上学期的期末考试成绩、平时作业表现，以及课堂参与度等多维度数据，对学生的物理学习能力进行综合评估。根据评估结果，将学生分为三个层次：基础组（30%）、提高组（60%）、拓展组（10%）。基础组的学生主要需要巩固基础知识，提高组的学生在掌握基础知识的同时需要提升综合应用能力，拓展组的学生则具备较强的自主学习和拓展能力。

2）学习目标设定

（1）基础组：掌握力学的基本概念，如力、质量、加速度等，能够运用牛顿运动定律解决简单的力学问题。

（2）提高组：在基础组目标的基础上，能够解决涉及多个力学概念的综合性问题，如斜面运动、圆周运动等。

（3）拓展组：能够进行力学的拓展研究，如探究不同材料的摩擦系数，应用力学原理设计简单的机械装置。

3）学习任务安排

（1）基础组：每周完成两份基础练习题，阅读教材中的相关章节，观看教师推荐的教学视频。

（2）提高组：每周完成一份综合性练习题，参与一次小组讨论活动，阅读拓展阅读材料。

（3）拓展组：每周完成一个小型研究项目，如“设计一个简单的机械装置，应用力学原理进行优化”。

4）学习时间安排

（1）基础组：每天安排 30 分钟的自主学习时间，主要用于完成练习题和阅读教材。

（2）提高组：每天安排 45 分钟的自主学习时间，主要用于完成练习题、参与讨论和阅读拓展材料。

（3）拓展组：每天安排 60 分钟的自主学习时间，主要用于完成研究项目和撰写报告。

5）学习资源提供

（1）基础组：教师提供基础练习题、电子版教材、教学视频等资源。

（2）提高组：教师提供综合性练习题、拓展阅读材料、小组讨论题目等资源。

（3）拓展组：教师提供研究项目指南、相关文献资料、实验器材等资源。

6）实施与调整

（1）教师通过智能学习平台实时监控每个学生的学习进度，每周进行一次学习计划的调整。

（2）对于在学习过程中遇到困难的学生，教师及时调整学习任务和资源，提供额外的辅导和支持。

（3）对于提前完成学习任务的学生，教师增加更具挑战性的学习内容，以保持学生的学习动力和积极性。

（三）动态指导机制构建

教学进程中的动态指导机制是联结学生现时认知水平与发展目标的核心纽带。

1. 理论阐述

在个性化教育框架中，动态指导机制发挥着关键支撑作用。借助智能评估系统，教育者能够动态追踪学习者的知识内化轨迹，精准定位认知断点与思维阻滞。在此基础上展开的即时干预不仅具有纠偏功能，更能激活学习主体的元认知能力，通过正向强化形成持续改进的学习闭环。这种伴随式指导策略将知识建构过程转化为可视化成长路径，使教与学的双向互动始终保持在最优响应状态。

2. 案例分析

在某小学的语文教学中，教师使用智能学习平台实时监测学生的学习情况。具体实施过程如下。

1）学习情况监测

教师通过智能学习平台，实时记录学生的作业完成情况、测试成绩、学习时长等数据。平台通过数据分析生成详细的学习报告，包括每个学生的学习进度、知识点掌握情况、常见错误类型等。

2）反馈与辅导

教师根据平台生成的学习报告，发现部分学生在文言文翻译和重点字词理解上存在困难。教师利用平台的反馈功能，及时为这些学生提供了针对性的辅导资源和练习题。例如，为学生提供文言文翻译的技巧讲解视频，以及重点字词的详细解释。教师在线解答学生的问题，通过文字、语音或视频的方式进行一对一辅导。例如，学生在翻译“学而时习之，不亦说乎”时遇到困难，教师通过语音解释“习”在这里的意思是“复习”，“说”通“悦”，意思是“愉快”。

3）学习策略调整

教师根据学生的反馈，调整教学内容和方法。例如，发现学生对文言文的翻译方法不熟悉，教师在课堂上增加了一节文言文翻译技巧的专题讲解。学生根据教师的反馈，调整自己的学习方法。例如，学生在收到教师的反馈后，增加了对文言文重点字词的背诵和练习，逐步提高了翻译能力。

思 考 题

1. 根据本章中的表 6-1，简述传统讲授法与现代讲授法在教学目标、师生角色和适用场景上的主要差异，并结合实际教学场景说明哪种模式更适合知识深度拓展。

2. 某高中计划开展“校园植物多样性调查”项目式学习，要求基于师机生三元协同模式设计教学方案。请列出教师、智能机器和学生的具体分工，并设计一个包含数据收集、分析和成果展示的协作活动流程。

3. 某小学实施分层教学时，家长质疑“基础组”标签会打击学生自信心。作为班主任，请设计一段沟通话语，结合分层教学的优势和个性化评价方式，消除家长顾虑。

4. 某偏远地区教师反映无法使用付费 AI 工具。请结合文档推荐的国产免费工具，设计一套“低成本高质量”教学资源开发方案，并分析其对教育公平的意义。

5. 结合文本内容，畅想未来五年内 AI 在教学设计中的应用前景。请从以下三个方面进行展望：教学模式的创新、教学资源的智能化开发、个性化教学的全面普及。

第七章

AI赋能教学实施

知识框架

- 第七章 AI赋能教学实施
  - 第一节 智慧课堂教学流程
    - 一、AI辅助翻转课堂
    - 二、师机生协作学习
  - 第二节 教学实施方法
    - 一、知识体系构建
    - 二、能力提升策略
    - 三、高阶思维发展
    - 四、教学实施案例

第一节　智慧课堂教学流程

智慧课堂作为教育数字化转型的核心载体，正经历着从信息化工具应用到智能化生态重构的深刻变革。这一演进不仅体现着技术迭代的轨迹，更映射出教育理念的范式转换——从“技术辅助教学”走向“智能重塑教育生态”。在AI、大数据、云计算等新一代信息技术的深度融合下，智慧课堂已突破传统教学空间边界，构建出具有认知增强、数据驱动、人机协同特征的新型教育图景。

从技术架构层面看，现代智慧课堂正形成“感知—分析—决策—交互”的闭环系统。物联网设备实时采集多模态教学数据，机器学习算法构建学情认知模型，自然语言处理技术实现智能对话交互，区块链技术保障教育数据安全，这些技术要素的有机整合，正在重构课堂教学的底层逻辑。特别是在认知科学领域，基于脑机接口的神经反馈系统已开始应用于注意力监测，而情感计算技术则能精准识别学习者的情绪状态，为个性化教学提供神经科学层面的支持。

这种技术演进正在引发深层次的教学模式变革。建构主义学习理论在智能环境中获得全新实践形态：自适应学习系统通过知识图谱实现个性化路径规划，AR 技术将抽象概念具象化为可交互的立体模型，智能评测系统运用语义分析实现过程性评价。值得关注的是，生成式 AI 的突破性发展，使得教学资源的生产方式发生质变——AI 不仅能批量化生成定制化学习材料，更能通过对话式交互构建苏格拉底式的启发教学场景。

在应用场景拓展方面，智慧课堂呈现出多维度的创新态势。基础教育领域，智能学情分析系统可精准识别学生认知盲区；高等教育中，虚拟仿真实验室打破时空限制构建沉浸式科研环境；职业教育方面，数字孪生技术搭建起虚实融合的实训平台。更具前瞻性的是，元宇宙概念下的全息课堂正在探索三维立体教学空间，而区块链技术的引入则为学习成果认证提供了去中心化解决方案。

这种智能化转型带来教育价值链的重构：教师角色从知识传授者转向学习引导者，教学重心从内容灌输转为能力培养，评价体系从单一分数转向多维素质画像。在此过程中，教育公平获得新的实现路径——优质教育资源通过智能平台实现泛在化共享，自适应学习系统为特殊教育需求者提供定制支持，教育大数据的深度挖掘则为区域教育均衡发展提供决策依据。

然而，智慧课堂的深度发展仍面临多重挑战。技术伦理方面，数据隐私保护与算法透明性亟待制度规范；教育本质层面，需警惕技术至上主义对教育人文价值的消解；实践应用中，教师智能教育素养的滞后成为关键瓶颈。未来教育变革需要在技术创新与教育规律之间寻找平衡点，构建人机协同的新型教育生态，这需要教育学家、技术专家和政策制定者的跨学科协作，共同推进智能时代教育的范式革新。

一、AI 辅助翻转课堂

在数字化转型驱动教育变革的时代背景下，智能教育技术正推动教学模式发生结构性跃迁。作为教育信息化 2.0 时代的典型范式，翻转课堂通过时空维度的教学流程重构，实现了知识传递与内化环节的拓扑转换。其核心机理在于：依托本杰明·布鲁姆（Benjamin Bloom）的认知目标分类理论，将记忆、理解等低阶认知活动外移至课前阶段，而将应用、分析、评价等高阶认知活动内聚于课堂场域。这种基于建构主义学习理论的教学设计，有效突破了传统课堂的时空局限，为深度学习提供了结构化支撑。

在智能技术集群式突破的驱动下，AI 与教育场景的深度融合正推动翻转课堂向第三代智能形态演进。智能增强型翻转课堂通过构建“数据-算法-服务”三位一体的技术框架，实现了教学系统的范式升级。其技术架构包含三大核心模块：①智能内容生成系统，运用自然语言处理和 GAN 技术实现教学资源的动态适配与多模态重构；②学习者认知建模引擎，基于眼动追踪、情感计算和多源行为数据分析，构建个体认知特征图谱；③教学决策支持系统，采用深度强化学习算法构建教学策略优化模型，实现教学环节的精准调控。

从技术实现维度，智能增强型翻转课堂系统通过以下创新机制提升教学效能。首先，在知识传递阶段，自适应学习系统利用项目反应理论（item response theory，IRT）和知识空间理论（knowledge space theory，KST）构建个性化学习路径，通过协同过滤算法实现教学资源的智能推荐。其次，在课堂交互环节，智能教学代理（pedagogical agent）基于对话式 AI 架构，采用意图识别和语义理解技术引导探究式学习。更值得关注的是，多智能体系统（multi-agent system，MAS）支持下的群体认知网络，通过社会网络分析（social network analysis，SNA）优化协作学习结构，显著提升知识建构效率。

该模式的革新性体现在四个维度的范式转换：①资源形态从静态预设向动态生成演进，实现内容粒度（从 MOOC 到微课）与呈现形式（AR/VR/MR[①]）的智能适配；②评估体系从结果性评价转向过程性认知诊断，应用 LSTM 神经网络构建学习行为预测模型；③教学决策从经验驱动升级为数据驱动，基于教育数据挖掘（educational data mining，EDM）形成教学策略的闭环优化；④师生角色从单向教授转化为协同进化的认知伙伴关系，形成人机共生的教育生态系统。

技术实现层面，智能增强型翻转课堂依托教育知识图谱（educational knowledge graph，EduKG）构建学科本体模型，运用图神经网络（graph neural network，GNN）进行知识关联挖掘。在实践应用中，计算机视觉技术实现课堂参与度的实时监测，语音情感分析模块量化讨论质量，多模态学习分析（multimodal learning analytics，MLA）系统则通过特征融合算法生成教学效果评估报告。2020—2022 年的实验数据显示，在 K-12 STEM 教育场景中，智能增强型翻转课堂使高阶思维能力指标提升 37.2%，知识保持率提高 28.5%。

值得关注的是，该模式在职业培训领域展现出独特优势。2022 年 12 月数据显示，通过数字孪生技术构建虚拟实训环境，结合强化学习算法设计自适应训练方案，该模式使技能迁移效率提升 42%。在医学教育中，智能解剖教学系统整合 AR 与触觉反馈技术，构建了沉浸式学习空间，显著改善复杂解剖结构的认知效果。

当前技术演进面临三大核心挑战：①多源异构教育数据的标准化与隐私保护问题；②认知计算模型的可解释性与教学伦理风险；③人机协同教学中的认知负荷优化策略。未来发展方向将聚焦于脑机接口支持下的神经教育学应用、量子机器学习驱动的超个性化学习，以及区块链赋能的学分认证体系构建。这标志着教育技术正从工具性辅助走向系统性重构，开启智能时代教育范式的全新图景。

翻转课堂借助 AI 的力量，得以如鱼得水般蓬勃发展。接下来，我们将探讨 AI 辅助翻转课堂的七个典型应用。

（一）个性化学习路径推荐

个性化学习路径推荐作为一种前沿的教育技术，其核心在于利用 AI 算法深入分析学生的学习习惯、知识水平和兴趣爱好，从而为每位学生量身打造最合适的学习路径。这一路径不仅涵盖了视频、阅读材料和练习题等多种学习资源，还包括了推荐的学习顺序和进度。AI 通过分析学生在学习平台上的行为数据，能够实时调整推荐内容，确保每个学生都能获得最适合自己的学习体验。

1. 个性化学习路径推荐的技术实现原理

（1）学习者分析：个性化学习路径推荐系统首先分析学习者的特征，如先验知识、

---

① MR，即 mix reality，混合现实。

学习风格、兴趣和需求。这可能涉及问卷调查、学习历史数据、交互记录等。学习者分析有助于定制适合不同学习者的学习路径。

（2）内容标签与分类：为了推荐合适的学习内容，个性化学习路径推荐系统需要对学习资源进行标签化和分类。这可以通过人工标注或自动化的内容分析技术实现。

（3）协同过滤：个性化学习路径推荐系统可以使用协同过滤技术来推荐学习路径。协同过滤分析多个学习者的学习行为和偏好，找出相似的学习者，然后根据他们的学习路径推荐内容。

（4）基于内容的推荐：个性化学习路径推荐系统也可以使用基于内容的推荐技术，根据学习资源的特征（如难度、主题、类型）和学习者的兴趣来推荐学习路径。

（5）机器学习与预测模型：机器学习算法可以用于分析大量的学习者数据，以预测学习者的未来表现和需求。这些模型可以帮助系统推荐最有可能帮助学习者实现其学习目标的学习路径。

（6）适应性学习引擎：个性化学习路径推荐系统使用适应性学习引擎来动态调整学习路径。根据学习者的表现和反馈，引擎可以增加或减少难度，跳过或重复某些内容，以优化学习效果。

（7）数据驱动的优化：个性化学习路径推荐系统收集和分析学习者的互动数据，如学习时间、成绩、完成率等，以评估学习路径的有效性。基于这些数据，系统可以优化推荐算法，以提高学习效果。

（8）用户界面和体验设计：为了提供良好的用户体验，个性化学习路径推荐系统需要有直观易用的界面设计。这包括清晰的导航、互动元素和视觉设计，以吸引和保持学习者的注意力。

（9）隐私和安全：由于学习数据可能包含敏感信息，个性化学习路径推荐系统需要确保数据的隐私和安全。这包括数据加密、访问控制和安全协议等措施。

2. 个性化学习路径推荐的理论基础

个性化学习路径推荐的理论基础涵盖了多个教育心理学和认知科学的重要概念。差异教学理论强调每个学生的独特性，需要个性化的教学方法来满足他们的学习需求。学习风格理论认为，学生有不同的学习偏好，如视觉型、听觉型或动觉型，AI 系统可以通过分析学生的学习习惯来识别他们的学习风格，并据此推荐最适合的学习资源。建构主义学习理论则强调学生主动构建知识的重要性，个性化学习路径通过提供与学生兴趣和水平相匹配的资源，促进学生主动学习和知识构建。

3. AI 在个性化学习路径推荐中的应用

AI 技术在个性化学习路径推荐中的应用主要包括机器学习、数据挖掘和自然语言处理。机器学习算法可以分析大量的学生数据，预测学生的学习需求和最佳学习路径。数据挖掘技术可以从学生的学习记录中发现模式和趋势，这些信息有助于优化学习路径。自然语言处理技术使得 AI 能够理解和分析学生的文本输入，如作业和讨论，从而更准确地评估学生的知识水平。

4. 个性化学习路径推荐的实施策略

在实施 AI 个性化学习路径推荐时，教师和 AI 系统的协同工作至关重要。教师需要了解 AI 系统的功能和限制，以便有效地利用它来支持学生的学习。同时，AI 系统也需要根据教师的教学目标和学生的需求进行调整和优化。此外，学校的支持和资源投入也是成功实施个性化学习路径的关键因素。学校需要提供必要的技术支持和培训，以确保教师和学生能够充分利用 AI 系统。

技术整合是实施个性化学习路径的另一个重要方面。将 AI 个性化学习路径整合到现有的教育体系中，需要考虑技术的兼容性、教师培训和学生接受度等因素。教学设计也需要创新和灵活性，以适应个性化学习路径的需求。教师需要设计能够激发学生学习兴趣和参与度的教案和活动，同时鼓励学生主动探索和发现知识。

5. 个性化学习路径推荐的效果评估

个性化学习路径推荐的效果评估涉及多个方面。首先，可以通过形成性评价和总结性评价来评估个性化学习路径对学生学习效果的影响，包括成绩提升、学习动机增强等。其次，可以对教师的教学方法和课堂活动设计的影响进行评估，包括教学满意度、师生互动等。最后，还需要对 AI 系统的性能、准确性和用户友好性进行评估，以确保其能够有效地支持个性化学习路径的推荐。

总之，AI 的个性化学习路径推荐不仅提高了学生的学习效率，也为学生提供了更加丰富的学习体验。这种教学模式不仅促进了学生的自主学习，也为教师提供了更多的时间和资源去设计更有深度和创造性的课堂活动，从而实现了真正意义上的教学相长。随着技术的不断进步和教育理念的不断创新，AI 个性化学习路径推荐将在未来的教育实践中发挥更加重要的作用。

案例分析 好未来旗下一对一教育品牌爱智康的“i 进步”个性化学习系统

在传统一对一教学场景中，学生的学习进度、学习规划和学习习惯都依靠教师个体理解而设立。秉持着“科技推动教育进步”的理念，爱智康一直在思考如何运用科技优化教学方式和教学环节，有效提高教学效率，让学生通过合理的学习路径提升学习水平。

依托于爱智康 2007—2018 年共 11 年来提炼出的 90 万道经典题目和超万名老师的教学大数据，“i 进步”个性化学习系统将实现对学生掌握情况、学习进度和学习习惯的全方位覆盖，通过 AI 技术与学习数据的结合应用来分析学生对知识点的真实掌握情况，并推荐相应的教学建议，将更适合孩子的题目、知识点反馈给老师，进行针对性训练，大大提高孩子学习效率，缩短学习时间。

“i 进步”贯穿于整个教学环节中。在课前环节，教师可以通过系统快速了解学生学习进度，从而筛选对应知识点并调整匹配习题；在上课环节，教师可以通过该系统为学生上课，在习题部分进行针对性练习和答案录入。如果学生尚未掌握，则进行相关知识点的深入讲授；在课后环节，教师可以从系统推荐的相似题目中选择一些让学生针对性练习，并重复讲授知识点直到学生完全掌握。

（二）智能作业批改与反馈

智能作业批改与反馈是 AI 在教育领域中的重要应用之一。随着技术的不断进步，

AI已经能够自动批改学生的作业，包括选择题、填空题和简答题等，极大地提高了教师的工作效率。对于主观题，AI可以提供初步的评分和建议，教师可以根据这些信息进行进一步的批改和反馈。这种方式不仅节省了教师的时间，还让他们能够更多地关注学生的个性化需求。

1. 智能作业批改与反馈的技术实现原理

（1）光学字符识别（optical character recognition，OCR）：智能作业批改与反馈系统需要将学生提交的作业从图片格式或PDF[①]转换为可编辑的文本格式。OCR技术能够识别文档中的文字，并将其转换为机器可读的文本。

（2）自然语言处理：转换后的文本通过自然语言处理技术进行分析。自然语言处理能够理解文本的含义，识别语法结构，提取关键信息，并评估文本的质量和内容的正确性。

（3）机器学习算法：智能作业批改与反馈系统使用机器学习算法来提高批改的准确性和效率。这些算法可以根据大量的已批改作业数据来学习如何评估新的作业。通过不断学习，系统能够更准确地识别错误类型，提供更恰当的反馈。

（4）规则引擎：对于一些标准化的作业，如选择题或填空题，智能作业批改与反馈系统可以使用规则引擎来批改。规则引擎根据预设的答案和评分标准来评估学生的回答。

（5）个性化反馈生成：智能作业批改与反馈系统根据学生的作业内容和个人学习情况生成个性化的反馈。这包括指出错误、提供正确答案、解释相关概念，以及推荐进一步的练习或阅读材料。

（6）数据分析和报告：智能作业批改与反馈系统可以收集和分析大量学生的作业数据，生成报告，帮助教师了解学生的学习进度和困难，从而调整教学策略。

（7）用户界面和交互设计：为了方便学生和教师使用，智能作业批改与反馈系统需要有一个直观的用户界面。学生可以轻松上传作业，而教师可以查看批改结果和反馈。

2. 智能作业批改与反馈的个性化学习建议

智能作业批改与反馈系统还可以根据学生的作业情况，为学生提供个性化的学习建议。例如，如果学生在某个知识点上出现问题，系统会自动推送相关的学习资源，帮助学生进行自我修正和学习策略的调整。这些学习资源包括视频教程、练习题、学习指南等，可以帮助学生更好地理解和掌握知识点。

3. 智能作业批改与反馈的教师支持

智能作业批改与反馈系统不仅提高了教师的工作效率，还为教师提供了更多的教学支持。教师可以通过系统提供的数据分析，更好地了解学生的学习情况，包括学生的知识掌握程度、学习习惯和学习难点等。这些信息可以帮助教师制订更有针对性的教学计划，提供更有针对性的教学支持。

4. 智能作业批改与反馈的伦理和隐私问题

尽管智能作业批改与反馈系统在教育领域具有广泛的应用前景，但也存在一些伦理和隐私问题。例如，学生的作业数据可能包含个人隐私信息，需要采取相应的措施来保

---

① PDF，即portable document format，便携文件格式。

护学生的隐私。此外，智能作业批改与反馈系统的准确性和公平性也需要得到保证，以避免对学生的评价产生偏差。

5. 智能作业批改与反馈的未来发展

随着技术的不断进步，智能作业批改与反馈系统将在教育领域发挥更大的作用。未来的系统将更加智能化和个性化，能够更好地理解学生的学习需求，提供更有针对性的学习建议。智能作业批改与反馈系统将不仅停留在错误修正层面，更能实现“教学对话式反馈”，推动教育评估进入认知增强的新阶段。同时，系统还将与其他教育技术相结合，如 VR、AR 等，为学生提供更加丰富和多样的学习体验。

案例分析 智能作业批改技术在高等教育中的应用

某大学希望利用智能作业批改技术来提高学生的学习效果。学校引入了一款智能作业批改系统，该系统可以自动批改学生的作业，包括选择题、填空题和简答题等。系统还可以根据学生的作业情况，为学生提供个性化的学习建议，如推荐相关的学术资源和研究项目。通过智能作业批改系统，学生的学习效果得到了显著提高。学生们能够更快地完成作业，同时也能更好地理解和掌握知识点。教师的工作效率也得到了提高，因为他们可以更多地关注学生的个性化需求，提供更有针对性的教学支持。

（三）智能问答与辅助学习

在当代教育环境中，AI 的集成正在彻底改变学习体验。智能问答与辅助学习系统作为 AI 的一个核心组成部分，通过自然语言处理技术，能够理解学生的提问，并提供准确的答案。这种互动不仅提高了学生的学习效率，还增强了他们的学习体验。AI 的智能问答与辅助学习系统的优势如下。

（1）可以提供实时互动问答，让学生在学习过程中即时获得帮助。例如，学生在学习数学时遇到难题，可以通过语音或文字输入向 AI 提问，AI 会立即给出解答或提示。这种实时互动不仅加快了问题的解决速度，还激发了学生探索问题的兴趣。

（2）可以作为学生的虚拟学习伙伴，提供实时的学习建议和帮助。例如，AI 的智能问答与辅助学习系统可以根据学生的学习进度和表现，提供个性化的学习建议，鼓励学生进行更深入的探索和研究。此外，AI 还可以通过语音或文字与学生进行对话，模拟真实的学习场景，增加学习的趣味性和互动性。

（3）可以与游戏化学习元素结合，提高学生的学习动力。例如，学生可以通过回答问题来解锁新的学习关卡，或者通过参与问答竞赛来获得积分和奖励。这种游戏化的互动方式不仅增加了学习的趣味性，还激发了学生的竞争意识和学习热情。

（4）可以与社群互动元素结合，让学生在交流中学习。例如，学生可以在问答平台上发表自己的问题和见解，与其他学生进行讨论和交流。这种社群互动不仅拓宽了学生的视野，还培养了他们的沟通能力和合作精神。

综上所述，智能问答与辅助学习系统通过实时互动问答、虚拟学习伙伴、游戏化学习和社群互动等元素，不仅提高了学生的学习效率，也为学生提供了更加丰富的学习体验。这种教学模式不仅促进了学生的自主学习，也为教师提供了更多的时间和资源去设计更有深度和创造性的课堂活动，从而实现了真正意义上的教学相长。

1. 智能问答与辅助学习的技术原理实现

（1）自然语言处理。这是智能问答与辅助学习系统的核心，它使计算机能够理解和处理人类语言。自然语言处理技术包括语言模型、句法分析、语义理解等，用于解析用户的查询，并从中提取关键信息。

（2）知识图谱。知识图谱是一种结构化的知识表示方法，它将信息组织成节点和边的关系图。在智能问答与辅助学习系统中，知识图谱用于存储大量的知识点和它们之间的关系，帮助系统更准确地理解和回答用户的问题。

（3）信息检索。智能问答与辅助学习系统通过信息检索技术，在大量的文本数据库中搜索与用户问题相关的信息。这通常涉及关键词匹配、文本相似度计算等技术。

（4）机器学习。机器学习算法用于提高智能问答与辅助学习系统的准确性和效率。系统可以通过学习大量的问答数据对，来训练模型预测最合适的答案。

（5）对话管理。对话管理技术用于维护对话的连贯性，管理对话的上下文信息。它能够根据用户的反馈调整回答，并处理多轮对话。

（6）语音识别和合成。对于智能问答与辅助学习系统，语音识别技术将用户的语音转换为文本，而语音合成技术将系统的文本回答转换为语音输出。

（7）用户个性化。智能问答与辅助学习系统通过分析用户的历史数据和偏好，提供个性化的学习建议和答案。这有助于提高用户的学习效率和满意度。

（8）交互设计。为了提供良好的用户体验，智能问答与辅助学习系统需要有直观易用的交互界面。这包括友好的用户界面设计、清晰的指示和反馈等。

2. 智能问答与辅助学习的个性化学习建议

智能问答与辅助学习系统具备根据学生的学习进度和表现，为学生提供定制化学习建议的能力。例如，当学生在某个知识点上遇到困难时，系统会自动推荐相关的学习资源，以支持学生进行自我纠正和学习策略的调整。这些资源可能包括视频教程、练习题和学习指南等，旨在帮助学生更深入地理解和掌握知识点。

3. 智能问答与辅助学习的教师支持

智能问答与辅助学习系统不仅显著提升了学生的学习效率，还为教师提供了更为丰富的教学支持。教师能够通过系统提供的数据分析，更深入地了解学生的学习情况，包括学生的知识掌握程度、学习习惯及学习难点等。这些信息有助于教师制订更具针对性的教学计划，并提供更为精准的教学支持。

4. 智能问答与辅助学习的伦理和隐私问题

智能问答与辅助学习系统在教育领域具有广泛的应用前景，但也存在伦理和隐私问题。例如，学生的提问数据可能包含个人隐私信息，需要采取措施保护隐私。此外，系统的准确性和公平性也需要得到保证，以避免对学生的评价产生偏差。

5. 智能问答与辅助学习的未来发展

随着技术的不断进步，智能问答与辅助学习系统将在教育领域发挥更大的作用。未来的系统将更加智能化和个性化，能够更好地理解学生的学习需求，提供更有针对性的学习建议。随着大语言模型与教育知识的深度结合，未来的智能问答与辅助学习系统将突破“应答”层面，实现苏格拉底式的引导对话，通过连续追问激发深层思考，真正实现“授人以渔”的教育目标。同时，系统还将与其他教育技术相结合，如 VR、AR 等，为学生提供更加丰富和多样的学习体验。

案例分析　智能问答技术在小学英语教学中的应用

某小学希望利用智能问答技术来提高英语教学效果。学校引入了一款智能问答与辅助学习系统，该系统可以自动回答学生的英语问题，包括单词拼写、语法和句子结构等。系统还可以根据学生的提问情况，为学生提供个性化的学习建议，如推荐相关的英语学习资源和练习题。通过智能问答与辅助学习系统，学生的英语学习效率和质量有了显著提高。学生们能够更快地解决英语学习中的问题，同时也能更好地理解和掌握英语知识。教师的工作效率也得到了提高，因为他们可以更多地关注学生的个性化需求，提供更有针对性的教学支持。

（四）学习数据分析与报告

AI 可以收集和分析学生在学习过程中的数据，包括学习时间、进度、成绩等。基于这些数据，AI 可以生成个性化的学习报告，帮助学生和教师了解学习情况，发现问题，并及时调整学习策略。

在当今教育领域，AI 正引领着一场数据驱动的革命，特别是在学习数据分析与报告方面。AI 的强大功能在于其能够收集和分析学生在学习过程中的海量数据，包括学习时间、进度、成绩等关键指标。这些数据经过 AI 的智能算法处理后，可以转化为具有指导意义的个性化学习报告。学习数据分析与报告系统是教育智能化的决策中枢，其技术实现融合了教育测量学、数据科学和可视化技术，旨在将海量学习行为数据转化为可操作的教学洞见。

1. 学习数据分析与报告的技术实现原理

（1）数据收集：学习数据分析与报告系统需要收集学生的学习数据，这可能包括作业成绩、在线学习活动、测试成绩、学习时间、互动记录等。数据可以通过学习管理系统、在线教育平台或其他教育技术工具自动收集。

（2）数据存储与管理：收集的数据需要存储在数据库中，以便进行进一步的分析。数据库管理系统（database management system，DBMS）用于存储、组织和检索数据。

（3）数据清洗和预处理：原始数据可能包含错误、缺失值或不一致的信息。数据清洗和预处理步骤包括纠正错误、填补缺失值、标准化数据格式等，以确保数据的质量和一致性。

（4）数据分析：使用统计分析、数据挖掘和机器学习技术对清洗后的数据进行深入分析。这可能包括以下几方面。①描述性统计分析：平均成绩、标准差、频率分布等。②相关性分析：探索不同变量之间的关系。③聚类分析：基于学生的学习行为或成绩将学生分组。④预测模型：预测学生的未来表现，如成绩、毕业率等。

（5）报告生成：分析结果被整理成易于理解的报告和可视化图表。这些报告可以提供给教师、学生、家长和管理人员，帮助他们了解学习进展、识别潜在问题，并做出相应的教学或学习决策。

（6）用户界面和交互设计：为了方便用户访问和分析报告，学习数据分析与报告系统需要有直观的用户界面。用户应该能够轻松地导航、筛选数据和生成自定义报告。

（7）隐私和安全：由于学习数据可能包含敏感信息，学习数据分析与报告系统需要确保数据的隐私和安全。这包括数据加密、访问控制和安全协议等措施。

（8）持续迭代和优化：学习数据分析与报告系统应该能够根据用户反馈和新的教育需求进行迭代、优化，以不断提高其准确性和有效性。

2. 数据收集与分析：精准把握学习动态

AI 通过先进的传感器和算法，能够实时收集学生的学习数据。这些数据不仅包括传统的学习成绩，还涉及学生的学习习惯、互动情况、情绪变化等多维度信息。AI 的分析不仅限于表面的数据，还能够深入挖掘数据背后的模式和趋势，为教师和学生提供更为精准的学情分析。

3. 个性化学习报告：定制化指导与反馈

基于收集到的数据，AI 可以生成个性化的学习报告。这些报告不仅为学生提供学习进度的可视化展示，还能够根据学生的特点提供定制化的学习建议。例如，对于学习进度较慢的学生，报告可能会推荐特定的辅导资源或学习策略；而对于成绩优异的学生，报告可能会提供更高难度的挑战和拓展任务。

4. 问题发现与策略调整：及时干预与优化

AI 的学习报告能够及时发现问题，如学习瓶颈、理解偏差等，使教师能够及时进行干预。同时，AI 还能够根据学生的学习表现，动态调整教学策略，确保每个学生都能在适合自己的学习路径上前进。这种数据驱动的教学方式，既提高了教学效率，也增强了学生的学习体验。

总之，AI 在学习数据分析与报告方面的应用，不仅为教育者提供了强大的教学工具，也为学习者创造了一个更加个性化和高效的学习环境。随着因果机器学习的发展，未来的学习分析将突破相关性分析，实现教学干预的因果效应量化。在这种数据驱动的教学模式下，学生不仅能够更加高效地学习，还能够享受到学习带来的乐趣和成就感。

案例分析 智能教育平台——学而思

学而思是一个应用 AI 技术的智能教育平台，它通过分析学生的学习数据，为每个学生生成个性化的学习报告。这些报告不仅包括学生的学习成绩，还包括学习习惯、知识点掌握情况等多维度的分析。教师可以根据这些报告，为学生提供更加精准的教学支持，帮助学生提高学习效果。

（五）自动化的课程设计与调整

在 AI 的助力下，现代教育正在向更加个性化和自适应的方向发展。自动化的课程设计与调整是这一趋势的核心组成部分，它允许 AI 根据每个学生的学习进度和反馈，动态地调整课程内容和难度，从而确保每个学生都能在自己的节奏下学习。自动化的课程设计与调整系统是教育智能化的高阶形态，其技术实现需融合课程论、复杂系统建模与生成式 AI，实现从宏观课程框架到微观教学单元的闭环优化。

1. 自动化的课程设计与调整的技术实现原理

（1）学习目标分析：自动化的课程设计与调整系统需要明确课程的学习目标，这通常通过分析教育标准、课程大纲或学习成果来确定。学习目标分析有助于确保课程内容与预期的学习成果相一致。

（2）学习者分析：自动化的课程设计与调整系统分析学习者的特征，如先验知识、学习风格、兴趣和需求。这可以通过问卷调查、学习历史数据、交互记录等方式实现。学习者分析有助于定制适合不同学习者的课程。

（3）内容聚合与个性化：自动化的课程设计与调整系统从各种教育资源（如教科书、在线文章、视频、互动练习等）中聚合相关内容，并根据学习者的需求和学习风格进行个性化课程设计。这涉及内容推荐系统、适应性学习技术等。

（4）学习路径规划：自动化的课程设计与调整系统根据学习目标和学习者分析的结果，规划个性化的学习路径。这包括确定学习顺序、安排学习活动、设置进度里程碑等。

（5）动态调整：自动化的课程设计与调整系统根据学习者的表现和反馈动态调整课程内容和学习路径。例如，如果学习者在一项技能上遇到困难，系统可以提供额外的资源和练习来支持他们。

（6）数据驱动的优化：自动化的课程设计与调整系统收集和分析学习者的互动数据，如学习时间、成绩、完成率等，以评估课程的有效性。基于这些数据，系统可以优化课程内容和结构，以提高学习效果。

（7）AI 与机器学习：AI 和机器学习技术用于增强课程设计的智能化。例如，机器学习算法可以根据大量的学习者数据来预测哪些内容和方法最有效。

（8）用户界面和体验设计：为了提供良好的用户体验，自动化的课程设计与调整系统需要有直观易用的界面设计。这包括清晰的导航、互动元素和视觉设计，以吸引和保持学习者的注意力。

（9）兼容性和可访问性：自动化的课程设计与调整系统需要确保课程内容可以在各种设备和技术平台上访问，并符合可访问性标准，以便所有学习者都能使用。

2. 个性化课程设计：定制化的学习体验

AI 的个性化课程设计能力，使得每个学生都能够获得符合自己学习需求和兴趣的定制化课程。这种设计不仅考虑学生的学习成绩，还兼顾学生的学习风格、兴趣爱好和潜在能力。通过智能算法，AI 能够为每个学生生成独一无二的学习路径，提供最适合他们的学习资源和活动。

3. 动态难度调整：挑战与支持并重

AI 的动态难度调整功能，可以确保学生在学习过程中既不会感到过于轻松，也不会感到过于困难。当学生遇到挑战时，AI 可以降低课程难度，提供更多的辅导和支持，帮助学生克服障碍；而当学生表现出色时，AI 则会增加难度，提供更具挑战性的任务，激发学生的潜力。

4. 实时反馈与调整：持续优化的学习循环

AI 的实时反馈机制，让学生在学习过程中能够及时获得关于自己表现的反馈。这种反馈不仅限于对错，还包括对学生学习方法和策略的指导。基于这些反馈，AI 能够实时调整课程内容和难度，形成一个持续优化的学习循环，帮助学生更有效地学习。

案例分析 智能教育平台——智慧课堂

智慧课堂是一个利用 AI 技术实现个性化教学的智能教育平台。它通过分析学生的学习数据，自动调整课程内容和难度，为学生提供量身定制的学习体验。例如，当学生在某个知识点上遇到困难时，智慧课堂会自动推送相关的辅导视频和练习题，帮助学生克服难点。同时，它还会根据学生的学习进度，动态调整后续课程的内容，确保学生能够在自己的节奏下学习。

（六）虚拟实验与模拟实践

在 AI 的推动下，虚拟实验与模拟实践成为现代教育的重要组成部分。AI 能够创建虚拟的实验环境，让学生在安全、可控的条件下进行实验操作，这种方式尤其适用于那些需要昂贵设备或存在安全风险的实际操作。虚拟实验与模拟实践系统是教育数字化转型的核心实践场域，其技术实现融合了物理引擎、多模态交互与科学建模，构建高保真、可拓展的沉浸式学习环境。

1. 虚拟实验与模拟实践的技术实现原理

（1）3D 建模与渲染：虚拟实验和模拟实践系统通常依赖于高质量的 3D 模型和渲染技术来创建逼真的实验环境。这包括实验设备、实验室空间、实验材料等的 3D 表示。

（2）物理引擎：为了模拟现实世界中的物理现象，虚拟实验与模拟实践系统需要使用物理引擎。物理引擎根据物理定律计算物体之间的相互作用，如重力、摩擦力、碰撞等。

（3）交互设计：用户通过与虚拟环境的交互来执行实验步骤。这需要设计直观的交互界面，如点击、拖动、旋转等手势，以及使用虚拟控制器或仪器。

（4）实时反馈：虚拟实验与模拟实践系统需要提供实时的反馈来模拟实验结果。例如，当用户调整实验参数时，系统应立即显示相应的结果或效果。

（5）AI：AI 可以用于增强虚拟实验的智能化。例如，AI 可以模拟实验过程中的意外情况，提供实验指导，甚至根据用户的表现调整实验难度。

（6）数据记录与分析：虚拟实验与模拟实践系统可以记录用户的操作数据和实验结果，以便进行后续的分析。这可以帮助教育者评估学生的学习成果，并为学生提供个性化的反馈。

（7）多媒体与 VR/AR：为了提供沉浸式的学习体验，虚拟实验与模拟实践系统可以集成多媒体内容（如视频、音频、动画）和 VR/AR 技术。这些技术可以增强用户的参与感和真实感。

（8）可扩展性与模块化：为了适应不同的实验需求，虚拟实验与模拟实践系统应该设计成可扩展和模块化的。这意味着可以轻松添加新的实验内容或模块，而无需重新构建整个系统。

（9）用户界面和体验设计：为了提供良好的用户体验，虚拟实验与模拟实践系统需要有直观易用的界面设计。这包括清晰的指示、帮助文档和用户支持。

2. 虚拟实验环境：安全而经济的学习方式

AI 的虚拟实验环境，为学生提供了一个安全、经济的学习平台。在这个平台上，学生可以进行各种实验操作，而无需担心实际操作中可能出现的危险。例如，在化学实验中，学生可以在虚拟环境中进行化学反应的模拟，观察反应过程和结果，而无需担心化学品的腐蚀性或爆炸风险。

3. 模拟实践：提升技能与理解

AI 的模拟实践功能，让学生能够在虚拟环境中进行各种技能训练和实践操作。例如，在医学教育中，学生可以在虚拟环境中进行手术模拟，练习手术技巧，而无须在真实病人身上进行操作。这种模拟实践不仅提高了学生的技能水平，也增强了他们对实际操作的理解。

4. 实时反馈与指导：优化学习效果

AI 的虚拟实验与模拟实践系统，能够提供实时的反馈与指导，帮助学生优化学习效果。例如，在物理实验中，AI 可以实时监测学生的实验操作，提供实时的反馈和建议，帮助学生纠正错误，提高实验效果。

总之，虚拟实验与模拟实践通过虚拟实验环境、模拟实验，以及实时反馈与指导，为每个学生提供了一个更加高效和深入的学习体验。随着 Nanite in Unreal Engine 5（虚幻引擎 5）技术的普及，未来虚拟实验将突破算力限制，实现亚微米级操作精度。这种教学模式不仅提高了教学效率，也增强了学生的学习体验，为教育领域带来了革命性的变化。

案例分析 智能教育平台——虚拟实验室

虚拟实验室是一个利用 AI 技术创建的虚拟实验环境，它为学生提供了一个安全、经济的学习平台。在这个平台上，学生可以进行各种实验操作，而无需担心实际操作中可能出现的危险。例如，在化学实验中，学生可以在虚拟环境中进行化学反应的模拟，观察反应过程和结果，而无需担心化学品的腐蚀性或爆炸风险。

（七）智能辅助教师备课

在 AI 的助力下，教师备课的过程正在变得更加高效和智能。AI 能够帮助教师查找和整理教学资源，设计课程内容，甚至生成教案和课件，从而大大减轻教师的备课负担，让他们有更多的时间关注学生的学习和成长。智能辅助教师备课系统是教育数字化转型的关键工具，其技术实现融合了教学理论建模、多模态资源整合与生成式 AI，旨在为教师提供精准化、个性化的备课支持。

1. 智能辅助教师备课的技术实现原理

（1）内容管理系统（content management system，CMS）：智能辅助教师备课系统提供一个内容管理系统，允许教师上传、组织和存储教学资源，如教案、课件、练习题等。

（2）资源推荐与聚合：智能辅助教师备课系统通过分析教师的历史偏好和教学需求，推荐相关的教学资源。这可能包括在线教育平台、开放式教育资源（open educational resources，OER）、教育博客等的内容。

（3）课程规划工具：智能辅助教师备课系统提供课程规划工具，帮助教师设计课程大纲、安排教学活动、设置学习目标等。这些工具可能包括日历、进度跟踪器、任务列表等。

（4）互动式课件制作：智能辅助教师备课系统提供工具，帮助教师创建互动式课件，如幻灯片、模拟实验、游戏化学习活动等。这些工具可能支持多媒体集成、动画制作、交互设计等功能。

（5）智能教案生成：基于教师提供的教学目标、学生水平和课程内容，智能辅助教师备课系统可以使用自然语言处理技术生成教案草稿。教师可以在此基础上进行编辑和调整。

（6）数据分析与反馈：智能辅助教师备课系统收集和分析教师的教学数据，如课程完成率、学生参与度、成绩分布等，并提供反馈和建议，帮助教师优化教学策略。

（7）协作与共享：智能辅助教师备课系统支持教师之间的协作和资源共享。教师可以组成团队，共同开发课程，分享教学资源和经验。

（8）AI 与机器学习：AI 和机器学习技术用于提高备课系统的智能化。例如，机器学习算法可以根据大量的教学数据来预测哪些教学方法最有效。

（9）用户界面和体验设计：为了提供良好的用户体验，智能辅助教师备课系统需要有直观易用的界面设计。这包括清晰的导航、互动元素和视觉设计，以吸引和保持教师的注意力。

2. 智能资源整合：快速查找与筛选

AI 的智能资源整合功能，让教师能够快速查找和筛选适合的教学资源。通过 AI 的智能搜索引擎，教师可以轻松找到与课程内容相关的视频、文章、案例研究等资源，并进行有效的整合和分类。这不仅节省了教师查找资源的时间，也提高了资源的利用效率。

3. 课程内容设计：个性化与互动性

AI 的课程内容设计功能，让教师能够根据学生的需求和兴趣，设计个性化的课程内容。AI 可以根据学生的学习数据，为教师提供课程内容的建议，包括重点难点、学习目标、教学方法等。同时，AI 还可以帮助教师设计互动性强的课程活动，提高学生的参与度和学习兴趣。

4. 教案与课件生成：自动化与高效性

AI 的教案与课件生成功能，让教师能够快速生成高质量的教案和课件。AI 可以根据教师提供的教学目标和课程内容，自动生成教案和课件的大纲，并提供相应的教学建议和资源。教师可以根据自己的需要进行调整和补充，从而大大提高了备课的效率。

总之，智能辅助教师备课，通过智能资源整合、课程内容设计、教案与课件生成等功能，为教师提供了一个高效、智能的备课环境。随着多模态大模型发展，未来备课系统将具备“教学创意伙伴”能力，可通过实时教育舆情分析推荐热点案例，提供基于 VR 的沉浸式备课体验，自动生成符合 TPACK（technological pedagogical and content knowledge，整合技术的学科教学知识）框架的创新教学设计。这种教学模式不仅提高了教学效率，也增强了学生的学习体验，为教育领域带来了革命性的变化。

案例分析 智能教育平台——星火教师助手

教师助手是一个利用 AI 技术为教师提供智能备课支持的智能教育平台。它可以帮助教师查找和整理教学资源，设计课程内容，甚至生成教案和课件。例如，当教师需要准备一堂关于光合作用的课程时，教师助手可以自动为教师推荐相关的视频、文章和实验案例，并提供相应的教学建议和资源。教师可以根据自己的需要进行调整和补充，从而大大提高了备课的效率。

二、师机生协作学习

师机生协作学习是一种新的教育模式（图 7-1），它强调教师、机器（通常是智能教学系统或 AI 辅助工具）和学生之间的紧密合作，共同实现教学目标。师机生协作学习系统是教育智能化的高阶形态，其技术实现需构建教师、AI 智能体、学习者三方的高效协作网络，实现认知互补与角色动态平衡。在这种模式下，教师、机器和学生各自扮演不同的角色，相互支持，共同促进学习过程。

图 7-1　师机生协作学习

（一）教师角色：引导与支持

在当今的教育环境中，教师的角色正在发生深刻的变化。传统的教师角色主要是知识的传授者，但现在，随着 AI 和机器学习等技术的快速发展，教师的角色已经从单一的知识传授者转变为学习的引导者和支持者。这种转变不仅要求教师具备新的技能和知识，还要求他们能够有效地利用技术来支持学生的学习。

1. 设计者

教师作为设计者，需要根据学生的学习需求和兴趣，设计有效的学习活动。这些活动应该能够激发学生的学习兴趣，促进他们主动学习和探究。同时，教师还需要制定明确的学习目标，确保学生能够达到预期的学习成果。

在设计和实施学习活动时，教师需要选择合适的教学资源和工具。这些资源和工具应该能够支持学生的学习，帮助他们更好地理解和掌握知识。例如，教师可以利用在线教育平台、智能问答与辅助学习系统和虚拟实验室等工具，为学生提供更加丰富和多样的学习体验。

2. 引导者

在课堂上，教师作为引导者，需要引导学生进行讨论、探究和实践，帮助他们理解和掌握知识。教师可以通过提问、讨论和案例分析等方式，激发学生的思考和探究，促进他们的知识构建和迁移。

同时，教师还需要关注学生的学习进度和情感需求，提供必要的支持和鼓励。教师可以通过个别辅导、小组合作和反馈等方式，帮助学生克服学习中的困难和挑战，增强他们的学习自信心和动力。

3. 评估者

教师作为评估者，需要评估学生的学习成果，提供反馈，帮助学生改进学习方法和策略。教师可以通过形成性评价和总结性评价等方式，了解学生的学习情况，发现他们的优点和不足，并提供有针对性的反馈和建议。

同时，教师还需要关注学生的学习过程和方法，帮助他们改进学习策略，提高学习效率。教师可以通过观察、访谈和反思等方式，了解学生的学习过程和方法，发现他们的优势和劣势，并提供有针对性的指导和支持。

4. 协作者

在当今的教育环境中，教师与机器的协同工作已经成为一种趋势。教师可以利用机器的数据分析和处理能力，优化教学过程，提高教学效果。例如，教师可以利用机器学习算法分析学生的学习数据，发现他们的学习需求和问题，并提供个性化的教学支持和资源。

同时，教师还可以利用机器的智能问答与辅助学习功能，为学生提供更加智能和个性化的学习体验。例如，教师可以利用智能问答与辅助学习系统回答学生的疑问，提供实时的学习建议和帮助。教师还可以利用智能问答与辅助学习系统为学生提供个性化的学习路径和资源，帮助他们更好地理解和掌握知识。

教师的角色已经从传统的知识传授者转变为学习的引导者和支持者。教师需要设计有效的学习活动，引导学生如何使用机器资源，以及如何与机器进行互动。同时，教师还需要关注学生的学习进度和情感需求，提供必要的支持和鼓励。

（二）机器角色：辅助与个性化

在当今的教育生态中，机器的角色正在发生深刻的变化。传统的机器角色主要是执行重复性任务，但现在，随着 AI 和机器学习等技术的快速发展，机器的角色已经从单一的任务执行者转变为学习的辅助者和个性化支持者。这种转变不仅要求机器具备新的功能和能力，还要求它们能够有效地支持学生的学习。

1. 个性化学习助手

机器作为个性化学习助手，需要根据学生的学习数据（学习习惯、知识水平和兴趣爱好等），提供个性化的学习资源和路径。这些资源和路径应该能够支持学生的学习，帮助他们更好地理解和掌握知识。例如，机器可以利用在线教育平台、智能问答与辅助学习系统和虚拟实验室等工具，为学生提供更加丰富和多样的学习体验。

2. 数据分析师

机器作为数据分析师，需要收集和分析学生的学习数据，为教师提供有关学生学习进度、困难和成就的详细信息。这些数据可以帮助教师更好地了解学生的学习情况，发现他们的优点和不足，并提供有针对性的反馈和建议。

3. 互动平台

机器作为互动平台，需要提供互动平台，支持学生之间的协作学习，如在线讨论、小组项目等。这些平台可以帮助学生更好地理解和掌握知识，同时也可以培养他们的沟通能力和合作精神。

4. 模拟实践环境提供者

机器作为模拟实践环境的提供者，可以创建虚拟的实验或实践环境，让学生在安全、可控的条件下进行实践操作。这些环境可以帮助学生更好地理解和掌握知识，同时也可以培养他们的实践能力和创新精神。

（三）学生角色：主动与探索

在现代的教育体系中，学生的角色正在发生深刻的变化。传统的学生角色主要是被动地接受知识，但现在，随着 AI 和机器学习等技术的快速发展，学生的角色已经从单一的知识接受者转变为学习的主动参与者和探索者。这种转变不仅要求学生具备新的学习态度和技能，还要求他们能够有效地利用技术来支持自己的学习。

1. 主动学习者

学生作为主动学习者，需要主动参与学习过程，包括课前预习、课堂讨论和课后复习。这些活动可以帮助学生更好地理解和掌握知识，同时也可以培养他们的自主学习能力和批判性思维。

2. 合作者

学生作为合作者，需要与教师和其他学生进行合作，共同解决问题和完成任务。这些活动可以帮助学生培养团队协作和沟通能力，同时也可以培养他们的创新精神和领导能力。

3. 问题解决者

学生作为问题解决者，需要运用所学知识解决实际问题，培养批判性思维和创新能力。这些活动可以帮助学生更好地理解和掌握知识，同时也可以培养他们的实践能力和创新精神。

4. 反馈提供者

学生作为反馈提供者，需要提供对教学过程和教学资源的反馈，帮助教师和机器优化教学。这些反馈可以帮助教师更好地了解学生的学习情况，发现他们的优点和不足，并提供有针对性的反馈和建议。

总之，师机生协作学习是一种新的教育模式，它强调教师、机器和学生之间的紧密合作，共同实现教学目标。在这种模式下，教师、机器和学生各自扮演不同的角色，相互支持，共同促进学习过程。这种教学模式不仅提高了教学效率，也增强了学生的学习体验，为教育领域带来了革命性的变化。

案例分析 协作学习空间

协作学习空间是一个利用 AI 技术实现师机生协作学习的智能教育平台。在这个平台上，教师、机器和学生可以共同参与学习过程，实现教学目标。例如，在协作学习空间中，教师可以设计有效的学习活动，引导学生如何使用机器资源，以及如何与机器进行互动。同时，机器可以根据学生的学习数据，提供个性化的学习资源和建议。学生需要学会如何使用机器资源，以及如何与机器进行互动。同时，学生还需要学会如何与教师和其他学生进行合作，共同解决问题和完成任务。

第二节　教学实施方法

教学实施方法是指在教学计划的基础上，进行具体的教学活动安排和实施的过程。它直接关系到教学质量和教学效果的好坏。随着 AI 技术飞速发展，AI 技术对传统的教学实施方法产生了深远的影响，AI 技术正在逐步改变传统的教学实施方法，在智能技术驱动下，教学实施方法正从经验驱动型向数据智能型跃迁。它通过个性化学习、智能推荐和自动评估等功能，为教育领域带来了革命性的变革。

一、知识体系构建

在当今这个信息爆炸的时代，学习者面临着构建复杂知识体系的挑战。传统的学习方法往往难以应对这一挑战，因此，利用 AI 技术进行知识点的梳理和整合变得尤为重要。知识体系构建是教育智能化与知识管理的核心基础，其技术实现需融合认知科学、知识图谱与生成式 AI，构建动态演化、多粒度、可解释的知识网络。以下将探讨如何利用 AI 技术构建学习者的知识体系，并分析 AI 如何帮助学习者建立知识之间的联系，形成结构化的知识体系。

（一）AI 技术帮助学习者进行知识点的梳理

学习者常常面临着一个挑战：如何从海量的信息中快速找到并理解关键知识点。AI 技术为这一挑战提供了有效的解决方案。通过使用 AI 技术，学习者可以更高效地进行知识点的梳理。

AI 技术可以帮助学习者快速地将大量的信息进行分类和整理。例如，AI 技术可以自动地将文章中的重点内容进行标注，帮助学习者快速抓住文章的核心要点。这种自动化的标注功能使得学习者可以迅速浏览文章，而不必逐字逐句地阅读，从而节省了大量的时间和精力。

此外，AI 技术还可以根据学习者的需求，自动生成知识图谱。知识图谱是一种图形化的知识表示方法，它将知识点以图形的形式展示出来，使得学习者可以直观地看到知识之间的联系。通过知识图谱，学习者可以更好地理解知识之间的逻辑关系，从而更深入地掌握知识。

AI 技术还可以根据学习者的学习进度和需求，提供个性化的学习建议。例如，AI 技术可以根据学习者已经掌握的知识点，推荐相关的学习资源，帮助学习者巩固和拓展知识。这种个性化的学习建议使得学习者可以更有针对性地进行学习，从而提高学习效率。

（二）AI 技术可以帮助学习者进行知识点的整合

在传统的学习方法中，学习者往往需要花费大量的时间和精力去查找和整理相关的知识。然而，通过使用 AI 技术，学习者可以快速地将不同的知识点进行整合，形成完整的知识体系。

AI 技术可以帮助学习者快速地将不同的知识点进行整合。例如，AI 技术可以根据学习者的需求，自动推荐相关的学习资源，帮助学习者快速构建知识体系。这种自动化的推荐功能使得学习者可以迅速找到所需的知识点，而不必花费大量的时间去查找和整理。

AI 技术还可以根据学习者的学习进度和需求，提供个性化的学习建议。例如，AI 技术可以根据学习者已经掌握的知识点，推荐相关的学习资源，帮助学习者巩固和拓展知识。这种个性化的学习建议使得学习者可以更有针对性地进行学习，从而提高学习效率。

AI 技术还可以帮助学习者将知识点进行分类和整理。例如，AI 技术可以自动地将知识点按照主题或领域进行分类，帮助学习者更好地理解和掌握知识。这种自动化的分类功能使得学习者可以更清晰地看到知识之间的联系，从而更深入地掌握知识。

（三）AI 技术可以帮助学习者建立知识之间的联系

在传统的学习方法中，学习者往往难以理解知识之间的联系，导致知识体系的构建困难。然而，通过使用 AI 技术，学习者可以轻松地建立知识之间的联系，形成结构化的知识体系。例如，AI 技术可以根据学习者的需求，自动生成知识图谱，帮助学习者理解知识之间的联系。

（四）AI 技术可以帮助学习者进行知识体系的优化

在传统的学习方法中，学习者往往难以发现自己的知识体系中存在的问题，导致知识体系优化困难。然而，通过使用 AI 技术，学习者可以轻松地发现自己的知识体系中存在的问题，并进行优化。

AI 技术可以帮助学习者进行知识体系的优化。例如，AI 技术可以根据学习者的学习情况，自动生成学习报告。学习报告是一种详细的学习分析，包括学习者的学习进度、学习效果、学习难点等信息。通过这些信息，学习者可以发现自己的学习情况，如学习进度较慢，或者学习效果不佳，抑或者存在某些学习难点。针对这些问题，学习者可以采取相应的措施，如调整学习计划、加强学习效果、解决学习难点等。

此外，AI 技术还可以根据学习者的学习情况，提供个性化的学习建议。例如，AI 技术可以根据学习者已经掌握的知识点，推荐相关的学习资源，帮助学习者巩固和拓展知识。这种个性化的学习建议使得学习者可以更有针对性地进行学习，从而提高学习效率。

总之，利用 AI 技术进行知识点的梳理和整合，可以帮助学习者构建复杂的知识体系。通过使用 AI 技术，学习者可以快速地将大量的信息进行分类和整理，建立知识之间的联系，形成结构化的知识体系。此外，AI 技术还可以帮助学习者进行知识体系的优化，提高学习效率。随着多模态大模型与神经符号系统的发展，知识体系构建正在从静态结构向认知增强型动态网络演进。因此，我们应该充分利用 AI 技术，帮助学习者构建复杂的知识体系，提高学习效率。

在利用 AI 技术构建知识体系的过程中，学习者还需要注意以下几点。

（1）学习者需要明确自己的学习目标，明确自己想要学习的内容和方向。

（2）学习者需要选择合适的学习资源，高质量的学习资源可以帮助学习者更好地理解和掌握知识。

（3）学习者需要不断地进行实践和反思，通过实践和反思，学习者可以更好地理解和掌握知识，提高学习效率。

二、能力提升策略

在快速变化的时代，个人能力的提升成为适应社会发展的关键。随着 AI 技术的进步，学习者拥有了更多样化、个性化的能力提升途径。AI 辅助下的能力提升路径（图 7-2）包括：AI 驱动模拟、智能反馈系统、定制化学习资源。能力提升策略的智能化演进正在从经验驱动转向数据与认知科学深度融合的精准化模式。本节将探讨如何通过 AI 驱动的模拟实践、智能反馈等手段，以及 AI 如何根据学习者的能力水平提供定制化的学习资源和练习，来有效提升学习者的能力。

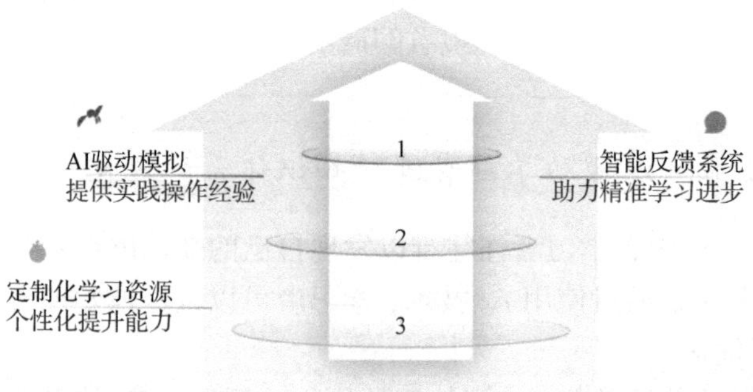

图 7-2　AI 辅助下的能力提升路径

（一）AI 驱动模拟

AI 驱动的模拟实践可以模拟真实的实验或实践场景，为学习者提供了一个安全、可控的环境，让学习者在虚拟的、没有风险的环境中尝试和操作，从而获得实践经验。这种模拟实践可以帮助学习者更好地理解和掌握知识，同时也可以培养他们的实践能力和创新精神。此外，AI 驱动的模拟实践还可以根据学习者的学习情况，提供个性化的实践建议和指导，帮助学习者更好地进行实践操作。

例如，在医学领域，AI 模拟器可以让医学生练习手术操作；而在航空领域，飞行员可以通过 AI 模拟器来训练飞行技能。这种模拟实践不仅可以帮助学习者掌握技能，还可以提高他们的自信心和应变能力。

（二）智能反馈系统

智能反馈是另一个重要的能力提升途径。智能反馈是 AI 技术在教育中的一项重要应用，它通过分析学习者的表现，提供即时、准确的反馈，帮助学习者了解自己的优点和不足，从而进行调整和改进。智能反馈包括学习者的学习进度、学习效果、学习难点等信息。通过这些信息，学习者可以了解自己的学习情况，发现自己知识体系中存在的问题，并进行优化。例如，学习者通过智能反馈发现自己的学习进度较慢，或者学习效果不佳，或者存在某些学习难点。针对这些问题，学习者可以采取相应的措施，如调整学习计划、加强学习效果、解决学习难点等。

此外，智能反馈还可以根据学习者的学习情况，提供个性化的学习建议。例如，在语言学习中，AI 可以通过语音识别和自然语言处理技术，对学习者的发音、语法等进行实时反馈，帮助他们提高语言能力。

（三）定制化学习资源

AI 可以根据学习者的能力水平提供定制化的学习资源和练习。通过分析学习者的历史表现、兴趣和目标，AI 可以为学习者推荐最适合他们的学习资源和练习。例如，在数学学习中，AI 可以为学习者提供不同难度的题目，根据他们的表现进行调整，确保学习者始终在挑战和成就感之间保持平衡。

然而，AI 在能力提升中的应用也面临一些挑战。首先，AI 技术的准确性和可靠性仍然是一个问题。如果 AI 提供错误的反馈或推荐不合适的学习资源，可能会对学习者的学习效果产生负面影响。其次，AI 可能无法完全理解学习者的需求和情感。在学习过程中，学习者的情绪和动机对学习效果有很大的影响，而 AI 可能无法准确地感知和应对这些因素。

为了克服这些挑战，我们需要采取一些措施。首先，不断提高 AI 技术的准确性和可靠性。这需要研究人员和开发者不断改进 AI 算法，提高 AI 的感知和决策能力。其次，将 AI 与人类教师相结合，发挥各自的优势。人类教师可以更好地理解学习者的需求和情感，而 AI 可以提供个性化的学习资源和反馈。通过将两者相结合，可以为学习者提供更全面、更有效地学习体验。

总之，AI 驱动的模拟实践、智能反馈等手段，以及 AI 根据学习者能力水平提供的定制化学习资源和练习，为学习者提供了更多样化、个性化的能力提升途径。然而，我们也需要认识到 AI 技术的局限性和挑战，并采取相应的措施来克服这些问题。通过不断改进 AI 技术，并将 AI 与人类教师相结合，我们可以为学习者提供更有效、更全面的学习体验，帮助他们提升个人能力，适应社会发展的需求。

三、高阶思维发展

高阶思维发展由布鲁姆及其同事在 20 世纪 50 年代共同提出，旨在深入剖析和系统分类学习者在认知过程中所经历的不同阶段和能力水平。该理论将认知过程细分为六个逐层递进的层次：识记、理解、应用、分析、评价和创造。这些层次不仅揭示了学习者在处理知识和信息时所面临的挑战逐步提升，也反映了其认知能力不断发展。前三个层次（识记、理解、应用）通常被认为是低阶思维，而后三个层次（分析、评价、创造）则被视为高阶思维。高阶思维，作为教育领域中的一个重要概念，通常指的是批判性思维、创造性思维、问题解决能力等高级认知技能。这些技能对于学习者在复杂多变的社会环境中适应和发展至关重要。随着 AI 技术的不断进步，AI 在教育中的应用为高阶思维的培养提供了新的可能性和挑战。接下来，我们将探讨如何通过 AI 促进学习者高阶思维的发展，包括提供复杂问题解决情境和鼓励自我反思等方法。

（一）批判性思维的培养

批判性思维的培养是高阶思维发展的重要组成部分。批判性思维要求学习者能够分析、评估和合成信息，形成有根据的判断和决策。AI 可以通过提供大量的信息资源和工具，帮助学习者培养批判性思维。例如，AI 可以分析学习者的信息搜索习惯，推荐多样化的观点和资料，鼓励学习者从不同角度思考问题。此外，AI 还可以提供模拟的辩论和讨论环境，让学习者在辩论中锻炼自己的批判性思维能力。

（二）创造性思维的培养

创造性思维的培养也是高阶思维发展的重要方面。创造性思维要求学习者能够产生新颖的想法和解决方案。AI 可以通过提供创意激发工具和资源，帮助学习者培养创造性思维。例如，AI 可以分析学习者的兴趣和偏好，推荐相关的创意项目和挑战，鼓励学习者尝试新的创作方法。此外，AI 还可以提供智能画板和音乐创作工具，让学习者在创作过程中得到实时的反馈和建议。

有许多 AI 工具可以培养创造性思维，这些工具通常通过提供创意激发、创意生成和创意评估等功能来帮助学习者发展创造性思维。

1. 创意激发工具

（1）创意写作助手：这些工具可以帮助学习者生成创意写作的灵感，提供写作建议和改进意见。

（2）头脑风暴工具：AI 可以分析学习者的输入，提供相关的创意想法，帮助学习者进行头脑风暴。

2. 创意生成工具

（1）智能画板：AI 可以提供绘画和设计工具，帮助学习者创作艺术作品。

（2）音乐创作工具：AI 可以提供音乐创作软件，帮助学习者创作音乐作品。

3. 创意评估工具

AI 可以提供创意评估平台，分析学习者的创意作品，提供评估和建议，帮助学习者改进作品。

4. 创意学习平台

（1）在线创意课程：AI 可以提供在线创意课程，帮助学习者学习创意思维和技能。

（2）创意学习社区：AI 可以支持学习者之间的创意交流和学习，如在线讨论、小组项目等。

5. 创意游戏

AI 可以提供创意游戏，帮助学习者在游戏中培养创造性思维。

6. 创意挑战

AI 可以提供创意挑战平台，鼓励学习者尝试新的创作方法。

7. 创意工作坊

AI 可以支持创意工作坊，帮助学习者进行创意实践和学习。

8. 创意实验室

AI 可以提供创意实验室，帮助学习者进行创意实验和实践。

这些 AI 工具可以帮助学习者培养创造性思维，提高他们的学习效率和兴趣。同时，这些工具也可以帮助教师更好地了解学生的学习需求，提供更有针对性的教学支持。随着 AI 技术的不断进步和教育理念的不断创新，AI 在培养创造性思维方面的应用将更加广泛和深入。

（三）提供复杂问题解决情境

AI 在促进高阶思维发展方面的一个重要方法是提供复杂问题解决情境。通过模拟真实世界中的复杂问题，AI 可以锻炼学习者的思维，提高他们的问题解决能力。例如，AI 可以创建模拟的商业环境，让学习者扮演企业家角色，解决实际的商业问题。在这样的情境中，学习者需要运用批判性思维和创造性思维，分析问题、制定策略并实施解决方案。

（四）鼓励自我反思

AI 可以通过鼓励自我反思来促进学习者高阶思维的发展。自我反思是学习者对自己的思考过程和学习经验进行回顾和评估的过程。AI 可以提供反思工具和平台，帮助学习者记录和反思自己的学习过程。例如，AI 可以分析学习者的学习日志和讨论帖子，提供个性化的反馈和建议，帮助学习者认识到自己的思维模式和局限性，从而促进高阶思维的发展。

然而，AI 在促进高阶思维发展方面也存在一些挑战。首先，AI 可能无法完全理解人类的思维过程和情感。高阶思维的培养需要学习者的情感投入和动机，而 AI 可能无法准确地感知和应对这些因素。其次，AI 可能过于依赖算法和数据分析，忽视了学习者的个体差异和多样性。因此，在利用 AI 促进高阶思维发展的过程中，我们需要注意将这些因素考虑在内，确保学习者能够得到全面和有效的支持。

综上所述，AI 在促进学习者高阶思维发展方面展现出巨大的潜力。AI 通过提供复杂问题解决的情境模拟，以及促进学习者进行自我反思等策略，有助于培养学习者的批判性思维、创造性思维等高级认知技能。然而，我们必须认识到 AI 技术的局限性和面临的挑战，并采取适当的措施以应对这些问题。通过合理利用 AI 技术，为学习者提供更加有效和全面的高阶思维培养支持，从而帮助他们更好地适应社会发展的需求。

四、教学实施案例

随着 AI 技术的快速发展，其在教育领域的应用日益广泛。下面将通过几个具体的教学实施案例，展示 AI 技术如何在实际教学中得到应用，以及这些应用如何提升教学质量和学生的学习效果。

1. 案例一：南开大学智慧校园建设

南开大学利用生成式 AI 构建了面向“AI+教育”的智慧校园。通过利用生成式 AI 的个性化服务能力，南开大学扩展了教学服务的广度，不仅在校师生可以享受智能化教学服务，社会人士也可获取南开大学学习资源。此外，南开大学还延展了教学服务的深度，将生成式 AI 与实验教学平台相结合，实现教学内容的个性化和智能化。

这个案例展示了 AI 如何在教学服务中提供个性化支持，不仅满足了在校学生的多样化需求，还拓展了教育资源的覆盖范围，使更多的社会人士能够获取优质教育资源。此外，AI 与实验教学平台的结合，进一步提升了实验教学的智能化水平，为学生提供了更加个性化和高效的学习体验。

2. 案例二：清华大学基于大模型训练的 AI 助教

清华大学利用独立研发拥有自主知识产权的千亿参数大模型 GLM4（general language model 4，第四代基座大语言模型）作为平台与技术基座，开展八门课程试点工作。利用现有的教学数据、公开论文、MOOC 资源等资料，在 GLM4 的基础上，通过微调形成不同课程的垂直领域模型，开发专属的 AI 助教，实现范例生成、自动出题、答疑解惑、运算推理、评价引导等功能。

这种 AI 助教的应用不仅减轻了教师的工作负担，还提高了教学效率。学生可以随时随地获得学习支持，而教师则可以将更多的时间和精力投入到更有价值的教学活动中。此外，AI 助教还可以通过数据分析，为教师提供关于学生学习情况的详细报告，帮助教师更好地了解学生的需求，调整教学策略。

3. 案例三：北京师范大学创新“AI”课堂教学智能评测

北京师范大学的智慧教室采用了高级服务器，以及智能摄像头、智能音响、智能投屏等，可以通过智能连接实现互联互通。智慧教室还配备了智能管理系统，可以实时监控教室内的教学情况，并提供个性化的教学服务。创新“AI+”课堂教学智能评测系统能够实时监测和分析教师教学行为、学生学习行为、教学内容与课堂组织形式，对教师教学态度和教学风格、学生专注度和教学知识点等多维度指标进行量化评估和可视化展示。

这个案例展示了运用 AI 技术建立教学智能评测系统，可以对学生学习情况进行智能分析，预测学生当前学期的学业情况，对学生在学习方面的问题和困难进行分级预警，能够帮助学校精准开展学业指导帮扶工作。

4. 案例四：某在线教育平台的 AI 辅导系统

某在线教育平台创新性地引入了 AI 技术，构建了一个集个性化学习路径规划、智能辅导、实时反馈与错误提示于一体的智能辅导系统。这一系统不仅显著提升了学生的学习效率和学习效果，更重要的是，在构建知识体系、提升能力，以及促进高阶思维发展方面展现出了巨大的潜力。

该智能辅导系统通过深度学习算法，对海量的学习资源进行智能分类和整理，形成了一个结构清晰、内容丰富的知识体系。这个知识体系不仅覆盖了各个学科的基础知识点，还通过关联分析和逻辑推理，揭示了知识点之间的内在联系和层次结构。学生在学习过程中，可以根据系统推荐的学习路径，逐步深入理解和掌握各个知识点，从而构建起自己的知识体系。

为了提升学生的综合能力，该智能辅导系统采用了多种能力提升策略。一方面，系统会根据学生的学习进度和兴趣点，智能推荐合适的学习资源和练习题。这些资源不仅涵盖了各个学科的核心知识点，还包含了丰富的应用场景和实际问题解决案例，有助于学生在实践中巩固和深化所学知识。另一方面，系统还会通过实时反馈和错误提示，帮助学生及时发现并纠正学习中的错误，避免形成知识盲点。此外，系统还会根据学生的学习表现，智能调整学习难度和进度，确保学生在挑战与适应中不断提升自己的能力。

在促进高阶思维发展方面，该智能辅导系统同样表现出色。系统通过引导学生进行批判性思考、创造性解决问题等高级认知活动，培养了学生的逻辑思维、创新能力和问题解决能力。例如，在解决复杂问题时，系统会引导学生从不同角度分析问题、提出假设并验证结论，从而培养学生的批判性思维和问题解决能力。同时，系统还会鼓励学生进行自主学习和合作学习，通过与他人交流和分享学习成果，进一步提升自己的高阶思维能力。

据统计，使用该智能辅导系统的学生在考试成绩和综合能力方面都有显著提升。一些原本对学习缺乏兴趣或感到困惑的学生，在系统的引导下逐渐找到了适合自己的学习方法，提高了学习效率和成绩。同时，他们的逻辑思维能力、创新能力和问题解决能力也得到了显著增强。例如，一位原本在数学方面表现平平的学生，在系统的帮助下逐渐掌握了数学学习的技巧和方法，不仅在数学考试中取得了优异成绩，还积极参与了学校的数学竞赛并获得了奖项。

综上所述，某在线教育平台的 AI 辅导系统在构建知识体系、提升能力，以及促进高阶思维发展方面取得了显著成效。这一系统的成功应用不仅为学生提供了更加个性化、高效的学习体验，也为在线教育行业的发展树立了新的标杆。

思 考 题

1. AI 如何实现个性化课程设计，为学生提供定制化的学习体验？

2. 机器如何收集和分析学生的学习数据，为教师提供有关学生学习进度、困难和成就的详细信息？

3. AI 如何帮助学习者建立知识之间的联系，形成结构化的知识体系？

4. 智能反馈如何帮助学习者了解自己的优点和不足，从而进行调整和改进？

5. AI 如何鼓励学习者进行自我反思，促进高阶思维的发展？

第八章

AI 赋能教学评价

知识框架

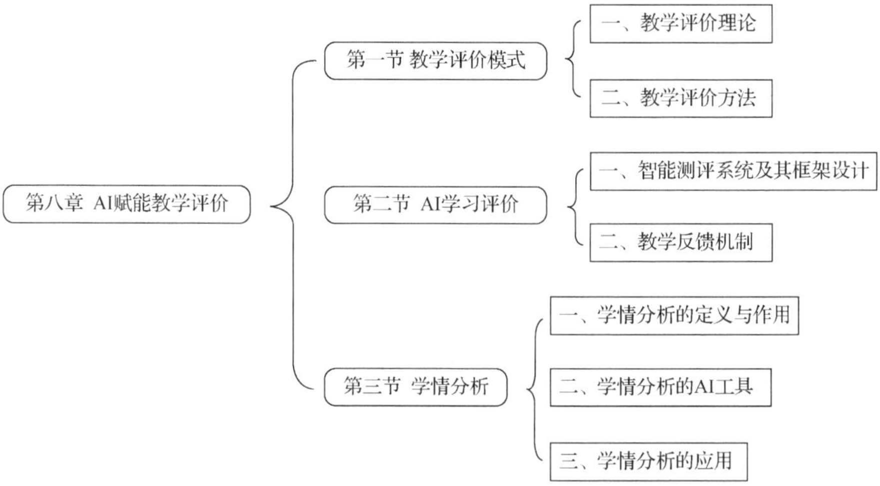

教学评价在教育教学中扮演着至关重要的角色，它不仅是衡量教学质量的关键手段，也是诸多教育决策的重要依据，更是推动教育改革的方向引领。随着 AI 技术的快速发展，AI 赋能教学评价已成为教育领域的新趋势。2020 年，中共中央、国务院印发《深化新时代教育评价改革总体方案》，明确提出“改进结果评价，强化过程评价，探索增值评价，健全综合评价，充分利用信息技术，提高教育评价的科学性、专业性、客观性”[①]。2025 年，《教育部等九部门关于加快推进教育数字化的意见》明确提出“建立基于大数据和人工智能支持的教育评价机制，面向学校、教师、学生等不同主体，完善结果评价，开展多维度的过程评价、增值评价和综合评价”“强化全面发展育人导向，推进数字化赋能考试评价改革”[②]。本章将深入探讨 AI 赋能教学评价的相关内容。第一节主要介绍教学评价模式，包括梳理教学评价理论和教学评价方法；第二节将探讨 AI 学习评价，介绍智能测评系统及其框架设计，以及教学反馈机制；第三节主要介绍学情分析，阐释学情

---

①《中共中央 国务院印发〈深化新时代教育评价改革总体方案〉》，https://www.gov.cn/gongbao/content/2020/content_5554488.htm，2020 年 10 月 13 日。

②《教育部等九部门关于加快推进教育数字化的意见》，https://www.gov.cn/zhengce/zhengceku/202504/content_7019045.htm，2025 年 4 月 11 日。

分析的定义与作用，总结学情分析的一些 AI 工具，以及学情分析的应用。本章旨在为读者全面呈现 AI 在教学评价领域的应用前景，为教育质量的提升提供一些新的思路与方法。

第一节　教学评价模式

教学评价模式是指在一定理论指导下，根据教学评价的目标、对象、内容等方面，采用系统化、结构化的方法和工具，对教学活动及其效果做出评价的方法和体系。接下来，我们首先介绍教学评价几个相关的理论和方法。

一、教学评价理论

教学评价理论不仅为教学评价活动提供了方法论指导，还为评价标准的制定和评价结果的解释提供了理论依据。我们先梳理教学评价的基本概念，明确其内涵与外延，为后续理论基础的探讨奠定基础。

（一）教学评价基本概念

在我们的日常生活和工作中，经常用到“评价”这一词语，从评价某人的烹饪技术，到评价某人的社交能力；从评价学生学习努力程度，到评价教师教学水平，评价可以说无处不在。明确评价的概念有助于我们进一步理解教学评价和教学评价模式的概念。

1. 评价

“评价”是一个广泛使用的词汇，它泛指对评价对象做出的价值判断。比如，评价某学生的作文，或者评价某公司的科技产品，或者评价某次活动的开展情况等。评价活动的过程通常包括对某人、某物、某事件或某行为的价值、质量、意义或效果进行判断和评估。评价通常依据一定的标准和指标进行，这些标准和指标可以是定量的（如分数、排名等）也可以是定性的（如描述性评语、等级划分等）。

评价可以用于帮助人们做出决策或者提供反馈；评价也可以对被评价者产生积极或消极的影响。正面评价可以激励个人或团体继续努力，而负面评价则可能导致挫败感，当然也有可能提供改进的动力。在进行评价时，应确保评价的公正性、准确性和有效性，以充分发挥其积极作用。

2. 教学评价

当“评价”用于教育教学领域时，就产生了“教学评价”，这是对教学工作质量所做的价值判断。我国学者李秉德认为，教学就是指教的人指导学的人进行学习的活动，也就是“教”和“学”相结合或相统一的活动。因此，教学评价既包含“教”的评价，也包含“学”的评价，它既对教师“教”的态度、能力和效果做出价值判断，也对学生“学”的学习态度、学习能力和学习成就上的变化做出价值判断。

在教育领域，教学评价是教学过程中的重要环节，它一般具有以下功能。

1）实现价值判断的功能

教学评价通过设定明确、具体的评价标准和指标，对学生的学习过程、学习行为、学习成果、学习重难点，以及教师的教学效果、课程设置、课程计划、课程实施等进行全面、客观的评估和诊断。对于学生而言，教学评价能够帮助学生和教师客观地评定学生的学习过程和学习效果，识别学生学习过程中的强项和弱点。对于教师而言，教学评价是教师自我反思和评估的重要工具，能帮助他们了解自己的教学水平和存在的问题。同时，教学评价也为学校和教育管理部门提供了对教学质量和效果的宏观判断，为教育决策提供坚实的依据。因此，在教学过程中，人们常常利用各种评价方法收集各种资料，进行相关的数据分析后，实现教学评价的价值判断功能。

2）改进教师教学的功能

学情分析是因材施教的前提，教学前的评价活动是教师实施学情分析的重要手段。在开始教学前，教师可以先针对学生实施一次教学测量（前测），用来评价学生在学习前已具有的背景知识和学习基础，以便教师能够依据学生的实际需求和学习特点进行教学。教学评价的结果也为教师提供了宝贵的反馈信息，教师可以根据这些评价结果，明确目前的教学情况离目标有多远，是否需要修正目标或改变教学策略、方法或内容等，提高教学的针对性和有效性，确保教学目标的达成。

随着 AI 的发展，教师可以借助 AI 工具实现个性化教学，更好地实施因材施教。比如，AI 通过收集、分析和总结学生的学习数据，包括学习进度、成绩、答题情况、学习时长等，使得教师能精准了解每个学生的学习习惯、兴趣点和知识掌握情况等。AI 能进一步根据这些情况，为每个学生设计个性化的学习路径，提供具有针对性的互动式学习资源，并通过定期的学习成效评价，分析学生的学习进展和存在的问题，为教师调整教学策略提供科学的依据。

3）促进学生学习的功能

在教学评价中，任何评价活动都是根据一定的评价目标、评价标准进行的，这些目标和标准就是学生努力的方向。因此，教学评价可以激发学生的学习动力，使他们更加积极地参与到学习活动中来。教师通过设定明确的评价标准和奖励机制，引导学生明确自己的学习目标和学习任务，激发学生学习的动机，变压力为动力。此外，学生也可以通过教学评价了解自己的优缺点，了解自己哪些方面需要改进，以促进自我了解、自我肯定，教师也可以根据评价结果来指导学生制订个人学习计划，帮助他们更好地规划自己的学习过程。

4）实现教育管理的功能

首先，实现对教师的管理，包括对教师专业知识水平的评定、对教师教学水平的评定、对教师班级管理水平的评定等。其次，实现对学生的管理，把学生的精力与关注点聚集在学习和准备接受评价的任务上，如果没有教学评价，学生就没有目标和压力，教师就无法客观地评价学生的学习效果。最后，实现对教育目标和质量的管理。教学评价是根据教育目标进行的，它通过对现状与目标之间的差距进行判断，能有效地促进被评价的对象不断接近预定的目标。因此，通过评价目标与评价标准的设定和引导，可以为教师和学生指明教与学的目标，为学校指明办学的方向，同时也可以实现对教学质量的监控。

综上所述，教学评价在教育过程中发挥着多重功能，它不仅能够实现价值判断，更是促进教师教学改进、激发学生学习动力，以及实现教育管理的重要手段。因此，我们应该高度重视教学评价的作用，不断完善评价体系和方法，以便更好地服务教育教学工作。

3. 教学评价模式及其作用

教学评价模式是在一定理论指导下，依据教学目标对教学活动进行评价的程序和方法。教学评价模式的设计与应用一般要考虑多方面因素，如教学评价理论、教学目标、评价对象、评价内容、评价标准、评价方法和工具等。在实际教学中，教师需结合不同教学情境下的评价需求，通过系统、科学、合理的教学评价模式设计，使得教学评价的过程和结果更具有系统性与科学性，为教学活动改进和学生的发展提供有力支持。

一般地，教学评价模式的构成要素包括评价目标、评价标准、评价方法、评价工具和评价结果等。接下来，我们将结合不同的教学评价理论基础梳理不同的教学评价模式。

（二）教学评价的理论基础及其教学评价模式

教学评价是教育评价的一个重要组成部分。教育评价包含了对教学活动的评价，但又不局限于教学领域。从“学”的角度来看，它不仅关注学生的学业成绩，还关注学生的品德、情感、社会性发展等方面，以及教育对社会的影响等。因此，教育评价的基本理论也为教学评价提供了理论基础和指导思想。教育评价的理论基础根植于教育学、心理学、社会学等多学科交叉领域，这些理论基础为教学评价模式提供不同的教学理念、方法体系和适用范围，能够满足不同教学情境下的评价需求。

1. 行为主义学习理论及其指导下的教学评价模式

从第四章学习中，我们知道了行为主义学习理论认为学习是刺激与反应之间的互动结果。该理论基于“刺激-反应”机制，强调行为由外界刺激引发，个体对刺激做出反应并通过强化（奖励或惩罚）建立行为联结。行为主义学习理论主张通过可观测的行为结果衡量学习效果，也可以通过条件反射和模仿来促进学生的学习与社会道德发展。桑戴克提出“凡物之存在皆有数量”，麦柯尔在此基础上进一步主张“凡有数量之物皆可测量”。这些思想与行为主义学习理论强调的“可量化、可观察的学习目标”高度一致，推动了标准化测量与评价的产生与发展。

行为主义学习理论指导下的教学评价模式注重评价的客观性和可操作性，以下提供一个该教学评价模式的参考描述。

（1）评价目标。通过明确、具体、可测量的教学目标，评估学生是否达到了预期的学习成果。例如“学生能够正确拼写 10 个单词”或“学生能够在 5 分钟内完成 10 道数学题”。

（2）评价标准。评价标准通常以量化指标为主，如正确率、完成速度等，确保评价结果的客观性和可比性。

（3）评价方法和工具。①即时反馈：通过小测验、课堂问答等方式及时评价学生的表现，并给予即时反馈，强化正确行为或纠正错误行为。②强化与反馈：采用正强化（如表扬、奖励）和负强化（如纠正、惩罚）手段，激励学生积极学习。③标准化测试：使用选择题、判断题等客观题型进行评价，确保评价结果的客观性和可靠性。

（4）评价结果。评价结果以量化数据为主，如测试分数、完成率等，便于比较和分析。

行为主义学习理论指导下的教学评价结果客观、可靠，易于量化和比较。但忽略了学生的认知过程和主观体验，可能无法全面地反映学生的学习成果。

2. 认知主义学习理论及其指导下的教学评价模式

认知主义学习理论强调内在心理过程（如思维、记忆、理解）在学习中的核心作用，主张学习是一个涉及复杂思维过程的活动，而不仅仅是刺激和反应之间的关系。

认知主义学习理论指导下的教学评价方式更关注学习者的认知过程与结构变化，强调社会互动对学习的重要性，以下提供一个该教学评价模式的参考描述。

（1）评价目标。通过评估学生在认知过程中的表现，促进其思维能力、理解和应用能力的发展。

（2）评价标准。①学生能够准确记忆和理解知识，如用自己的语言解释复杂概念；②学生能够将知识应用于实际情境，并进行分析，如比较和对比不同观点或方法的优缺点；③学生能够整合知识并进行创新，如提出新颖的、具有创造性的想法或解决方案。

（3）评价方法和工具。①多样化评价：为了全面评估学习者的认知能力，认知主义学习理论指导下的教学评价会采用多种评价方法，包括但不限于形成性评价（如课堂提问、小组讨论、小测验等）、总结性评价（如期末考试、论文、项目报告等）和表现性评价（如案例分析、模拟实验、设计项目）等。②多主体评价：认知主义强调学习者的主动性和参与性。因此，在教学评价过程中，评价主体注重多元化，可采用学生自评、同伴互评、教师评价等多主体评价方式，注重根据学生的认知水平提供个性化反馈，而非统一评分标准。③高阶思维测评：采用布鲁姆目标分类中的分析、评价、创造层次的任务，如辩论、研究论文或设计作品，多方面评价学生的分析、综合与评价能力。

（4）评价结果。评价结果综合考虑学生的认知过程和学习成果，注重学生的全面发展。

认知主义学习理论指导下的教学评价能够深入了解学生的认知过程，评价结果更具诊断性。但评价过程较为复杂，主观性较强，难以量化和比较。

3. 人本主义理论及其指导下的教学评价模式

人本主义理论是20世纪中叶兴起的心理学流派，代表人物包括亚伯拉罕·马斯洛（Abraham Maslow）（需求层次理论）和卡尔·罗杰斯（Carl Rogers）（以学生为中心的教育）。该理论主张教育应以学生全面发展为核心，关注学生的情感、需求、自我实现，以及内在潜能的激发。

人本主义理论指导下的教学评价不再是只关注学生的学业成绩，而是更加注重学生的全面发展和个性化成长，以下提供一个该教学评价模式的参考描述。

（1）评价目标。促进学生的全面发展，包括学业成绩、情感体验、合作能力、创新精神等。

（2）评价标准。①评估学生对课程内容的掌握程度，包括知识理解和应用能力；关注学生在课堂上的参与度、学习兴趣和情绪管理能力。②评估学生在团队活动中的合作和领导能力，以及解决冲突的能力；关注学生的创造性思维、实践能力和批判性思维。③评估学生的自我评价能力、自我激励和内在驱动力；关注学生在学习过程中潜能的发挥和个性化发展。

（3）评价方法和工具。与认知主义学习理论指导下的评价方法和工具类似，人本主义理论也注重多样化评价方式、多主体评价方式、高阶思维测评等，此外还更加注重评价内容多元化，评价内容不仅包括知识掌握程度，还包括学生的学习态度、情感体验、合作能力、创新精神等，注重个性化评价，强调质性评价与量化评价相结合，旨在全面了解学生的综合素质和发展潜力。

（4）评价结果。评价结果考虑学生的综合素质，注重学生的全面发展。

人本主义理论指导下的教学评价能够激发学生的学习动机和自我反思能力，促进学生的全面发展。但由于注重质性评价，因此主观性强，评价标准模糊，难以进行客观比较。

4. 建构主义学习理论及其指导下的教学评价模式

建构主义学习理论强调以学生为中心，认为学生是认知的主体，是知识意义的主动建构者，而教师则起到帮助者、促进者的作用。这一理论最初由瑞士心理学家皮亚杰提出，用于描述儿童认知发展的过程。

建构主义学习理论指导下的教学评价更强调学习者在知识构建过程中的主动性、情境性和社会互动性，并提倡多元化、过程性、形成性和真实性的教学评价模式，旨在促进学生的全面发展。以下提供一个该教学评价模式的参考描述。

（1）评价目标。鼓励学生主动参与学习过程，培养其自主学习能力和创新精神，帮助学生在知识建构过程中实现全面发展。

（2）评价标准。在人本主义理论指导下的评价标准基础上，增加知识建构过程标准，关注学生如何主动建构知识，包括认知策略、探究能力和创新能力等；增加情境性标准，强调评价任务与真实情境的关联性，注重学生在实际情境中的知识应用能力；增加社会互动性标准，关注学生在学习过程中的协作与交流能力，以及通过互动促进知识建构的效果。

（3）评价方法和工具。与人本主义理论指导下的评价方法和工具类似，建构主义学习理论也注重多样化评价方式、多主体评价方式、高阶思维测评、评价内容多元化等，同时增加过程性评价的比重，可以借助作品集、档案袋等工具收集和展示学生的学习过程和成果，反映学生的知识建构轨迹；增加情境化评价方法，如在真实或模拟的情境中进行任务评价，以更好地评估学生在实际情境中的应用能力。

（4）评价结果。评价结果更关注学生在知识建构过程中的成长和进步。

建构主义学习理论指导下的教学评价能够有效评价学生在真实情境中应用知识的

能力，促进学生的深度学习。但评价过程复杂，需要大量的时间和资源，评价标准难以统一。

5. 教育目标分类理论及其指导下的教学评价模式

布鲁姆将人类学习分为认知领域、情感领域和动作技能领域三个领域，并根据分类学思想，把各领域的教育目标按照由简单到复杂的等级分级。例如，认知领域包括知道、领会、运用、分析、综合、评价。

基于教育目标分类理论，教学评价模式应根据不同的学习领域和目标层次，选择相应的评价方法和工具，如在认知领域可以采用笔试（如选择题、填空题、简答题等）、案例分析、项目报告、课堂提问等方法进行评价，在情感领域可以通过情感量表、观察记录、学习日志等方法进行评价，而在动作技能领域可以通过实地操作测试、技能展示、模拟实验、作品展示等方法进行评价。通过不同学习领域和目标层次的分类，可以全面、准确地评价学生的学习成果和能力发展水平，为教学改进提供有针对性的建议。

6. 多元智力理论及其指导下的教学评价模式

多元智力理论认为，人类智力包含若干独立且相辅相成的维度，涉及语言、逻辑数学、音乐、空间、身体运动、人际关系、内省、自然等八种主要的智力形式。该理论为教育评估提供了一个全新的视角，基于多元智力概念，对传统的教学评价进行了补充与转型。

基于多元智力理论，教学评价应当从多角度出发，从对单一智力和学业成绩的评价发展到对核心素养的多元评价；教学评价也要注重评价标准的多元、评价主体的多元、评价方式的多元等，让每个学生都能获得适应个人特点及学习方式的能力发展。此外，还要注重在具体情境中动态评价学生的发展。

7. 其他教学评价模式

1）CIPP 模式

CIPP 即背景（context）评价、投入（input）评价、过程（process）评价、结果（product）评价。背景评价根据社会需要对教育教学目标本身做出价值判断；投入评价对教育教学方案、计划可行性做出评价；过程评价提供实施过程中的反馈信息，以便发现问题；结果评价主要对目标达成程度进行评价。根据 CIPP 模式，教学评价可以从教学背景、教学资源投入、教学过程和教学结果等多个方面进行全面评价，为教学决策提供全面、系统的依据，促进教学质量的持续提高。

2）教-学-评一致性三因素理论模型

课堂教学中教-学-评一致性的三因素结构，即学-教一致性、教-评一致性和评-学一致性。学-教一致性是指在目标的指引下学生的学习与教师的教学之间的匹配程度；教-评一致性是指教师的教学与对学生评价的匹配程度；评-学一致性是指学生的学习与对学生学习的评价之间的匹配程度。根据该模型，教学评价应注重教-学-评的一致性，确保教学目标、教学内容、教学方法与评价方法之间相互匹配，使评价能够准确反映学生的学习情况和教学效果，为教学改进提供有效的反馈信息。

教育评价的基本理论为教学评价提供了重要的理论基础和指导思想。在实际应用中，可以依据教学评价的目标、对象、内容等，选择单一的或者融合几个教学评价理论进行指导，确定合适的教学评价模式，帮助教学评价更加科学、全面、有效地进行，从而促进教学质量的提高和学生的发展。

二、教学评价方法

教学评价方法是教育领域中用于评估教学效果和教学质量的重要工具。根据不同的分类标准，教学评价方法可以分为多种类型。

（一）按评价功能分类

在教学活动中，教学评价在不同阶段实施可以实现不同的评价功能。教学评价按照不同的功能可以分为诊断性评价、形成性评价和总结性评价。

1. 诊断性评价

诊断性评价通常是指在教学活动开始之前对学生的基础知识、专业技能和情感态度的评价，旨在了解学生的知识准备和学习需求，从而增加教学活动的灵活性，推动个性化和差异化教学的开展。随着诊断性评价的发展与应用拓展，一些学者认为诊断性评价也可以用于教学活动实施中,可以对学生在学习过程中出现困难或问题的原因进行诊断。诊断性评价的方法有前测、摸底测试、问卷调查（如学情分析问卷）、观察记录、访谈与讨论或学生自我评价等。

2. 形成性评价

形成性评价也称为过程性评价，是一种在教学过程中经常实施的评价方法，在性质上大致相当于中小学单元测试。其目的在于通过持续性的互动评估或者即时反馈，了解学生的学习进展、学习效果、学习特点、学习困难等信息。对教师而言，可以即时修正自己教学策略或方法；对学生而言，肯定或修正自己以后的学习方式。研究表明，形成性评价能够显著提高学生的学术表现和“学会学习”的能力。形成性评价的方法多种多样，常见的有课堂提问、随堂测验、学习日志、课堂观察法、同伴评价、自我评价、平时作业等。

3. 总结性评价

总结性评价也称为终结性评价，是一种在教学阶段（如单元、学期或课程）结束时进行的评价方式，通常以考试、考核、项目汇报等形式呈现。其目的在于通过衡量学生最终学习成果，判断其学习成效、知识掌握程度等是否达到预设目标，并为成绩评定、升学或认证提供依据。其核心是“评定结果”，强调对学习效果的全面总结。总结性评价的方法多种多样，常见的有期末考试、标准化测试、学科竞赛、调研报告、期末论文、期末实践作品、期末表现性评价等。

表 8-1 呈现了诊断性评价、形成性评价和总结性评价的区别。在实际的教学评价中，通过灵活组合三种评价方式，既能精准定位学生起点，又能动态优化教学过程，最终科学评估学习结果，形成“诊断—改进—总结”的闭环。

表 8-1　诊断性评价、形成性评价和总结性评价的区别

评价类型	目的	实施时间	评价方法
诊断性评价	识别起点，因材施教	教学前/中	前测、摸底测试、问卷调查（如学情分析问卷）、观察记录、访谈与讨论、学生自我评价等
形成性评价	优化过程，即时反馈	教学中	课堂提问、随堂测验、学习日志、课堂观察法、同伴评价、自我评价、平时作业等
总结性评价	判定结果，学业认证	教学后	期末考试、标准化测试、学科竞赛、调研报告、期末论文、期末实践作品、期末表现性评价等

（二）按评价参照标准分类

人们在解释教学评价结果的时候，通常要选择某种参照标准，如跟别人比、跟目标比或者跟自己比。教学评价根据不同的评价参照标准可以分为相对性评价、绝对性评价和个体内差异评价。

1. 相对性评价

相对性评价也称为常模参照评价，是通过比较个体在群体中的相对位置来判定其水平高低的评价方式。测验常模是一个与被试同类的团队在相同行为上的分数结构模式，主要表现为群体的平均水平，随整体表现波动，标准不固定，如某班某次考试成绩的 Z 分数、百分位数、平均分等。相对性评价有助于识别群体中的高表现者和低表现者，但也可能忽略个体的绝对进步，常用于分班教学、竞赛评比、排名或选拔性考试。

2. 绝对性评价

绝对性评价也称为目标参照评价，是依据预设的客观标准或目标，像课程标准、教学目标或者考试大纲等，评价学生表现是否达到该标准的评价方法。它不关注群体内的相对位置，只关注个体对标准的达成度。例如，大学英语四六级考试以分数线判定是否通过。绝对性评价是一种目标导向的评价方法，直接反映教学目标达成情况，有助于明确个体是否达到特定标准或目标，提供明确的反馈，但可能忽略个体在群体中的相对表现，常用于学业水平测试、过关性考试（毕业考试、资格证考试）、达标性评估等。

3. 个体内差异评价

个体内差异评价也称为潜力参照评价，是一种专注于个体自身表现变化的评价方式。它主要从两个维度展开，一是对学生个体在不同时间段的表现进行纵向对比，如本学期和上学期成绩的比较；二是针对学生在同一时期不同方面的表现，如在学科内，比较语文阅读能力与写作能力之间的差异。个体内差异评价关注个体的进步和变化，注重动态性、人性化和个性化，但可能缺乏与群体的比较。常用于学生个性化发展评估，助力教师了解学生学习状况，进行因材施教；也可用于学习障碍诊断，辅助教育工作者和心理专家判断问题所在。

表 8-2 呈现了相对性评价、绝对性评价和个体内差异评价的区别。在实际的教学评价中，通过灵活组合三种评价方式，可以更全面地评估学生表现，支持教学决策与个体发展。

表 8-2　相对性评价、绝对性评价和个体内差异评价的区别

评价类型	参照标准	目的	反馈形式	典型应用场景
相对性评价	群体常模（动态）	区分个体竞争力	排名、等级	分班教学、竞赛评比、排名、选拔性考试等
绝对性评价	预设目标（固定）	检验目标达成度	达标与否、分数	学业水平测试、过关性考试（毕业考试、资格证考试）、达标性评估等
个体内差异评价	个体自身表现（动态）	分析个体优势与进步	进步幅度、能力差异描述	个性化发展评估、学习障碍诊断等

（三）按评价工具分类

教学评价的工具多种多样，可以是采用纸笔工具的传统性测试，也可以是通过实际任务或项目的表现性评价，又或者是通过持续一段时间的动态追踪评价等。根据不同的评价工具，教学评价可以分为传统纸笔测试、表现性评价、档案袋评价，以及 AI 教学评价。

1. 传统纸笔测试

传统纸笔测试是一种基于书面形式的教学评价方法，通常通过选择题、填空题、简答题、论述题或综合应用题等题型，检测学生对知识的记忆、理解和简单应用能力。其评价方法主要是标准化试题、客观评分，并通过量化分数来衡量学生的知识掌握情况。传统纸笔测试的核心是“知识导向”，强调答案的客观性和唯一性。因其实施效率高、成本低、易于大规模实施、评分标准统一、信效度高，目前在课堂中仍然占据主导地位。该方法在实施时，应减少记忆性试题，增加开放性、探究性题目（如科学实验设计题）。

2. 表现性评价

表现性评价是一种通过实际任务或项目来评价学生能力和技能的方法，如以行动、作品、表演、展示、操作、实验、演讲、写作等更真实的表现来评价学生的口头表达能力、文字表达能力、思维思考能力、随机应变能力、想象力、创造力、实践能力及学习成果与过程。其评价方法强调学生在真实情境中的表现，通常包括观察、记录和分析学生的行为与成果。研究表明，表现性评价能够显著提高学生的学习动机和成就，尤其是在项目评估课程中。表现性评价的核心是“能力导向”，强调“做中学”和“过程性观察”，其优点是贴近真实情境，关注高阶思维和实践能力，但耗时较长、评分主观性强，对教师专业能力要求也较高。

3. 档案袋评价

档案袋评价是教师依据教学目标和计划，要求学生在一段时间内主动收集、整理并反思其学习成果，形成档案袋，以评定学生努力、进步、成长情形的一种评价方法。比如，最佳作文、科学实验报告、项目成果（如学生设计的环保方案手册），或者学生的学习日志、自我评价表（如“本月我学会了……但需要改进……”）。其评价注重学生的长期发展和进步，通常包括自评、同伴评价和教师评价。档案袋评价的核心是“发展

导向”，强调动态追踪和个性化反馈。其优点是能较全面地反映学生成长，鼓励学生自我反思和自主学习，但整理和分析比较耗时，难以量化比较。

4. AI 教学评价

AI 教学评价起源于计算机技术在教育评价中的运用。近几年来，随着 AI、大数据等技术在教育领域中的广泛应用，“AI+教育”的新型教育模式也随之诞生。如何在教育评价中充分发挥 AI 技术的优势也成为学者积极探索的方向。

目前，国内外学者对 AI 赋能教育评价主要从技术赋能方面进行了积极探讨。AI 技术不仅使得教育数据分析从模糊走向精准，使教育评价从关注结果转向关注过程，而且也将碎片化评价转化为系统化评价，从单一评价走向多元评价，从传统评价走向智能评价，从而实现“智慧评价”。

总之，AI 教学评价是指利用大数据、自然语言处理、机器学习等技术，对教师“教”和学生“学”两个方面实现智能化、动态化评价过程。在实际应用过程中，可能侧重于 AI 学习评价，就是借助 AI 技术实现对学生学习过程、学习行为、学习成果及综合素养等方面的智能化评价，如自动评价学生作文、编程作业，自动记录学习管理系统的学习时长、师生互动频率等数据，或者通过摄像头或传感器分析学生学习时的情绪状态（如专注度、疲劳度）。AI 教学评价的核心是“数据驱动”，突破传统评价的时空限制，支持实时反馈与个性化诊断和推荐，能高效处理海量数据保证评价的准确性，但需要依赖技术设备，也涉及数据隐私保护问题。

表 8-3 呈现了传统纸笔测试、表现性评价、档案袋评价、AI 教学评价的区别。在教学评价过程中，应结合多种评价方式具体问题具体评价，如可以用传统纸笔测试检验基础知识，用表现性评价检验学生实践类操作技能，用档案袋记录学生成长，用 AI 技术分析学习数据和优化反馈机制等，通过灵活组合多种评价方式，综合评价学生的全面发展。

表 8-3 传统纸笔测试、表现性评价、档案袋评价、AI 教学评价的区别

评价类型	特点	适用场景	局限性
传统纸笔测试	高效、标准化	基础知识和技能考核（如期末考试）	难以评估创造力、实践能力
表现性评价	真实情境、综合能力评估	探究性任务、项目制学习	人工评分成本高，主观性强
档案袋评价	个性化、发展性	长期学习跟踪（如学期成长记录）	整理材料耗时，依赖学生主动性
AI 教学评价	实时、客观、大规模	在线课程、自适应学习平台	依赖技术设备，情感分析精度有限

总之，教学评价的方法种类繁多，不同的分类标准为教学评价提供了不同的视角和方法，有助于更全面、客观地评估教学效果和教学质量。教育者应根据教学目标和学生特点，结合教学评价相关理论选择合适的评价方法，或将多种评价方法结合使用，以全面、客观地评价学生的学习成果。同时，随着 AI 技术的进步与发展，基于机器学习和情感分析等技术的评价方法逐渐成为主流，为教学评价提供了新的工具和手段。未来的研究可以进一步探索这些新技术的应用，以提高教学评价的准确性和有效性。

第二节　AI 学习评价

AI 教学评价应包括对教师“教”和学生“学”的智能化评价，不过目前应用比较广泛的是对学生“学”的智能化评价，这是指借助 AI 技术对学习者的学习过程、学习行为、学习成果及综合素质等方面进行价值判断的过程，也称为 AI 学习评价。接下来我们将从智能测评系统及其框架设计、教学反馈机制两个方面进行阐述。

一、智能测评系统及其框架设计

智能测评系统是 AI 技术在教育领域的重要应用之一，旨在通过数据驱动的个性化评估，实现对学生学习过程、学习行为和学习成果的全面、客观和精准的评价，进而提升学习效果和教学效率。

（一）智能测评系统的功能特点

智能测评系统凭借自动化、精准性、个性化、实时性和可解释性等功能优势，已成为 AI 学习评价的重要工具之一，其功能特点具体表现在以下几个方面。

（1）自动化与高效性：能够自动采集、处理和分析数据，减少人工干预，提高评价效率。

（2）精准性与客观性：基于大数据和 AI 算法，实现对学习情况的精准评估，避免人为因素的干扰。

（3）个性化与适应性：根据不同学生的学习特点和学习需求，提供个性化的评价和学习建议，推荐合适的学习资源，助力学生全面发展。

（4）实时性与动态性：实时生成评价报告，让学生和家长第一时间了解测评结果，为教育者提供及时、有效的反馈，有利于调整教学策略。

（5）可解释性与可操作性：评价结果具有可解释性，教师和学生能够理解评价的依据和结果，并据此采取相应的行动。

（二）智能测评系统的核心框架

杨现民等基于大数据四个处理流程提出了教育大数据通用技术框架，该框架从下往上依次是教育数据采集层、教育数据处理层、教育数据分析与展现层和教育数据应用服务层。基于该框架的设计理念，参考蒲清平等的 AI 助力学情分析的理论框架设计思路，我们认为智能测评系统的核心框架一般包括数据层、处理层、分析层、反馈层和应用层五个层次，具体见图 8-1。

1. 数据层

数据层是智能测评系统的基础，其主要作用是通过 AI 技术（如智能采集设备、智能识别技术等）全面采集和识别学生在学习过程中的各种数据。这些数据包括但不限于以下几种。

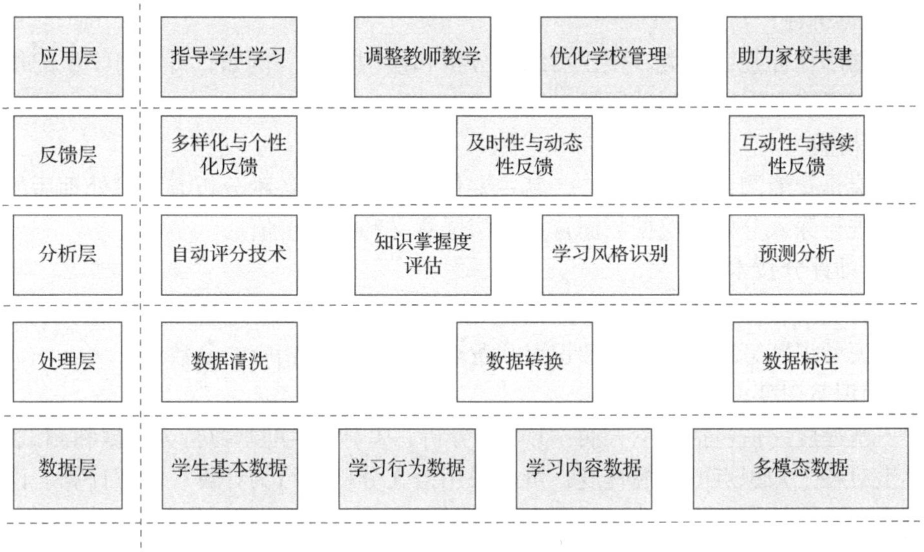

图 8-1 智能测评系统的核心框架设计

1）学生基本数据

采集学生的基本数据，如姓名、性别、年龄、年级、班级、专业等，这些数据有助于了解学生的背景和学习起点。

2）学习行为数据

学习行为数据包括学生在课堂上的表现、作业完成情况、测试成绩、在线学习平台学习时长、互动频率等，这些数据能够反映学生的学习习惯和学习进度。

3）学习内容数据

学习内容数据包括学生所学课程的教材、教学大纲、知识点结构等，以及学生在线测试、作业评估等数据，这些数据主要为评价学生对知识的掌握程度提供依据。

4）多模态数据

多模态数据一般可以通过智能设备（如智能手环、脑电设备、眼动仪、摄像头、麦克风等）采集，用于分析学生的学习状态和情感反应。多模态数据包括且不局限于以下数据：①非自主可控的生理数据，如心率、脑电、皮肤电等；②自主可控的行为数据，如眼动、表情、手势等；③多媒体数据，如语音、视频、图像等数据；④情感数据，如利用情感计算技术（如面部表情识别、语音情感分析）监测学生的学习情绪，为个性化反馈提供依据。

2. 处理层

处理层负责对采集到的原始数据进行清洗、转换和标注，使其符合分析的要求。

1）数据清洗

去除重复、错误或不完整的数据记录，纠正数据中的异常值，确保数据的质量。

2）数据转换

将不同格式的数据统一为适合分析的格式，如将文本数据转换为数值数据，以便进行量化分析。

3）数据标注

为数据添加标签或分类，便于后续的分析和模型训练。例如，可以将学生的作业答案标注为正确或错误，将测试题目按照知识点进行分类。

3. 分析层

分析层是智能测评系统的核心，其主要作用在于运用各种分析方法对处理后的各种学习数据进行深入分析，挖掘数据背后的深层意义和潜在价值。

1）自动评分技术

利用自然语言处理和机器学习算法，对学生的作业和测试答案进行自动评分。例如，通过训练模型识别答案中的关键知识点和逻辑结构，给出相应的分数。

2）知识掌握度评估

知识掌握度评估包括以下方面：①个体分析，基于学生的学习行为数据和测试结果，分析学生对各个知识点的掌握程度，可以采用语义分析、行为计算、情感计算、认知诊断等多模态学情数据分析方法，生成学生画像，这可以帮助教师了解学生的知识薄弱点，为后续的教学提供针对性的指导；②群体分析，可以采用聚类、统计等 AI 算法对学生群体学习数据的实时走势、集中趋势、分布形势和发展态势进行描述性分析，有助于教师了解全体学生的学习特征。

3）学习风格识别

通过分析学生的学习行为和偏好，识别学生的学习风格，如视觉型、听觉型、动觉型等。根据学习风格为学生提供个性化的学习建议和资源推荐，如对于视觉型学习风格的学生，可以推送一些合适的图片、表格、视频等教学资源，以便提高学生的兴趣和学习效果。

4）预测分析

运用数据挖掘和预测模型，预测学生未来的学习表现和可能遇到的困难，为教师提供提前干预的依据。

4. 反馈层

反馈层主要负责将分析层得出的评价结果以多样化和个性化的形式反馈给学生、教师、学校、家长等主体，其作用是使学生、教师、学校、家长等能充分了解学生学习存在的问题和原因，反馈层主要包括以下核心特征。

1）多样化与个性化反馈

支持多种反馈形式，如文本、语音、视频等，满足不同学生的学习风格和需求。例如，对于视觉型学习风格的学生，可以推送图片、表格、动画、视频、流程图、概念图等视觉化资源，帮助他们更好地理解和掌握知识。

2）及时性与动态性反馈

能够实时监测学生的学习状态，一旦发现学生在学习中出现问题或困难，立即触发反馈机制，为学生提供及时的帮助和指导。

3）互动性与持续性反馈

反馈过程应是多向互动的，学生、教师、学校、家长都可以参与到反馈中来。同时，反馈机制应是持续的，贯穿于整个教学过程，而不仅仅是在教学结束后进行一次性反馈。

5. 应用层

应用层负责将反馈层的反馈结果应用于实际的学习、教学、管理过程中，以实现指导学生学习、调整教师教学、优化学校管理、助力家校共建等作用。

1）指导学生学习

应用层将助力学生准确判断自身知识基础、学习进度、优劣势等，提升学生的元认知能力，并为其提供个性化学习建议，为学生量身定制学习路径，推荐合适的学习资源和活动，帮助他们高效学习；学生也可以根据反馈调整学习态度、改进学习方法、完成学习任务、养成良好的学习习惯。比如，针对数学某一知识点掌握不牢的学生，应用层推送相关的练习题和学习视频，助力他们强化理解。同时，学生还能通过应用查看自己的学习进度，提升自我管理能力。

2）调整教师教学

应用层为教师提供详尽的教学反馈和分析报告，助其了解学生的学习基础、学习状态、学习效果等信息，帮助教师确定教学起点、掌握教学进度、发现教学问题，并为教师提供具有针对性的教学建议，指导教师的教学设计、教学调整与教学反思。例如，教师可依据学生知识掌握画像，识别出普遍存在的学习难点，优化教学内容与活动。此外，应用层还提供教学效果评估及同行对比数据，推动教师持续改进教学方法。

3）优化学校管理

应用层整合教师“教”与学生“学”的数据，助力管理者评估学生学习素养、教师教学质量和学校管理水平，为管理者提供遴选最优教学策略的依据，以指导学校调整培养目标与课程设置、改进教师培训机制与考核方案、优化学校资源配置，为学校管理者提供全面的教学质量监控工具。例如，若某学科整体成绩欠佳，学校可考虑增加教学资源投入，以提升教学质量。

4）助力家校共建

应用层定期向家长发送学生的学习情况报告，报告涵盖成绩、进度、态度等信息，使家长及时了解学生的表现。同时，为家长提供家庭教育指导和建议，助力家长更好地支持学生的学习。例如，应用层依据学生的学习风格和兴趣，推荐适合的家庭教育活动和资源，让家长在家中为学生营造良好的学习环境，从而家校携手，共促学生全面发展。

二、教学反馈机制

教学反馈机制是指在教学过程中，教师或智能测评系统向学生提供关于其学习表现的评价信息的程序和方法。教学反馈不仅能够帮助教师了解学生的学习情况，及时调整教学策略，还能激发学生的学习动力，促进学生的自我反思和自我调节。

（一）优化教学反馈机制的重要性

在传统教学中，反馈机制虽能在一定程度上帮助教师了解学生的学习状况，但存在反馈不及时、针对性不足等问题。随着教育理念的不断更新和 AI 技术的快速发展，优化教学反馈机制变得尤为重要。

（1）提高教学效果：通过及时、准确的反馈，教师可以更好地满足学生的学习需求，提高教学质量和效果。

（2）促进学生发展：有效的反馈能够帮助学生认识自己的学习问题，明确努力方向，培养自主学习能力。

（3）增强师生互动：反馈过程是师生之间沟通交流的重要机会，有助于建立良好的师生关系，促进教学相长。

（4）支持教学决策：反馈数据为教师的教学决策提供了科学依据，使教学活动更加符合学生的实际需求。

（二）基于 AI 的优化策略

AI 技术为教学反馈机制的优化提供了新的机遇，它能够快速处理大量学生数据，精准分析学习情况，并实现即时反馈，帮助教师及时调整教学策略，满足学生个性化的学习需求等。其优化方向包括实时反馈、个性化反馈和多模态反馈等。

1. 实时反馈

首先，可以借助智能问答与辅助学习系统，如基于大语言模型的智能助教，实时解答学生问题并提供学习建议；其次，可以利用一些课堂互动工具，如实时投票和在线测验工具，帮助教师了解学生的课堂参与度和知识掌握情况；最后，采用情感计算技术，如通过面部表情识别和语音分析，实时监测学生的课堂情绪，为教师提供调整教学节奏的依据，这些策略都有助于形成实时反馈机制。

2. 个性化反馈

首先，AI 有助于个性化学习路径推荐，可以基于大量的学生学习数据，如作业完成情况、测试成绩等，推荐适合其能力水平的学习资源和任务。其次，通过自适应学习系统或平台优化个性化反馈机制，根据学生的答题情况动态调整测试难度，提供精准的评估结果。例如，如果学生连续回答正确，自适应学习系统可以增加题目难度；反之，则降低难度。最后，通过情感计算技术，识别学生的学习情绪并提供相应的情感支持。例如，自适应学习系统可以在学生感到压力时提供鼓励或减压建议。

3. 多模态反馈

多模态反馈能够通过多种感官通道传递信息，增强反馈效果。AI 技术支持多模态数据反馈形式，满足不同学生的学习风格和需求。多模态数据反馈包括以下形式。

（1）视觉反馈：包括以文字形式给出详细的评价和建议的文本反馈；以图表形式（如知识图谱）展示学生的学习进度和成绩变化的图表反馈；利用视频生成技术，为学生制作包含讲解、示范等内容的视频反馈等。

（2）听觉反馈：如通过语音合成技术，将反馈内容转化为语音，通过语音助手提供口头反馈和指导。

（3）触觉反馈：如通过 VR 和 AR 技术，提供沉浸式学习体验和反馈。

（三）反馈机制的评估与优化

反馈机制的效果需要通过数据驱动的评估和优化来持续改进。

1. 用户满意度调查

通过问卷调查和访谈，了解学生和教师对反馈机制的满意度。例如，可以在学期末发放问卷，收集学生和教师对反馈机制的评价，为后续优化提供依据。

2. 学习效果评估

通过对比实验和纵向研究，评估反馈机制对学习效果的影响。例如，可以在教学研究中，通过实验设计评估反馈机制的实际效果，为教学实践提供科学依据。

3. 技术优化

通过引入更先进的算法和技术，提升反馈机制的精准性和实时性。例如，将生成式 AI 和量子计算技术应用于智能测评系统，提升其性能和效率。

4. 伦理与隐私保护

在智能测评系统和教学反馈机制的设计中，充分考虑伦理问题和隐私保护，确保技术的可持续发展。

第三节　学 情 分 析

在教学过程中，教师为了实现有效教学和培养学生全面发展，需要全面了解学生的学习情况、特点和兴趣等。学情分析正是实现这一目标的重要手段。学情分析通过对学生学习情况的收集、诊断、评估与分析，为教学决策提供科学依据。

一、学情分析的定义与作用

了解和掌握学情与学情分析的基本概念，有助于我们进一步理解学情分析在教学评价中的重要性和具体应用。

（一）学情与学情分析

学情就是对学习效果有影响的学生信息，如学生的知识基础、学习方法、心理状态、理解能力、学习兴趣等。学情是正确“教”与“学”的根据，因此，学情分析是提升教学效果的关键手段之一。

从广义上看，学情分析是对与学生相关的各种因素的分析，包括学生生理、心理、社会因素等多个维度，如学生知识、经验、智慧、能力、情感等；从狭义上看，学情分析是对有关学生学习情况的收集、诊断、评估与分析，包括学生的知识基础、学习方法、心理状态、理解能力、学习兴趣等。我国学者陈隆升认为，学情分析就是指在课堂学习情境中对影响教学的学习者内在特征与外在要素之间关系的分析，目的在于寻找学习情境中学习者内在特征与外在要素的最佳联结处，以促进有效学习。

我们倾向于从狭义上理解学情分析。作为教学活动开展的基本依据，学情分析是指教师在教学前、中、后三个阶段，通过各种方法和手段收集学生的学习状态、学习需求、学习风格、知识掌握程度等方面的信息，为教学设计、教学实施、教学评价和教学改进等提供科学依据和指导。它涵盖了对学生智力因素（如知识基础、认知能力等）和非智力因素（如学习动机、学习态度、情感等）的分析，旨在促进学生有效学习和全面发展。学情分析是教学设计的起点，它把教学看作整体性工作，目的是“以学定教”，其内容是对影响学生在学习过程中有效学习的因素进行分析，侧重于方法论和实践的层面。

（二）学情分析在教学评价中的作用和意义

为推进我国教育教学改革向纵深发展，为提高义务教育阶段课堂教学质量，《中共中央 国务院关于深化教育教学改革全面提高义务教育质量的意见》强调教学中要“精准分析学情，重视差异化教学和个别化指导”[①]，提出教师课前要指导学生做好预习，课上要讲清楚重难点，引导学生主动思考。教学活动必须以学习者所具备的条件为依据，提供与学习者已有条件相符合的支持系统，因此学情分析是教师进行有效教学的前提和依据，是贯彻“以学生为中心”理念的重要工具，在教学评价中具有重要作用和深远意义。

第一，学情分析为教学评价提供了丰富的数据支持。通过学情分析，教师可以收集到学生在学习过程中的各种数据，如作业完成情况、测试成绩、课堂表现等，这些数据能够全面反映学生的学习状态和学习效果，为教学评价提供了客观、准确的依据。

第二，学情分析有助于实现个性化学习和评价。每个学生的学习情况都是独特的，学情分析能够深入挖掘学生个体的学习特点和需求，特别是基于大数据的学情分析能够实时跟踪学生的学习行为，记录其学习痕迹，并自动收集学习数据，智能分析出学生的学习状况监测报告，为教师提供参考数据，为个性化教学提供有力支持。

第三，学情分析能够促进教学评价的及时性和有效性。在教学过程中，通过实时的学情分析，教师可以及时了解学生的学习进度和存在的问题，从而及时调整教学策略和评价方法，使教学评价更加贴近教学实际，增强评价的时效性和有效性。

第四，学情分析能促进教学效果的提升。学情分析结果是教学改进的重要依据。通过对学情数据的分析和评价，教师能够发现教学过程中存在的问题和不足，以及学生学习中的困难和障碍，从而有针对性地改进教学内容、教学方法和教学策略，提高教学效果。

第五，学情分析有助于提升教师专业能力，支持教学决策。学情分析不是简单的技术操作，而是需要教师将教育教学理论内化于心，外化于行，不断地实践反思，提高其教学研究能力。有学者认为，有四条途径可以提高教师的学情分析能力：一是建立学情分析记录本；二是研习学习理论；三是开展案例分析；四是在实践中反思。此外，学情分析为学校和教育管理者提供了数据支持，帮助他们制定更科学的教学政策和资源分配策略。例如，通过分析学生的学习效果数据，学校可以优化课程设置和教学资源配置。

总之，学情分析是连接教学设计与教学评价的桥梁，通过科学分析学生需求，教师能够实现精准教学与评价，进一步提升教学效果和教学质量。

---

①《中共中央 国务院关于深化教育教学改革全面提高义务教育质量的意见》，https://www.gov.cn/gongbao/content/2019/content_5411564.htm，2019 年 6 月 23 日。

二、学情分析的 AI 工具

AI 技术的快速发展为学情分析提供了更高效、更精准的方法和工具，AI 通过大数据处理、机器学习和深度学习等方法，能够从多个维度对学生的学习行为、学习效果和学习环境进行全过程分析，从而为教育决策提供科学依据。

（一）多模态数据采集与预处理

利用 AI 技术可以全面收集学生的多模态数据，记录学生的学习“全过程”“全样本”“全场景”数据。例如，在线学习平台（如 MOOC 平台）可以记录学生的学习行为，如点击率、学习时长、完成率等；智能设备（如智能手环、摄像头、眼动仪、脑电仪、点阵笔、移动终端、聊天机器人等）可以实时监测学生的生理状态和课堂表现；问卷类软件（如问卷星等）可以通过在线问卷和测试收集学生的学习动机、焦虑程度等信息。此外，AI 技术拓展了学情数据的覆盖范围，可以使学情数据采集的时间延长至教学全程、样本扩大至学生整体、场域跨越虚拟与现实，实现课前、课中、课后“全过程”覆盖，以及学生个体“全样本”覆盖和线上线下“全场景”覆盖。

在数据预处理阶段，AI 技术也可以帮助对采集到的大量数据进行清洗、转换和整合，使其更适合后续的分析。例如，利用数据挖掘和机器学习算法，可以对数据进行分类、聚类、降维等操作，提高数据的质量和可用性。

（二）数据分析与挖掘

AI 技术在学情分析中的核心应用还体现在数据分析与挖掘方面。基于机器学习和深度学习算法，可以对学生的多模态数据进行深入分析，挖掘出有价值的信息和规律。例如，通过基于计算机视觉的课堂行为分析系统实时统计举手次数、坐姿异常（如趴桌）频率，生成活跃度分布图；通过人脸朝向识别和视线追踪技术，计算学生注意力集中时长，识别课堂分神高峰期；通过对学生作业和测试数据的分析，了解学生对不同知识点的掌握程度，发现学习中的薄弱环节；通过对课堂表现数据的分析，评估学生的课堂参与度、学习积极性等；通过对生理数据的分析，洞察学生的学习情绪和认知负荷等。

此外，利用学情分析技术和多模态数据融合方法，可以综合考虑学生的各种学习行为和特征，构建更全面、准确的学生学习模型，为教学决策提供更有力的支持。

（三）智能测评与反馈

智能测评系统是 AI 技术在学情分析中的重要应用之一。这些系统能够自动批改学生的作业和测试，提供及时的反馈和建议。例如，一些智能阅卷系统可以基于自然语言处理技术和机器学习算法，对学生的文本答案进行评分和分析，指出学生的错误和不足之处，并提供个性化的学习建议。

此外，智能反馈工具还可以根据学生的学习情况，生成可视化的学习报告和分析图表，帮助教师和学生更直观地了解学习进展与存在的问题，促进教学改进和学生自主学习。

（四）自主学习

基于学情分析结果，AI 技术可以为学生推荐个性化的学习资源、规划个性化学习路径，帮助学生养成良好的自主学习习惯。具体地，通过对学生学习数据的分析和建模，智能系统能够识别学生的学习风格、兴趣点和学习需求，从而为每个学生定制适合的学习内容和学习顺序。

例如，国家中小学智慧教育平台为广大师生和家长提供了德育、课程教学、体育、美育、劳动教育、课后服务、特殊教育、教师研修、家庭教育、教改经验、教材、地方频道等多个版块的优质资源，鼓励学生根据自己的学习进度和兴趣进行自主学习，并为学生提供个性化的学习反馈。还有一些智能教学助手（如 KnoWhiz、Questt）根据学生当前掌握程度，推荐针对性的练习题和微课视频，实现自适应资源推送；通过学情仪表盘可视化班级分层（如掌握率≥80%的进阶组、掌握率＜50%的基础组），设计差异化任务，实现分层教学支持；在在线测评中，AI 根据实时答题正确率调整题目难度系数，实现精准匹配。

表 8-4 总结了一些 AI 学情分析常用工具及典型案例。

表 8-4　AI 学情分析常用工具及典型案例

工具类型	核心功能	代表工具/系统	应用场景	技术优势
课堂行为分析系统	实时动作识别、注意力监测、活跃度统计	科大讯飞智慧课堂、AI 无感识别系统、蓝鸽 AI 一体化智慧校园解决方案、ClassIn 智慧课堂	线下课堂教学质量评估	计算机视觉、边缘计算，无感采集数据
智能评测系统	错题归因分析、知识点热力图生成	ClassDojo、灌顶云学情分析系统	作业批改与考试诊断	自然语言处理、知识图谱，支持跨学科分析
学习管理系统	学习轨迹追踪、多维数据可视化	腾讯云 AI 学情分析、超星学习通等	线上/线下混合式教学管理	大数据整合、可视化仪表盘
个性化学习引擎	自适应资源推荐、动态学习路径规划	Knewton、Questt、夸克搜索、科大讯飞智慧教育应用等	课后自主学习与补习	强化学习、协同过滤算法
教师辅助工具包	AI 评语生成、教学策略建议	ChatGPT 插件、DeepSeek 教学助手、Kimi 成绩分析等	教学设计优化与反馈效率提升	生成式 AI、情感分析、评价量表

尽管 AI 技术在学情分析中展现出巨大潜力，但仍面临一些挑战。①数据隐私与安全问题：学生的学习数据涉及隐私，如何确保数据的安全性和合规性是一个重要问题。②技术与教育的融合问题：如何将 AI 技术与教育实践深度融合，避免技术滥用，是教育领域需要解决的问题。未来，随着 AI 技术的进一步发展，学情分析将更加精准和智能化。例如，结合生成式 AI（如大型语言模型）和 AR 技术，可以为学生提供更加沉浸式的学习体验。同时，跨学科研究（如心理学与 AI 的结合）也将为学情分析提供新的视角和方法。

AI 技术在学情分析中的应用为教育领域带来了革命性的变化。通过多模态数据采集与预处理、数据分析与挖掘、智能测评与反馈和自主学习，AI 技术能够为教师和学生提供科学的决策支持。然而，数据隐私和技术融合等问题仍需进一步解决。未来，随着技术的不断进步，AI 技术将在学情分析中发挥更加重要的作用，推动教育向智能化、个性化方向发展。

三、学情分析的应用

学情分析结果可以为教学改进提供重要依据，学情分析为实现精准教学、教学内容优化、教学方法创新、个性化学习路径设计等提供数据支持和科学依据。

（一）精准教学

通过分析学生的学习数据，教师可以确定哪些知识点是大多数学生已经掌握的，哪些知识点是大多数学生难以学会甚至难以掌握的，从而进一步对这些内容进行重点讲解和强化训练；也可以通过观察课堂行为数据（如发现学生专注时间短的时候，可以增加一些小组讨论或实践演示等互动活动来调动学生兴趣和注意力）、学业表现（如作业正确率、知识点掌握热力图）、心理特征（如学习兴趣、情绪波动）等多模态数据，实现精准教学。例如，安徽省智慧课堂系统通过随机点名、课堂活动参与度等实时数据生成可视化报告，帮助教师快速识别班级共性薄弱点，发现学生个体之间差异，进而调整教学策略；杨家中学在 2022 年深入推广智慧课堂备授课系统、大数据精准教学系统和智能阅卷系统应用，通过信息化工具实现中学课堂的高效备授课，学情数据快速采集与智能分析，助力教师实现精准教学，应对信息化变革带来的挑战①。

（二）教学内容优化

通过分析学生的课堂行为数据、学习兴趣和学习风格等，教师可以进一步调整、优化教学内容，使得教学内容适合大单元教学或者项目式教学，调动学生学习兴趣和爱好，从而提高学生的学习积极性和参与度。在教学中，教师可以借助 AI 工具，如学习管理系统和数据分析软件，快速高效地收集和分析学生的学习数据，为教学内容优化提供科学依据；也可以通过学情分析，设计符合学生兴趣和能力的项目主题，如在 STEM 教育中，教师可以根据学生对科学实验的兴趣和动手能力，设计适合的项目任务，激发学生的学习热情。

（三）教学方法创新

学情分析通过深入理解学生的学习状态、需求和问题，为教学方法的设计与优化提供科学依据，从而推动教学模式的创新与改进。根据学情分析的结果，教师可以采用创新的教学方法进行教学，如多模态教学方法、线上线下混合式教学方法、跨学科融合教学方法等。在教学过程中，教师利用多种渠道、多种教学手段来调动学习者的视觉、听觉、动觉等多种感官协同运作，从而加深印象、强化记忆的教学方法就是多模态教学方

---

①《绵阳市涪城区人大代表调研全区“智慧教育示范区”建设工作》，http://city.newssc.org/system/20220719/003321663.htm，2022 年 7 月 19 日。

法。教师可以根据学情分析结果，选择合适的模态组合进行教学，还可以结合合适的 AI 工具实现即时反馈，激发学生的学习兴趣，营造良好的教学气氛。比如，崔净齐等通过融合多种教学手段（如课堂讲授、虚拟仿真学习、案例分析、小组研讨、项目导向等）和认知方式（如记忆、理解、分析、应用、创新等）开展多模态教学，更好地传递知识和信息，打造以学生能力培养为核心的新生态教学模式，取得了显著的教学效果。此外，基于脑科学的研究表明，通过学情分析调整教学方法，可以更好地激发学生的认知潜能。

（四）个性化学习路径设计

随着 AI 和大数据技术的发展，学情分析通过深入挖掘学生的学习行为、学习能力和学习需求等信息，为个性化学习路径的生成提供了科学依据。

首先，学情分析有助于生成个性化学习者画像。学习者画像是指利用数据分析和挖掘技术，有选择地收集、整理、重组学习者学习过程中的碎片数据，并标上具有高度精炼性标识的过程，用以揭示学习者某些特征，为高质量的“教”与“学”提供数据支撑和服务。因此，教师可以基于多模态数据分析（如学习进度、答题正确率、资源使用习惯等），系统地生成包含基本信息、知识维度、学习需求、学习风格、学习能力等多维度的学生画像。比如，某大学计算机科学与技术专业大二学生李华，男，21 岁，在 MOOC 平台学习“数据结构”已 3 个月，平均每周学习时长 4 小时，主要在周一至周五晚间及周末进行学习。MOOC 平台通过该学生的多模态数据，识别出该学生知识维度是知识点 1 熟悉，知识点 2 熟练熟悉，知识点 3 不熟悉等；学习需求是需要深入理解知识点 3 的核心概念、原理及与其他知识点的关联，明确该知识点在实际应用中的具体场景和解题思路等；学习风格偏好动觉型学习，喜欢通过亲手体验来理解知识；学习能力维度上，时间管理能力一般，问题解决能力一般，自我效能感较差等。根据这位学生的画像，教师能为该学生提供进一步的个性化指导，如设计符合该学生动觉型学习风格的体验式教学，解决该学生学习困难的问题。

其次，学情分析为自适应学习系统提供数据支持。自适应学习系统是以学习者的“个体差异”为基点，依据学习者的“个体表现”动态适应性地改变所教授的内容和资源的呈现方式以匹配他们当前的能力水平。目前国内外的自适应学习系统有 Knewton、DreamBox Learning、Realizeit、CogBooks、EnguistMind、Gauth、松鼠 Ai 智适应、评测学、河马爱学等，且近几年出现了一些自适应学习机制的学习机，如小猿学习机、作业帮学习机、学而思学习机等。利用这些自适应学习系统或学习机生成个性化学习路径，实时反馈学情数据，或通过分析学生历史学习数据和学习行为，AI 可预测其未来学习路径，自动推送个性化学习内容（如微课视频、模拟题），也可以结合考试结果开展精准化小班管理，实现教学资源的精准匹配。

学情分析是教学改进的重要依据，AI 技术推动学情分析从“经验主义”向“数据驱动”转型。随着教育大数据和 AI 技术的进一步发展，也要考虑如何确保数据的隐私与安全、如何提高算法的可解释性，以及如何在不同教育场景中实现规模化应用，未来的研究需要进一步探索这些问题的解决方案，以推动学情分析更好地实现教学评价的数据化、智能化、个性化，为教育领域带来更多的创新和变革。

思 考 题

1. 请简述教学评价在教育教学过程中的主要作用。

2. 请分别解释诊断性评价、形成性评价和总结性评价的含义，并简要说明它们之间的联系与区别。

3. 简述基于 AI 技术的反馈机制优化策略，并根据 AI 最新发展技术补充完善这些优化策略。

4. 什么是学情和学情分析？

5. 请列举学情分析在教学过程中的具体应用？

第九章

AI 赋能教育教学的实践案例分析

知识框架

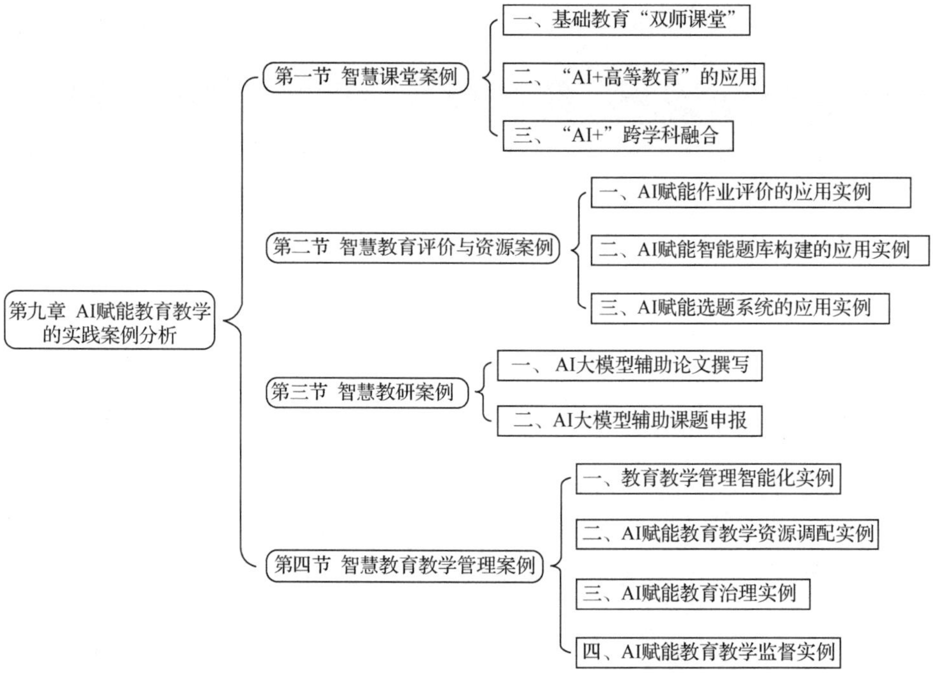

在数字化浪潮的推动下，AI 与教育深度融合已成为不可逆转的趋势。然而，如何在教育领域有效利用 AI 以优化教学模式、提升教育公平、提高教师工作效率，仍然面临诸多挑战。尤其在课堂教学中，AI 如何真正提升教学质量，而不仅仅是作为辅助工具？在学习评价方面，AI 技术如何避免千篇一律，做到真正的个性化评价？在科研和管理领域，AI 的介入又如何平衡效率与学术伦理？本章聚焦于这些现实问题，围绕智慧课堂、智慧教育评价与资源、智慧教研、智慧教育教学管理四大模块，精选基础教育与高等教育领域的典型实践案例进行探讨。通过系统剖析 AI 技术在不同教育场景中的创新应用，为教师、教育管理者及研究人员提供可借鉴的经验和思考方向。

第一节　智慧课堂案例

课堂教学作为教育数字化转型的核心场域，正经历从“技术辅助”到“流程重构”的深刻变革。传统课堂模式长期存在一些问题，如教学资源分布不均、个性化教学难以实现、跨学科融合受限等。引入 AI 技术能否真正解决这些难题呢？本节将聚焦于基础教育“双师课堂”、“AI+高等教育”的应用，以及“AI+”跨学科融合，探讨 AI 如何优化课堂教学、提升师生互动、促进学科交叉融合，从而推动智慧课堂的建设。

一、基础教育“双师课堂”

随着教育信息化的快速发展，AI 技术为基础教育注入了新的活力。其中“双师课堂”已成为推动教育均衡发展的重要手段。以福建省福州格致中学（以下简称格致中学）为例，该校依托国家中小学智慧教育平台，积极探索并创新了“双师课堂”的应用模式，为基础教育课堂教学优化提供了可借鉴的实践样本。

（一）“双师课堂”模式概述

“双师课堂”是一种融合远程教学与本地课堂的创新型教学模式，借助直播、录播、AI 智能辅助等方式，实现优质教育资源的广泛共享。该模式通常由一位主讲教师（远程名师）负责授课内容讲解，搭配一位辅导教师（本地教师）进行课堂管理、答疑辅导和个性化教学，形成线上线下深度协同的教学新生态。

（二）格致中学“双师课堂”的探索与实践

在“双师课堂”建设过程中，格致中学依托国家智慧教育平台的强大资源支撑，结合自身教学理念与实践需求，逐步构建起一套行之有效的实施方案，在资源配置、课堂互动与流程优化等方面形成鲜明特色。

1. 发挥平台优势，优化资源配置

格致中学在“双师课堂”的实施过程中，充分利用国家中小学智慧教育平台的课程、竞赛与教师研修等模块，将优质内容整合进校本教学体系。课程内容根据学生实际学习需求精准筛选，再由本地教师结合教学计划进行融合与调整，实现远程名师授课与本地教师指导的有机配合，既保障了教学深度，又照顾了个体差异，构建出层次丰富的“双师课堂”体系。

2. 构建“6C”智慧课堂，激活课堂

格致中学提出“6C”i 智慧课堂教学理念，致力于培养学生的“格物致知能力”、“创造与创新能力”、“批判性思维能力”、“协作能力”、“沟通能力”和“文化传承能力”。学校通过智能课堂互动系统，结合远程直播和 AI 辅助技术，提高课堂的互动性和学生的参与感。

3. 精细化优化教学流程，提升教学质量

教学流程方面，格致中学围绕“课前—课中—课后”三个关键环节，进行精细化设计并动态调整，以确保教学的有效性和连贯性（图 9-1）。

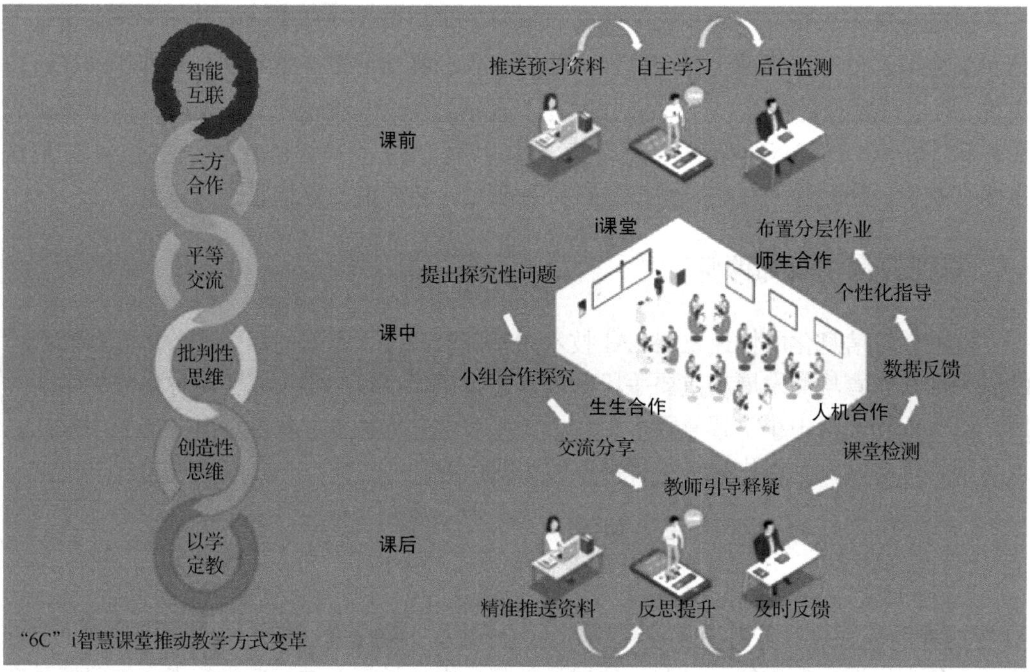

图 9-1　格致中学“6C”i 智慧课堂的教学流程

1）课前预习：精准推送教学资源引导自主学习

教师在课前通过国家中小学智慧教育平台的“学科课程”栏目，结合学校课程内容，精选与教学进度高度契合的课程资源向学生推送。学生则通过智慧教育平台完成自主学习任务，并结合学习单记录知识点形成个性化的学习清单。这不仅帮助学生提前了解课程内容，提升了课前准备的有效性，也使教师能够基于学生的学习情况精准调整课堂教学设计。

2）课中教学：线上线下融合提升教学互动

在正式授课阶段，格致中学采用“双师课堂”导学模式，利用智慧教育平台的课程资源开展在线教学，并结合线下教师的讲解与指导，实现高效教学互动。教师在备课过程中，首先根据教学目标筛选平台中的优质课程资源，并合理设计课堂互动环节。在课堂上，线上课程由平台提供的名师视频授课，而线下教师则负责引导学生讨论、解答疑问，并结合具体教学目标进行针对性的补充讲解。此外，当遇到重难点内容时，教师还可利用智慧教育平台的画板功能进行标注并补充讲解，以强化学生的理解和掌握。

3）课后延伸：个性化辅导实现学以致用

课后环节，学校可通过智慧教育平台为学生提供个性化的复习和练习资源。针对课堂上的重难点，教师可以向学生推荐相关的拓展学习材料，帮助他们进一步巩固所学知识。同时，平台还提供基础性作业和校本分层作业，学生可以根据自身情况选择适合自己的学习任务。此外，对于在课堂上未能完全掌握的知识点，学生可以通过平台资源进行自主复习，并利用在线互动功能与教师进行交流，从而增强学习的持续性与成效。

（三）“双师课堂”的成效与挑战

格致中学的“双师课堂”在实际应用中取得了显著的成效，同时也面临一定的挑战，需要进一步优化和完善。

“双师课堂”破解了优质教育资源“有而不优、优而不适”的困境，实现了从教师中心到人机协同的课堂生态变革，其成效主要体现在以下几个方面。①“双师课堂”促进了教育公平。依托“双师课堂”，优质教育资源得以覆盖到更广泛的地区，特别是对教育资源相对薄弱的学校而言，极大地拓宽了学生的学习机会，缩小了教育鸿沟。②“双师课堂”提升了教师专业能力。本地教师通过与远程名师合作，不仅拓宽了教学视野，还能在实践中提升自身的教学能力，实现专业成长。③“双师课堂”激发了学生的学习主动性。“双师课堂”课堂互动性强、学习形式多样，激发了学生的自主学习动力和探索欲望。

然而，“双师课堂”在实际应用中也面临一定的现实挑战。①技术依赖性较强。“双师课堂”的顺利实施需要稳定的网络环境和高效的硬件设备，然而部分地区可能面临基础设施不足的问题，进而影响教学质量。②课堂管理难度增加。辅导教师需要具备更高的课堂管理能力，以确保远程授课的效果，同时维持课堂纪律，避免因技术问题导致教学效果下降。③评价体系尚待完善。目前对于“双师课堂”的教学成效尚未形成统一的评价体系，如何科学评估学生的学习成果，制定合理的考核标准，需要进一步探索。

“双师课堂”作为 AI 赋能基础教育的前沿模式，为实现优质教育资源的普惠化开辟了新路径。格致中学的成功探索证明，充分利用国家智慧教育平台的资源，并结合校本特色进行创新，能够有效提升教学质量。展望未来，随着 AI 技术的持续进步，“双师课堂”有望进一步优化，为基础教育注入更多智能与温度，助力教育高质量发展迈向新阶段。

二、“AI+高等教育”的应用

2024 年，教育部发布了两批“AI+高等教育”应用场景典型案例，展示了 AI 技术从单一工具到推动教学范式变革的飞跃。以北京大学、清华大学、北京航空航天大学等高校为代表，AI 技术已经深度嵌入课堂教学、实验实训和自主学习等核心领域，逐渐形成了覆盖教学全过程的智能化解决方案。

（一）课堂教学从单向传授到智能交互的范式突破

在传统的课堂中，教师不仅要进行知识传授，还要承担课堂管理、学情分析等任务。AI 技术的应用，正不断推动课堂教学向精准化、个性化，以及全流程闭环方向发展。

1. 教学过程全链路数字化

北京航空航天大学的“AI 赋能的全过程交互式在线教学平台”案例通过 AI 赋能课堂教学内容、课程答疑助教、启发式代码纠错助手（图 9-2），实现了“课前—课中—课后”教学过程全链路数字化创新。首先，基于 AI 语音识别、关系提取等技术，对 323 间智慧教室录制的授课视频、课堂板书及校内 410 门一流课程的视频、课程课件等多元教学资源进行数字化加工，可视化展示教学元素间的逻辑关联，有效提升学生预习复习效率。其次，针对“工科数学分析”“大学物理”等多门课程进行语料清洗、识别和数据训练，依托在线教学平台（SPOC[①]）开发伴随式 AI 课程助教，为学生提供全时在线、可靠的知识性问答交互。最后，创新性地采用基于大语言模型的结构化思维链技术开发的代码纠错助手，深度结合编程实验环节，为学生提供个性化编程辅导。

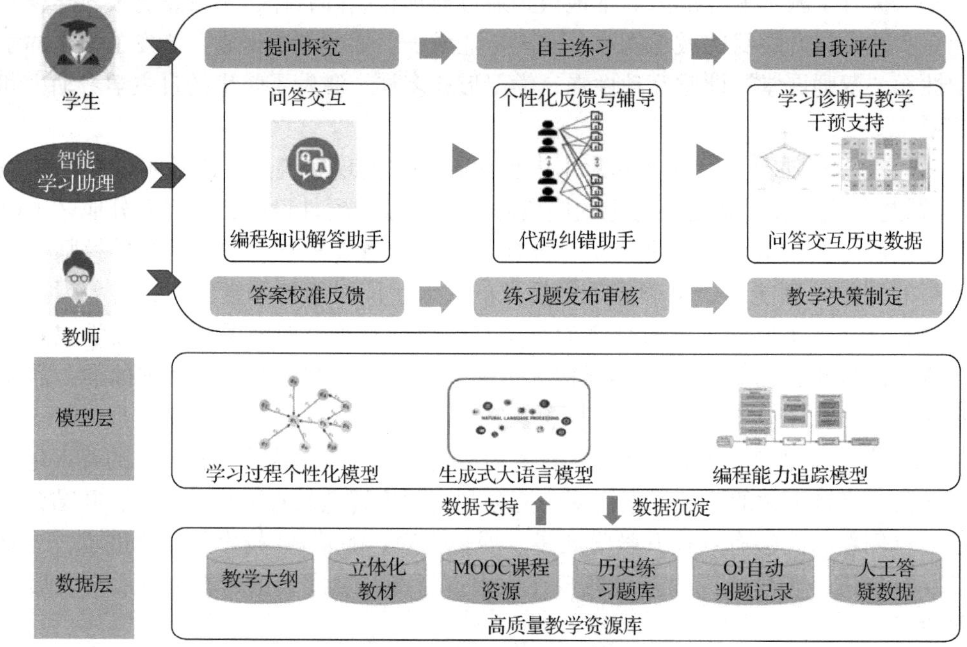

图 9-2 代码纠错助手提供个性化编程辅导

OJ，即 online judge，在线判题系统

2. 教学过程化智能评测

北京师范大学的“创新‘AI+’课堂教学智能评测系统”通过整合计算机视觉、自然语言处理、集成学习和统计建模等多种 AI 与数据分析技术，构建了一个全面的课堂教学过程化智能评测系统。该系统通过师生课堂行为识别模型、教师课堂位移监测模型、教师教学视线移动监测模型、教学知识点偏移度监测模型、教师课堂语音风格分类模型、课堂教学多维度指标评测模型，实时监测和分析教师教学行为、学生学习行为、教学内容与课堂组织形式。通过对教师端、学生端和教学内容等 3 个维度 15 类指标进行量化评估与可视化展示，开展更加精确的教学过程化监控，辅助教师课后精准教研。这种智能

---

① SPOC，即 Small Private Online Course，小规模限制性在线课程。

评测系统不仅克服了传统教学评价的主观性、滞后性，还极大地降低了人力成本。该案例已在北京师范大学 AI 学院电子楼 102 智慧教室部署，对北京市青年教师教学基本功比赛获奖者、校级教学名师等多位教学骨干教师进行了课堂教学评测，不断积累优秀教学范式，并将其扩展到更多高校及跨校区课堂教学质量评价中。

（二）实验实训从物理限制到虚实融合的场域延伸

实验教学长期受设备成本、安全风险、时空限制等因素制约，而虚拟仿真、数字孪生等技术正在突破这些瓶颈。

1. 高沉浸虚拟仿真训练

北京大学口腔虚拟仿真智慧实验室是以虚拟仿真技术、大数据为支撑，融合智能物联、智能管理、智能学习与智能评估的多维度智能一体化虚拟仿真训练实验室。实验室分为讲授区、线上训练区、虚拟仿真训练区等（图 9-3）。其中，线上训练区可进行线上虚拟仿真实验教学和自动化评估，虚拟仿真训练区可进行多类型、带有力反馈的虚拟仿真训练和评估。虚拟仿真智慧实验室使学生能在更贴近临床实际场景中进行牙周、口腔修复、口腔种植、牙体牙髓、口腔正畸、儿童口腔等多个口腔专科临床操作技能和临床思维的学习与训练。这不仅解决了传统医学教育中高风险操作难实施、真实病例有限等痛点，帮助学生更好地掌握临床技能，还为国内外口腔医学院校的虚拟仿真教学建设提供了重要的示范和参考。

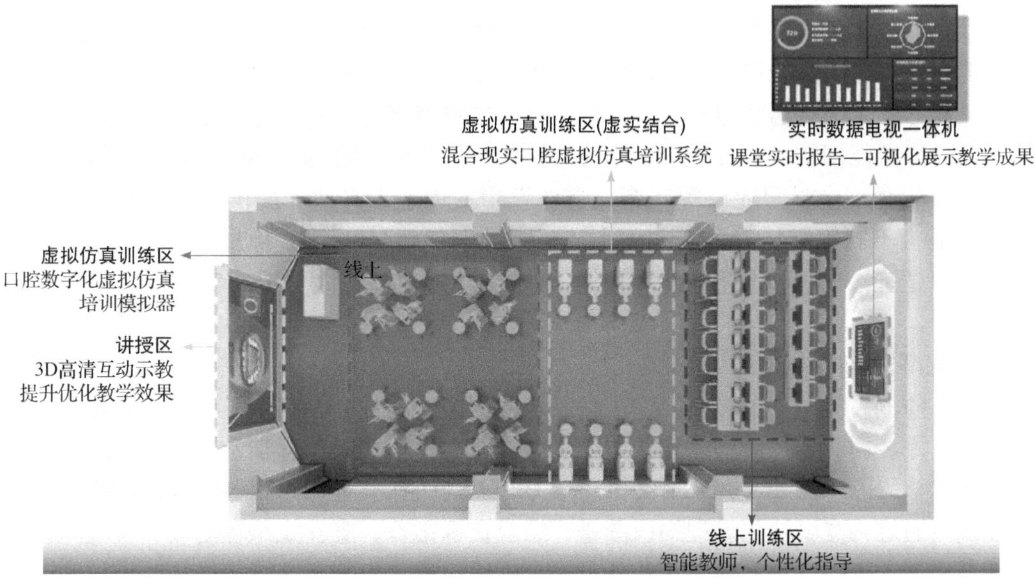

图 9-3 北京大学口腔虚拟仿真智慧实验室布局图

2. 多模态过程性实训

华南师范大学教育 AI 研究院联合北京中庆现代技术股份有限公司等企业研发的国内首套师范生教学基本技能智能实训系统，成功实现了师范生教学基本技能训练的数字化转型升级。为解决师范生教学基本技能培养方面长期存在的教学法师资供给不足、技能训练过程粗放、诊断重结果轻过程等难题，该系统以教师发展理论为指导构建数据指标体系，围绕语言表达、肢体动作、表情控制、板书规范和普通话这 5 项教学基本技能，建立了 20 余项数据指标。同时，构建“一站式”师范生教学技能自我训练、“智能诊断+教学法教师”双师精准指导、数据支持下同伴结对的技能训练、画像及智能诊断支持下的能力发展 4 类“智学”实训应用模式，通过多模态过程性实训数据采集，对每一项教学技能成长点进行智能诊断，帮助师范生发现不足并改进。其应用环境还覆盖到了微格教室、智能实训静音舱、智慧教室等空间。其中，智能实训静音舱可以使师范生在舱内一站式完成教学基本技能训练、获取数据诊断、自我分析、改进与再训练的训练提升全过程。截至 2024 年，该系统已在全国 20 余所院校和区域教师发展中心落地应用，成为培养智能时代未来之师的重要平台工具。

（三）自主学习从统一进度到个性适配的升级

AI 技术正在破解规模化教育与个性化培养的矛盾，使“一人一策”的学习模式成为可能。

1. 大模型驱动的自适应学习

2024 年，清华大学推出 AI 学习助手“清小搭”，这一创新实践不仅标志着学校在 AI 教育领域的探索迈上了新台阶，也为学生提供了全方位的学习与生活支持。“清小搭”基于最前沿的大模型智能体技术而构建，采用最新的自然语言处理技术，根据学生的学习进度、兴趣和需求，为其提供个性化的学习资源、建议和反馈。它不仅具备互动式问答功能，还整合了在线课程、学习资料和各类学习工具，使学生可以随时随地获取所需信息。此外，借助机器学习算法，“清小搭”能持续优化自身服务，根据学生反馈和学习情况进行智能调整，在提供校园生活小贴士、解答学术难题的同时，还配备智能伴学工具箱、云盘记录学习成果等功能，帮助学生发现学术兴趣、提供个性化教育资源推荐，并适应不同年级的需求。“清小搭”的推出有效缓解了新生进入大学后面临学习内容难以适应、时间安排不合理等诸多问题，助力他们在大学期间实现个性化成长和全面发展。

2. 知识图谱赋能学习导航

华东师范大学的“水杉在线”平台，以数据驱动为核心，打造了一个集“教、学、练、测、评、创”于一体的综合学习社区。其核心模块包括水杉学堂、水杉工坊、水杉校场和水杉码园（图 9-4），涵盖课程学习、实践训练、竞赛评测等多方面功能。“水杉在线”通过构建个性化编程知识图谱，结合资源推荐、交互式编程助教、智能问答等功能，实现了智能化学习导航。此外，平台采用规模化容器云智能运维与监控技术，并融合区块链存证与过程性评价体系，全面采集并分析学生的学习行为数据。这一创新模式不仅能深入洞察学生的思维路径和问题解决方法，还能科学评估其知识应用能力，建立更精准的过程性评价体系，从而突破传统课堂在数字化人才培养方面的局限，为教育数字化转型提供了全新思路。

图 9-4　“水杉在线”平台核心模块

AI 在高等教育中的应用，正以前所未有的速度改变着传统的教学模式和学习方式。从课堂教学到实验实训，再到自主学习，AI 技术不仅提升了教学效率和质量，更推动了教育的个性化和智能化发展。随着全链路数字化教学、智能评测系统、虚拟仿真训练，以及大模型驱动的自适应学习等技术的广泛应用，传统教育的时空限制和教学瓶颈正被逐步打破。AI 赋能下的精准、高效、个性化学习体验，不仅为高等教育的数字化转型提供了可行路径，也为未来教育的智能化发展奠定了坚实基础，开辟了更广阔的教育改革新天地。

三、“AI+”跨学科融合

随着 AI 技术的飞速发展，传统学科的界限逐渐被打破，跨学科融合成为现代教育改革的重要方向之一。AI 不仅是某个学科领域的技术工具，更是促进学科融合、推动知识综合应用的关键催化剂。AI 技术凭借其强大的计算能力、数据分析能力、模式识别能力，将不同学科的知识、理论和方法有机结合，形成全新的教育模式和学习路径。这样不仅在形式上突破了“学科孤岛”、实现多学科的结合，更在本质上培养了学生的综合能力和创新思维。

（一）AI 推动跨学科融合的背景

跨学科融合的教学理念，旨在打破传统学科壁垒，鼓励学生在不同知识领域建立联系，提升多维度思考和知识综合运用能力。然而，在传统教育体系中，各学科通常拥有独立的知识体系和教学目标，导致学科之间的联系较为薄弱。随着科技进步和社会需求的变化，单一学科的教学模式已难以满足现代教育对复合型、跨学科人才的培养要求。AI 作为具有跨领域应用潜力的技术，能够在不同学科之间架起桥梁，促进各学科知识的交叉融合。AI 不仅能够智能分析和整合多学科知识，还能在实际教学过程中辅助学生进行跨学科学习，帮助他们运用多学科知识解决复杂问题。这不仅提高了学生的学习效率，也培养了学生的创新能力、综合问题解决能力及团队协作能力。

（二）AI 在跨学科融合中的实践应用

AI 技术的广泛应用正在重塑教育模式，尤其是在推动跨学科融合教学方面，其赋能效应日益凸显。在小学、初中及高校教育中，AI 不仅为传统学科的教学注入了新的活力，还为学生提供了更具个性化和互动性的学习体验。

1. AI 赋能小学语文跨学科教学实例

在语文课堂“伯牙鼓琴”的教学过程中，借助 AI 技术巧妙融合语文、音乐与美术，拓宽了 AI 在基础教育中的应用边界。在课前准备中，AI 辅助教师整合教学资源。通过 AI 技术分析文本内容，推荐与“伯牙鼓琴”相关的音乐、美术等跨学科材料。例如，AI 可自动匹配古典乐曲“高山流水”与传统山水画，为课堂提供多感官支持。课堂教学中，AI 增强沉浸式学习体验。一方面，AI 多媒体设备可播放生成的古典音乐，并呈现精美的山水画，使学生身临其境地感受故事意境。另一方面，借助 AI 数据分析工具，围绕“伯牙是否该摔琴”展开课堂辩论，实时分析文言文的词汇使用和情感表达，并以可视化方式呈现，帮助学生深度理解文本内涵。在课后拓展环节，AI 赋能学习评价与思维拓展。AI 根据学生的学习情况推荐相关古文资源，扩展学生的文化视野，深化其对传统文化的理解。这一案例表明，AI 在小学语文跨学科教学中的运用，不仅提升了课堂教学的互动性与趣味性，也促进了学生的思辨能力和审美素养的发展，为传统语文教学注入了新的活力。

2. AI 赋能初中信息科技课程跨学科教学案例

在初中信息科技课程中，生成式 AI 为跨学科教学提供了新的视角和方法。以“航天梦——月背探索”3D 建模跨学科主题学习为例，AI 通过协助教师设计课前分析、课中教学活动和课后评价，有效地推动了跨学科知识的整合与应用，探究活动设计如图 9-5 所示。课前，AI 帮助教师进行学情分析、任务设计，并整合跨学科教学资源。根据学生的兴趣和需求，推荐适合的学习任务，并帮助教师开发物理、数学、信息技术等多学科融合的教学材料。课中，AI 作为智能助教，帮助学生在 3D 建模过程中融合多学科知识。例如，在学生建造“航天模型”时，AI 不仅能提供物理原理和数学计算支持，还能从艺术设计角度优化模型，为学生提供跨学科的全面指导。课后，AI 基于自评、互评和教师评价的多元化评估体系，自动分析学生作品，提供精准反馈，促进学生不断改进和优化。

学习任务	学习活动	跨学科目标
整理航天事业发展史	建立多轮对话，以时间线列举事件的发生	历史：学习航天事业的发展史，中国探月工程发展历程
查找各种航天模型，分析模型的结构、材料等，计算模型的相关数据，如大小、体积、重量等	利用AI大模型生成各种航天模型，简单分析它的构造，如由圆柱体，圆锥体，棱柱等基础模块构造 查找模型的材料材质等的用途	工程：分析航天器设计中的工程问题，如材料选择、结构稳定性等 数学：在建模过程中应用几何和测量知识

图 9-5　探究活动设计图

这种跨学科教学模式不仅增强了学生的创新思维和问题解决能力，也推动了教育理念的革新，为学生提供了更具深度和实践性的学习体验。

3. AI 赋能高校跨学科教学案例

南方科技大学 2025 年春季面向大一学生开设了通识课程“AI 与应用”，旨在培养学生的跨学科思维能力，并帮助他们在不同学科背景下理解和应用 AI 技术。课程由工学院、商学院和医学院的 15 名教授共同授课，涵盖计算机科学、数学、集成电路等多个学科领域。课程围绕机器人技术、未来数字经济发展模式、传染病预测预警等跨学科案例，使学生从多个学科视角理解和应用 AI 技术。此外，课程还特别融入了 AI 伦理讨论，引导学生思考隐私保护、算法偏见、责任归属等伦理问题，增强学生的社会责任感和伦理意识。该课程帮助学生理解 AI 技术的复杂性的同时，强化了他们对社会价值和伦理的敏感度，为未来跨学科创新人才的培养奠定了坚实基础。课程设计思路图如图 9-6 所示。

图 9-6　“AI 与应用”课程设计思路图

综合来看，AI 的引入，极大地拓展了教育的边界，使跨学科融合教学成为可能。在小学阶段，AI 为教师提供了丰富的教学资源，助力提升课堂互动性与趣味性；在中学阶段，AI 则通过生成式技术和沉浸式学习，培养学生的批判性思维与创新能力；而在高等教育中，AI 则助力学生从多学科角度理解技术应用，培养其跨学科的思维模式。AI 赋能的跨学科融合教学，不仅为学生提供了更为丰富的学习体验，也为教育方式创新和未来教育人才培养奠定了坚实的基础。

（三）AI 促进跨学科融合的优势与挑战

AI 在推动跨学科融合教学的应用中展现了巨大的潜力，能够促进不同学科之间的知识整合与创新。但在实践中也面临着一定的挑战，需要进一步解决。

就其潜力而言，一方面，AI 能够促进学科知识整合。AI 能够自动分析和匹配跨学科知识，帮助学生在不同领域建立联系，培养创新性思维。另一方面，AI 可以提供个性化学习路径。AI 能够根据学生的学习兴趣、进度和薄弱环节，制订个性化学习方案，优化教育资源配置。此外，AI 有助于提升教学效率与质量。AI 可以提供实时反馈，帮助教师更精准地调整教学内容，提高课堂互动性和学生参与度。

与此同时，AI 在跨学科教学中也面临一定的挑战。首先，教师的专业素养提升成为一大难题。跨学科融合教学要求教师具备广泛的跨学科知识背景和 AI 技术应用能力，如何培养教师的这些能力是目前亟待解决的问题。其次，AI 技术的实际应用仍需要进一步与教学需求相结合，尤其是在跨学科教学中，如何有效地将 AI 技术与具体教学目标相融合仍需深入探索。最后，学生在面对跨学科融合教学时，也面临适应性问题。跨学科教学模式可能让部分学生感到有挑战性，如何帮助学生有效理解和运用多学科知识，是教学设计中的重要考量。

AI 在跨学科融合教学中的应用，打破了传统学科界限，为学生提供了更广阔的学习视野和更深入的综合能力培养途径。尽管 AI 应用在跨学科融合教学中面临一些挑战，但其潜力和优势是不可忽视的。随着技术的不断发展，教学模式的不断创新，AI 将更加深刻地影响和推动教育的跨学科融合，为教育教学的创新发展提供源源不断的动力。

第二节　智慧教育评价与资源案例

现行教育学习评价模式往往存在标准化高、主观性强、难以精准反馈学习者需求等问题，学习资源的匹配和生成也存在一定的局限性。AI 技术的应用是否能够突破这些瓶颈，实现更加精准、高效、公平的学习评价呢？本节探讨 AI 在作业评价、智能题库构建和选题系统中的应用，分析其如何优化教育评价体系，提高资源匹配的科学性，并为实现因材施教提供技术支撑。

一、AI 赋能作业评价的应用实例

传统的作业批改不仅耗时耗力，还容易因教师工作量大而导致评分标准不统一，影响评价的公平性和科学性。AI 技术的引入，使作业自动评价成为可能，不仅显著提升了批改效率，还有效减轻了教师的负担，提供更客观、公正的评价体系，同时为学生提供更及时、个性化的反馈。

（一）作业评价的现状与挑战

作业评价是教师了解学生学习进展和问题的重要手段。然而，传统的作业批改方式存在诸多问题，尤其在大班教学中表现突出。首先，批改耗时且影响教学任务。教师需要投入大量时间精力来批改作业，而大班制教学下，作业量庞大，难以保证批改质量，这在一定程度上影响了教师的其他教学工作。其次，主观性偏差难以避免。教师在评分过程中难以完全避免主观因素的影响，尤其是对开放性问题的评价，教师可能因情绪、

疲劳或个人偏好影响评分标准，导致结果的不一致和不公平。最后，反馈周期较长，影响学习调整。传统作业批改往往需要较长时间，学生需要等待较久才能收到反馈，可能因此错失及时调整学习策略的机会。

（二）AI 技术在作业评价中的应用

2024 年 11 月，亮相于上海市 AI 赋能基础教育高质量发展论坛（闭门会议）的判判智能助教机器人，通过整合图像识别、自然语言处理和机器学习等技术，专注于解决作业批改效率低、准确性不足的问题，同时进一步推动了个性化教学和家校协同。

其核心价值主要体现在以下几方面。

1. 提升批改效率与精准度，实现教师效能革新

一方面，传统的作业批改需要教师投入大量时间，且随着班级规模的增大，批改的质量和效率常常受到限制。通过判判智能助教机器人，教师能够在短时间内完成大量作业的批改，极大减轻了教师的工作负担，帮助其腾出时间专注于教学创新和学生个性化辅导。另一方面，传统 OCR 技术对数理化学科的手写作业存在识别困难，而判判智能助教机器人能够准确定位作答区域，即使试卷上有草稿或修改痕迹，依然能确保高效准确的批改。此外，该系统还能进行学情分析，实时追踪学生在不同知识点上的掌握情况，为教师提供精准的教学决策支持。

2. 促进个性化学习，提高学习效率

判判智能助教机器人不仅改变了教师的批改方式，也推动了学生个性化学习的实现。当前学生个性化学习需求越来越强烈，传统教育“一刀切”的教学模式，难以满足每个学生的个性化学习需求。借助判判智能作业批阅一体机，教师根据作业正确率对学生进行分层，从而推送适合其水平的作业，确保学生在适当难度的挑战下稳步提升。个性化的作业设计不仅提高了学生的学习效率，还让学生能够在自我驱动的学习过程中感受到更大的成就感。上海市西延安中学的应用表明，该技术可无缝衔接课前预习、课中互动与课后巩固环节，确保学生在适当难度的挑战下稳步提升。

3. 重构家校协同模式，提升家长参与度

判判智能助教机器人的一大创新是其在家校协同中的应用。传统的家校沟通存在信息壁垒，家长难以及时掌握孩子在校的学习情况，而学校也难以获取家庭教育的配合。判判智能助教机器人通过实时同步学生的学习进度、作业成绩和知识掌握情况，让家长可以随时掌握孩子的学习状态。家长可通过系统查看学生的作业表现，并根据教师提供的分析报告进行有针对性的辅导。借助数字化手段，家长能更精准地参与孩子的学习过程，与学校形成合力，共同促进学生成长。

从判判智能助教机器人的应用实例可见，AI 技术正在重构作业评价的底层逻辑。AI 不仅提升了作业评价的智能化水平，更通过数据驱动优化教学策略，实现了人机协同的教育生态。AI 并非取代教师，而是成为教学的辅助工具，在保留教师教学主导权的同时，提高教学决策的科学性。

（三）AI 技术应用于作业评价的优势与挑战

尽管 AI 在作业评价中展现出了诸多优势，但在实际应用中依然面临一些不可避免的挑战。

其优势主要体现在以下方面。①有助于提升效率，减轻教师负担。教师无需再耗费大量时间进行重复性工作，可将更多精力投入教学设计与学生辅导。②有助于减少主观偏差，确保评价公正。AI 系统能够根据标准化的评分模型进行作业评分，能够避免因教师个人情绪、疲劳或偏好导致的评分不一致问题，确保作业评价的公正性与一致性。③提供及时反馈，促进学习调整。AI 系统能够即时生成作业评分和反馈，学生无需长时间等待，有助于及时发现问题并调整学习策略。④促进个性化学习，针对性提高。AI 可根据学生的作业表现分析其学习薄弱点，并推荐相应的补充练习，帮助学生精准突破知识短板。

就目前面临的挑战而言，一方面，技术的局限性仍然是一个不可忽视的问题。AI 虽然在批改标准化题目和某些作文方面取得了较高的准确率，但在处理复杂的开放性问题时，仍然难以准确评估学生的创造力和思维深度。另一方面，数据隐私问题仍需关注。AI 作业评价系统需要收集大量的学生数据，这可能涉及隐私风险，如何平衡数据应用与隐私保护成为重要议题。

AI 技术在作业评价领域的应用，为教育带来了前所未有的创新。AI 作业自动批改不仅减轻了教师负担，也提升了学生的学习体验。然而，AI 技术在作业评价方面的普及仍面临技术、隐私等方面的挑战。随着 AI 技术的进步和教育管理体系的完善，AI 将在教育领域发挥更加重要的作用，推动教育模式的变革和质量提升。

二、AI 赋能智能题库构建的应用实例

智能题库作为智慧教育的重要组成部分，正逐步成为教育教学改革的核心工具之一。它不仅能够提升题目生成的效率和准确性，还能根据学生个体差异提供个性化学习支持，优化教学评估，从而推动教学质量的提升。借助智能题库，教师能够更加精准地掌握学生的学习情况，制订更加有效的教学方案，实现教育的个性化与精细化发展。

（一）智能题库的概述

智能题库通过 AI、大数据、自然语言处理等技术，构建起一个全面、动态且个性化的题库管理和应用平台。其核心功能包括题目生成、智能组卷、自动评测、数据分析等。与传统题库相比，智能题库不仅具备了更高效的题目生成和管理能力，还能基于学生的答题表现、学习进度和知识掌握情况，提供个性化的题目推荐和反馈，帮助学生实现精准学习。智能题库为教师减轻了作业批改和题目设计的负担，也为学生提供了更加灵活、定制化的学习体验。

（二）AI 技术在智能题库中的应用

成都市成华区华青学校（以下简称华青学校）通过“精准作业”系统的实践，验证

了智能题库在优化作业设计、提升教学效率中的关键作用。主要体现在以下方面。

1. 自动化题目生成与精准组卷

在传统教学中，教师通常需要手动整理和设计大量试题，这一过程耗时费力且易受主观影响。而智能题库依托大数据和自然语言处理技术，能够从教材和课程内容中自动提取关键信息，生成多种类型的题目。华青学校依托成华智慧云平台，利用“精准作业”系统实现了自动化题目生成与精准组卷。首先，快速生成符合学情的试题。根据学生的知识掌握情况和学习水平，自动匹配适宜的题目，确保试卷的难度合理。其次，智能组卷，提高出题效率。教师可以在平台上自定义考试目标，系统自动组合适合的题目，形成试卷，大大减少人工筛选和编辑的工作量。最后，精准适配，优化教学。智能组卷系统能依据班级整体水平和个体差异，调整题目难度，让试卷既具有区分度，又符合不同层次学生的学习需求。

2. 个性化推荐与智能评测

智能题库能够基于学生学习数据进行个性化推荐，让每个学生都能针对自身薄弱环节进行精准训练，同时通过智能评测系统实现即时反馈，提高学习效率。在华青学校的应用中，智能题库的优势体现在以下方面。一是因材施教，个性化推题。“精准作业”系统能够分析学生在不同知识点上的得分情况，自动推送相应的练习题，强化巩固薄弱环节。二是实时评测，提升学习反馈。学生完成作业后，“精准作业”系统自动批改并生成反馈报告，指出错误原因，提供解析，并推荐相似题目进行复习。三是动态调整难度，促进渐进学习。“精准作业”系统依据学生的答题情况调整题目难度，确保学生始终处于“可接受挑战”的学习区间，提升学习体验。例如，针对学生在数学学习中反复出错的知识点，该系统会自动识别并推送额外练习，并结合 AI 批改反馈，使学生在巩固知识的同时，提高解题能力。

3. 智能分析与数据驱动教学决策

智能题库不仅能生成题目和评测学生，还能够通过大数据分析，为教师提供精准的学情报告，优化教学策略。华青学校的“精准作业”系统在此方面的实践主要包括以下方面。一是学生知识掌握情况分析。该系统通过学习数据分析，生成学生在不同知识点上的掌握度报告，帮助教师发现共性问题。二是班级整体学情监测。教师可通过该系统查看班级整体知识掌握情况，识别学习短板，调整教学计划。三是个性化教学优化。该系统可根据学生错误率较高的知识点，提醒教师在课堂上进行针对性讲解和练习。例如，在某次数学考试后，教师可以直接在系统中查看哪些知识点是全班的薄弱点，并调整下一阶段的教学内容，使教学更加高效精准。

（三）AI 技术应用于智能题库的优势与挑战

AI 技术在智能题库中的应用具有显著的优势，但实际操作中，在技术发展、基础设施建设和教师数字素养等方面仍然面临一些挑战。

AI 技术在智能题库中的优势显而易见。其一，提高了教学效率，减轻了教师负担。AI 自动组卷、批改和数据分析，将教师从重复性工作中解放出来，使其专注于教学优化和个性化辅导。其二，提升了学习效果，精准定位学习问题。智能题库能根据学生的答题情况，动态推荐适合的练习题，帮助学生高效复习，提高学习成绩。其三，促进了个性化教育，有助于实现因材施教。通过 AI 分析学生的学习路径，智能题库可以制订个性化学习计划，提供精准化学习资源，提高学习体验。其四，有助于推动数据驱动教学决策，优化课堂教学。AI 提供的数据报告能够帮助教师精准掌握学情，优化教学策略，提高教学针对性。

尽管 AI 智能题库的应用带来了诸多好处，但在实际推广过程中仍面临一些具体问题。首先是技术精度的问题。AI 系统的智能化程度和数据分析能力可能受限于当前技术的发展，导致题目推荐或评测结果的精准度不足，无法完全满足不同学生的需求。其次是基础设施建设的问题。智能题库的推广依赖于学校的数字化设备和网络环境，资源不足的地区难以全面应用。最后是教师数字素养提升的问题。教师需具备一定的 AI 工具操作能力，才能充分发挥智能题库的作用，为此需要对其开展针对性的培训。

AI 技术在智能题库中的应用使教学更加精准化、个性化和高效。通过自动化题目生成、智能评测和数据分析，智能题库不仅减轻了教师的工作负担，也为学生提供了更科学、高效的学习方式。尽管仍面临技术成熟度、基础设施和教师培训等问题的挑战，但随着 AI 技术发展进步，智能题库将在未来教育改革中扮演更加关键的角色，在助力教育质量提升和教育公平的实现上发挥着越来越重要的作用。

三、AI 赋能选题系统的应用实例

科研选题作为学术研究的起点，其质量直接影响研究的价值与影响力。然而，传统的选题方式依赖研究者的个人经验和有限的文献调研，往往存在信息获取不全面、选题方向不精准等问题。AI 技术的引入改变了这一现状，以选题宝为代表的智能选题系统，通过大数据分析、智能推荐、自动评估等功能，大幅提升了选题系统的智能化水平，使选题过程更加科学高效。

（一）选题宝系统概述

选题宝是一款基于大数据分析的科研选题服务系统，专为学术研究人员提供科研选题、学术态势分析、投稿分析等功能。该系统利用深度学习与智能推荐算法，帮助学者精准发现高价值的研究方向，评估选题的可行性，并匹配合适的学术资源。

（二）AI 在选题系统中的应用场景

选题宝通过大数据分析和智能推荐，极大地提升了学者在选题、科研写作、数据分析等环节的效率和精准度。

1. 智能推荐选题

选题宝通过大数据分析自动推荐科研选题。系统会对海量科研文献、课题指南和立项数据进行深度挖掘，并结合学科热点、学术趋势等因素，为学者提供高质量的选题建议。其核心优势在于以下几个方面。①精准匹配研究兴趣。系统可以基于学者的历史研究数据、发表记录和学术领域，智能推荐与其研究方向高度契合的选题。②实时更新学科动态。系统动态跟踪最新科研趋势，确保推荐的选题具有前瞻性和学术价值。③提供多样化选题建议。系统通过提供多种不同角度的研究主题，避免学者陷入研究视野局限，提高选题创新性。

2. 评估选题价值

选题宝不仅能推荐选题，还能从学术影响力、研究资源可获得性、研究难度等多个维度对选题进行量化评估，为学者提供数据支持。选题宝不仅能进行学术影响力分析，预测选题的潜在引用率和研究影响力，评估其是否具有重要学术价值；还能开展研究可行性评估，分析选题所需的数据、实验条件和技术成熟度，帮助学者选择合适的研究方向。与此同时，还具备进行创新性评估的能力，通过对比现有文献，判断选题的新颖程度，避免重复研究，提高学术贡献度。

3. 分析学术态势与梳理科研脉络

分析学术态势是选题宝的另一大核心功能。借助 AI 技术，选题宝可对特定研究领域的学术脉络和发展趋势进行深入挖掘，帮助学者全面了解研究现状并预测未来方向。在热点趋势分析方面，AI 可自动提取热门研究主题，揭示学术领域的发展脉络，辅助学者选择最具潜力的研究方向。在文献引用网络分析中，AI 可通过文献间的引用关系，展示各研究主题的关联性，帮助学者厘清学科发展脉络。在时间线分析中，AI 可自动整理某一领域的研究进展，展示该研究主题的历史演变过程，为选题提供时间维度的参考。

4. 协助科研写作与论文投稿

除了选题发现与分析，选题宝还在科研写作和论文投稿方面提供了智能辅助。在科研写作方面，选题宝可基于论文主题，自动生成写作框架，推荐相关文献，帮助学者快速构思论文结构。同时，还能协助开展投稿期刊匹配，选题宝可根据选题和写作风格，匹配合适的学术期刊或会议推荐论文投稿。通过分析学术期刊的用稿偏好和领域覆盖，帮助学者找到最匹配的投稿目标。节省投稿时间的同时，在一定程度上提高了论文发表的成功率。

5. 展示科研绘图与研究框架

科研绘图是选题宝提供的另一项 AI 应用，帮助学者可视化研究思路，提高科研计划的直观性与逻辑性。通过技术路线图，帮助学者展示研究方法与实验设计，提高研究的可执行性。通过研究框架图，帮助学者理清研究内容与逻辑结构，优化论文组织。这对于科研团队合作尤其重要，通过科研绘图，团队成员能够更加清晰地理解整个研究过程的各个环节，促进团队内部的高效协作。

（三）AI 赋能选题系统的优势与挑战

AI 通过大数据分析和智能推荐等功能，提高了选题精准度、研究效率和学术创新，优化了科研资源配置。然而，算法的准确性、公正性及数据质量等问题仍需解决。

AI 在选题系统中的应用具有多方面的核心优势。首先，提升了选题的精准度。AI 通过大数据分析和智能推荐算法，为学者提供个性化、精准化的选题建议，从而避免了人工选题的盲目性和偏差。其次，提高了研究效率。AI 能够自动化评估选题价值，帮助学者发现最具潜力的研究方向，从而优化科研资源的配置，节省大量时间。再次，推动了学术创新。AI的学术态势分析功能能够帮助学者发现前沿研究方向，推动学术创新与发展。最后，提升了科研工作整体效能。AI辅助的写作和投稿分析功能，不仅能够提升科研人员的写作效率，还能提高论文发表的效率和质量。

尽管 AI 在选题系统中的应用具有显著优势，但面临的挑战也不可忽视。首先，AI算法的准确性和公正性仍然是一个重要问题。如何确保AI推荐的选题能够反映学术的真正需求，而非仅仅基于数据的模式匹配，是需要解决的核心问题。其次，数据质量与获取也是一个重要挑战。选题系统依赖大量高质量数据，但获取、整理和分析这些数据仍面临技术与伦理难题。最后，学者对AI选题的接受度也不尽相同。传统科研选题习惯依赖研究者的个人经验，而AI推荐的选题方式仍需被学术界广泛接受和验证。

AI通过智能化的数据分析和决策支持，提高了科研选题的精准度和效率，为学术研究提供了更加科学、高效的选题方式。选题宝等AI系统在选题推荐、价值评估、学术态势分析与科研脉络梳理、科研写作与论文投稿协助、科研绘图与研究框架展示等方面发挥了重要作用，推动了学术研究的智能化发展。未来选题系统将在提高选题精准度、优化科研资源配置、推动学术创新等方面发挥更大作用，助力科研工作迈向智能化、精准化、高效化的新阶段。

第三节　智慧教研案例

学术研究对创新性和高效性的要求与日俱增，而研究者在论文撰写和课题申报过程中，往往面临资料搜集烦琐、研究效率低、创新思维受限等诸多挑战。那么，AI技术能否成为科研创新的有力助手呢？本节围绕 AI 大模型在论文撰写和课题申报中的实际应用，探讨其如何优化科研流程，辅助学者提升研究效率，同时探寻学术伦理和AI辅助研究的边界问题。

一、AI大模型辅助论文撰写

随着AI技术的迅猛发展，AI大模型已经成为学术研究的重要辅助工具。ChatGPT、Claude、Gemini、DeepSeek 和 Qwen 等 AI 大模型凭借强大的自然语言处理能力，在文献综述、论文结构优化、语言润色和数据分析等方面展现出巨大潜力，极大提升了论文撰写的效率与质量。同时，这也带来了数据可靠性、学术诚信和技术依赖等一系列挑战。

（一）AI大模型在论文撰写中的应用场景

AI大模型能够全过程辅助学术论文的撰写，为研究者节省时间、优化论文质量。以下是其在学术论文撰写中常见的几个应用场景。

1. 文献综述与信息整理

文献综述是论文的重要组成部分，要求研究者全面梳理已有研究，并提炼关键信息。AI大模型通过自然语言处理技术，能够快速扫描海量文献，提取出与当前研究相关的信息，并生成初步的综述文本。最新的研究表明，DeepSeek 和 Qwen 等模型在处理文献综述时，能够提供高质量的文本总结，尤其在特定学科领域，AI 可生成更具深度和针对性的综述分析。以 Qwen2.5-Max 为例，AI 大模型在文献分析中展现出更强的原始性和逻辑性，有助于研究者深入理解研究现状。

2. 论文框架构建与内容规划

论文通常由引言、方法、结果、讨论等部分构成，结构清晰至关重要。AI 大模型能够根据研究者输入的主题或关键词，自动输出建议的论文框架结构，并为每个部分提供内容提示。通过 AI 大模型提供的结构化建议，研究者能够更容易地规划论文的整体布局，确保各个部分有机结合、逻辑清晰。GPT-4 和 DeepSeek V3 等 AI 大模型能够基于研究问题推荐合适的研究方法、实验步骤及核心论点，使论文结构更具逻辑性，避免内容松散或重复。

3. 数据分析与结果呈现

数据分析是许多学科研究论文的核心部分，AI 大模型可自动选择合适的分析方法，处理数据并生成可视化结果，如统计图表和数据趋势分析。以 DeepSeek V3 和 Qwen2.5-Max 为代表的 AI 大模型在数学建模、数据分析及编程任务中表现突出，帮助研究者快速完成数据处理，提高科研效率。

4. 语言润色与学术规范优化

论文要求语言精准、严谨且符合规范，AI 大模型在语言润色方面具有显著优势。AI 大模型能够通过语法检查、拼写校对、句式优化等功能，帮助研究者提高论文语言质量，确保符合学术写作规范。最新研究发现，DeepSeek 和 Qwen 模型在语言润色时展现了较高的准确性，特别是在长句和复杂结构的简化方面，有助于提高论文的可读性和学术性。

（二）AI 大模型在论文撰写中的核心优势

AI 大模型凭借其强大的数据处理和语言生成能力，逐渐成为研究者重要的辅助工具。它不仅能够提高写作效率，还能优化论文质量，并拓展学术视野。

1. 显著提高写作效率

AI 大模型能够帮助研究者快速完成文献综述、数据分析、图表制作等工作，减少研究者的重复劳动。尤其是 Qwen2.5-Max 和 DeepSeek V3 在学术写作中生成的内容质量高且细节丰富，极大提高了研究者的工作效率。研究人员可以通过 AI 获得初步的文本建议，并进一步修改，使写作过程更加高效。

2. 提高论文质量与严谨性

AI 大模型通过提供结构化的写作框架、语言润色和学术规范建议，帮助研究者提高论文的语言质量、逻辑性和严谨性。尤其是 DeepSeek V3，在数学、编程及特定领域的论文撰写中表现出色，且在语义相似度检测上能与原文保持较高的一致性。此外，AI 大模型还能根据特定期刊或会议的要求，自动调整论文的格式和风格，提高投稿成功率。

3. 拓展研究者的学术视野

AI 大模型可以快速检索全球范围内的最新研究成果，帮助研究者了解前沿动态，拓宽学术视野。AI 大模型基于关键词生成相关领域的研究综述，提供不同学术观点的比较分析，使研究者更全面地理解研究主题。特别是开源 AI 模型，如 Qwen 和 DeepSeek，已成为全球研究人员的重要工具。

4. 降低学术写作的学习门槛

对于新手研究者而言，AI 大模型作为高效的学习工具，能够帮助其迅速掌握学术写作规范、结构要求及引用格式等，在一定程度上降低了学术写作的入门门槛，使科研写作更加高效。

（三）AI 大模型在论文撰写中的局限性

尽管 AI 能显著提升学术写作效率，但它仍存在一定的局限性，研究者应理性使用，避免潜在风险。

1. 数据可靠性存在一定风险

AI 大模型的训练数据虽然覆盖面广，但仍可能包含未经验证的信息。在学术写作中，引用不准确或错误的信息可能导致学术不端问题。特别是在文献综述时，部分 AI 生成的内容可能包含错误或不准确的信息，因此，研究者在使用 AI 进行文献综述时，需要一一手动核查引用及其来源的真实性。

2. 逻辑推理能力具有一定局限

尽管 AI 大模型在自然语言处理方面表现优异，但在复杂学术推理和创新性思维方面仍存在局限。AI 可能会生成表面上合理但缺乏逻辑依据的论述，或在复杂理论分析中出现理解偏差。因此，研究者不能完全依赖 AI 进行学术推理，而应结合自身的专业知识进行判断和调整。

3. 不同程度的学术诚信与伦理问题不可规避

AI 在论文撰写中的广泛应用还引发了学术伦理争议。尤其研究者如果直接使用 AI 生成的文本可能涉及学术不端问题。此外，一些学术期刊和会议已经明确规定不得使用 AI 生成的内容作为主要研究成果。因此，研究者在使用 AI 辅助写作时，应严格遵守学术规范，确保原创性，避免学术不端问题。

4. 可能存在过度依赖 AI 的风险

随着 AI 在学术写作中的应用日益普及，如果研究者长期依赖 AI 进行论文写作，可能导致其自身学术思维和分析能力下降，最终影响其长期的学术发展。因此，在使用 AI 工具的同时，研究者应保持批判性思维，确保自身对研究内容的深入理解和掌控。

总的来说，AI 技术正在深刻改变学术写作方式，为研究者提供高效的辅助工具。然而，合理利用 AI，保持学术严谨性，仍是未来研究者必须关注的核心问题。随着 AI 技术不断进步，如何在科研实践中更好地融入 AI，将成为学术界持续探讨的重要议题。

二、AI 大模型辅助课题申报

课题申报是学术研究中的重要环节，不仅关系到研究的立项，还直接影响到后续研究的实施效果。传统的课题申报过程，往往涉及大量烦琐的工作，如文献调研、方案设计、数据分析、学术写作等，耗时耗力。如今，随着 AI 技术的迅猛发展，AI 大模型在文献检索、研究目标精准定位、方案设计、数据分析等方面具有独特优势，大幅提高了课题申报的效率和质量。但其在实际应用中也面临一系列的挑战，需要研究者加以权衡和解决。

（一）AI 大模型赋能课题申报的应用场景

AI 大模型通过强大的数据处理和语言理解能力，在课题申报的各个环节中得到了广泛应用。其应用场景主要集中在以下几个方面。

1. 在选题确立过程中精准定位研究方向

确定课题的研究目标和创新点是课题申报的核心。AI 大模型能够快速分析海量学术文献，帮助研究人员精确地定位当前学科领域的研究空白和发展趋势。例如，AI 大模型可以基于大量相关领域的研究成果，分析现有研究的局限性和未解决的问题，进而提出潜在的研究方向。同时，AI 大模型可以借助自然语言生成技术，优化研究目标的表述，使其更加精准、易懂。此外，AI 大模型还可通过识别领域内的最新研究趋势，为研究人员提供多个可行的研究方向和目标，帮助他们在课题申报中突出研究的创新性和前瞻性。

2. 在文献梳理过程中高效检索与整合

文献梳理是课题申报的基础环节。在传统研究中，研究人员需要花费大量时间精力来搜索、阅读、总结相关领域的文献。然而，AI 大模型能够通过强大的自然语言处理能力，帮助研究人员高效地进行文献检索与整理。通过输入关键词，AI 大模型可以自动搜索并筛选出相关文献，提取文献摘要、关键词、研究方法和结论等关键信息，并进行分类总结。这不仅能帮助研究者更快地掌握领域内的研究现状，还能挖掘可能被忽视的研究空白，为申报书提供更有力的理论支撑。

3. 在方案设计过程中优化研究路径

课题方案撰写是课题申报书的关键部分之一，涉及研究方法、技术路线、实施步骤和预期成果的设计。AI 大模型能够通过对大量课题申报书和研究设计的分析，并结合研究目标和领域特点，自动生成研究框架和实施步骤，帮助研究者规划课题的执行过程。例如，对于复杂的实验设计，AI 可以根据相似研究选择最佳实验方案和数据分析方法，确保研究的可行性和科学性。此外，AI 大模型还能够根据课题实施的具体要求，辅助制定合理的预算和时间安排，使申报书更加完整规范。

4. 在申报书写作过程中优化语言

撰写课题申报书要求用语专业、精准。AI 大模型在自然语言处理领域的优势使其能够在课题申报书的写作过程中起到至关重要的作用。AI 大模型可以自动优化句子结构，纠正语法和拼写错误，提高文本的流畅度和可读性。同时，它还能根据学术写作的标准，提供专业术语和格式排版建议，帮助研究人员确保课题申报书符合学术写作的规范要求。此外，AI 大模型还能模仿高质量的学术写作风格，使申报书更具说服力和竞争力。

（二）AI 大模型辅助课题申报的优势

AI 大模型辅助课题申报的优势在于能够提高申报效率、优化资源配置，并为研究者提供数据支持和智能分析，帮助他们更精准地制订研究方案。

1. 省时高效，减少重复劳动

传统的课题申报涉及大量高强度、重复性工作，如文献搜集、方案设计、语言润色等。AI 大模型的应用可以有效提升这些环节的工作效率。通过自动化文献检索、方案生成、语言优化等操作，AI 大模型能够帮助研究人员节省大量时间和精力，使他们能够更专注于研究的创新性和深度。

2. 提升课题申报书的整体质量

AI 大模型不仅能提升写作效率，还能优化文本质量。AI 大模型能够辅助研究人员在撰写过程中遵循学术规范，使用正确的术语和表达方式，避免低级错误。同时，根据前人的研究成果提供创新性建议，使研究方案更加科学合理。在课题方案设计方面，AI 大模型能够借鉴已有成果，匹配合适的研究方法和技术路线，使研究者能够更科学地规划课题的实施步骤和预期成果，规避常见错误，增强申报书的可读性和说服力。

3. 促进跨学科研究，拓展研究视角

AI 大模型的强大还在于其在跨学科研究方面的优势。在许多交叉学科领域，课题申报书需要综合多个学科的知识和研究方法。AI 大模型通过对不同领域的学术文献和研究成果进行分析，能够为跨学科课题提供综合性的解决方案。研究人员可以借助 AI 大模型推荐的跨领域知识，灵活进行学科交叉与融合，为课题申报提供更多的创新元素。

（三）AI 大模型辅助课题申报的挑战

在辅助课题申报的过程中，AI 大模型尽管带来了诸多便利，但也面临着数据质量、创新性保障，以及技术接受度等多方面的挑战。

1. 数据质量与模型准确性存在一定风险

AI 大模型的效果取决于其训练数据的质量。如果数据质量不高或数据样本不足，AI 生成的内容可能会出现错误或误导性的结论。尤其是在某些新兴学科或冷门学科中，现有的数据样本可能不够完整和精准，则会影响 AI 的判断。为此，研究人员在使用 AI 的过程中，需要对 AI 生成的内容进行人工筛选和校对，确保内容的准确性。

2. 生成内容存在同质化问题，缺乏一定的创新性

AI 大模型的优势在于信息整理与分析，但其生成的内容又存在不同程度的模板化和同质化问题，尤其是在创新性要求较高的课题申报中。过度依赖 AI 可能导致课题的创新性不足，降低课题申报的竞争力。因此，研究人员应将 AI 视为辅助工具，而非创作工具。AI 可以帮助提供参考和框架，但最终的创新性与研究目标仍然需要研究人员自己进行思考和设计。

3. 技术接受度不一，学习成本较高

虽然 AI 大模型为课题申报提供了高效的解决方案，但对于部分研究人员，尤其是传统学科的学者来说，接受和掌握 AI 技术可能存在一定的难度。为此，高校和科研机构

应加强 AI 技术的培训与普及，帮助研究人员掌握这一技术，提高其在课题申报中的应用能力。

AI 大模型在课题申报中的应用，能够极大地提升申报效率，提高申报质量，并为跨学科研究提供支持。然而，AI 并不能完全取代研究者的创造性思维，数据质量、创新性保障和技术应用能力仍然是关键挑战。因此，合理利用 AI 大模型，结合人类的学术思考，才能真正发挥 AI 的优势，推动学术研究的高质量发展。

第四节 智慧教育教学管理案例

教育教学管理涵盖政策制定、资源配置和监督执行等多个环节，过程复杂且环环相扣。在这一背景下，如何实现科学决策、高效管理与精准服务，成为当前亟待研究的核心课题。AI 技术的引入，为教育教学管理注入了新的活力。它不仅推动了教育教学管理的智能化，优化了资源配置的效率与公平性，也在教育教学政策评估和监督执行中展现出了强大的辅助功能。本节将通过具体实践案例，深入剖析 AI 技术在教育教学管理各个层面的应用方式，帮助教育从业者更清晰地理解其潜力，并借鉴其中的成功经验，以切实推动智慧教育教学管理的落地与发展。

一、教育教学管理智能化实例

随着信息技术与教育教学的深度融合，传统教育教学管理模式因数据分散、评价滞后、督导方式粗放等问题，难以满足新时代“三全育人”[①]的需求。面对这一挑战，西安交通大学以问题为导向，研发并完善了教育教学质量实时监测大数据平台，提出“精准采集、精准评价、精准督导、精准帮扶”的“四精模式”，探索出一条教育教学管理智能化的新路径。

（一）精准采集构建全维度教育教学管理数据生态

教育教学管理智能化的核心在于数据的精准采集与高效整合。西安交通大学通过技术创新与制度协同，构建了覆盖教学全过程的实时数据采集体系，实现了教育教学管理的数字化转型。

1. 多源数据整合与实时采集

为解决传统人工管理模式的数据孤岛问题，西安交通大学教育教学质量实时监测大数据平台整合了教务处、教师教学发展中心、学生处等 11 个部门的 14 个业务系统数据，涵盖 57 类数据。同时，平台借助自主研发的“物联网+云计算”技术，实现了师生身份绑定的精准数据采集，可实时采集全校年均 6028 门次第一课堂数据（包括师生互动文本、视音频、评教等）及学生成长第二课堂数据，累计年数据总量约 6PB[②]，形成了一个全口

---

① “三全育人”即全员育人、全程育人、全方位育人。

② PB，即 petabyte，拍字节。

径、全覆盖的教育大数据资源池。

2. 确保数据安全与隐私保护

在数据应用过程中，西安交通大学采用物理层与应用层角色绑定的访问控制技术，确保数据的安全性与隐私性。平台通过数据脱敏和权限分级管理，防止敏感信息泄露。自 2011 年运行以来，截至 2020 年，平台累计采集超 6.1 亿条数据，日采集量超 130 万条，未发生一起数据泄露或滥用事件，充分保障了数据的安全性与可信度。

（二）精准评价破解课堂教学质量评估难题

传统教学评价往往存在主观性强、指标单一、反馈滞后等问题，难以全面衡量教学质量。西安交通大学依托大数据技术，构建了分类分层、动态反馈的精准评价体系。

1. 设计多维指标分类评测

针对不同类型课程的特点，平台将课堂划分为理论课、体育课、艺术课、医学见习课、实验课五大类，并分别设计教学态度、教学内容、教学方法、教学效果、教学秩序五大维度的评价指标（图 9-7）。例如，理论课侧重知识体系的逻辑性与前沿性，而医学见习课则强调临床操作的规范性。通过自然语言处理、深度学习和模式识别等技术，平台从 4 亿多条数据中提取出反映教学质量的细粒度特征，如学生抬头率、师生互动频次、课堂问题类型等，为教学质量评估提供精准依据。

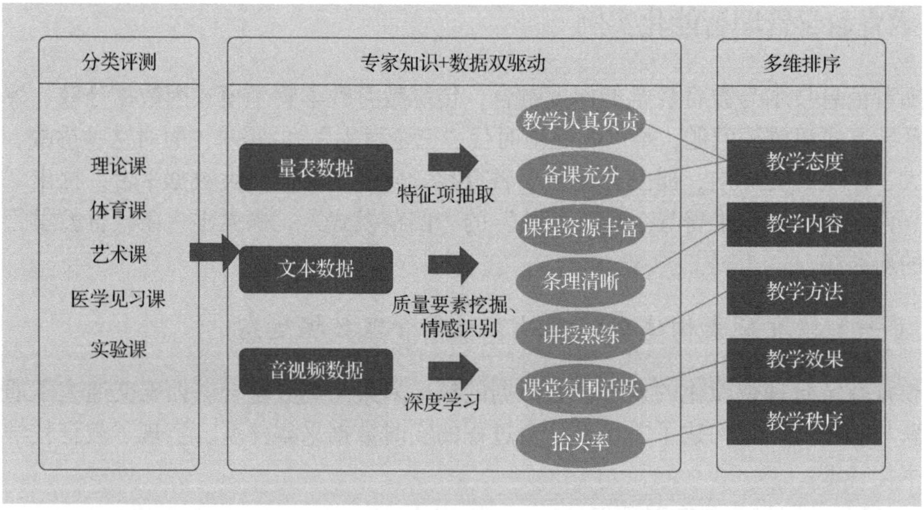

图 9-7 西安交通大学教育教学质量实时监测大数据平台介绍

2. 动态优化评价及时反馈

平台采用“分类评测—多维排序—结果融合”方法，并通过权重自适应调整算法，动态优化评价结果。以教师评价为例，据学校统计，之前教学评价的优良率高达 97%，无法真实反映教学水平差异。引入大数据平台后，教学评价结果呈现正态分布，排名后 1%教师的申诉率从 2012 年的 16.67%降至 2020 年的 0.00%，评价信度显著提升。

（三）精准督导打造闭环式教学质量保障机制

教育教学管理智能化不仅依赖数据，还需建立与之匹配的高效督导机制。西安交通大学通过校、院、系三级联动，形成了“评价、引导、反馈、提高”的督导闭环。

1. 线上线下督导协同运作

督导团队可实时调阅课堂视频、学生评教数据及教师教学档案，通过线上回看与线下听课结合，精准识别问题课堂。例如，该校一名首次承担基础课教学的专业教师因照本宣科被学生多次反馈，督导组通过视频回放确认问题后，安排教学名师与其结对帮扶，该教师教学能力逐年上升，帮扶后，该教师教学评价从 68 分提升至 90 分以上。

2. 针对重点群体靶向干预

针对新入职教师和评价排名后 1%的教师，学校实施递进式帮扶策略。新入职教师需通过 4—8 节试讲考核，并接受持续跟踪指导；评价排名后 1%教师则需参加“回炉培训”，经专家会诊后重新试讲。2014 年以来，截至 2020 年，206 名评价排名后 1%教师经帮扶后，重返课堂教学效果评价优良率达 97%。此外，学校通过“精彩课堂评选”等活动，成功培育了 612 名教学骨干。

（四）精准帮扶助力学生全面发展

教育教学管理智能化的终极目标是促进学生全面发展。西安交通大学借助数据画像与精准预测，构建了覆盖学业、心理、经济等多维度的帮扶体系。

1. 精准识别学业预警，尽早干预

平台基于学业、社团、社交、消费、上网、作息等 6 个维度特征生成学生画像，精准识别学业困难与行为异常个体。例如，曾有一名本科生因经济压力计划放弃读研，平台精准预测后，学校及时提供专项资助，帮助其顺利完成学业。2011 年以来，截至 2020 年，学校累计帮扶学生 1.3 万余人次，学生到课率从 2011 年的 74.18%增长到 2020 年的 97.14%，不及格人数比例从 2012 年的 18.51%下降到 2020 年的 7.57%。

2. 精准识别经济困难，及时资助

通过分析消费金额、恩格尔系数、家庭经济状况等 26 项指标，平台可动态识别受助学生，并推荐合理的资助方案。新生入学前，学校通过数字迎新系统提前锁定经济困难学生，开通“绿色通道”并持续提供“七位一体”（奖、助、贷、补、勤、免、偿）资助。此外，学校还通过“西迁精神新传人培育计划”等举措，提升经济困难学生的综合素质与社会责任感。

西安交通大学的教育教学管理智能化探索，以数据为驱动、制度为保障、服务为目标，通过技术赋能与管理创新，实现教育教学质量的全面提升。平台不仅解决了数据采集碎片化、教学评价主观化、管理方式粗放化等传统难题，还通过精准化、个性化的管理服务，实现了教师教学能力与学生成长发展的双向提升，为高等教育数字化转型提供了可复制、可推广的范式。

二、AI 赋能教育教学资源调配实例

随着 AI 技术的迅猛发展及教育数字化转型的不断推进，如何借助智能化手段实现教育教学资源的高效配置，已成为提升教育教学质量和实现教育公平的关键课题。作为智慧教育教学的先行者，重庆巴蜀小学通过研发“学·教小助手”智能教学平台，积极探索教育教学资源智能化配置路径，推动了课堂教学与学校管理的深度融合与智能化升级。

（一）教育教学资源调配的背景

传统教育教学管理模式中，教育教学资源配置常受到时间、空间及人员等因素制约，造成资源分布不均、教学效率低下、个性化教学难以落实等问题。教师备课耗时长、教学内容难以精准匹配学生需求，进一步制约了资源潜力的充分释放。AI 技术凭借其强大的数据处理与实时分析能力，能够精准识别各教育教学环节中的资源需求，动态调整和优化教育教学资源配置，从而实现教育教学过程中资源的动态调配和个性化服务。

（二）智能化教育教学资源调配实践

作为教育数字化转型的代表学校，巴蜀小学致力于破解教育教学资源利用效率不高、资源分配缺乏个性化及公平性保障等问题，通过“学·教小助手”赋能教育教学资源管理，取得了显著成果。

1. 构建“中央厨房式”数字资源库

巴蜀小学通过“学·教小助手”平台，建立了以“中央厨房”为核心的教育教学资源集中研发模式。该模式实现了资源整合、共研共享和动态更新。首先，学校整合了小学多学科、各学段的全套资源 32 000 多个，并通过平台实现了对这些资源的标准化和模块化管理。教师可以通过平台快速找到符合教学大纲要求的各类资源，显著提升备课效率。其次，巴蜀小学还组建了一个由学科组、资深教师和技术人员组成的资源研发团队，确保开发的教学案例和课程资源符合最新的课程标准。共研共享的模式使得每位教师都能受益于集体智慧，同时资源质量也得到了保障。最后，为了保证教学内容的时效性和科学性，学校定期依据教学反馈和课程改革的要求及时调整资源内容，保障了资源库持续优化与迭代更新。

2. 提升教师数字素养，推进个性化教学

为了充分发挥“学·教小助手”平台的优势，巴蜀小学着力提升教师的信息化能力和数据解读能力。学校通过定期组织信息技术应用和大数据分析的培训，帮助教师掌握如何有效利用平台进行备课、课堂互动及个性化教学。教师不仅学会了如何使用平台提供的各类资源，还能够根据学生的不同需求调整教学方法，实现因材施教。同时，教师还能通过平台数据，及时获取学生的学习行为反馈，以发现学生在学习过程中遇到的困难并迅速做出教学调整。此外，教师还能通过对这些数据的分析，了解学生的学习进展，灵活调整教学策略，从而实现更加精准的教学。这不仅提高了课堂互动性和有效性，还有助于为每个学生提供个性化学习资源。

3. 推动校际共享，实现城乡教育均衡

巴蜀小学在教育教学资源调配方面，积极推动校内外、城乡之间的优质资源互通。首先，学校依托云平台，构建了跨校资源共享机制，将优质教育教学资源辐射到区域内其他学校，支持资源相对薄弱地区的教学。其次，学校还通过线上协同平台，推动教师之间的跨区域经验交流和专业成长。通过远程视频讲座和线上教研活动，不同学校的教师可以共同探讨教学方法和教育理念，从而共同提升教学水平。最后，巴蜀小学还与教育部门密切配合，结合区域教育均衡发展的政策要求，探索智慧教育在更大范围内的普及与落地。

（三）AI 赋能教育教学资源调配的优势与挑战

巴蜀小学通过智慧教育平台，展现了 AI 技术在教育教学资源调配中的诸多优势。首先，个性化服务能力强。平台能够精准分析学生的学习数据，推荐契合其需求的教学资源，实现真正意义上的个性化教学。其次，有助于提升教师工作效率。教师通过平台能够简化备课流程，增强课堂互动，将精力更多聚焦于教学本身。再次，有助于促进教育公平的实现。跨校、跨区域的资源共享使得巴蜀小学的优质教育教学资源能够惠及更多学校，特别是教育教学资源较为匮乏的农村学校，从而缩小城乡教育差距。最后，有助于优化教学决策。平台能够实时监测教学进程，及时提供数据反馈，辅助教师和学校管理者优化教学策略和管理决策，进一步提高教学质量和学校管理水平。

尽管如此，巴蜀小学在智慧教育的实践也面临若干挑战。首先，教师的信息技术应用能力参差不齐，部分教师在数据分析与平台操作中存在障碍，影响平台应用效果。其次，平台的技术稳定性和数据安全性至关重要，平台出现技术问题可能会影响教学质量。最后，尽管学校通过平台实现了跨区域资源共享，但不同学校在资源使用习惯与管理模式上的差异可能制约共享成效。

巴蜀小学的智慧教育探索不仅验证了 AI 技术在教育教学资源调配中的应用潜力，也为全国范围内的智慧教育发展提供了宝贵经验与可复制路径。

三、AI 赋能教育治理实例

教育数字化转型是一场深刻而持久的变革。随着 AI 技术与教育治理的深度融合，教育政策的制定、实施与效果评估正经历着系统性重构。如何提升政策决策的科学性、促进资源配置的公平性、增强教育系统的韧性，仍然是教育治理面临的核心挑战。2025 年 1 月，北京师范大学发起建设的人工智能与教育规划国际联合实验室（Lab of AI Governance and Planning in Education，AI-GPE Lab）发布了其首个研究成果——教育政策与规划 AI 智能体（Education Policy and Planning AI Agents，EduPX），这一创新系统为推动 AI 在教育治理中的应用、提升数字教育领导力、规范 AI 治理行为提供了全新路径。

（一）EduPX 赋能教育治理的应用场景

EduPX 具备多维度分析与科学评估、多语言适配支持、全流程政策服务辅助、高质量政策数据支持、结果透明性与高可信度，以及个性化智能反馈等核心特征。目前主要应用于政策精准检索和解读、政策知识问答、跨国政策分析和评估、智能辅助政策撰写和文本优化，以及数据驱动的政策趋势预测等多个教育治理场景。

1. EduPX在教育政策制定中的应用

教育政策的制定往往面临着海量政策文档的检索、解读和比较等难题。依赖传统人工分析方法不仅效率低下，而且容易受主观偏差影响。EduPX作为一款专注于教育政策与规划的AI智能体，通过精准检索和多维度分析功能，有效提升了政策制定的科学性与准确性。其多语言适配支持系统打破了语言壁垒，使政策研究具备更广阔的国际视野，助力决策者全面了解各国教育政策，借鉴全球经验。平台还内置政策效果评估模型，可基于政策目标、实施路径与历史数据，提供量化参考，为政策制定者提供预判性数据支撑，提升决策的合理性与前瞻性。

2. EduPX在教育政策实施中的应用

在政策实施阶段，EduPX 通过"智能撰写+动态反馈"的组合形式，助力政策执行的高效推进。在政策文本撰写方面，EduPX基于自然语言处理与生成技术，能够自动草拟政策文本，并结合本地教育需求进行个性化优化，确保语言规范、逻辑严密、目标清晰。在执行过程中，平台提供实时监测与反馈机制，动态采集政策执行数据，分析教育环境变化，提出精准优化建议。此外，EduPX还提供全流程政策服务辅助，从政策草拟、修订、实施到后期追踪，全链条提供智能支持，提高政策实施的响应性与精度。

3. EduPX在教育政策效果评估中的应用

EduPX在政策评估环节同样展现出其独特价值。平台基于多维教育数据（如学生学业表现、教师绩效、教育资源分布等），构建数据驱动的评估模型，实现政策效果的精准量化，通过预测建模技术，可评估政策的中长期影响趋势，为政策优化与再设计提供参考。此外，EduPX还提供跨国政策分析与评估功能，帮助教育管理者从国际化视角对比和评估不同国家的教育政策，借鉴国际实践经验，优化本国政策。评估过程中，EduPX强调结果的透明性与可信度，通过系统化的数据分析与科学评估，确保评估结果公正客观，为政策调整和改进提供强有力的证据基础。

（二）EduPX赋能教育治理的挑战

尽管EduPX在教育政策制定、实施与效果评估中展现出了巨大的潜力，但也面临一些现实挑战。首先，教育政策的数据质量和完整性直接影响AI系统的评估结果。AI系统的判断严重依赖高质量数据。若政策数据存在缺失、不一致或偏差，将直接影响评估结果的准确性与系统输出的可信度。其次，AI技术的应用需建立在数据隐私与伦理安全的基础上。在分析涉及学生与教师的敏感信息时，如何保障数据隐私与网络安全，是推进AI教育治理必须严格关注的关键问题。最后，教育政策的成效受社会文化、政治环境等非结构化因素影响显著。如何将这些因素纳入模型分析，以避免过于单一的数据导向，是EduPX未来需要突破的瓶颈之一。

AI，尤其是EduPX这样专为教育治理打造的智能体，正在深刻改变教育政策的制定与实施逻辑。借助精准检索、智能撰写、多维评估与跨国比较等功能，EduPX提升了政策治理的科学性与智能化水平，为建设高质量、可持续的教育治理体系注入了强劲动能。

展望未来，随着 AI 技术持续迭代和教育数据生态不断完善，EduPX 有望成为全球教育政策研究与治理的核心工具，推动教育治理体系向更加智能、精准、公平与全球协同的方向迈进。

四、AI 赋能教育教学监督实例

教育教学监督作为保障教育质量的关键环节，正随着教育数字化转型的浪潮，迎来前所未有的变革。传统的督导方式因人工巡检效率低、线上线下割裂、信息统计滞后、数据分析能力弱，以及反馈周期过长等问题，已难以满足当前高等教育高质量发展的现实需求。对此，西安电子科技大学率先打造了“两端一体化”智能督导系统，将 AI 技术与教育教学监督深度融合，创新性地破解了传统督导在听课方式、数据采集与分析、评价反馈等方面的种种痛点。

（一）“两端一体化”精准对接分级管理需求

基于“督导端-管理端”的双端架构设计，西安电子科技大学构建了分级分权的智能监督体系。督导端服务于一线专家，提供便捷、智能的课堂巡查工具。专家可借助校园 3D 建模导航快速定位教室，实时查看授课实况、学生表现与课件内容等多维教学场景，还可调用教学大纲与智能评价功能，对课堂进行深度分析。而管理端则面向校级与院系管理者，通过可视化驾驶舱实时呈现教学全貌，包括课堂质量评估、异常教学预警和督导进展追踪等关键指标。同时，系统根据不同用户角色（如督导专家、院系领导、校级管理者）设定个性化权限和操作界面。督导专家可自主制订个性化巡课计划，系统则基于教师发展档案、课程历史评价等数据智能推荐重点关注对象。管理人员可通过可视化面板实时监控各院系督导覆盖率、评价及时率等关键指标，实现督导资源的动态调配。

（二）线上线下融合实现全景式教学督导

智能督导系统突破物理空间限制，通过对接学校录播系统与教务数据，实现线上线下一体化监督。对线下实体课堂，依托智慧教室的多机位摄像系统，可同步采集教师授课、学生互动、板书呈现等全景画面。对线上教学，则通过直播流媒体技术实现全流程监控，督导专家可实时观察师生在线互动情况，系统可自动记录教学过程中的屏幕共享、语音交流等数字痕迹。此外，系统还创造性地开发了课后点播与延时评价功能，督导专家可根据个人时间安排，对课堂视频进行倍速播放、关键帧标记、多课程对比等深度分析，并在特定时间戳添加评语，生成结构化评价报告，这显著提升了督导工作的灵活性与深度。

（三）多源数据融合增强教学评估的广度与深度

智能督导系统通过对接课程教学大纲，详细列出了课程的教学内容、教学目标及评估方式等核心信息，同时还对接了教师教学档案、科研档案及获奖档案。督导在观看授课视频时可以同步浏览课程的相关信息和教师的专业背景，这不仅提升了评价效率，也拓宽了评估视角，帮助督导专家对课程质量进行更全面、多维的判断。同时，系统借助课程知识图谱，将零散的知识点构建成结构化的认知网络，直观展示课程知识点的分布与逻辑关系，辅助专家对教学重点、难点及其呈现方式做出精准判断，进而对教学效果进行可视化分析。

（四）大数据驱动打造AI引领的评价新范式

智能督导系统不仅具备强大的监控功能，更致力于教学质量评价模式的革新。首先，系统融合了图像识别与人体姿态分析等AI技术，能够实时分析教师授课状态与学生的课堂表现，如识别教师的面部表情、互动频率，以及学生的到课率、抬头率与注意力状态等，为专家提供可信的客观数据支撑。其次，系统结合语音识别与自然语言处理技术，自动切片课堂语音内容，提炼关键信息并生成热词标签，使督导专家可快速定位授课重点、讨论热点。再次，系统还可辅助生成课堂摘要、识别教学节奏，全面提升评价的效率与精度。最后，系统还引入了AI辅助下的“双督导”机制，多维度交叉验证教学过程与成效，提高评价的客观性与可信度。通过量化数据与智能算法的深度融合，逐步推动教学质量评价向标准化、可追踪、可改进的方向发展。

智能督导系统以AI为核心引擎，实现了对传统课堂与线上课堂的全天候、全方位监管。借助智能硬件与算法分析的协同效应，系统不仅能够即时捕捉课堂动态，还能对师生行为进行深度解读，并将关键指标转化为量化数据。这不仅为督导专家提供了精准的评价依据，也为校方管理者构建了一个可持续优化的决策平台。随着多模态大模型等前沿技术的不断发展，教育监督将进一步迈向智能诊断、个性化指导与预测性干预的新阶段，最终形成“人机协同、数据驱动、持续改进”的教育质量保障新生态。

随着AI技术的不断发展，其在教育领域的应用已经不仅限于教学工具的辅助功能，而是逐步引领了教育模式的创新与变革。本章通过多个实践案例，展示了AI如何赋能智慧课堂、教育评价、教学研究，以及教育教学管理的各个环节。尤其在教育公平性、教学质量提升和个性化学习的推动上，AI技术展现了巨大的潜力。尽管在应用过程中仍面临技术依赖、师资适应、个体差异精准识别等挑战，但随着技术不断迭代和教育者的不断探索，AI无疑将在未来教育中扮演愈加关键的角色。面对这场深刻变革，教育者、管理者和研究者应积极拥抱技术，深入思考如何更好地利用AI优化教育教学管理，共同推动教育质量的跃升与教育生态的重构。

思 考 题

1. 请结合实例，简述AI如何通过基础教育“双师课堂”模式促进教育公平性，并解决优质教育资源的分配问题。

2. AI在作业评价系统中的应用如何帮助提升教学效率和评价公正性？请结合具体案例进行说明。

3. 请结合自己的实际，简述AI大模型如何辅助开展教研。

4. 请结合实例，简述在教育治理方面如何发挥好AI的重要作用。

第十章

AI赋能教育教学的社会责任

知识框架

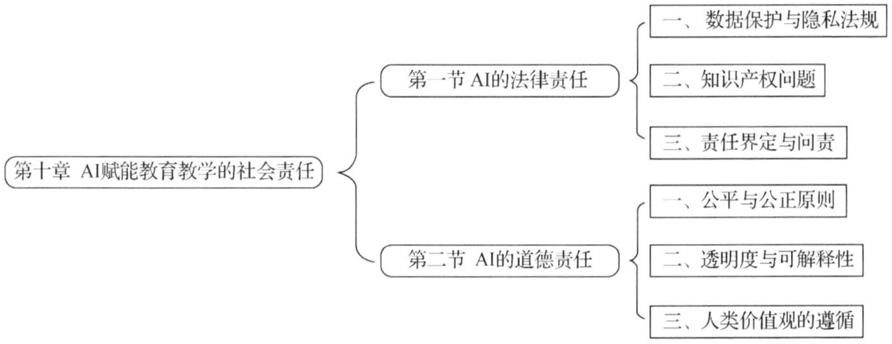

在前面的章节中，我们已经探讨了AI对教师发展、教育理论、教学模式改革、教学评价等的运用和影响。AI在教育中的应用，不仅为传统教育教学模式带来了革新，更在悄然间重塑着教育的生态格局。从智能辅导系统到个性化学习路径的推荐，从自动化评分系统到虚拟实验环境的构建，AI正以其独特的技术优势，为教育公平、效率与质量的提升开辟了新的可能。

然而，技术是一把双刃剑，在带来好处的同时，也产生了诸如数据安全、隐私保护、算法偏见、技术滥用、教育资源不均等问题，这不免会引发社会各界对其运用过程中存在的潜在风险与产生的社会责任的关注。由于这些问题涉及法律、道德和安全等多个层面，因此探讨AI赋能教育教学的社会责任，不仅关乎技术的健康发展，更关乎教育的未来走向与社会的整体福祉。

众所周知，教育本身承担着知识传递、人格塑造、文化传承和社会公平调节等多层功能，教育的过程蕴含着深厚的人本因素，如注重师生感情、人文关怀、主观价值判断等。而AI作为一种工具，执行的是制造者先行植入的命令，或称为算法，具有一定的预设性、机械性和不可变通性，当AI成为教育的技术载体时，其工具理性与教育的价值理性必然产生复杂的交互作用。某教育科技公司2025年数据显示，67%的学生认为AI教师“更博学”，但83%的学生仍渴望人类教师的个性化关怀[①]。因此，AI赋能教育教学

---

① 《师范生的困局：AI 教师崛起撕裂传统师范体系》，https://baijiahao.baidu.com/s?id=1824737010721552510&wfr=spider&for=pc，2025年2月22日。

过程中产生的社会责任问题，本质上便是 AI 的技术工具属性与教育的人本性、公共性之间的博弈。

基于此，在解决 AI 赋能教育教学过程中产生的社会责任问题时，就必须遵循教育规律与技术伦理的双重逻辑。本章将从法律、道德两个方面剖析 AI 在教育教学运用过程中的社会责任问题，并针对问题提出相应的解决方案和建议。

第一节　AI 的法律责任

构建负责任的 AI，其中一个很重要的方面就是将 AI 的发展纳入法律规范的范围之内，防止其野蛮发展，在发挥 AI 对社会积极影响的同时，最小化其潜在的负面影响。本节探讨的是 AI 的法律责任问题，即在 AI 系统的设计、开发、部署和使用过程中，因系统行为或输出导致损害时，相关主体应当承担的法律责任。目前，在 AI 的法律责任方面，比较突出的问题体现在数据保护与隐私法规、知识产权问题、责任界定与问责等。接下来，我们将围绕上面这三个突出问题，结合教育应用场景，从立法和司法实践等角度展开论述。

一、数据保护与隐私法规

数据保护与隐私是信息安全领域的核心概念，数据保护是指通过一系列流程、技术和措施，确保数据免受非法或未经授权的访问、使用、泄露、损坏或丢失。而数据隐私关注的是个人信息的保密性，以及个人对自身信息如何被收集、存储、使用和共享的决定权。

AI 算法依赖于大数据，这些数据不仅包含个人的一般信息，还包含个人的敏感信息，这就给数据隐私和安全带来了巨大风险。在 AI 赋能教育教学的进程中，数据保护与隐私法规的遵守不仅是技术应用的基础，更是实现教育公平与正义的重要保障。因此，探讨 AI 系统在数据处理中应遵循的法律法规，确保数据的合法性和安全性，成为 AI 赋能教育教学的核心议题之一。

（一）数据保护与隐私法规的重要性

在 AI 应用领域，对数据和隐私的保护已是世界的共识，欧盟相继颁布了《数据治理法案》（Data Governance Act，DGA）、《数字服务法》（Digital Services Act，DSA）等法案，强调要规范大型平台责任，要求算法透明化和用户隐私保护等。美国也相继颁布了《加州隐私权法案》（California Consumer Privacy Act，CPRA）、弗吉尼亚州《消费者数据保护法》（Consumer Data Protection Act，CDPA）、《科罗拉多州隐私法》（Colorado Privacy Act，CPA）等。2022 年 6 月美国国会还讨论了《美国数据隐私和保护法案》（American Data Privacy and Protection Act，ADPPA），试图建立全美范围内的数据隐私和保护法律。2024 年 9 月 5 日，欧盟、美国、英国等多个国家和组织签署了《AI 与人权、民主和法治框架公约》，旨在确保 AI 系统符合人权、民主和法治原则。

我国也高度重视数据保护和个人信息安全问题，《中华人民共和国宪法》第三十八条明确规定“中华人民共和国公民的人格尊严不受侵犯。禁止用任何方法对公民进行侮辱、诽谤和诬告陷害”。《中华人民共和国民法典》第一百一十一条规定“自然人的个人信息受法律保护。任何组织或者个人需要获取他人个人信息的，应当依法取得并确保信息安全，不得非法收集、使用、加工、传输他人个人信息，不得非法买卖、提供或者公开他人个人信息”。在第一千零三十二条、一千零三十四条和一千零三十五条中还特别对个人敏感信息（隐私）的保护进一步明确规定，严禁任何组织或个人实施刺探、侵扰、泄露、公开他人个人敏感信息（隐私）等行为。在宪法和基本法做出保护规定的同时，我国还陆续出台了《中华人民共和国网络安全法》《中华人民共和国个人信息保护法》等国家层面的法律法规 8 部（表 10-1），《人工智能生成合成内容标识办法》等国家及相关部委政策 13 部（表 10-2），《关于开展网络安全服务认证工作的实施意见》等行业属性规范要求 9 部（表 10-3），《北京市数字经济促进条例》等地方性数据安全条例 12 部（表 10-4），《上海市公共数据开放实施细则》等国家、地方数据安全规范、指南及标准 14 部（表 10-5），这些作为宪法和民法典的配套规范性文件，为 AI 在数据处理中的合法合规提供了明确的法律依据。这些法律法规、规范性文件的颁布实施，为 AI 系统在各领域的数据处理划定了红线，确保了数据处理的合法性和规范性。

表 10-1　国家层面法律法规

序号	文件名称	实施时间	发布机构	主要内容概述
1	《中华人民共和国网络安全法》	2017 年 6 月 1 日	全国人大常委会	明确网络安全基本原则，规范网络运营者义务。明确要求网络运营者对其收集的用户信息严格保密，并建立健全用户信息保护制度
2	《中华人民共和国数据安全法》	2021 年 9 月 1 日	全国人大常委会	规范数据处理活动，保障数据安全
3	《中华人民共和国个人信息保护法》	2021 年 11 月 1 日	全国人大常委会	保护个人信息权益，规范个人信息处理活动。细化个人信息的处理规则。明确个人信息处理者的义务和责任，包括遵循合法、正当、必要的原则，公开处理规则，并采取技术措施保护信息安全
4	《网络数据安全管理条例》	2025 年 1 月 1 日	国务院	规范网络数据处理活动，保障数据安全，保护个人、组织合法权益，维护国家安全和公共利益，对网络数据实行分类分级保护，加强个人信息保护和网络数据跨境安全管理，明确网络平台服务提供者义务等
5	《关键信息基础设施安全保护条例》	2021 年 9 月 1 日	国务院	保障关键信息基础设施安全
6	《中华人民共和国反电信网络诈骗法》	2022 年 12 月 1 日	全国人大常委会	预防和惩治电信网络诈骗
7	《网络安全审查办法》	2022 年 2 月 15 日	国家互联网信息办公室等十三部门	规范网络安全审查工作
8	《公共安全视频图像信息系统管理条例》	2025 年 4 月 1 日	国务院	规范公共安全视频系统管理，保护数据安全

表 10-2 国家及相关部委政策

序号	文件名称	实施时间	发布机构	主要内容概述
1	《人工智能生成合成内容标识办法》	2025 年 9 月 1 日	国家互联网信息办公室、工业和信息化部、公安部、国家广播电视总局	落实对人工智能生成内容的标识义务，细化此前相关法规对生成式人工智能和深度合成内容标识的要求
2	《国家网络身份认证公共服务管理办法》	2025 年 7 月 15 日	中华人民共和国公安部等六部门	推进网络身份认证服务
3	《关于加强智能网联汽车有关测绘地理信息安全管理的通知》	2024 年 7 月 26 日	自然资源部	规范智能网联汽车数据管理
4	《会计信息化工作规范》	2025 年 1 月 1 日	财政部	规范数字经济环境下的会计工作
5	《粤港澳大湾区（内地、澳门）个人信息跨境流动标准合同实施指引》	2024 年 9 月 10 日	国家互联网信息办公室等三部门	规范个人信息跨境流动
6	《工业和信息化领域数据安全管理办法（试行）》	2023 年 1 月 1 日	工业和信息化部	加强工业和信息化领域数据安全管理
7	《工业领域数据安全能力提升实施方案（2024—2026 年）》	2024 年 2 月 23 日	工业和信息化部	提升工业领域数据安全能力
8	《工业领域数据安全标准体系建设指南（2023 版）》	2023 年 12 月 19 日	工业和信息化部、国家标准化管理委员会	构建工业领域数据安全标准体系
9	《电信和互联网行业数据安全标准体系建设指南》	2020 年 12 月 17 日	工业和信息化部办公厅	指导电信和互联网行业数据安全管理
10	《数据出境安全评估办法》	2022 年 9 月 1 日	国家互联网信息办公室	规范数据出境活动，保障数据安全
11	《汽车数据安全管理若干规定（试行）》	2021 年 10 月 1 日	国家互联网信息办公室等五部门	规范汽车数据安全管理
12	《自然资源领域数据安全管理办法》	2024 年 3 月 22 日	自然资源部	明确自然资源领域数据安全管理要求
13	《云计算服务安全评估办法》	2019 年 9 月 1 日	国家互联网信息办公室等四部门	规范云计算服务数据安全管理

表 10-3 行业属性规范要求

序号	文件名称	实施时间	发布机构	主要内容概述
1	《通信网络安全防护管理办法》	2010 年 3 月 1 日	工业和信息化部	规范通信网络安全防护
2	《电话用户真实身份信息登记规定》	2013 年 9 月 1 日	工业和信息化部	规范电话用户信息登记
3	《网络产品安全漏洞管理规定》	2021 年 9 月 1 日	工业和信息化部等三部门	规范网络产品安全漏洞管理
4	《车联网网络安全和数据安全标准体系建设指南》	2022 年 2 月 25 日	工业和信息化部办公厅	指导车联网数据安全管理

续表

序号	文件名称	实施时间	发布机构	主要内容概述
5	《加强工业互联网安全工作的指导意见》	2019 年 7 月 26 日	工业和信息化部等十部门	推动工业互联网数据安全管理
6	《网络产品安全漏洞收集平台备案管理办法》	2023 年 1 月 1 日	工业和信息化部	规范漏洞收集平台备案
7	《关于开展网络安全服务认证工作的实施意见》	2023 年 3 月 15 日	国家市场监督管理总局等四部门	推动网络安全服务认证
8	《金融数据安全　数据安全分级指南》	2020 年 9 月 23 日	中国人民银行	规范金融数据安全管理
9	《银行保险机构数据安全管理办法》	2024 年 12 月 27 日	国家金融监督管理总局	强化银行保险机构数据安全管理

表 10-4　地方性数据安全条例

序号	文件名称	实施时间	发布机构	主要内容概述
1	《上海市数据条例》	2022 年 1 月 1 日	上海市人大常委会	规范数据处理活动，促进数据要素市场发展
2	《深圳经济特区数据条例》	2022 年 1 月 1 日	深圳市人大常委会	规范个人数据保护、公共数据管理、数据要素市场培育和数据安全监管，保障数据权益，促进数据开放流动和开发利用，推动数字经济发展
3	《北京市数字经济促进条例》	2023 年 1 月 1 日	北京市人大常委会	促进数字经济健康发展
4	《江苏省数据条例》	2025 年 4 月 1 日	江苏省人大常委会	规范数据安全管理，促进数据依法有序自由流动
5	《浙江省公共数据条例》	2022 年 3 月 1 日	浙江省人大常委会	明确公共数据安全管理要求
6	《江西省数据应用条例》	2024 年 3 月 1 日	江西省人大常委会	强调数据安全管理，确保数据应用安全
7	《湖北省数据应用条例（草案）》	未定（草案还在征求意见）	湖北省人大常委会	明确数据安全管理要求
8	《湖南省数据应用条例（草案）》	未定（草案还在征求意见）	湖南省数据局	明确数据安全管理要求
9	《广西壮族自治区大数据发展条例》	2023 年 1 月 1 日	广西壮族自治区人大常委会	明确数据安全管理要求
10	《山东省大数据发展促进条例》	2022 年 1 月 1 日	山东省人大常委会	强调数据安全管理
11	《黑龙江省政务数据管理暂行办法》	2025 年 1 月 6 日	黑龙江省人民政府办公厅	明确政务数据安全管理要求
12	《安徽省政务数据资源管理办法》	2021 年 3 月 1 日	安徽省人民政府办公厅	明确政务数据安全管理要求

表 10-5　国家、地方数据安全规范、指南及标准

序号	文件名称	实施时间	发布机构	相关内容概述
1	《上海市公共数据和一网通办管理办法》	2018 年 11 月 1 日	上海市人民政府	规范公共数据的采集、共享和应用，推动“一网通办”政务服务模式，保障公共数据安全
2	《上海市公共数据开放实施细则》	2022 年 12 月 31 日	上海市经济和信息化委员会、上海市互联网信息办公室	明确公共数据开放的流程、标准和安全要求，促进公共数据的合理利用
3	《深圳市政务信息资源共享管理暂行办法》	2015 年 10 月 22 日	深圳市人民政府	规范政务数据的共享机制，提升数据共享效率，保障政务数据的安全和合规使用
4	《北京市公共数据管理办法》	2021 年 3 月 1 日	北京市经济和信息化局	规范公共数据管理，明确公共数据的定义范围，规定各级部门应建立健全公共数据管理工作机制，制定公共数据的采集、汇聚、共享、开放和监督考核等数据管理流程的规则和制度
5	《上海教育数据管理办法（试行）》	2019 年 10 月 11 日	上海市教育委员会	规范教育数据采集管理，推动归集整合，保障数据安全，促进数据共享开放，发挥数据价值，并明确相关单位的职责和权力
6	《深圳市企业数据合规指引》	2023 年 9 月 11 日	深圳市人民检察院等	提供数据安全保护的具体指引，包括数据分类分级、安全评估、应急响应等内容，指导企业和机构落实数据安全措施
7	《数据交易安全评估指南》	2025 年 4 月 1 日	北京市市场监督管理局	规范数据流通交易市场安全有序发展，规定开展数据交易安全评估的评估方法、评估内容及指标体系、评估流程、评估报告编写及结果应用等内容
8	《公共数据安全分级指南》	2024 年 3 月 1 日	上海市市场监督管理局	指导公共数据的分类分级工作，明确不同级别数据的安全管理要求，提升数据安全管理能力
9	《公共数据安全要求》	2022 年 12 月 1 日	深圳市市场监督管理局	全面覆盖数据安全管理、技术及数据处理活动各环节，适用于公共管理和服务机构数据安全能力的建设、评估与监管，也适用于处理大量个人信息的服务平台数据安全能力的建设与评估
10	《网络安全标准实践指南——移动互联网未成年人模式技术要求》	2025 年 4 月 2 日	全国网络安全标准化技术委员会秘书处	规定了移动互联网未成年人模式的技术要求，适用于移动互联网应用程序提供者、移动智能终端制造商和移动互联网应用程序分发平台提供者开展未成年人模式的研发和应用，也可为监管部门、第三方评估机构对未成年人网络保护的监督、管理、评估提供参考
11	《数据出境安全评估申报指南（第三版）》	2025 年 6 月 27 日	国家互联网信息办公室	规范数据出境安全评估，保障数据跨境传输安全
12	《信息安全技术 个人信息安全规范》	2020 年 10 月 1 日	国家市场监督管理总局、国家标准化管理委员会	规范个人信息处理活动，保护个人信息安全
13	《数据安全技术 数据分类分级规则》	2024 年 10 月 1 日	国家市场监督管理总局、国家标准化管理委员会	规定了数据分类分级的原则、框架、方法和流程，给出了重要数据识别指南
14	《信息安全技术 网络安全漏洞管理规范》	2021 年 6 月 1 日	国家市场监督管理总局、国家标准化管理委员会	规范网络产品安全漏洞管理，保障网络产品安全

在 AI 赋能教育教学的应用过程中，数据保护与隐私法规的重要性不言而喻，其重要性表现在以下几个方面。一是保护个人隐私和权益。数据保护与隐私法规确保个人数据在 AI 应用中不被滥用或泄露，维护用户的基本权利和隐私安全。这些法规要求数据采集方需遵守采集最小必要性、用户知情同意、合理使用等原则，以防止个人信息，尤其是个人敏感信息被不当利用。二是建立信任与合规使用。遵守数据保护与隐私法规有助于增强用户对 AI 技术的信任，推动其更广泛的应用。同时，法规为数据采集方设定了明确的合规框架，避免因数据问题引发的法律风险和经济损失，保障教育教学活动的顺畅开展。三是促进数据安全与技术可持续发展。相关法规推动数据采集方采取加密、匿名化等技术手段保护数据安全，同时促进数据全生命周期的规范管理。这不仅保障了数据的合法使用，也为 AI 技术的可持续发展提供了伦理和法律基础。

（二）AI 赋能教育教学过程中的数据保护与隐私安全风险挑战

AI 的运行机制需要大量数据支撑其训练和运行，在教育教学过程中，AI 系统通常需要收集和处理大量师生的个人信息，如姓名、年龄、学号、成绩等，以实现提供个性化学习服务等目标。然而，这些信息一旦泄露或被滥用，将对师生造成不可估量的损害。可以说，这种风险性贯穿于数据采集、存储、使用、加工、提供、共享的整个过程。

1. 数据采集阶段的风险挑战

1）信息采集过度，违反最小必要原则

根据《中华人民共和国个人信息保护法》第六条的规定：“处理个人信息应当具有明确、合理的目的，并应当与处理目的直接相关，采取对个人权益影响最小的方式。”收集个人信息，应当限于实现处理目的的最小范围，不得过度收集个人信息，这便是最小必要原则。这一原则的适用需注意三个要点：其一，收集个人信息的类型应与实现教育教学活动目标有直接关联；其二，自动采集个人信息的频率应是实现教育教学活动目标所必需的最低频率；其三，间接获取个人信息的数量应是实现教育教学活动目标所必需的最少数量。

在我们的日常工作中，为使教育教学活动能顺利开展，通常需要采集师生的个人信息，如个人基本资料（姓名、性别、民族、电话号码等）、个人教育工作信息（如学历、教育经历、职业等）、个人通信信息（通信记录、短信、微信、电子邮件、通信录等）、网络身份标识信息（网络账号、IP 地址等）、个人上网记录，以及其他信息等。

除此之外，AI 教育系统还可能采集师生的个人敏感信息，如个人位置信息（手机定位信息、行踪轨迹、住宿信息等）、学习行为数据（如答题时长）、家庭背景信息（如经济状况）、个人健康生理信息（如个人病史、既往医治记录、传染病史等）、个人生物识别信息（指纹、声纹、虹膜、面部识别特征等）、个人身份信息（身份证、护照、驾驶证、社保卡等），以及其他信息（如宗教信仰等），如果稍不注意，便会超出教育教学的必要范围，违反最小必要原则。

2）未告知或者未经同意采集信息，违反告知-同意原则

告知义务是开展个人信息处理行为的基础义务。《中华人民共和国个人信息保护法》

第十七条明确规定了在个人信息处理行为开始前应当以显著方式、清晰易懂的语言真实、准确、完整地履行告知义务。在第十四条中又明确规定了被采集对象的同意必须是自愿、明确作出的明示同意，如自主作出肯定性动作，包括主动勾选、主动点击同意、主动填写或提供等明示授权的行为，被采集对象有选择不同意或撤回同意的权利。若个人信息的处理目的、方式和信息种类发生变更的，应该重新取得个人同意。在第二十三条、第二十五条、第二十六条、第二十九条、第三十九条中还规定了向第三方提供其处理的个人信息、公开个人信息、基于公共安全目的处理公共场所收集的个人图像或个人身份识别信息、处理敏感个人信息、向境外传输个人信息等五种情形须征得被采集个人单独同意。

在中小学的教育教学环境中，学生包含了大量的未成年人群体，对于未成年个人信息的采集，需要征得未成年人监护人的同意，但在现实的应用场景中，有些学校忽略了这个问题，在未告知家长的情况下便采集了学生的个人信息，或者在未核实家长是否同意，未核实家长授权的“签名”是否真实的情况下，仅凭学生提供的家长“签名”便认为已经尽到义务，进而产生侵权的风险。

与此同时，学校在教育教学过程中，使用摄像头、传感器等设备在学生未知的情况下收集数据，营造“监控化学习环境”，也可能违反告知-同意的原则。

2. 数据存储阶段的风险

1）缺乏安全意识导致的泄密风险

《中华人民共和国个人信息保护法》第十九条规定：“除法律、行政法规另有规定外，个人信息的保存期限应当为实现处理目的所必要的最短时间。”超出保存期限的，使用主体应当对个人信息予以删除或匿名化。具体的最短保存时间，应以各行业相关的法律法规规定为准。例如，《中华人民共和国网络安全法》中对网络日志类数据的保存期限要求至少六个月，《中华人民共和国电子签名法》中对认证相关信息的数据保存期限要求至少为电子签名认证证书失效后五年等。法律目前没有对教育领域采集数据的保存期限作出规定，但是教育机构、教师在存储和使用学生个人信息过程中亦应遵守最小必要原则，妥善保存和使用采集到的信息。然而，在现实中，还是有很多教育机构在信息使用结束后未及时删除或挪作他用导致了泄密。除此之外，因信息集中保存，未对不同类型的数据进行分类分级管理，如未对个人敏感信息采用加密存储、未将个人生物识别信息与个人身份信息分开存储等原因，导致一旦有人侵入系统，即会造成信息全部泄露。

2）缺乏安全能力导致的泄密风险

2023 年 8 月 16 日，“南昌网警巡查执法”官方号披露了一起高校数据泄露事件，涉案高校在开展数据处理活动中，未建立全流程数据安全管理制度，未采取技术措施保障数据安全，未履行数据安全保护义务，导致学校存储教职工信息、学生信息、缴费信息等 3000 余万条信息的数据库被黑客非法入侵，其中 3 万余条教职工、学生个人敏感信息数据被非法兜售。最终，该校被作出责令改正、警告并处 80 万元人民币罚款的处罚，对其主要责任人作出人民币 5 万元罚款的处罚。近年来，教育机构个人信息泄露事件频发，层出不穷的案例给我们敲响了警钟，当前，教育机构普遍缺乏专业安全能力，因存储系统设置的密码强度不够或未及时修复系统漏洞，会轻易遭受外部的技术攻击。外部的技术攻击可以对教育机构储存的数据带来诸多的危害，如篡改输入数据（如伪造作业答案）欺骗 AI 系统，导致评分错误或系统崩溃，或通过 API（application program interface，应用程序接口）查询推断训练数据内容，复原学生隐私信息等。另外，安全管理制度存在漏洞也会影响信息安全能力，如未设置管理权限，教师或管理员越权访问敏感数据（如心理健康记录），缺乏有效监控机制，导致数据泄露或不当使用。

3）使用第三方服务导致的泄密风险

学校等教育机构在集中采购使用第三方提供的管理系统、学习系统的时候，需要将教师、学生的个人信息交予第三方存储和使用，或者在使用云服务或外包数据分析时，第三方协议漏洞亦可能导致数据泄露。

3. 数据使用和加工阶段的风险

数据的使用和加工是指 AI 在采集个人信息后，根据采集目的对数据进行分析、处理等行为活动。在这个过程中，存在的数据和隐私风险主要体现在以下几个方面。

1）未去标识展示导致的风险

通过界面展示个人信息，如果未采取去标识化处理等措施，如使用*号代替个人信息，类似罗**、189****56**等替代用户的真实姓名和手机号码，或者对人脸等生物信息进行打码处理等，则会导致师生个人信息直接泄漏的风险。例如，在系统搜索的界面中，外部使用人通过搜索直接获取课程负责人、班级学生的姓名、学号、身份证号码、邮箱、手机号码等信息，便会给师生带来极大的风险。

2）超越授权范围或授权期限导致的风险

数据采集和使用需要严格按照被采集对象同意授权的使用范围和使用期限，在达到采集个人信息所声称的目的时，需停止使用或者删除数据，确因其他目的需要超范围使用个人信息的，须再次征得个人信息主体的同意。例如，收集学生的具体身份信息用于办理某项考试的报名，属于与收集目的具有直接或合理关联的范围，但如果教育机构因其他事项，如办理保险业务将该信息再次提供给第三方保险部门，则属超范围使用，应再次征得学生个人单独明示同意，否则属于超越授权范围或授权期限的使用，构成泄露个人信息的违法行为。

3）用户画像和自动化决策导致的风险

用户画像是 AI 为了实现教育教学活动的某种目的而对采集到学生的信息（如学习成绩、学习习惯、教育背景、个人兴趣爱好、课堂表现、行为习惯等）进行分析，并对其进行自动化处理使之形成个人特征模型的过程。教师可利用学生的用户画像所体现出来的个体差异，包括认知水平、学习能力、兴趣爱好、性格特点等，进行有针对性的差异化教学，而 AI 系统则能根据学生用户画像的差异进行个性化的信息推送，达到因材施教的教育教学效果。当然，AI 自身存在一些缺陷，包括在训练过程中可能存在的算法偏见与歧视（如对低收入家庭学生评分偏低、对成绩差的学生评分较低等），导致 AI 强化不公平，进而在决策的时候出现隐性歧视；或者出现"黑箱"决策，如对学生能力评估或分班建议缺乏透明度，学生难以质疑结果，损害教育公平等。与此同时，教育机构还应当注意，不得对未满十四周岁的未成年人使用用户画像进行个性化推送。

4. 数据提供和共享阶段的风险

实践中，教育机构采集到的数据除了自己使用之外，还会因各种原因需要与第三方进行共享，因此，数据提供和共享阶段对于教育机构来说同样充满各种风险。

1）因未约定或者约定不明导致的风险

在教育教学活动中，如果涉及需要与第三方机构共同使用数据、委托第三方处理数据时，需要明确约定好各方的权利和义务。

教育机构在教育教学活动中，经常要与其他单位或个人合作，如合作开展研学活动或者到其他单位开展实习、见习活动等，在这些活动中，往往涉及两个及以上主体共同使用学生信息，决定学生信息的处理目的和使用方式。在这种情形下，如果不签订合同或者在合同中未约定双方在信息采集、使用、处理中各自的权利和义务，则容易造成信息的泄露和不当使用，进而出现侵权的风险。按照《中华人民共和国个人信息保护法》的规定，在这种情形下，各方应当明确约定各自的权利和义务，对个人信息权益造成损害的，应承担连带责任。

教育机构在教育教学活动中需要委托第三方处理个人信息的，应与委托人约定委托处理的目的、期限、处理方式、个人信息的种类、保护措施，以及双方权利义务等，并对受托人的个人信息处理活动进行监督。受托人不得超出约定的范围处理个人信息，亦不得擅自转委托他人处理个人信息。双方委托关系解除时，受托人不得再存储相关个人信息。

2）违反数据提供和共享原则导致的风险

教育机构向第三方提供、共享或转让个人信息的，应当向被采集对象告知其处理目的、处理方式、个人信息的种类，以及可能产生的后果，同时还应告知数据接收方的名称、联系方式，并取得被采集对象的单独同意。数据接收方若在使用过程中变更了处理目的和方式，应当重新取得个人的同意。个人生物识别信息原则上不得共享和转让。若教育机构通过接入第三方 SDK（software development kit，软件开发工具包）服务与其共享信息，应向被采集对象明确产品或服务由第三方提供，并在隐私政策中详细具体地列出嵌入的 SDK 信息，如运营主体名称、产品类型、共享信息名称、使用目的、场景、第三方的隐私处理规则等。然而，在现实中，更多的是教育机构并未履行以上义务，当出现数据泄露、隐私曝光的时候，就会陷入侵权的风险之中。

5. AI 赋能教育教学过程中的数据保护与隐私安全风险的应对之策

通过上述分析，我们认识到了 AI 赋能教育教学过程中存在的数据保护与隐私安全风险，为应对以上风险，应做到以下几个方面。

（1）严格遵守数据保护与隐私法规，确保数据的合法性。作为教育机构，应全面深入学习相关法律法规，建立合规体系。教育机构可基于国家法律法规，制定详细的内部数据保护和隐私法规，明确规定数据采集的范围、用途、存储期限等工作流程（图 10-1），确保每个环节都合法合规；并可设立内部审计部门或委托第三方专业机构，定期对数据处理活动进行全面审计，及时发现潜在的合规风险，针对黑客攻击、内部人员误操作等不同风险场景制定详细的应急预案。

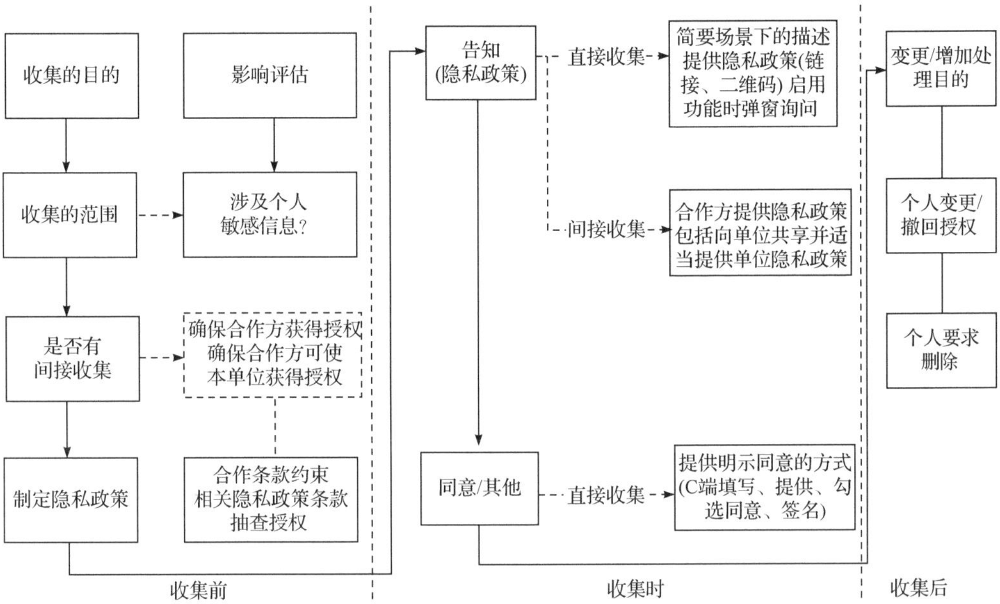

图 10-1 数据采集处理工作流程图

（2）加强技术建设，确保数据的安全性。AI 系统要设置访问控制与权限管理，要求师生在登录系统时提供密码、短信验证码、指纹识别等多种验证因素，并遵循最小化权限原则，根据岗位职责和工作需求，精确分配数据访问权限。例如，一线教师仅能访问所授班级学生的学习数据，而数据分析团队在进行整体学情分析时，只能获取经过脱敏处理的匿名化数据。另外，需要聘请技术专家采取更为安全的数据加密技术，增加传输、存储的安全级别，提升破解难度，预防外部的不法侵入。在数据采集和处理过程中，采用匿名化技术去除个人身份信息，对已采集的数据进行去标识化处理，使数据在分析和使用过程中难以还原到个人。

（3）建立专业的管理运营制度，确保数据的治理有序性。有条件的教育机构可以组建法务、技术、业务等多领域专业人员团队，明确各成员的职责和工作流程，如法务人员负责数据的合规审查，技术人员负责实施数据的技术保护，业务人员从实际应用场景出发提供需求和反馈等。没有条件的教育机构可以通过聘请专业人员或机构来实现。教育机构还应开展定期的数据保护与隐私法规培训，收集行业内的数据违规案例，增强合规意识。在选择合作伙伴和供应商时，应严格评估其数据保护能力，并在签订的合同中，约定双方在数据处理中的权利和义务，明确数据保护和隐私条款。

二、知识产权问题

随着 AI 技术的快速发展，其在教育领域的应用日益广泛，从智能辅导系统到个性化学习资源的推荐，AI 生成的内容已经成为教育教学不可或缺的一部分。然而，这些由 AI 生成的内容，如教学课件、习题、解析等，其知识产权归属及保护措施却常常处于模糊状态，这不仅可能引发侵权纠纷，还可能影响教育资源的共享与利用。

（一）明确 AI 生成内容的知识产权归属，是保护知识产权的第一步

在现行法律体系中，知识产权通常包括著作权、专利权、商标权等。对于 AI 生成的内容，其是否享有知识产权，以及知识产权的归属问题，存在着许多争议。

1. AI 生成内容的著作权归属

著作权，又称版权，认定著作权通常看下面三个要件。其一，主体要件。著作权的主体是作者，即创作作品的人。这里的作者不仅包括直接进行创作的自然人，也包括符合法律规定视为作者的法人或其他组织。其二，客体要件。著作权的客体是作品，即具有独创性并能以某种有形形式复制的智力创作成果，如文学、艺术和科学领域内的文字作品、音乐、戏剧、曲艺、舞蹈、杂技艺术作品、美术、建筑作品等。其三，内容要件。著作权的内容包括人身权和财产权。人身权包括发表权、署名权、修改权和保护作品完整权等，体现了作者对其作品的精神利益；财产权则包括复制权、发行权、出租权、展览权、表演权、放映权、广播权、信息网络传播权、摄制权、改编权、翻译权、汇编权等，涉及作者对其作品的经济利益。

AI 出现之后，其生成的内容是否具有著作权的问题对以上著作权的认定要件产生冲击，如 AI 是否能认定为“作者”？其生成的内容是否具有“独创性”？AI 能否拥有“人身权”和“财产权”？这些问题都成为认定 AI 生成内容是否具有著作权的争议焦点。

美国在《版权登记指南》中明确规定，只有“人类作者创作的作品”才能登记版权，亦即只有当作品由人类创作时，才能享有著作权保护。著作权保护的核心是要保护人类的智力劳动成果，著作权法的立法目的也是激励人类创作者的创新和创作热情，确保他们能够从自己的劳动中获得经济和精神上的回报。在司法实践上，美国首例 AI 生成作品的版权诉讼案“Thaler 诉美国版权局”①，由美国华盛顿特区巡回上诉法院于 2023 年 9 月作出裁决：“只有人类作者才能获得版权保护，AI 生成的作品不在保护范围内。”②，以司法判例的形式确认了上述规定的效力。

相对于美国的固守传统，英国则采取了更为开放的态度，英国 1988 年的《版权、设计和专利法》第 9 条第 3 款规定，对于计算机生成的作品，作品作者是为创作作品进行必要安排的人，也是作品版权的第一个所有者。2023 年 5 月，英国政府宣布对版权法进

---

① 2019 年，美国神经科学家和发明家 Thaler（塞勒）向美国版权局提交了“A Recent Place”的版权申请。该作品由 Thaler 开发的 AI 程序 DABUS（device for the autonomous bootstrapping of unified sentience，统一感知自动引导设备）创作，Thaler 在版权申请中将 DABUS 列为作者。美国版权局以作品必须由人类创作这一先决条件为由，拒绝了 Thaler 的版权申请。Thaler 随后向华盛顿特区联邦地方法院提起诉讼，要求推翻美国版权局的决定，主张应授予 AI 创作的作品版权，将版权归属于开发该 AI 的自然人。2022 年 8 月，美国华盛顿哥伦比亚特区联邦地方法院法官 Beryl Howell（贝里尔·豪厄尔）作出裁决，支持美国版权局的决定，认为只有人类创作的作品才有资格获得美国版权法的保护（一审判决详见 Thaler v. Perlmutter et al, No. 1:2022cv01564-Document 24（D.D.C. 2023））。Thaler 随后向华盛顿哥伦比亚特区巡回上诉法院提起上诉。2023 年 9 月 12 日，美国华盛顿哥伦比亚特区巡回上诉法院对案件作出终审裁决，驳回 Thaler 的上诉，维持一审原判。裁决指出，美国版权法明确规定，只有人类作者才能获得版权保护，AI 生成的作品不在保护范围内（上诉判决详见 Thaler v. Perlmutter, No. 23-5233（D.C. Cir. 2025））。

② “Thaler v. Perlmutter, No. 23-5233（D.C. Cir. 2025）”，https://law.justia.com/cases/federal/appellate-courts/cadc/23-5233/23-5233-2025-03-18.html，2025 年 3 月 18 日。

行全面审查，以适应数字时代的发展，其中包括对 AI 生成内容的版权保护问题进行探讨，探讨将 AI 生成的内容纳入著作权保护范围的可能性和在何种条件下可以将 AI 生成内容纳入版权保护范围。英国的法律界和学术界也在积极研究这一问题，试图找到一种既能保护 AI 生成内容又能平衡人类创作者权益的解决方案。

在我国，根据《中华人民共和国著作权法》的规定，作品的创作者享有著作权。然而，AI 生成的内容是否属于“作品”，以及其作品的“创作者”是谁，也仍然是存在争议的问题。

2019 年，北京互联网法院在北京菲林律师事务所诉北京百度网讯科技有限公司侵害署名权、保护作品完整权、信息网络传播权纠纷案一案①中的判决对解决以上两个问题具有一定的借鉴作用。北京互联网法院的判决明确了在现有的法律框架下，计算机软件智能生成的分析报告中的图形由于是数据直接决定的，因此不具备独创性，而分析报告中的文字部分虽然具有独创性，但是由于不是自然人创作的，因而不构成著作权法意义下的作品。但这并不意味着分析报告不享有任何法律权益，由于分析报告的产生凝结了软件研发者和软件使用者的投入，具备传播价值，所以应该赋予投入者一定的权益保护，以促进文化传播和价值发挥。

从上述案例中，我们可知，目前我国在立法和司法实践上均认为 AI 不能成为作品的作者，AI 生成的内容是机器运行生成的结果，不是自然人智力创作直接产生的成果，不属于著作权法保护的范围。当然，如果 AI 生成的内容背后包含着开发者、使用者的感情、想法、创意时，则其生成的内容虽无著作权，但亦有可保护的权利，这些权利主要是财产权，并且财产权应归属于有所投入的开发者或者使用者。如果自然人在 AI 生成内容的基础上进行了创作，则对其独创性表达的部分享有著作权。

在教学活动中，教师通常会使用 AI 生成授课内容、教学课件、授课视频、教材或试题库、在线教育软件等，这些内容如构成在文学、艺术和科学领域内具有独创性并能以某种有形形式复制的智力成果，则享有相应的财产权，受法律的保护。如果在 AI 自动生成内容的基础上再进行修改完善，则对于修改完善部分享有著作权。

根据《中华人民共和国著作权法》的一般规定，作品的著作权应归属于作者，如无特殊情况，著作权应归教师所有。但是由于教师的作品大部分需依托特定的教育机构或其他教育服务企业，作者可能为该等组织的员工或合作方，因此相关作品的著作权权属还需进一步考虑职务作品、委托作品等情形，不能一概而论。

就职务作品而言，根据《中华人民共和国著作权法》第十八条，教职人员及其他教学、科研人员作为教育机构或相关单位员工，在履行教学、科研等工作职责过程中利用 AI 技术创作的课件、教材等职务作品，其著作权原则上由作者享有。作者所在单位有权在其业务范围内优先使用该作品，且自作品完成之日起两年内，未经单位同意，作者不得许可第三方以与单位相同的方式使用该作品。在符合法律规定的特定情形下，若作品创作主要依托单位的物质技术条件且由单位承担责任（如在线教育平台开发、教辅材料

---

①《北京菲林律师事务所诉百度百家号著作权侵权案一审判决书》，https://www.ciplawyer.cn/articles/142045.html，2019 年 5 月 16 日。

出版等），或存在法律、行政法规特别规定及合同约定权属归单位时，该作品视为职务作品，著作权由单位享有。此时，作者仍保留署名权，并有权获得相应奖励。

就委托作品而言，遵循权属约定原则，即委托人与受托人可通过合同约定权利归属。若未订立合同或约定不明，著作权默认归受托人所有。当作品作者为教育机构外部第三方时，构成委托创作关系，权属应通过委托协议或合作合同明确约定；若无明确约定，著作权归属受托方（即第三方作者）。教育机构作为委托方，有权在约定范围内使用作品，或基于委托创作目的进行合理使用。

2. AI 训练或者生成内容使用他人作品的侵权问题

近年来，国外和国内出现一系列针对 AI 训练数据或者生成内容来源权属引发的著作权纠纷案件。例如，在国外，2023 年 12 月，《纽约时报》诉 OpenAI 未经许可大量使用其作品训练 AI 模型构成著作权侵权；2024 年 10 月，《华尔街日报》的母公司道琼斯公司和《纽约邮报》联合诉 Perplexity 通过复制两公司的作品训练其研发的大型语言模型，侵犯两公司的著作权。在国内，2024 年 1 月，上海新创华文化发展有限公司诉广州年光网络科技有限公司提供的 Chat Studio AI 绘画生成的奥特曼形象侵犯了其美术作品的著作权，要求该公司将涉案奥特曼语料从其训练数据集中删除。2025 年 1 月，北京爱奇艺科技有限公司诉 MiniMax（希宇科技）在 AI 模型训练及内容生成流程中涉嫌侵犯其著作权，要求 MiniMax 停止侵权并赔偿约 10 万元经济损失。

AI 生成内容的前提是经过大量数据的训练，目前 AI 大模型训练的数据主要来源于从第三方数据企业购买的数据、利用爬虫技术从公开渠道爬取的数据或者经过授权向用户采集的数据等。如果 AI 研发者在进行大模型训练时未经许可使用他人作品，就可能涉及著作权侵权纠纷问题。上述案件的判决结果将对 AI 使用造成颠覆性的影响，如果判决结果认定 AI 的使用者侵权，则后续 AI 模型的训练和使用将面临巨大的挑战，有可能出现无数据可用的窘况，或者将大大提高训练的成本，这对于 AI 的发展显然是不利的。尽管有人提出，AI 模型训练和使用数据属于“合理使用”的范畴，不构成侵权，但是从目前数据的使用目的来看，大部分仍属于商用性质，并不符合“合理使用”的情形，因此，如何平衡数据拥有方的权利、AI 训练方和使用方的权利，成为一个绕不过去的问题。

对于教育教学者而言，未经授权使用他人数据，不仅涉及侵权的问题，还涉及学术规范的问题。AI 可快速生成论文、报告甚至代码，可能被用于代写或拼接他人成果，那么，AI 生成的内容是否算“原创”？若 AI 参与论文写作或数据分析，是否需列为“合作者”？若 AI 生成内容存在错误、剽窃或伦理问题，责任应由使用者还是开发者承担？

从已有信息来看，教育机构对于师生使用 AI 生成内容的态度已从最初的严格禁止发展为现在的制定规则限制使用，如 2023 年初香港大学禁止学生使用 ChatGPT 等 AI 工具完成课程作业、评估等，但是当年 8 月就又宣布新学年会免费为师生提供多种生成式 AI 应用程序，学生每个月可向 AI 提出最多 20 个指令。一些高校发布了详细的指南，说明何时及如何使用 AI 工具。例如，复旦大学发布了《复旦大学关于在本科毕业论文（设计）中使用 AI 工具的规定（试行）》，明确了 AI 工具的使用范围、披露要求、指导教师责任及违规处理措施等多方面内容。此外，像天津大学、中国传媒大学等数十所高校也均对师生规范使用 AI 工具做出了要求。这些事件都反映了教育界对于 AI 使用的观点，既要顺应时代，认识到技术变革和教育创新从来都是相互依存、相互促进的关系，也要认识到 AI 使用出现的问题不在于师生是不是使用了，而是在使用的过程中能否做到科学、合理、有效，尊重引用数据的著作权，规避高科技引发的学术不端行为。

3. AI 发明的专利权归属

认定专利权的要件主要有三个。①专利权的主体，是指有权提出专利申请并获得专利权的单位和个人。②专利权的客体，是指专利法保护的对象，即发明、实用新型和外观设计。③专利权的内容，主要包括专利权人对其发明创造的独占实施权、许可他人实施权、转让权和标示权等。与 AI 生成内容的著作权归属一样，AI 发明的专利权归属问题也存在争议。

谈到各国对专利权归属的认定问题，不得不引用标志性的案件：DABUS 系列案，美国科学家 Thaler 开发了一个名为 DABUS 的 AI 系统，声称该系统在无人类干预下独立发明了分形食品容器和神经信号增强装置两项技术，Thaler 以 DABUS 为发明人，自己作为专利权受让人，向中国、美国、欧盟、英国、澳大利亚、南非等国家和组织提交专利申请。之后被中国国家知识产权局（China National Intellectual Property Administration，CNIPA）、美国专利商标局（United States Patent and Trademark Office，USPTO）、欧洲专利局（European Patent Office，EPO）和英国最高法院驳回 AI 系统作为发明人的申请，强调专利制度旨在激励人类创新。澳大利亚初审法院曾支持 AI 作为发明人，但后面联邦法院还是推翻裁决，回归“人类发明人”原则。南非虽然批准了 DABUS 为发明人，成为全球首例，但却被质疑为程序疏漏，未实质审查法律问题。直到 2024 年 6 月 11 日，德国联邦最高法院（Bundesgerichtshof，BHG）做出了一项历史性的裁决，即“只要人类被列为发明人，AI 生成的发明就可以获得专利”，这一裁决打破了全球专利法的传统认知，使 AI 发明的专利在特定条件下可以获得专利法的保护。

DABUS 系列案测试了各国专利法的边界，揭示了现有专利法与 AI 技术的根本冲突，迫使各国重新审视发明人的定义，虽然目前全球大多数国家仍坚持传统的“人类中心主义”专利权理论，但是少数国家支持 AI 可成为专利权主体的尝试也为 AI 发明可获得专利的合法性提供了发展思路。而且随着 AI 从弱 AI（weak AI）向强 AI（strong AI），甚至超 AI（super AI）发展，其独立完成发明创造的领域将会越来越多，未来发明人的认定必定不能局限于只认定“人类”作为唯一主体，自然人和 AI 同为发明人，或者 AI 作为独立发明人将成为可能。

当然，这里还有一个问题需要明确，如果 AI 被认定为发明人，是否可以完全获得专利法中发明人所享有的收益的财产权利及署名以表明身份的人身权利？中国国家知识产权局在裁决 DABUS 的专利申请时指出：“专利法规定的发明人可以获得收益的财产权利以及署名以表明身份的人身权利，均是民事权利。因此，只有符合民法规定的民事主体，才能作为发明人相关民事权利的权利人。”[①]从目前国内外的司法实践来看，只有沙特阿拉伯在 2017 年授予类人机器人“索菲亚”以沙特阿拉伯公民身份，其他国家并未认

---

① 《【十大案件】“食物容器和吸引增强注意力的装置和方法”发明专利申请复审请求案》，https://www.cnipa.gov.cn/art/2024/8/13/art_2648_194170.html，2024 年 8 月 13 日。

可 AI 的法律主体地位，因此，缺乏法律主体资格也就意味着 AI 不可能完全享有专利法上的人身权和财产权，AI 虽可被认定为发明人，但是发明专利背后的财产权，甚至署名权仍应由人类所享有，部分学者提议增设“AI 发明人”类别，但需配套权利归属规则，根据开发者、用户、数据提供者的贡献大小分配权利。

（二）在明确知识产权归属的基础上，采取必要保护措施

从上面的分析可知，目前对于知识产权的归属，国内外的主流观点还是坚持以人类为中心的权属分配原则，AI 辅助生成的作品、专利和人机合作生成的作品、专利的权属归于开发者、使用人和数据提供者，由 AI 独立完成的作品、专利的归属则可采取二元权利主体的方式，AI 可被认定为发明人，但署名权、财产权等大部分权利仍然归于开发者、使用人和数据提供者。基于此，对于使用 AI 生成作品或者专利的权利人的知识产权与传统知识产权人的权利一样受到法律的保护。在实践中，AI 生成内容的知识产权保护需要综合考虑人类创作者的贡献、AI 系统的自主性，以及相关法律法规的适用，以平衡创新激励与知识产权保护。对使用 AI 生成作品或者专利的权利人的知识产权的保护，也是保护教育资源的合法权益，促进教育事业的健康发展的必要措施。

1. 提高师生对 AI 生成内容知识产权的认识和尊重

教育机构可以设置 AI 系列课程，帮助师生了解 AI 的相关基础知识；还可以通过开展知识产权教育活动等方式，提高师生的知识产权意识，尤其是遵守《人工智能生成合成内容标识办法》等法律法规和学术道德，引导师生正确使用和引用 AI 生成的内容。借助媒体等加强对 AI 生成内容知识产权问题的报道和宣传，让更多人了解并尊重这一新兴领域的知识产权。

2. 加强机构和机构师生享有知识产权的保护

教育机构可以在其官方网站上发布关于 AI 生成内容知识产权的声明和宣传材料，从技术层面采用先进的水印技术、加密技术等手段，对 AI 生成的内容进行标识和保护，防止被非法复制和传播。

3. 建立完善的侵权监测和维权机制

教育机构可以委托专业的知识产权服务机构，对网络上出现的侵权行为进行监测和打击。一旦发现侵权行为，应立即采取法律手段维护自身权益。教育机构还可以通过建立行业联盟或协会等方式，加强行业内的自律和协作，共同打击侵权行为。

总之，随着 AI 技术的不断发展，AI 生成内容的知识产权问题也将不断面临新的挑战，明确 AI 生成内容的知识产权归属及保护措施是 AI 赋能教育教学过程中不可或缺的一环。

三、责任界定与问责

责任界定与问责机制是 AI 法律责任体系的核心。在探讨 AI 赋能教育教学的社会责任时，建立有效的 AI 系统责任界定与问责机制是确保技术应用不偏离正轨、保障各方权益的关键。这一机制的构建需综合考虑技术特性、法律框架、伦理原则及实际操作中的

复杂性，明确责任主体，界定责任范围，并为可能出现的问题提供明确的解决路径。

（一）AI 能否成为责任主体？

本节欲探讨的问题是 AI 赋能教育教学的社会责任问题。社会责任，指的是组织或者个人对社会应承担的道义责任，是由角色道德责任和法律责任构成的二元结构体系。从以上定义可知，社会责任的承担需要一个主体，这也就引出了一个需要我们明确的问题，AI 能否成为道德上和法律上的责任主体？

经典责任归属理论认为归责的条件包括：①组织或个人基于自己的自由意志实施某种行为；②行为导致一定的后果；③行为与后果之间存在因果关系；④组织或个体能以某种方式承担责任。也就是说，要成为责任主体，需要具备自由意志和担责能力，那么，AI 是否具备这样的能力呢？

就 AI 能否成为道德责任主体的问题，目前理论界和实务界有不同的看法。支持者认为 AI 的交互性、自主性和适应性满足道德主体功能标准，AI 承担社会分工中的具体职责（如 AI 数字人替代教师上课），其职务本身亦被赋予道德义务，如 AI 数字人不可传播违反人伦道德的言论，或者引导学习对象做出违反伦理道德的事情。而反对者则认为 AI 缺乏人类的内在动机、情感和道德理解，如美国哲学家约翰·塞尔（John R. Searle）在 1980 年提出的一个思想实验——中文房间，该实验批判了强 AI 的核心理念，即计算机程序只要通过图灵测试（即行为表现与人类无异），就能被视为具有真正的“理解能力”或“意识”。通过这一实验，塞尔试图证明，计算机（或程序）即使能通过图灵测试，也只是“模拟”了人类的智能行为，而缺乏真正的“理解”或“意识”。AI 的行为受算法决定，无法自主选择善恶，因此也不能成为真正的道德责任主体。除此之外，还有学者认为 AI 可以在有限意义上承担道德责任。阮凯指出 AI 能够承担与其智能水平和自治能力相适应的道德责任，弱 AI 的道德责任主要与其具备从大数据中自行提取特征量的能力密切相关，AI 的道德责任归属本质是回溯性道德责任，要求对 AI 系统或程序进行追溯性实验直至找到算法缺陷或程序漏洞。AI 承担责任的方式包括优化算法、升级程序、暂停或永久停止使用等。相应的补偿或赔偿责任需由其人类设计者和用户根据责任性质进行分担。

就 AI 能否成为法律责任主体的问题，同样存在不同意见。支持者认为，赋予 AI 法律人格可以解决 AI 带来的复杂法律问题，通过赋予 AI 法律人格，既可系统化解其引发的侵权责任与权利能力难题，将责任边界从“模糊”转为“可识别”，也可强化问责链条，确保 AI 系统的使用符合道德和法律规范。另外，赋予 AI 法律人格也可以促使开发者与使用者更负责任地设计和使用 AI 系统，提升公众对 AI 技术的信任，推动技术进一步发展。这些学者同时提出了构建法律人格制度的设想，即从主体资格、权利能力、行为能力和责任能力四个层次进行。反对者则认为，AI 缺乏情感和意识，无法理解“惩罚”或“羞辱”等概念，赋予 AI 法律人格可能动摇现有的民法体系稳定性，引发伦理和社会问题。因此，AI 不应被赋予法律人格。并且，持此观点的学者还认为，现有的法律框架已经足够应对 AI 带来的挑战，无须强行将 AI 归类为法人或自然人。除此之外，还有持中立观点者，他们认为赋予 AI 法律人格需要平衡技术发展与社会安全之间的关系，根据具体情境和需求进行权衡，不能过早断言 AI 的感知和行为能力。

综上分析，对于 AI 的道德责任主体和法律责任主体问题，目前无论是理论界还是实务界，都存在不同的意见，目前的主流观点认为，AI 虽然在有限意义上可以成为道德责任或者法律责任的主体，但是其意识和担责背后仍然离不开 AI 的开发设计者、销售者、使用者，即人的因素。AI 在本质上是一种技术工具，"技术的本质是人体器官功能的延伸与放大"，AI 的出现进一步实现了人类智能的放大。AI 通过算法、算力和数据的结合，显著提高了人类的生产效率和生活便利性，但需要注意到 AI 永远无法替代人类的情感、直觉、自我意识和创造力。因此，与一个兼具生物学（身体健康）、心理学（认识能力）、社会学（社会身份）三重特征的完整的人相比，现阶段的 AI 总会存在某一方面的欠缺，而只能作为人类辅助的工具，不被视为一个真正的人。

（二）AI 赋能教育教学活动的责任界定

明确 AI 在赋能教育教学活动中无法单独成为道德责任主体和法律责任主体之后，我们也可推出，AI 无法像人一样承担完整的责任，在进行责任界定时，亦应主要考虑与 AI 相关的人的责任的界定。

从现有的规定来看，《生成式人工智能服务管理暂行办法》要求对生成式人工智能服务实行包容审慎和分类分级监管，支持行业组织、企业、教育和科研机构、公共文化机构、有关专业机构等在生成式人工智能技术创新、数据资源建设、转化应用、风险防范等方面开展协作，确保人工智能生成内容的安全性和可靠性，并对违法内容承担相应责任。欧盟的《人工智能法案》明确了 AI 系统的责任主体，包括模型提供者、系统提供者、系统部署者等，对不同角色的责任义务进行了详细规定，尤其是细化了风险等级和对高风险 AI 系统的责任要求，包括技术文档的提供、质量管理体系的建立，以及对严重事故的跟踪和报告。

在教育教学活动的场景中，责任界定的基础在于明确各个主体的角色与功能，并以此为基础分配其责任（表 10-6）

表 10-6　角色、功能与责任分配表

角色	功能	责任描述
教育机构	数据采集者、教育实施主体，负责将 AI 技术融入教学课程中，设计和开发相关的 AI 课程内容，帮助学生了解和掌握 AI 技术	确保 AI 系统的安全性、透明性和合规性。确保 AI 技术的应用符合教育政策和标准，提供必要的培训和支持，帮助教师提升 AI 素养与教学能力。建立有效的监管机制，确保 AI 技术的使用不会侵犯学生的隐私和数据安全，避免师生学术不端。如果因未采取适当的安全措施导致数据泄露，教育机构可能被认定为疏忽。对 AI 系统造成的损害承担责任，尤其是在未能履行合理的安全义务时
教师	在 AI 教育中扮演多重角色，包括技术使用者、数据分析师和学习咨询师。负责筛选和整合数字教育资源，基于 AI 提供的数据进行智慧决策，设计教学方案，创新教学模式	接受相关培训，提升对 AI 技术的理解和应用能力，确保 AI 工具的有效性、安全性、规范性。教师在推荐学生使用第三方 AI 工具时，需确保这些工具符合隐私保护要求。如果因教师推荐不当导致学生数据泄露，教师可能面临一定的责任。关注学生的情感和心理状况，确保 AI 技术的使用不会削弱学生的学习主动性和创造力。遵守学术规范

续表

角色	功能	责任描述
学生	接受教育教学，使用学校提供的 AI 系统完成学习、生活任务	学生在使用 AI 系统时需遵守隐私协议，不得随意分享个人信息。如果因学生自身行为导致数据泄露，学生可能需要承担一定责任。遵守学术规范
AI 开发者	开发和优化 AI 工具，使其能够支持教师的教学工作，提供个性化学习体验和实时反馈。应参与教育创新，设计符合教育需求的 AI 解决方案	确保 AI 工具的安全性和合规性，避免偏见和不公平现象。与教育工作者合作，确保 AI 工具的设计符合教育目标，并在开发过程中考虑伦理和社会影响。需确保 AI 系统的算法公平性、透明度和安全性。如果因算法设计不当或数据处理错误导致系统故障或数据泄露，开发人员可能需要承担法律责任
供应商	提供技术支持和服务，包括硬件、软件和互联网服务。负责平衡商业利益与公共利益，确保 AI 服务和商品的分发与普及对社会产生积极影响	确保其产品经过充分测试，不加剧社会偏见或侵犯学生权利。与教育机构和政策制定者合作，推动 AI 技术在教育中的负责任使用

同时，由于 AI 系统创造的经济效益与其潜在风险成正比，因此，开发者、部署者、用户等主体也应根据受益程度分担责任（表 10-7）。

表 10-7　风险等级与责任分配表

风险等级	典型场景	责任分配重点
不可接受风险	身份辨别评分、实时生物识别等	直接禁止，开发者、供应商承担全部违法责任
高风险	教育评估、心理诊断等	开发者负主要责任，部署者（供应商、教育机构）承担连带责任
有限风险	聊天机器人、内容推荐等	过错推定责任，部署者（供应商、教育机构、教师）承担日常监督责任
极小风险	垃圾邮件过滤、文档检索等	过错责任，用户（教育机构、教师、学生）承担使用不当后果责任

此外，在明确各个主体的角色与功能的同时，还需要区分 AI 系统的辅助性与决策性作用，以及这些作用在不同教育场景下的具体应用。例如，对于仅提供信息检索或学习资源推荐的辅助性 AI，其责任可能更多聚焦于数据准确性和用户隐私保护；而对于涉及学生评价、课程安排的决策性 AI，则需更加关注决策的公平性、透明度及可解释性。

为了有效实施问责，必须建立一套完善的监督与评估体系。这包括但不限于对 AI 系统性能的定期评估、对用户反馈的及时响应、对违规行为的严厉处罚等。具体而言，可以设立独立的第三方监管机构，负责监督 AI 技术在教育领域的应用情况，定期发布评估报告，公开透明地展示技术应用效果及存在的问题。与此同时，建立用户投诉机制，鼓励学生、家长及教师就 AI 系统的使用问题提出意见或建议，确保问题能够得到及时处理。

在法律责任方面，需要明确 AI 系统决策失误或滥用带来的法律后果。根据 AI 技术的特点，遵守相应的法律法规，明确责任主体的法律责任边界。例如，对于因 AI 系统错误决策导致的学生权益受损，应明确赔偿机制，确保受害者能够得到合理补偿。对于故意滥用 AI 技术、侵犯学生隐私或破坏教育公平的行为，应依法追究相关责任人的法律责任。

为了保障责任界定与问责机制的有效运行，还需加强国际合作与交流。随着 AI 技术的全球化发展，不同国家和地区在技术应用、法律规制及伦理标准上可能存在差异。通过国际合作，可以借鉴他国经验，共同制定国际公认的教育 AI 应用准则，促进技术的健康发展与跨国应用。

建立 AI 系统的责任界定与问责机制是保障 AI 赋能教育教学过程中各方权益的重要举措。通过明确责任主体、建立监督评估体系、完善法律法规、强化道德责任及加强国际合作，可以确保 AI 技术在教育领域的应用既高效又安全，真正实现技术赋能教育的美好愿景。

第二节 AI 的道德责任

除了法律责任外，道德责任也是不可忽视的一环。AI 的道德责任是指 AI 系统在执行任务时，应遵守一定的道德规范和伦理原则，确保 AI 的发展和应用符合人类的伦理道德标准，避免对人类社会造成负面影响。教育机构和技术开发者应秉持教育伦理原则，确保 AI 技术的应用符合教育目的，尊重学生的主体地位，促进教育公平与正义。这要求在设计 AI 系统时，充分考虑其对学生心理、情感及社交能力的影响，避免过度依赖技术而忽视人文关怀。本节将从公平与公正原则、透明度与可解释性、人类价值观的遵循几个方面探讨 AI 的道德责任问题。

一、公平与公正原则

在探讨 AI 技术于教育领域的应用时，确保教育决策过程的公平性和无偏见是至关重要的一环。AI 技术的引入，旨在通过数据分析、机器学习等手段优化教育内容、方法及评估体系，然而，若不加以审慎引导，AI 技术本身可能加剧已有的教育不平等问题，甚至引入新的歧视形式。因此，遵循公平与公正原则，成为 AI 赋能教育教学必须坚守的底线。

何谓教育场景中的公平与公正原则？2007 年，OECD 的教育与培训政策文件将教育公平定义为：公正与覆盖两个相互重叠的维度，亦即要确保教育场景中的公平与公正需要做到教育权利平等和教育机会均等，具体而言，教育教学必须确保所有学生享有平等的教育权利和机会，在此基础上根据学生的个人禀赋、兴趣和能力差异，提供个性化的教育资源，以满足其充分发展的需要。与此同时，还应关注社会经济地位较低的群体，通过资源再分配等方式，帮助弱势群体克服不利条件。

（一）导致在教育场景中违反公平与公正原则的原因

AI 在教育场景中违反公平公正原则的原因是多维且复杂的，涉及数据与算法协同作用下的结构性偏见、开发团队的结构性问题与技术霸权、数字鸿沟引发的公平问题等多个层面。

1. 数据与算法协同作用下的结构性偏见

1）歧视性观念导致的数据偏差

教育 AI 系统高度依赖历史数据进行训练，而既有教育数据往往包含着一些带有歧视性观念的烙印，如肤色歧视、种族歧视、国别歧视、城乡歧视、性别歧视、收入歧视等，这些带有歧视性观念的数据会直接影响 AI 的推理和决策。以美国为例，2021 年麻省理工学院媒体实验室对全美 K-12 教育数据库的审计发现，关于非裔学生的学业记录中，“纪律处分”字段出现频率是白人学生的 3.2 倍，而“学术荣誉”字段覆盖率仅为后者的 58%，这种结构性偏差直接导致了 AI 系统的认知扭曲，其影响就是后续 AI 系统对于黑人学生和白人学生的评分、个性化学习内容推荐等出现明显的差异。

2）算法“黑箱”进一步放大偏见

2024 年欧盟《人工智能法案》特别教育条款指出，当前教育 AI 系统的可解释性指数平均仅为 0.38（满分为 1），AI 学习算法在特征提取过程中可能强化数据中的隐性偏见，算法可能无意中复制训练数据中的偏见，导致对某些群体的不公平对待，如 AI 系统可能高估某些学生群体的能力，而低估另一些群体的能力，从而影响教育资源的分配。国外也曾出现 AI 平台的数学能力预测模型将邮政编码（隐含社会经济信息）作为核心参数，导致低收入社区学生被系统性地推荐低阶课程，形成“数字红线歧视”现象。另外，AI 系统的决策过程复杂且难以解释，导致透明度不足，如 AI 系统对学生进行错误标记，类似“学术欺诈高风险”“个人能力有缺陷”等，但却无法提供判定依据，最终损害学生的利益。这种“黑箱”决策机制不仅会阻碍、破坏教育过程的公平性，更可能触碰法律红线，涉嫌违法。

2. 开发团队的结构性问题与技术霸权

1）技术团队的同质化结构困境

同质化结构困境，指的是因 AI 开发技术团队的组成人员背景单一，存在无可忽视的知识盲区，因此导致开发设计的 AI 产品无法兼顾到多个背景的用户，存在设计盲区，进而出现对未顾及的用户的歧视现象。《2024 年网络安全产业人才发展报告》显示，通过对 2022—2024 年网络安全从业人员的性别分析，男性从业者远高于女性，近三年的调研数据反映出女性网络安全从业者的比例占 20%—30%，总体来说是比较平稳的。这是典型的开发团队同质化表现，这种同质化也导致了 AI 系统在设计时极大可能存在因性别认知不同出现的认知盲区。

2）西方中心主义知识体系的算法殖民

由于西方国家在 AI 技术领域处于领先地位，在 AI 教育系统的开发过程中，不可避免地内嵌着西方中心主义认知框架。首先，在语言方面，多数开发语言都需要使用英文，对非英语国家的学习者来说，存在学习的困难。其次，AI 训练或生成内容的数据源主要来源于西方国家的文献，Edisa Lozić（伊迪萨·洛齐奇）和 Benjamin Štular（本杰明·斯图拉）在研究 AI 聊天机器人的参考文献生成时发现，88%的引用来自西方国家作者，仅 12%来自斯拉夫语翻译文本。最后，在价值观方面，西方文化的霸权更体现得淋漓尽致，开普敦大学学者沙基尔·穆罕默德（Shakir Mohamed）等以南非殖民历史争议为切入点，指出 AI 系统在开发、训练数据和治理模式中普遍存在西方中心主义视角，并呼吁“去殖民化 AI"[①]。

3. 数字鸿沟引发的公平问题

数字鸿沟最早由美国未来学家托夫勒（Toffler）在 1990 年提出，是指信息和电子技术造成的发达国家与欠发达国家之间的分化。1999 年，美国国家远程通信和信息管理局（National Telecommunications and Information Administration，NTIA）将其定义为"信息富有者与信息贫困者之间的鸿沟"，涵盖技术拥有、应用及创新能力的差异。联合国经济及社会理事会进一步指出，数字鸿沟是全球化进程中因信息技术发展不平衡导致的国与国、群体间的信息落差及贫富分化趋势。

数字鸿沟主要体现为因基础设施差距带来的接入鸿沟、因利用数字技术的能力差异导致的使用鸿沟，以及因理解和运用数字技术时所面临的知识差距所导致的知识鸿沟三个方面。接入鸿沟是使用鸿沟和知识鸿沟的基础，缺乏接入条件会直接限制使用和知识获取。而即使接入条件相同，使用鸿沟也会导致知识鸿沟的扩大。

（二）确保 AI 系统的决策过程无偏见和歧视

确保 AI 系统决策过程无偏见和歧视意义重大，有偏见的 AI 决策会让特定群体遭受不公平待遇，破坏公平竞争，违背教育公平。从 AI 自身看，无偏见能提升其可靠性与可信度，符合人类社会基本道德伦理，尊重人类尊严与平等权利，这也是科技发展的道德底线。

1. 确保 AI 算法在设计之初就融入公平性考量

这意味着开发者需具备对多元文化与社会背景的深刻理解，认识到不同群体在教育资源获取、学习能力、兴趣爱好等方面存在的差异。在设计 AI 算法时，应恪守包容性设计原则，尽可能收集并采用多样化的数据集开展训练，从而最大限度减少算法偏见的产生。亦可引入公平性测试，如"差异影响测试"，来评估 AI 系统对不同群体的影响差异，及时调整优化，确保技术应用的公正性。

2. 增强 AI 决策的透明度，提高算法可解释性

教育 AI 系统应能够提供其决策背后的逻辑依据，用户了解并参与到决策过程中，是提升公平性的关键。例如，当一个智能推荐系统为学生推荐学习路径时，它应该能够解释为何选择这些特定资源而非其他，基于哪些学习理论或学生表现数据。这种透明度不仅有助于学生及家长理解并接受推荐，还能促进教育者对 AI 辅助教学的信任，减少因误解而产生的偏见感受。

3. 建立反馈与监督机制，及时发现并纠正 AI 系统中的不公平现象

设立独立的第三方审计机构，定期对教育 AI 系统进行公平性审查；鼓励用户（学生、教师、家长）反馈使用体验，特别是那些可能涉及歧视的情况。通过设立便捷的反馈渠道，如在线举报系统或定期调查问卷，可以收集到宝贵的一手数据，为算法的持续改进提供依据。

---

① "The problems AI has today go back centuries"，https://www.technologyreview.com/2020/07/31/1005824/decolonial-ai-for-everyone/，2020 年 7 月 31 日。

4. 关注弱势群体的权益保护，降低数字鸿沟的负面影响

教育领域的 AI 应用需要在算法设计时，优先考虑如何为资源匮乏地区或特殊需要的学生提供定制化支持，如通过智能辅导系统为偏远地区学生提供高质量教学资源，或利用 AI 技术辅助残疾学生的学习与生活。联合国教科文组织《2024 年全球教育监测报告》指出，全球约有 2.6 亿名儿童因贫困、地理位置偏远、性别等因素无法获得基础教育，AI 技术的应用应成为缩小这一差距的有力工具，而非加剧不平等的推手。

总之，确保 AI 技术在教育领域的公平与公正，需要从算法设计、决策透明度、反馈与监督机制到弱势群体保护等多个维度入手，形成一套全面的策略体系。这不仅是对技术伦理的要求，更是对教育公平这一基本人权的尊重与维护。随着技术的不断进步，持续探索和实践公平与公正原则，将是推动 AI 赋能教育健康、实现可持续发展的必由之路。

二、透明度与可解释性

透明度与可解释性是 AI 系统中的两个关键特性，透明度关注系统运作的可见性，而可解释性则侧重于解释决策原因。透明度与可解释性不仅是 AI 系统设计的重要目标，也是确保 AI 系统可信、可靠和负责任的关键。

（一）教育场景中的 AI 透明度与可解释性

在教育场景中，AI 的透明度指系统运行逻辑、数据使用方式及决策依据的公开性和可追溯性；可解释性则强调 AI 决策过程能够以人类可理解的方式呈现，使教育参与者（教师、学生、家长）理解决策原因并验证其合理性。这两者是构建可信赖教育 AI 的核心基础。

在 AI 技术日益渗透教育领域的当下，提高 AI 决策的透明度与可解释性成为增强公众信任、促进教育公平与正义的关键一环，但是 AI 系统的决策过程往往基于复杂的算法和大量的数据处理，这使得其决策逻辑对于非专业人士而言难以理解和追踪。因此，探讨如何有效提升 AI 决策的透明度与可解释性，不仅关乎技术本身的健康发展，更是确保教育 AI 技术应用能够真正服务于社会、造福于师生的必要之举。

（二）教育场景中出现 AI 透明度与可解释性问题的原因

在教育场景中，AI 透明度与可解释性问题的成因复杂多样。以下是从不同角度分析的几点主要原因。

1. 模型复杂性与数据问题

深度学习模型，尤其是神经网络，因其多层非线性计算的特性，构成了复杂的“黑箱”。这些模型通过大量的参数与隐层来学习数据中的模式和特征，其决策过程难以用直观的方式展示出来。例如，在作文评分场景中，教师只能看到最终的分数，却无法了解 AI 对作文各个维度的具体权重分配及评分依据。此外，AI 系统的性能在很大程度上依赖于训练数据的质量。然而，在教育场景中，数据的采集和处理过程往往存在隐蔽性，导致数据质量和偏差问题难以被察觉。例如，如果某 AI 选课系统在训练过程中使用了偏

向理科生的数据，则会导致系统在为文科生推荐职业倾向时出现偏差。

2. 教育主体知识鸿沟与教育场景复杂性

教师和学生在理解与使用 AI 技术方面存在明显的知识鸿沟。由于 AI 技术中涉及的大量专业术语与教育领域的传统话语体系不相兼容，教师无法准确解读 AI 生成的学习诊断报告。此外，教育场景本身具有高度的复杂性，涉及多个学科、不同年龄段的学生、多样化的教学方法和目标等，AI 系统在应用于教育场景时，需要适应这种复杂性，但往往难以做到完全透明和可解释。

3. 商业利益与效率优先

在教育科技行业中，许多公司为了追求商业利益和市场竞争力，往往将算法视为“专利黑箱”，以保护其商业机密。以个性化学习系统为例，为了实现更好的学习效果，系统可能会采用复杂的算法模型，但这些模型的决策过程对用户来说是不透明的。教育工作者和学生在使用这类系统时，只能被动地接受系统的推荐和决策，而无法对其进行深入的理解和评估，这种做法虽然在一定程度上提高了系统的效率和精准度，但却牺牲了透明度和可解释性。

4. 法律规范滞后性与监管空白

目前，教育 AI 透明度的法律规范在全球范围内呈现“局部先行、整体滞后”的特征。欧盟的《人工智能法案》将教育人工智能列为高风险领域，要求披露算法逻辑、标记人工智能生成内容、公开训练数据来源，但其执行细则尚未完全落地，且对非欧盟国家约束力有限。美国仅加利福尼亚州等少数州通过专项立法（如《AB 2370 法案》）限制人工智能取代教师角色，透明度要求停留在“告知义务”层面。我国《生成式人工智能服务管理暂行办法》虽要求标记人工智能生成内容，但对教育场景的透明度规定仍较模糊，缺乏针对算法偏见检测、数据可追溯性等深层问题的细则。其他国家如菲律宾、沙特阿拉伯等虽推出伦理框架，但缺乏法律强制力，依赖行业自律。这种监管滞后性使得教育机构与科技公司在使用和开发 AI 系统时缺乏明确的法律依据及约束，也导致受害者难以维权。例如，某智能监考系统在考试过程中误判学生作弊，但由于系统的决策过程不透明，学生在申诉过程中面临重重困难。

（三）提升 AI 决策的透明度和可解释性的路径

基于以上原因，为提升 AI 决策的透明度和可解释性，以及教育 AI 系统的可信度和可靠性，需要从以下几个方面着手进行改进。

1. 从技术上提升模型透明度和可解释性

提高数据透明度，公开训练数据集，以便用户了解数据的背景和质量控制情况，识别潜在的数据偏见。增强算法透明度，公开模型的算法架构、训练过程、参数设置等关键信息，帮助用户理解模型的工作原理和决策逻辑。例如，在教育领域广泛应用的智能推荐系统，其推荐逻辑应基于公开透明的算法，同时向用户说明推荐内容的依据，如学生的学习经历、兴趣偏好等，以确保推荐结果的合理性和公正性。在可能的情况下，选择结构简单、易于理解的算法，如线性回归、决策树等，实现模型的内部结构和决策过程的可视化，使模型具有较高的可解释性。对于复杂的深度学习模型，可以使用局部解释性工具（如 LIME）和全局解释性工具（如 SHAP）来解释模型的决策过程[①]。在开发教育 AI 系统时，还要充分考虑教育场景的复杂性和多样化需求，设计具有场景适配性的 AI 工具。例如，针对不同学科、不同年龄段的学生，开发相应的 AI 辅助教学工具，以满足具体的教学需求。最后，建立算法审查机制，定期对模型的算法进行审查和评估，通过定期审查和评估，不仅可以发现并纠正潜在的偏见和错误，还能增加决策的透明度，提升公众对 AI 系统的信心。

2. 加强教育主体的理解与参与，降低知识鸿沟影响

定期为教师提供 AI 技术应用培训，帮助他们掌握新技术在教学中的应用，包括如何解读 AI 生成的学习诊断报告、理解 AI 系统的决策逻辑等。通过培训，提升教师的技术应用能力和对 AI 系统的理解，使他们能够更好地利用 AI 辅助教学。在教学过程中，还要注重培养学生的自主学习能力和批判性思维，使他们能够正确理解和使用 AI 工具。例如，采用三明治学习法，让学生在使用 AI 工具之前先进行自主思考，之后借助 AI 进行拓展学习，最后回归纸质笔记记录。除此之外，在设计和开发教育 AI 系统时，可以寻求学生、家长和教师的意见，确保透明度与可解释性得到满足，并针对教育数据的动态性，开发能够实时处理和分析动态数据的 AI 系统，对不合理处提供及时、透明的反馈和修正，通过多方参与共同制定符合教育需求的 AI 系统，提高系统的可接受性和实用性。

3. 平衡商业利益与教育效果，提升产品的透明度和效率

AI 开发者和供应商在系统设计过程中，应注重平衡效率与透明度，避免单纯追求效率而牺牲透明度。例如，在个性化学习系统中，可以在保证一定精准度的前提下，采用更易于解释的算法或模型结构。与此同时，鼓励教育类商业机构与学术界、教育机构等合作，共同研发既高效又透明的 AI 教育产品。通过合作，共享技术资源和专业知识，推动 AI 技术在教育领域的健康发展。

4. 完善法律框架与监管机制

我国近年来陆续颁布《生成式人工智能服务管理暂行办法》《人工智能生成合成内容标识办法》《网络安全技术　人工智能生成合成内容标识方法》等法律法规和标准用于规范 AI 系统的透明度和可解释性问题，但是专门针对教育 AI 透明度与可解释性的强制性标准和法律规范目前还有所欠缺，作为被欧盟列为高风险类别的教育领域的 AI 系统，需要有专门的立法予以规范。这些规范应明确 AI 系统在教育场景中的透明度要求、数据使用规则、算法公平性标准等，为教育机构与科技公司提供明确的法律依据和约束。

除此之外，还应设立专门的监管机构或评估委员会，对教育 AI 系统进行定期审查和评估，确保其符合相关法律规范和标准。同时，建立申诉和纠错机制，当 AI 系统出现误判或不公正决策时，为用户提供有效的申诉渠道和解决方案。

三、人类价值观的遵循

2021 年 11 月 24 日，联合国教科文组织第 41 届大会通过了有史以来首份关于人工

---

① LIME，即 local interpretable model-agnostic explanations，局部可解释的模型无关解释；SHAP，即 Shapley additive explanations，沙普利加性解释。

智能伦理的全球协议《人工智能伦理问题建议书》，提出发展和应用人工智能要体现出四大价值，即尊重、保护和提升人权及人类尊严，促进环境与生态系统的发展，保证多样性和包容性，构建和平、公正与相互依存的人类社会。教育作为塑造未来社会成员的重要领域，其公平性与正义性直接关系到社会的稳定与发展。因此，当 AI 技术融入教育领域时，必须确保其设计、实施与运维均符合人类的价值观。

（一）AI 遵循人类价值观的内涵

AI 遵循人类价值观，即 AI 与人类价值观对齐（alignment），指的是通过技术设计、伦理框架和政策约束，确保 AI 系统的目标、决策及行为契合人类社会普遍认同的伦理原则和道德标准。

北京大学发表的《人工智能对齐：全面性综述》（AI alignment：a comprehensive survey）提到，确保 AI 与人类价值观一致应遵循鲁棒性（robustness）、可解释性（interpretability）、可控性（controllability）和道德性（ethicality）的 RICE 原则，以及“五有”框架（有利于人类、有透明度、有权益保护、有责任感、有韧性）和以人为本的价值观，同时具备准确性、适配性和透明性。

为达到上述目标，确保 AI 与人类价值观对齐，需要注意以下几个方面。

1. 设计开发时应提前嵌入人类社会的基本伦理

AI 在设计开发时，需提前嵌入人权、尊严、权利、自由、性别平等和文化多样性等人类社会基本的伦理原则，让 AI 在运行时能够以此作为判断标准，及时终止违背人伦的操作。与此同时，在某些特定场景的 AI 设计中，还要能兼顾平衡开发者、用户、受影响群体等多方利益，通过公众参与和民主协商达成价值观共识。

2. 要具备动态调整和应对多种场景的能力

欧盟《人工智能法案》提出“风险导向”的监管框架，要求高风险 AI 系统必须动态调整以符合伦理规范。其理由在于，全球人类价值观具有多样性，AI 的设计开发者需要全面考虑各国和各种文化的差异，在不同国家、不同文化的适用场景中，使 AI 具备应付不同文化、情境的应变能力。

3. 要符合透明度与可解释性原则

AI 的决策逻辑需对人类透明，避免成为“黑箱”，让使用者能够了解 AI 决策的过程是否符合人类的基本伦理。

（二）在教育领域 AI 遵循人类价值观的必要性

在教育领域，让 AI 遵循人类价值观是对技术工具的价值约束，也是对人类教育理想的数字时代延续，其本质是通过技术手段与制度设计，建立从数据采集到算法决策的全流程价值观审查机制，保留人类对 AI 系统的最终干预权，确保 AI 系统在功能开发、内容输出及交互过程中始终服务于人的主体地位、人的全面发展，遵循人类的伦理道德，防止价值观异化。

1. 确保人的主体地位

著名的哲学家萨特曾言，人就是自由本身，人必须做出选择，去行动，并且绝对地承担行动的后果。自主性是人和 AI 最大的区别，也是人之所以能成为法律责任主体和道德责任主体的关键。如果 AI 的发展不遵循人类的主导地位和自主性价值观，人类可能会过度依赖 AI，失去对自身行为和决策的控制能力。在教育领域，如果教师完全依赖 AI 的分析结果，而忽视自己的教学经验和判断，可能会导致错误决策，损害学生的利益和尊严。如果学生完全依靠 AI 系统进行错题分析和学习资料推送，则会丧失学习的自主性。人类失去了对决策过程的参与和监督，那么人类的主体地位将受到严重挑战，社会的公平和正义也难以得到保障。除此之外，如果不维护人类的主体地位，那么当 AI 系统做出错误决策或造成伤害时，责任归属问题也会变得复杂。如果 AI 不遵循人类的伦理责任原则，开发者、使用者等相关方可能会相互推诿责任，导致受害者无法得到应有的赔偿和救济，这显然是不公正的，也损害了社会的正义。

2. 避免伦理问题

1）避免数据安全和歧视问题

AI 系统严格遵循人类价值观，将隐私保护和数据安全作为首要原则，可以有效防止学生数据和隐私被滥用问题的发生，为学生营造一个安全可靠的学习环境。另外，AI 的算法与决策过程依赖于大量的数据进行训练和优化，而这些数据往往不可避免地存在各种偏见，如果 AI 系统不考虑人类价值观，就可能将这些数据中的偏见放大并体现在其决策和行为中，从而导致对某些群体的不公平对待。若 AI 在资源分配、学习机会推荐等方面受到偏见影响，可能会使某些学生群体处于不利地位，阻碍教育公平的实现。因此，遵循人类价值观，确保 AI 系统的公平性和公正性，是消除偏见和歧视、保障每个学生平等受教育权利的关键所在。

2）避免学术不端问题

随着 AI 技术的不断发展，其在学术写作、研究等领域的应用日益广泛。然而，这也引发了一些新的学术不端问题。一些教师、学生可能将 AI 生成的内容直接作为自己的学术成果提交，而未进行适当的引用和标注，从而构成抄袭等学术不端行为。此外，AI 还可能被用于伪造实验数据、制造虚假的学术研究成果等，严重破坏了学术诚信和学术规范。遵循人类价值观能够引导学生正确、合理地使用 AI 技术，明确学术道德和诚信意识，确保 AI 在教育领域的应用符合学术规范和伦理要求，维护学术研究的严谨性和纯洁性。

3. 促进教育目标实现

1）培养全面发展的人

教育的核心目标是培养具有批判性思维、创新能力和高尚品德的全面发展的人才。然而，过度依赖 AI 技术可能会削弱学生在这些关键能力方面的培养和发展。学生在学习过程中过度依赖 AI 来获取答案和解决问题，而不主动进行思考和探索，就可能导致批判性思维能力的退化。同样，AI 的过度介入可能会限制学生的想象力和创造力发挥，不利于创新能力的培养。此外，高尚品德的形成离不开正确的价值观引导和道德实践，若 AI 在教育中的应用忽视了对学生品德培养的作用，可能会使学生产生道德冷漠或价值观扭曲等问题。因此，AI 在教育领域必须遵循人类价值观，避免学生过度依赖技术，从而为学生的全面发展创造有利条件，使其在知识、能力、品德等各方面都能得到充分且协调的发展。

2）传承人类文化和价值观

教育不仅是知识传授的过程，更是文化传承的重要途径。人类社会经过长期的发展和积累，形成了丰富多样的优秀文化成果和价值观念，这些文化与价值观对于培养学生的社会责任感、人文关怀和全球视野具有不可替代的作用。AI 在教育中的应用应当遵循人类价值观，积极融入优秀文化传承的元素，通过设计合理的课程内容和教学活动，引导学生了解和认同本民族的优秀传统文化，同时培养其对多元文化的尊重和包容。例如，一些教育机构利用 AI 技术开发了具有文化特色的在线课程和学习资源，让学生在学习过程中能够接触到丰富的文化素材和历史故事，从而增强文化自信和文化认同感，促进人类文化和价值观的传承与发展。

4. 确保 AI 的安全可控

1）预防出现灾难性的后果

AI，尤其是强 AI 若目标偏离人类利益，可能引发不可逆后果。从已有报道的案例来看，自主性 AI 若脱离人类伦理框架，可能通过直接伤害（如诱导自杀）、系统性歧视（如算法偏见）、不可控暴力（如军事 AI 失控）等路径引发不可逆后果。AI 技术虽然为教育领域带来了诸多便利和创新，但也存在诸多潜在的风险，如上面提到的算法偏见等，这些风险可能会导致教育系统的不稳定，影响教学秩序和学生的学习效果，甚至对学生的身心健康和安全造成威胁。

2）实现人机协同

在教育领域，AI 与人类教师、学生之间的协同合作是实现教育创新和提升教育质量的关键。然而，要实现有效的人机协同，AI 必须遵循与人类共同的价值观和行为准则。只有这样，才能确保 AI 的行为符合人类的期望和教育目标，使教师和学生能够信任并愿意与 AI 进行合作。例如，在一些智能辅导系统中，AI 需要理解学生的心理特点和学习需求，以一种符合教育伦理和人类情感的方式与学生进行互动及沟通，帮助学生解决学习中遇到的问题。同时，AI 还应具备自我学习和适应能力，能够根据教师的教学风格和学生的学习反馈不断优化自身的性能，实现与人类教师和学生的无缝对接及协同工作，共同推动教育事业的发展。

（三）在教育领域实现 AI 遵循人类价值观的路径

从以上分析可知，在教育领域让 AI 遵循人类价值观关系到人的主体地位和全面发展，使 AI 系统在追求其目标的过程中，能够最大限度地符合人类的真实意图，并在行动上体现出与人类价值观相协调，是实现安全、互信和可靠的协作关系的前提。那么，如何在教育领域实现 AI 遵循人类价值观呢？可以从以下几个方面着手。

1. 从技术上优化算法，更新迭代

通过引入新的方法或改进现有技术，提升 AI 系统的性能、安全性和可解释性，减少潜在风险。

在技术应用层面，采取显式与隐式反馈机制。显式反馈可直接为 AI 设定行为边界（如禁止生成仇恨言论），设置安全护栏，也通过明确的用户交互收集价值观信号。隐式反馈则可以从用户行为数据中推断价值观，利用社交媒体数据训练模型识别文化敏感话题（如宗教禁忌），减少跨文化冲突。AI 系统的设计需嵌入公平性考量，确保算法对所有学生群体保持中立，不因性别、种族、地域等因素产生歧视性推荐或评估。

在算法创新与优化方面，目前已有的算法创新主要有以下几种。①人类反馈强化学习（reinforcement learning from human feedback，RLHF）：通过人类的反馈来优化模型的行为，减少有害输出。②宪法 AI（constitutional AI）：让 AI 系统根据预设的原则或规则进行自我评估，确保其行为和输出符合这些原则，防止 AI 生成歧视性或其他不当内容，增强 AI 系统的可靠性和道德性。③逆向强化学习（inverse reinforcement learning，IRL）：通过观察人类行为逆向推导价值观，提升对齐的适应性。

除此以外，要提升透明度与可解释性设计，增强 AI 系统道德责任感。教育领域的 AI 应用应公开其算法逻辑、数据来源及决策依据，接受社会监督。这不仅有助于提升公众对 AI 技术的信任度，还能及时发现并纠正算法中的偏见与错误。例如，通过建立 AI 系统的“解释性界面”，教师可以直观地了解 AI 推荐学习资源的理由，从而做出更加合理的教学安排；学生也能明白评估结果的依据，减少因误解而产生的挫败感。

2. 构建伦理治理框架，强化监管框架

全球建立 AI 伦理治理框架是一个不断演进的过程，20 世纪 40 年代，阿西莫夫提出“机器人三定律”，即机器人不得伤害人类个体，也不得因不作为而使人类个体受到伤害；机器人必须服从人类的命令，除非这些命令与第一定律相冲突；机器人必须保护自身的存在，除非这种保护与第一定律或第二定律相冲突。这三个定律为后来 AI 伦理的发展奠定了基础。2004 年机器人伦理学国际研讨会正式提出“机器人伦理学”，开始关注机器人技术应用中的伦理问题。2016 年，欧盟发布《通用数据保护条例》（General Data Protection Regulation，GDPR），对数据保护和隐私提出了严格要求，为 AI 技术的发展提供了重要的伦理和法律框架。2019 年，OECD 批准了全球首个由各国政府签署的 AI 原则，即“负责任地管理可信 AI 的原则”，这是首个由多个国家政府共同签署的关于 AI 的国际原则。2019 年 6 月，G20（Group of 20，二十国集团）在日本举行的部长级会议上提出了“G20 人工智能原则”，包括“可信人工智能的负责任管理原则”和“实现可信人工智能的国家政策和国际合作的建议”，进一步推动了全球范围内 AI 伦理和规范的发展。2020 年，联合国教科文组织启动了制定全球 AI 伦理标准的进程，旨在为全球 AI 的发展提供统一的伦理指导。2020 年 6 月，包括澳大利亚、欧盟、印度、英国和美国在内的多个国家和组织成立了全球人工智能合作伙伴关系（Global Partnership on Artificial Intelligence，GPAI），这是一个国际多利益相关者倡议，旨在以人权、包容性、多样性、创新和经济增长为基础，指导负责任的 AI 发展和使用。2021 年，联合国教科文组织发布了《人工智能伦理建议书》，这是首份全球性 AI 伦理法律文书，为各国制定 AI 伦理政策提供了框架和指导。2022 年，欧盟颁布《人工智能法案》，为 AI 的研究和应用提供了伦理指导。

我国在 2019 年 5 月发布了《人工智能北京共识》，明确了 AI 的使用伦理与规范。在研发方面，提倡要有益于增进社会与生态的福祉，服从人类的整体利益，设计上要合乎伦理，体现出多样性与包容性，尽可能地惠及更多人，要对潜在伦理风险与隐患负责，提升技术水平控制各种风险，并最大范围共享AI发展成果。在使用方面，提倡善用和慎用，避免误用和滥用，以最大化AI技术带来的益处、最小化其风险，应确保利益相关者对其权益所受影响充分知情与同意，并能够通过教育与培训适应AI发展带来的影响。在治理方面，对AI部分替代人类工作保持包容和谨慎态度，鼓励探索更能发挥人类优势和特点的新工作，广泛开展国际合作，共享AI治理经验。AI的准则与治理措施应做到适应和适度，并开展长远战略设计，以确保未来AI始终保持向对社会有益的方向发展。

在教育实践中，为确保AI系统符合人类价值观，一方面应遵守人类社会已有的规范，另一方面还应建立全面的监管框架。这包括设立专门的伦理审查机构，对AI教育应用进行事前评估与持续监控；制定明确的行业规范与伦理准则，指导AI技术的开发与使用；建立有效的反馈机制，鼓励师生及家长对AI系统的道德问题进行举报与讨论。

3. 加强AI伦理的教育与培训，构建健康AI教育生态

加强AI伦理的教育与培训，构建健康的AI教育生态，可从完善课程体系、丰富教学方法、加强师资队伍建设、推动多方参与及加强国际合作等方面着手。

1）设置专门的AI伦理课程或者将AI伦理融入其他课程之中

具备条件的高校和职业培训机构可以设置独立的AI伦理课程，系统介绍AI伦理的基本概念、原则和挑战。暂时不具备独立设置课程的学校可以将AI伦理教育融入相关专业课程，结合具体案例探讨伦理问题。高校还可引进国际优质教育资源，如课程、教材等，提升教育水平。而中小学，可以在科学课程中增加AI伦理议题，通过科普讲座、实践活动等方式，让学生了解AI，培养学生使用AI的伦理意识。

2）采用灵活多样的教学方式，提高课程的效果

教师可采取传统的案例教学，选取AI应用中的伦理案例，如算法偏见、数据隐私泄露等，引导学生分析、讨论，培养其批判性思维和解决问题的能力。可采取角色扮演法，通过设计模拟场景，让学生扮演不同角色，体验AI伦理决策过程，增强实践能力。

3）加强AI伦理培训，提升教师队伍的数字素质

学校应制定相关政策，支持AI伦理教育，提供资金和资源支持，定期组织AI伦理培训，帮助教师了解最新动态，提升教学能力。在科研教研方面，学校还可以组织跨学科合作，共同开发课程和教学资源。鼓励教职员工积极参与国际AI伦理教育和研究，学习先进理念，分享研究经验，促进全球AI伦理教育发展。

4）鼓励多方参与，共同制定AI伦理教育的方案

通过与企业、社会组织搭建AI伦理研究和教育交流平台，利用合作企业提供的实践机会和案例资源，开展相关研究和实践教育。鼓励学生、家长和社会公众关注学校AI伦理教育，参与讨论和监督。多方合力，共同制定AI伦理教育的方案。

思 考 题

1. 如何应对AI赋能教育教学过程中的数据保护与隐私安全风险？
2. 师生如何规避在使用AI过程中的学术规范问题？

3. AI 能否享有著作权和专利权？
4. 如何确保 AI 系统的决策过程无偏见和歧视？
5. 在教育领域，为什么必须确保 AI 遵循人类价值观？

第十一章

未来教育中 AI 的发展

知识框架

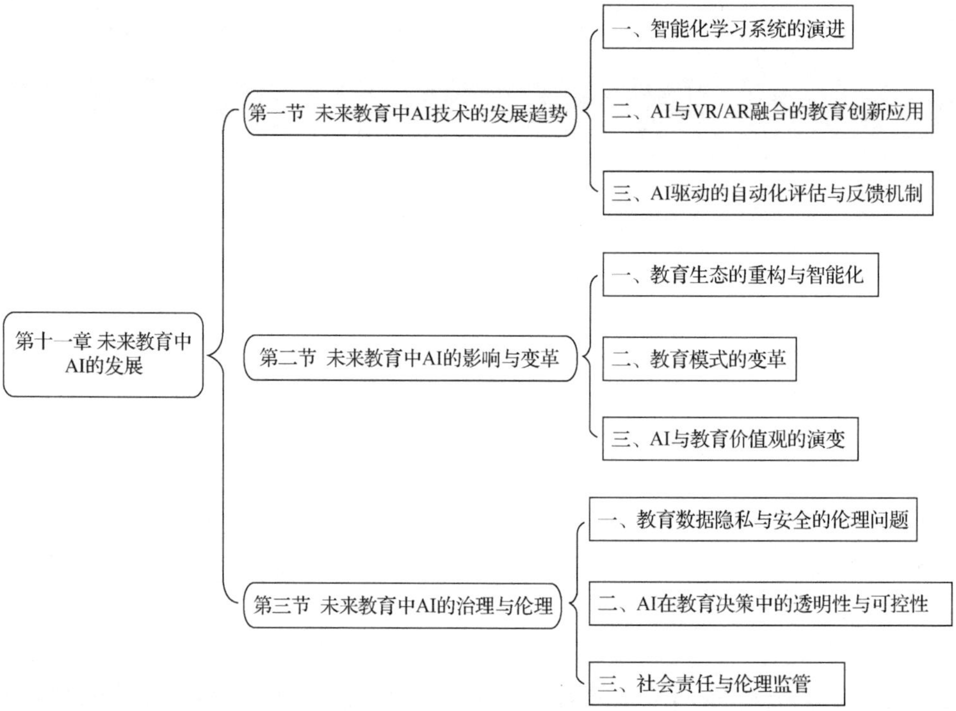

AI 技术正以前所未有的深度和广度，重塑教育领域的基本格局。这种变革不仅局限于技术创新的前沿探索，更深刻地渗透到了教育生态的重构与价值理念的革新之中。在技术创新的层面，AI 技术不断突破，为教育领域带来了智能化学习系统、VR 教学、自动化评估等一系列创新工具和方法。这些技术不仅极大地丰富了教学手段，提高了教学效率，更为学习者提供了更加个性化、沉浸式的学习体验。然而，AI 对教育领域的影响远不止于此。在教育生态的重构方面，AI 技术正推动着教育模式的深刻变革。传统的以教师为中心、以知识传授为主要目的的教学模式正在向以学生为中心、注重能力培养和素养提升的新型教学模式转变。同时，AI 技术也在促进教育资源的优化配置，使得优质教育资源能够更广泛地惠及广大学习者。在价值理念的演变方面，AI 技术的融入正在引领教育价值观发生深刻转变。教育不再只是知识的传授，更是能力的培养、素养的提升和人格的塑造。AI 技术为教育提供了更加多元、开放的学习环境和更加灵活、个性化的学习方式，使得学习者能够在更加自主、合作、探究的氛围中成长和发展。

第一节　未来教育中 AI 技术的发展趋势

AI 技术正深刻地重塑教育领域的范式。新一代智能化教育系统整合了深度学习、自然语言处理、知识图谱等前沿技术，构建起高度智能化的学习环境，推动教育从标准化走向个性化，从被动接受转向主动建构。这一变革主要体现在以下三个层面。首先是智能化学习系统的演进。个性化学习体验与自动化教学助手相融合，自适应学习系统得到创新应用，实现了教与学模式的根本性转变。其次是 AI 与 VR/AR 融合的教育创新应用。通过虚拟实验室和沉浸式教学，以及 AR 中的智能交互，创造出全新的学习体验。最后是 AI 驱动的自动化评估与反馈机制。借助深度学习技术，实现教育评估的智能化，并构建起动态反馈和学习行为追踪体系。这三个层面的技术突破正在系统性地重构教育生态，开启智能教育的新纪元。

一、智能化学习系统的演进

AI 技术的飞速发展正在重塑教育领域的“教”与“学”模式。新一代智能化学习系统通过整合深度学习、自然语言处理、知识图谱等前沿技术，构建起高度智能化的学习环境，实现了从传统标准化教学向个性化、自适应学习的转变。这种演进主要体现在个性化学习体验与自动化教学助手的深度融合，以及自适应学习系统的创新与应用两个方面，推动着教育理念从“以教为中心”向“以学为中心”的根本性转变。

（一）个性化学习体验与自动化教学助手

AI 技术正在深刻地改变着教育领域的教学方式。从智能化的课程推荐到实时的学情分析，从自适应的学习路径到情感交互的反馈，AI 驱动的个性化教学正在重塑传统的教育模式。这种变革通过两个核心功能来实现：一是面向学习者的个性化学习体验，通过智能分析学习者特点，提供定制化的学习内容和路径；二是面向教学过程的自动化教学助手，系统展现出强大的教学支持和决策辅助能力。

在个性化学习体验方面，新一代的教育系统整合了多种前沿技术，打造了全方位的智能化学习环境。系统通过深度学习的图像识别技术实时分析学生的专注度和情绪状态，运用自然语言处理技术精准理解学生的问题表述和答题逻辑，实现对学习过程的智能感知。知识图谱技术则构建起复杂的知识关联网络，分析知识点之间的内在联系，为每个学生规划最优的学习路径。当系统检测到学生的学习困难时，会自动回溯知识体系中的薄弱环节，精准推送补充练习和解释材料。同时，智能情感计算技术通过分析学生的表情、语气等微表情特征，实时调整教学策略和交互方式，确保学习体验的个性化适配。系统还能根据学生的学习风格和认知特点，自动生成定制化的课程内容，如为视觉学习者增加图表动画，为听觉学习者提供更多的音频资源，真正实现因材施教。目前，这种个性化学习体验已经在国内的教育科技领域得到了广泛的实践。例如，好未来推出的智慧课堂系统、作业帮的 AI 助教、科大讯飞的智学网等产品都整合了类似的功能，通过 VR/AR 等技术打造沉浸式的学习场景，进一步提升个性化学习体验。

在自动化教学助手方面，系统展现出了强大的教学支持和决策辅助能力。智能助手已经不再是简单的问答工具，而是进化成为具备教学策略的智能导师。面对基础薄弱的学生，系统会采用类比和可视化的方式循序渐进地进行教学；对于学习表现较好的学生，则通过开放性问题培养他们的独立思考能力。借助云计算和大数据技术，系统能够实时追踪和分析学生的学习轨迹，包括知识掌握程度、学习时间分配、错题分布等多维度特征，通过深度数据挖掘揭示学生的认知发展规律和学习特点。这些分析结果不仅能帮助教师更好地了解学生的学习状态，还能预测潜在的学习困难，提前制定干预策略。在协作学习方面，系统可以根据学生的知识结构和学习特点，智能匹配最佳的学习伙伴，促进同伴间的知识共建。这些智能化的教学支持正在帮助教师从繁重的常规工作中解放出来，使其将更多的精力投入到教学创新和个性化指导中，推动教育领域向更加智能化、个性化的方向发展。特别是在当前大语言模型快速发展的背景下，像文心一言、通义千问等都推出了针对教育场景的特制版本，可以担任智能助教的角色。而智谱 AI、MiniMax 等企业则专注于开发教育垂直领域的 AI 模型，用于教学设计、作业批改、学情分析等具体场景，展现出了 AI 教育助手的广阔应用前景。

这一革新不仅体现在技术层面的创新，更反映了教育理念的升级：从统一化的知识传授转向个性化的能力培养，从被动式的接收转向主动式的建构。在大语言模型和深度学习技术的推动下，新一代的智能教育系统展现出了多模态学习行为分析、知识图谱驱动的学习路径规划，以及情感计算支持的智能交互三大核心特征，正在构建起更加灵活、高效的现代化教学体系。

（二）自适应学习系统的创新与应用

作为 AI 在教育领域的重大突破，自适应学习系统以其独特的个性化教学机制，正逐步引领教育向更加精准、高效的方向发展。自适应学习系统能够深入分析学习者的特征，实时监测学习过程，并据此实时优化教学内容与学习方案，为每位学习者量身定制最优的学习路径。这种智能化的适配机制，主要体现在学习内容的自适应与学习过程的自适应两大维度。在学习内容的自适应方面，系统能够精准把握学习者的知识水平、学习风格及认知特点，从而提供高度个性化的学习资源和任务。知识图谱等技术的运用，使得系统能够构建出细粒度的知识点关联网络，精确描绘出学科知识的内在逻辑和学习路径。基于这些精细化的知识表示，系统能够为学习者提供与其当前能力水平相匹配的学习内容，确保学习的针对性和有效性。而在学习过程的自适应方面，系统则通过实时监测学习行为和表现，动态调整学习路径和教学策略。深度学习、多模态分析等先进技术的支持，使得系统能够实时捕捉学习者的学习状态，包括知识掌握程度、学习行为特征、情感状态等多维度信息。基于这些实时数据，智能推荐算法能够结合预设的教学目标和学习规律，为学习者动态生成最优的学习路径，确保学习过程的流畅性和高效性。

从技术架构层面来看，自适应学习系统构建了一个高度智能化的学习环境。其核心在于由知识图谱支撑的智能引擎，该引擎通过建立细粒度的知识点关联网络，实现了对学科知识的精确刻画和学习路径的智能规划。同时，系统还整合了深度学习、多模态分析、自然语言处理等多项先进技术，形成了一个多技术融合的架构体系。这一架构体系为系统的自适应功能提供了强大的技术支撑，使得系统能够实时捕捉学习者的学习状态，智能推荐学习资源，提供精准的反馈和指导。

从应用实践层面来看，自适应学习系统展现出了显著的教育价值。在课前准备阶段，系统能够通过智能诊断快速评估学习者的知识基础，识别知识盲点和薄弱环节，从而制订个性化的学习计划。在学习过程中，系统会根据学习者的实时表现动态调整内容难度和学习节奏，确保学习者能够在适宜的难度下进行学习。当检测到学习困难时，系统会自动追溯到相关的前置知识点，通过补充材料和引导性练习帮助学习者建立完整的知识体系。从反馈评价层面来看，系统不仅能够提供传统的答案对错判断，还能够分析解题思路、识别错误类型，并给出有针对性的改进建议。通过这些智能化的适应性调整，自适应学习系统有效提升了学习效率和学习效果。事实表明，采用该系统的学习者在知识掌握度、学习兴趣和自主学习能力等方面均有显著提升。这种基于数据驱动的精准教学正在开创教育变革的新范式，展现出广阔的应用前景。这些创新实践正推动教育领域从传统的标准化教学模式向真正的个性化、智能化学习体验转变，为构建更加灵活高效的现代教育体系提供有力支撑。

二、AI 与 VR/AR 融合的教育创新应用

VR/AR 技术与 AI 的深度融合正引领教育领域迈向一个前所未有的沉浸式学习新时代。这一创新组合不仅彻底革新了传统平面化、静态化的教学方式，更为学习者开辟了全新的感知维度，催生出一系列革命性的教学模式。在实验教学领域、技能培训方面，VR/AR 和 AI 的结合与融合展现出了巨大的潜力及独特的优势。打破了时空限制，实现了“做中学”的教育理念。学习者不再受限于物理空间和时间的束缚，可以随时随地进行沉浸式学习。随着技术的不断进步和应用场景的持续拓展，VR/AR 与 AI 结合的教育应用正逐渐从实验室走向课堂，成为重塑教育未来图景的重要力量。

（一）虚拟实验室与沉浸式教学

随着计算机图形技术和 AI 的飞速发展，虚拟实验室已经从简单的 3D 展示进化为具有高度智能性和交互性的沉浸式学习环境。这一创新不仅极大地丰富了教学手段，更为学生提供了前所未有的学习体验。

在化学实验中，学生不再局限于书本上的文字和图片，而是能够直接“触摸”和操控微观粒子，观察分子层面的动态变化。AI 系统通过实时分析学生的操作意图，提供精准的力反馈，使得虚拟实验更加真实可信。更重要的是，AI 系统能够根据学生的认知水平和学习进度，智能调整实验的难度和复杂度，确保每位学生都能在适合自己的节奏下学习。当学生在某个操作环节遇到困难时，AI 系统会以可视化的方式展示正确的操作要

领，并给出针对性的指导建议，从而有效提升学生的实验技能和科学探究能力。虚拟实验室的应用已经扩展到生命科学、物理学、历史学、艺术等多个学科领域，每个领域都展现出独特的创新应用场景。

在生命科学教学中，新一代虚拟实验室突破了传统教学的局限，使学生能够“潜入”细胞内部，观察线粒体能量代谢的全过程，追踪神经元之间的信号传递，甚至模拟基因编辑的精细操作。例如，当学生关注细胞膜转运时，AI 系统会自动突出显示相关的膜蛋白结构，并模拟不同物质的跨膜运输过程。AI 系统会根据学生的观察视角和关注重点，动态调整展示的细节层次，并适时提供相关的知识链接，帮助学生深入理解生命科学的奥秘。这种深度沉浸的学习方式，让抽象的生命科学概念变得直观可感。AI 系统还能识别学生的探究意图，主动展示可能被忽略的重要细节。

在物理学实验教学中，虚拟技术与 AI 的结合为学生创造了更多可能性。学生可以在虚拟空间中自由搭建复杂的实验装置，观察难以在现实中展示的物理现象，如量子纠缠效应、黑洞引力场对光线的弯曲效应等。AI 系统不仅实时跟踪学生的探究过程，提供个性化的指导和提示，还会根据学生的操作预测可能的实验结果，培养学生的科学预见性思维。此外，学生还可以通过群组互动方式在虚拟实验环境中开展物理实践活动，这种协同探究模式既完成了实验教学目标，又促进了学生间的团队合作和交流。

朱科蓉认为，艺术与人文学科的教学也因虚拟技术而焕发新生。在历史教学中，学生可以漫步于还原的古代街巷，与 AI 驱动的历史人物进行互动对话，亲身体验特定历史时期的社会生活。AI 系统根据史料记载精确还原建筑风格、服饰特点和生活场景，使历史学习变得生动具体、触手可及。在建筑艺术课程中，学生可以亲手参与著名建筑的虚拟设计和修复工作，AI 系统会基于建筑学原理实时分析设计方案的可行性和艺术价值，为学生提供宝贵的实践机会和反馈建议。

虚拟实验室的智能化程度正在不断提升。AI 系统能够全面记录和分析学生的每一个操作细节，生成详细的学习档案。这些数据经过 AI 分析后，可以帮助教师更好地了解学生的学习特点和难点所在，进而优化教学策略和提高教学效果。同时，AI 系统的协作功能也在不断完善中，支持跨地域的虚拟实验协作和交流活动，打破了优质教育资源的地域限制，为更多学生提供了平等的学习机会和发展空间。

（二）AR 的智能交互与教学支持

AR 技术正以其独特的现实增强特性，逐步革新教育领域的学习场景。与 VR 不同，AR 技术在保留真实环境的基础上叠加数字信息，创造出一种混合现实的学习空间。这种技术与 AI 的深度融合，使得学习体验更加自然、直观，并能够在任何场景下实现知识的立体呈现和即时互动。AR 技术在教育领域的应用已经渗透到课堂教学、语言学习、户外考察等多个场景，每个场景都展现出其独特的创新价值和应用潜力。正如印度理工学院 Akshat Choube（阿克沙特·乔贝）教授团队在其研究《AI-AR 融合教育的范式转变》中所强调的“人工智能与增强现实的深度协同正在引发教育领域的范式革命”。这种技术融合不仅重构了知识传递的路径，更从根本上改变了教与学的互动方式。

在课堂教学和实践性学科中，智能 AR 系统展现出强大的实时增强能力。例如，在地理课上，学生可以通过 AR 设备看到立体的地形地貌浮现在课桌上；在生物课上，平面的器官图谱可以转变为可交互的 3D 模型。AI 系统会根据教学进度和学生的注意力分布，动态调整这些增强内容的显示方式和交互深度。在化学实验课程中，学生佩戴 AR 眼镜可以观察到分子结构的实时叠加显示，从而更直观地理解化学反应的机理；在物理实验中，看不见的力场和能量流动可以被可视化呈现，帮助学生建立宏观现象与微观机理之间的认知联系。AI 系统还会分析学生的操作过程，预判可能的安全隐患，并通过 AR 界面提供及时的警示和指导，确保实验的安全进行。

在语言学习和协作学习领域，AR 技术创造了独特的情境化学习体验。当学生走进实验室、图书馆等场景时，AR 系统会自动识别环境中的物品，并显示相应的外语词汇和用法说明。AI 系统能够根据学生的语言水平，智能调整显示内容的难度，并设计情境化的对话练习，使学生在真实环境中进行语言实践。在项目式学习活动中，不同小组的学生可以通过 AR 设备共享自己的研究发现和想法，实现知识的共建和共享。AI 系统会分析每个学生的贡献，并提供个性化的任务建议，确保每位学生都能积极参与并发挥自己的优势。

在户外教学和实地考察中，AR 系统将知识与现实场景紧密结合，为学生提供更加丰富的学习体验。例如，在考察历史建筑时，学生可以通过 AR 设备看到建筑的历史变迁过程，了解建筑背后的故事和文化背景；在野外观察生物时，AR 系统能够实时识别物种，并显示详细的生态信息，帮助学生更好地了解生物多样性。AI 系统还会根据学生的探究行为，推送相关的研究问题和观察建议，引导学生进行更深入的探索和学习。在我国已有多家企业推出了 AR 教育解决方案。例如，华为推出的 AR 教育眼镜与智慧教育平台深度整合，为学生提供了更加便捷、高效的 AR 学习体验；商汤科技的“AI+AR”教学系统也在多所学校进行试点应用，取得了显著的教学效果。此外，字节跳动收购 Pico 后，也推出了针对教育场景的 AR 课程内容，为学生提供了更加生动、有趣的学习方式。科大讯飞、网易有道等教育科技公司也都在积极布局 AR 教育领域，推出了支持多学科的 AR 学习工具和内容库，为教育行业的创新发展注入了新的活力。

三、AI 驱动的自动化评估与反馈机制

教育评估正在经历从传统静态评分到现代动态诊断的深刻转变。AI 技术的引入，为这一转变提供了强有力的支持。通过改变传统的评分方式，AI 技术构建起了全方位的学习诊断体系，使得评估能够更准确地反映学习者的真实情况，并为其提供个性化的改进建议。

（一）深度学习在教育评估中的应用

深度学习技术正逐步成为教育评估领域的重要工具，其独特的优势在于能够从海量的学习数据中提取出有价值的特征模式，为教育评估带来智能化和精准化的变革。在教育评估的智能化进程中，深度学习技术在基础评估、复杂能力评估、个性化评估及知识追踪与预测分析四个维度上展现出独特的应用价值和创新潜力。

1. 基础评估的智能化升级

在基础评估层面，深度学习技术结合自然语言处理和深度语义分析技术，对学生的作答进行全方位解析。这种解析不仅关注答案的正确性，更注重理解学生的思维过程和知识结构。例如，在数学解题分析中，CNN 能够识别学生的解题步骤和演算过程，从而判断其思维路径的合理性。RNN 则能够分析学生在不同时期的解题模式变化，进而评估其学习进步情况。这种基于深度学习的分析方式突破了传统的二元对错判断，转向对学习过程的深度理解，为教育评估提供了更为全面和深入的视角。

2. 复杂能力评估的精准捕捉

在复杂能力评估方面，深度学习模型凭借其卓越的模式识别能力，正在革新教育评估领域。特别是基于注意力机制和 Transformer 架构的先进模型，能够精准解析学生在解决开放性问题时的认知行为特征。在写作评估中，深度学习模型能够分析文章的语言规范性，并通过语义理解评估论证的逻辑性和创新性。此外，AI 系统还采用多模态深度学习技术，将文本分析与语音识别、图像处理等技术相结合，实现对学生表现的立体评估。例如，在口语测评中，AI 系统能够同时分析发音准确度、语调自然度和表达流畅度；在实验操作评估中，计算机视觉模型可以实时监测操作规范性和实验效果。这种精准捕捉和立体评估的方式，为复杂能力的评估提供了更为科学和客观的依据。

3. 个性化评估的动态适应

深度学习技术还为个性化评估提供了新的可能。通过迁移学习和元学习方法，AI 系统能够快速适应不同学生的特点，建立个性化的评估模型。强化学习算法的应用使系统能够通过持续的互动和反馈，不断优化评估策略。在课堂教学中，系统能够实时分析学生的表情、姿态等非语言信息，评估其专注度和理解程度；在在线学习场景下，深度学习模型可以通过分析学习行为数据，预测可能出现的学习困难。这种动态适应的评估方式，使教育评估更加精准和个性化，有助于教师更好地了解学生的学习状态和需求，从而制定更为有效的教学策略。

4. 知识追踪与预测分析的智能化应用

知识追踪与预测分析是深度学习在教育评估中的另一重要应用。通过深度知识追踪模型，AI 系统能够精确建模学生的知识状态变化，预测其在不同知识点上的掌握程度。注意力机制的引入使系统能够识别知识点之间的关联性，了解学生的知识体系构建情况。基于图神经网络的分析方法，则能够揭示学生在跨学科学习中的知识迁移能力。这些基于深度学习的预测分析为教育决策提供了科学依据，有助于教师及时调整教学策略，帮助学生更好地掌握知识和技能。

5. 实际应用案例与发展潜力

在教育评估领域，已有多个实际应用案例展现了深度学习技术的潜力。例如，科大讯飞的智能评测系统已在全国多个地区投入使用，可实现作文、口语等多维度评估；豆神教育推出的 AI 助教能实时分析学生答题数据并生成个性化报告；松鼠 Ai 的自适应评估系统则通过深度学习技术实现了因材施教的智能评估。这些案例不仅证明了深度学习技术在教育评估中的有效性，也为其未来的发展提供了广阔的空间和潜力。

（二）动态反馈系统与学习行为追踪

动态反馈系统作为教育评估智能化的先锋，正引领着教育领域的新变革。借助深度学习算法与实时数据分析的强大能力，该系统实现了对学习过程的全面监控与智能诊断，构建了包含学习行为追踪、个性化反馈机制及预警干预三大核心功能的全方位智能教育评估体系。

（1）学习行为追踪：精准描绘学习轨迹。学习行为追踪是动态反馈系统的基石。通过多模态数据采集技术，该系统能够全方位捕捉学习过程中的各类行为特征。在实体课堂中，计算机视觉技术被用来精准分析学生的专注度与参与度，确保每一个细微的学习动态都不被遗漏。而在在线学习场景中，点击流数据则成为分析学习路径合理性的关键依据。此外，系统还能深入识别学习策略，如通过分析笔记记录习惯、复习间隔模式等行为特征，来评估学生的元认知能力。在协作学习中，社交网络分析技术的运用，使得系统能够准确评估学生的互动模式与团队贡献，为理解学习过程提供了更为丰富且全面的数据支撑。

（2）个性化反馈机制：智能定制学习指导。个性化反馈机制彰显了动态反馈系统的智能化特色。通过对学习者行为数据的深度挖掘，该系统能够精准识别个体学习特征，并据此生成个性化的指导方案。这些建议超越了简单的正误判断，提供了详细的改进方向与具体策略。例如，在解题过程中，系统会根据学生的错误类型，智能推送针对性的练习题目；在写作训练中，则会基于学生的表达特点，提供个性化的修改建议。同时，系统还会充分考虑学生的学习风格与接受能力，选择最适合的反馈方式与时机，以确保反馈的有效性与针对性。借助强化学习算法，系统还能根据学生对反馈的响应情况，持续优化反馈策略，实现反馈机制的动态优化。

（3）预警干预：智能预测与及时响应。预警干预是动态反馈系统的又一重要特征。通过建立复杂的预测模型，该系统能够及早发现潜在的学习问题，为及时采取干预措施提供有力支持。这种预警机制基于学习成绩的波动与学习行为模式的变化，能够精准预判可能出现的学习困境。例如，系统能够敏锐识别出学习投入度的下降趋势、知识理解的断层现象，甚至能预测学习倦怠期的到来。一旦发现异常信号，系统会立即启动多层次的干预机制：首先是自适应的内容调整，确保学习难度始终保持在学生的可接受范围内；其次是学习方法的指导，帮助学生建立更加高效的学习策略；最后，在必要时，系统还会及时通知教师进行针对性辅导。这种智能化的预警干预机制，不仅大大提高了教育干预的及时性与精准度，更为保障学习效果提供了强有力的支持。

第二节　未来教育中 AI 的影响与变革

AI 正以前所未有的力度深刻重塑教育领域的基本范式与价值取向。这一变革不仅局限于技术应用层面，更在深层次上影响着教育生态的重构、教学模式的革新及教育价值观的演变。本节将从以下三个维度深入探讨这一变革：教育生态的重构与智能化、教育模式的变革，以及 AI 与教育价值观的演变。

一、教育生态的重构与智能化

AI 技术的飞速发展正在重塑整个教育生态系统。这种重构不仅体现在技术层面的迭代更新上，还深刻地影响着教育资源的配置方式、教学组织的结构形态，以及学习场景的边界拓展。智能化浪潮推动教育从传统的线性传授模式向动态、自适应的生态系统转变，构建起一个由数据驱动、智能赋能的新型教育网络。这种转变不仅包含教育系统内部各要素的重组与优化，还涉及教育场景与外部社会环境的深度融合，正在开创一个更加开放、灵活且高效的教育新生态。

（一）AI 推动教育系统的全面转型

AI 对教育系统的转型影响深远且全面，从教育资源的生产到传递方式，从组织结构到运行机制，都在经历着根本性的变革。这种转型不仅重塑了教育的各个环节，还推动了教育向更加智能化、个性化和高效化的方向发展。

首先，在教育资源生产方面，AI 技术正在引领一场深刻的革新。传统的教育资源生产方式往往受限于教材编写者的经验和认知，而 AI 技术则通过智能算法对海量教育资源进行深度挖掘和重组优化，生成适应不同学习场景的个性化内容。例如，智能系统能够基于学科知识图谱，自动生成多层次、多维度的教学内容体系，并根据学习者的认知特点和需求进行动态调整。这种智能化的资源生产模式不仅突破了传统教材编写的局限，还实现了教育资源的持续更新和智能化演进，为学习者提供了更加丰富、多元的学习资源。

其次，在教育传递机制方面，AI 技术推动了教育从单向灌输到多维互动的转变。智能化的教学平台不再只是知识的传递工具，而是演变成了具有认知理解和情境感知能力的教学助手。这些平台能够实时捕捉学习者的认知状态和情感反应，根据学习者的反馈和需求调整教学节奏和内容呈现方式，实现“教”与“学”的动态平衡。这种智能化的传递机制极大地提升了教育的适应性和精准度，使得个性化教育从理念走向了现实，为学习者提供了更加贴心、高效的学习体验。此外，教育组织结构的重构也是 AI 推动教育系统转型的显著特征之一。AI 技术打破了传统班级授课制的固化模式，催生出更加灵活、多元的教育组织形态。通过智能分组算法，AI 系统可以根据学习者的能力水平、学习风格和兴趣特点等因素，动态组建学习共同体，促进差异化教学和协作学习的开展。这种组织结构的重构不仅提高了教育资源的使用效率，还为学习者提供了更多自主选择和发展的空间，激发了他们的学习积极性和创造力。

最后，在教育运行机制方面，AI 技术引入了数据驱动的决策模式。通过对学习过程数据的实时采集和分析，AI 系统能够精确把握教育活动的运行状态，及时发现问题并进行调整。这种基于数据的精细化管理不仅使教育决策更加科学和客观，还提高了教育质量监控的及时性和有效性。同时，AI 技术还促进了教育评价方式的转型，从结果导向转向过程导向，从单一维度转向多维评估。这种评价方式的转变不仅更加全面、客观地反映了学习者的学习成果和能力水平，还为教育质量提升提供了新的路径和方法。

（二）未来教育环境中智能化资源配置与协同学习的变革

AI 技术正引领教育形态发生革命性转变，这一转变不仅突破了传统课堂在时间、空间和知识领域上的局限，更在教育资源配置与协同学习方面展现出前所未有的潜力。

在教育资源配置方面，AI 技术实现了教育资源的精准匹配与动态调节。智能系统能够实时监测各类教育资源的使用状况，包括师资力量、教学设备、数字内容等，并根据需求变化进行自动化配置。在跨区域教育协作中，AI 系统能够精确计算不同地区的教育需求差异，自动调配优质教育资源，促进教育均衡发展。在课程资源分配上，智能系统通过分析学习者的知识基础、学习进度和兴趣特点，为每个学习群体推送最适合的学习资源包，实现个性化学习资源的精准推送。此外，智能化的资源配置还体现在教育空间的重构上。未来的教育场所将是一个融合物理空间和数字空间的混合环境，物联网技术和环境感知系统使教室、实验室等物理空间能够根据教学活动的需要自动调整配置，而数字孪生技术的应用则让虚拟学习空间能够完美映射现实教学场景，为学习者提供沉浸式的学习体验。

在协同学习方面，AI 技术正在重塑学习共同体的构建方式和互动模式。智能系统能够基于学习者的认知特征和学习目标，自动组建最优的学习小组，这种分组方式不再局限于固定的班级概念，而是可以跨越年级、学校乃至国家的界限，实现更广泛的协作学习。在协作过程中，AI 辅助工具能够实时分析小组成员的贡献度和互动质量，并提供有针对性的协作建议，确保协同学习的效果。未来的协同学习还将呈现出更强的社会化特征，智能系统使学习者能够便捷地找到志同道合的学习伙伴，形成基于共同兴趣的学习社群。这些社群成员不仅包括传统意义上的同学和教师，还包括来自各行各业的专家和实践者，形成多元化的学习共同体。AI 系统通过分析社群成员的知识背景和专业特长，为不同类型的协作学习提供最适合的互动框架和工具支持，促进深度学习和知识共享。

然而，智能化资源配置与协同学习的变革也带来了新的挑战。如何确保智能化配置不会加剧教育资源的马太效应、如何在协同学习中保护学习者的隐私和数据安全、如何平衡算法推荐与人际交往的自然性等都是需要我们深入思考和探索的问题。在智能化资源配置与协同学习的领域，一些创新性的实践已经为我们提供了新的思路。例如，字节跳动教育的智慧校园云平台运用边缘智能技术实现教育资源的高效调配；商汤教育推出的 AI 协作学习空间则打造了融合实体和虚拟的混合式学习环境，构建起覆盖教学、实验、研究的一体化协同平台，为未来教育环境的智能化转型提供了有益的借鉴。

二、教育模式的变革

AI 技术正引领教育形态发生一场革命性的转变，这一转变不仅突破了传统课堂在时间、空间和知识领域上的局限，更在教育模式的深层次上引发了根本性的变革。具体而言，这种转变体现在以下三个维度，这三个维度的变革相互独立又紧密关联，共同构建起新时代的教育模式。

（一）AI 对传统课堂模式的挑战与重塑

AI 技术正在深刻改变传统课堂的运行逻辑和组织方式。这种改变并非简单的技术叠加，而是对教学模式的系统性重构。这一重构主要体现在课堂组织形式、教学互动方式、知识呈现方式，以及课堂管理四个相互关联的层面，共同挑战并重塑了传统课堂的根本形态。

AI 技术使课堂组织形式从固定模式向动态调整转变。智能系统能够实时监测并分析课堂教学效果，包括学生的注意力分布、理解程度和参与度等关键指标。基于这些数据，智能系统能够自动调整教学节奏和难度，确保教学活动始终与学生的学习状态相匹配。课堂不再是按部就班的知识传授过程，而是一个根据学习者状态动态演进的智能场景。例如，智能系统可以精确识别每个学习者的认知负荷，并在课堂进程中适时插入休息或复习环节，以维持最佳的学习状态。

AI 助教系统的引入为教学互动方式带来了革命性的变化。在传统课堂中，个性化答疑和即时反馈往往难以实现，而 AI 助教系统则能够同时满足多个学习者的需求。其不仅能够理解学生的问题，还能根据每个学生的知识基础和认知特点，提供个性化的解答和引导。这种智能化的互动支持极大地提升了课堂的参与度和教学效果，使得每个学生都能得到适合自己的学习资源和指导。

知识呈现方式的创新是 AI 技术对传统课堂改造的又一重要方面。通过 AR 和 MR 技术，抽象的知识概念可以被转化为直观的立体呈现。AI 助教系统能够根据教学内容的特点，自动生成最适合的可视化方案，帮助学生更好地理解和记忆。在实验教学中，虚拟仿真技术使得危险或昂贵的实验得以安全、低成本地开展，极大地扩展了实践教学的范围和深度。这种立体化的知识呈现方式不仅提高了学生的学习兴趣和参与度，还有助于培养他们的空间想象能力和实践能力。

AI 技术还为课堂管理带来了智能化升级。通过多模态数据分析，AI 系统能够全面把握课堂状态，包括学习氛围、互动质量和学习进展等。这种精细化的管理不仅提高了课堂效率，还为教师提供了翔实的决策依据。AI 系统能够预测可能出现的课堂问题，并提前做出预警，帮助教师及时调整教学策略。此外，智能化的课堂管理系统还能够自动记录学生的学习行为和成绩数据，为教师提供个性化的教学建议和反馈。

然而，AI 技术也为传统课堂的重塑带来了新的挑战。如何处理技术介入与师生情感联结的关系、如何确保智能化不会弱化学生的主动思考能力、如何平衡标准化与创造性教学的需求等问题都需要深入探索。在教育创新实践中，一些企业已经推出了具有前瞻性的解决方案。例如，中科云教育的智慧课堂生态系统实现了教学全环节的智能化协同；商汤的 AI 互动教室则打造了沉浸式的智能学习环境；云知声则通过语音交互技术开发出了新型的课堂互动体系。这些创新实践为传统课堂的智能化转型提供了宝贵的经验和启示。

（二）跨学科与跨平台学习的普及：AI 赋能的个性化教学新生态

AI 技术正以前所未有的速度重塑教育领域，特别是在跨学科与跨平台学习方面展现出巨大潜力。这种变革不仅拓宽了学习的边界，还通过数据驱动的个性化教学体系，将因材施教的理念转化为现实可行的方案。首先，跨学科学习的融合与创新。AI 技术打破了传统学科之间的壁垒，促进了跨学科知识的融合与创新。通过智能算法，AI 系统能够识别不同学科之间的关联性和互补性，为学生提供综合性的学习资源和项目。例如，在 STEM 教育中，AI 可以整合物理、化学、生物、计算机科学等多个学科的知识，设计出既有趣又具有挑战性的跨学科项目。这种学习方式不仅增强了学生的综合应用能力，还激发了他们的创新思维和解决问题的能力。其次，跨平台学习的便捷与高效。AI 技术还推动了跨平台学习的普及。学生不再局限于单一的学习平台或环境，而是可以通过各种智能设备和平台，随时随地接入学习资源，进行自主学习和协作学习。AI 系统能够智能识别学生的学习需求和偏好，为他们推荐最适合的学习平台和资源。同时，跨平台学习也促进了学习共同体的形成，学生可以与来自不同背景、不同领域的学习者进行交流和合作，共同探索新知识。最后，个性化教学体系的构建与实施。在跨学科与跨平台学习的大背景下，AI 技术为个性化教学体系的构建提供了强有力的支撑。AI 系统运用多模态数据分析技术，构建起全方位的个体学习模型，为个性化教学奠定坚实基础。这些模型不仅关注学生的学习成绩等显性指标，更深入挖掘学习行为、兴趣倾向、认知风格等隐性数据，从而形成对学习者的立体认知。

基于精准的学习者画像，AI 系统能够在海量教育资源中智能匹配最契合个体特点的学习内容。这种匹配不仅考量知识点的关联性、认知规律和学习偏好，还会根据学习者的实时表现动态调整学习序列和难度梯度。例如，对于偏好视觉学习的学生，AI 系统会优先推送图像丰富的材料；对于抽象思维能力强的学生，则提供更多概念性的内容。通过这种智能匹配和动态调整，每个学习者都能获得最适合自己的学习路径和资源。为确保个性化教学效果，AI 系统通过实时监测和全面评估不断优化教学方案。评估涵盖学习成果、投入度、理解深度等多个维度，形成良性的迭代优化循环。AI 系统还能依据评估结果自动调整教学策略和资源分配，确保学习者始终处于最佳学习状态，实现学习效果的最大化。

（三）个性化教学路径的多样化：AI 技术引领教育创新

AI 技术正以前所未有的深度和广度重塑教育领域，特别是在个性化教学方面展现出巨大潜力。这种变革不仅体现在学习者画像与资源匹配的智能化方面，更在于学习路径的动态生成与优化，以及个性化教学方案的持续优化。这一系列递进式的个性化教学体系，正逐步将因材施教的理念转化为可操作、可复制的现实方案。

1. 学习者画像与资源匹配的智能化升级

AI 系统借助先进的多模态数据分析技术，全方位、立体地勾勒出学习者独一无二的个体学习模型。这些模型并非浮于表面，它不仅精准囊括了学习成绩等易于量化的显性指标，更能够深入挖掘学习行为、兴趣倾向、认知风格等隐匿于日常学习中的隐性数据，为精准描绘学习者画像筑牢了坚如磐石的基础。基于如此精准的画像，智能算法在浩如烟海的教育资源中精心筛选，只为寻得最契合个体特点的学习内容，实现教育资源与学习者的智能匹配。这种匹配不仅充分考量知识点之间的内在关联性、遵循人类的认知规律及学习者的学习偏好，还紧密结合学习者现有的知识基础和明确的学习目标，精心把握推送内容的适切性和挑战度，确保每一份资源都能助力学习者进步。举例来说，对于那些偏好以视觉形式获取知识的学生，AI 系统会优先推送图像丰富、直观易懂的学习材料。同时，系统还会根据学生的学习进度和实际能力水平，量身定制个性化的学习资源和练习，让学习之路更加顺畅高效。

2. 学习路径的动态生成与优化

个性化教学的核心在于学习路径的动态生成与优化。AI 系统通过持续监测学习过程中的各类数据指标，如学习进度、投入度、理解深度等，实现教学方案的实时调整。同时，AI 系统还能根据学习者的实际情况，灵活调整知识点的呈现顺序、练习的难度梯度，确保学习的连贯性和针对性。此外，AI 系统还能通过数据驱动的反馈优化机制，形成个性化教学的良性迭代循环。当 AI 系统检测到学习者在某个知识点上遇到困难时，会自动分析其障碍原因，并提供相应的解决方案，如回溯补充先导知识、调整讲解方式或提供更多练习机会等。这种自适应机制不仅提高了学习效率，还增强了学习者的自主学习能力和问题解决能力。

3. 个性化教学方案的持续优化

为了确保个性化教学的效果，AI 系统还依托反馈机制进行持续优化。这些反馈来自学习者在学习过程中的表现、投入度、理解深度等多个维度。AI 系统通过对这些数据的分析，不断调整教学策略和资源分配，以确保学习者始终保持最佳的学习状态。同时，AI 系统还能根据学习者的反馈和学习成果，对个性化方案进行迭代优化，使其更加符合学习者的需求和期望。

在推进个性化教学的实践探索中，教育机构和技术平台正积极应对多个关键议题。首先是构建个性化与规范化的协调机制，通过课程标准的模块化设计，在保证教育质量的同时实现个性化适配。其次是深化技术与教育的融合创新，将教师的专业判断纳入算法设计，实现人机协同的教学决策。最后是通过设计智能化的协作学习场景，促进个性化学习与群体互动的有机结合。在这些方向上，一些机构已经积累了宝贵经验。以博实乐教育集团的智慧课程体系为例，该体系尝试构建融合教师智慧的自适应学习路径，为实现教育个性化与标准化的统一提供了全新的思路。这种将教师的专业智慧与 AI 技术相结合的方式，有望推动个性化教学向更高水平发展，为学习者带来更加优质、高效的学习体验。

三、AI 与教育价值观的演变

AI 技术在重塑教育形态的同时，也在深刻地影响着教育的价值取向和理念构建。这种影响不仅涉及教育目标和评价标准的重新定位，更关乎人文关怀和道德教育的价值重构。在 AI 时代，教育的价值观正经历着前所未有的变革。

（一）AI 在教育中的使用对教育目标、教学理念和评估标准的影响

AI 技术正在促使教育界重新思考和定位教育的根本目标。在 AI 能力不断提升的背

景下，传统以知识传授为中心的教育目标正在向培养创造力、批判性思维和终身学习能力转变。这种转变体现在三个关键层面。①教育目标的重构。随着 AI 技术的快速发展，传统以知识传授为中心的教育目标正在发生深刻变化。在 AI 时代，教育的重心逐渐转向培养人类的创造力、批判性思维和终身学习能力。这是因为当机器能够快速检索和处理信息时，人类特有的能力，如创新、判断和适应，变得尤为重要。因此，培养具有持续学习能力和创新精神的终身学习者成为新的教育目标。例如，许多学校开始重视设计思维、跨学科整合能力和问题解决能力的培养，这些都是 AI 难以替代的人类核心竞争力。②教学理念的革新。AI 技术的普及促使教育者重新思考教师角色的定位。教师不再是知识的唯一来源，而是转变为学习的引导者和促进者。这种理念转变推动了更多以学生为中心的教学模式的出现。在这些模式中，教学设计更注重激发学生的学习兴趣、培养探究精神，而不是单纯的知识灌输。例如，麻省理工学院的创客空间项目和中国人民大学附属中学的“AI+教师助手”计划，都是这种理念转变的典型案例。③评估标准的调整。随着教育目标和教学理念的变革，评估标准也在发生深刻变化。传统的标准化考试评估模式正逐步被更全面的能力评估体系所取代。新的评估标准不仅关注学习成果，更重视学生在学习过程中展现的思维能力、创新意识和实践应用能力。这种转变促使教育机构开发出更多元化的评估工具，用以衡量学生在不同维度的发展状况。

（二）AI 如何改变教育中非技术性核心价值观的讨论

当技术深度融入教育领域，如何维护并深化教育的人文价值成为一个至关重要的议题。这一平衡的达成，不仅关系到教育质量能否提升，还直接影响着人才培养的整体成效。要实现技术与人文的有机融合，需要从强化人文关怀、创新道德教育以及构建技术与人文的平衡机制这三个维度展开系统性的探索。①强化人文关怀。在 AI 时代，教育中的情感互动、价值观塑造和人格养成仍然需要真实的人际交往。因此，教育工作者在应用技术的同时，需要更加注重营造温暖的学习氛围，培养学生的同理心和社会责任感。通过情感教育与智能技术的结合，可以在保持教育温度的同时提升教学效率，实现人文关怀与技术创新的双向促进。②创新道德教育。AI 技术的介入为道德教育带来了新的挑战与机遇。一方面，需要培养学生对 AI 技术的正确认知和伦理意识，建立负责任的技术使用习惯。另一方面，可以借助 AI 技术创造更丰富的道德教育场景，通过虚拟情境模拟和智能交互增强道德教育的实效性和感染力。这种结合使得道德教育既立足现实又面向未来，既注重价值传承又强调创新发展。③构建技术与人文的平衡机制。为了实现技术与人文的有机融合，需要从人文关怀、道德教育和制度建设三个维度进行系统性的探索。具体而言，要建立技术使用的伦理准则，明确在教育过程中使用技术的边界和规范；设计人机协同的教学模式，充分发挥人和机器各自的优势，提高教学效果；构建支持性的评价体系，全面、客观地评价技术应用和人文教育的成效。通过合理的制度设计，引导技术应用与人文教育形成良性互动，确保二者在教育实践中相互支撑、协调共进。同时，要高度关注技术使用对学生身心发展可能产生的影响，建立有效的监测和干预机制，及时发现并解决学生可能出现的技术依赖和社交障碍等问题，保障学生的健康成长。

第三节　未来教育中 AI 的治理与伦理

AI 在教育领域的广泛应用，无疑为传统教育模式带来了颠覆性的变革，然而，这一进程中也伴随着一系列亟待解决的伦理挑战。从教育数据的隐私安全到算法决策的透明度，从技术治理的规范化框架到社会责任的承担机制，AI 教育伦理问题已成为制约智能教育健康发展的核心要素。这些问题不仅关乎技术应用的具体规范，更触及教育公平、教育质量，以及人的全面发展等更为深远的层面。因此，深入探讨 AI 教育伦理治理体系的构建，对于平衡技术创新与伦理约束、推动智能教育的可持续发展，具有不可估量的理论价值与实践意义。本节将围绕教育数据隐私与安全的伦理问题、AI 在教育决策中的透明性与可控性，以及社会责任与伦理监管这三个核心维度，对 AI 教育应用中的伦理问题进行全面而深入的分析，并在此基础上，探讨如何构建一套科学、有效的伦理治理机制。

一、教育数据隐私与安全的伦理问题

随着数字化转型的加速，各行各业的数据呈现出前所未有的体量巨大、类型多元及更新迅速等特征，其潜在价值日益凸显。在教育领域，这一数字化进程同样催生了大量异构数据，这些数据不仅记录了学生的学习轨迹、成绩表现，还蕴含着丰富的教育信息和潜在价值。然而，数据的广泛应用也带来了数据治理的严峻挑战，尤其是教育数据隐私与安全的伦理问题，成为 AI 教育应用中最基础且至关重要的伦理议题。智能教育的深入推进，使得海量学习数据的采集和应用成为可能，这无疑为提升教育效能提供了有力支持。然而，与此同时，数据安全和隐私保护的挑战也随之而来。学生个人信息、学习轨迹等敏感数据的使用，不仅关乎未成年人的权益保护，还涉及数据所有权的界定、算法决策的透明度等一系列核心问题。

（一）数据治理框架与隐私保护

安小米等学者将数据治理视为“数据资产管理与”和“IT 治理”概念的交集，认为其是“数据管理”在宏观战略规划层面的体现。随着 AI 技术在教育领域的广泛应用，教育数据治理与隐私保护已成为全球教育界共同关注的核心议题。一个完善的教育数据治理框架，作为系统性的制度安排，对于保障数据的安全、隐私及有效利用至关重要。该框架包含四个相互支撑、紧密相连的核心维度。①数据资产管理体系。这一体系主要负责数据的分类分级、确权授权，以及全生命周期管理。通过制定统一的数据标准，明确数据的使用边界，确保数据的合规性和合法性。同时，该体系还关注数据的权属问题，明确数据的所有权、使用权和收益权等，为数据的合法使用提供法律保障。②数据质量控制体系。数据的准确性和时效性对于教育决策和教学改进至关重要。因此，数据质量控制体系通过建立采集、清洗、验证的标准流程，确保数据的真实性和可靠性。这一体系还关注数据的完整性、一致性和可用性，为数据的后续分析和应用提供坚实的基础。

③数据安全保护体系。数据安全是教育数据治理的核心。该体系从技术和制度两个层面构建防护机制，包括数据加密、访问控制、安全审计等技术手段，以及安全管理规范、应急预案等制度保障。通过这些措施，确保数据在采集、存储、处理和应用等各个环节都能够得到妥善保护，防止数据泄露和滥用。④数据价值实现体系。数据的价值在于其应用。该体系通过规范的共享机制和评估体系，在确保安全和隐私的前提下，充分发挥数据在教学改进、管理优化等方面的价值。通过数据挖掘、分析等技术手段，提取有价值的信息和知识，为教育决策和教学实践提供科学依据。这一教育数据治理框架既坚持安全为先的原则，严格保护学习者的权益和隐私，又注重效率导向，支持教育创新和发展。通过四个核心维度的相互支撑和协同作用，可以实现数据治理的整体最优，为 AI 教育应用的健康发展提供有力保障。

1. 数据资产管理：教育数据治理的基础架构

科学的数据分类分级体系是构建教育数据治理基础架构的关键所在，它对于保障教育数据安全具有至关重要的作用。在《中华人民共和国数据安全法》的框架下，教育数据体系被细致地划分为多个维度，以全面覆盖教育领域的数据管理和使用。

从应用场景角度来看，教育数据体系广泛涵盖了教研活动、行政管理、公共服务等诸多领域。不同领域的数据需求和使用方式差异显著，这就要求制定有针对性的数据管理和保护策略。例如，教研活动的数据可能更注重专业性和创新性，需要特定的存储和分析方式；而行政管理数据则强调准确性和规范性，以保障决策的科学性。在组织架构方面，教育数据体系涉及教育主管部门、各级院校、科研机构等多个主体。这些单位在数据管理和使用中承担着不同的职责与角色，需要协同合作，形成一个有机的整体，共同维护数据的安全和合规性。比如，教育主管部门负责制定宏观的数据政策和标准，各级院校负责具体的数据收集和整理，科研机构则可利用数据进行深入的研究和分析。就用户群体而言，教育数据体系包含师生员工、监护人等多类主体。每一类主体都有其独特的数据权益和需求，必须得到充分的保障和满足。例如，学生的个人信息需要严格保密，监护人有权了解学生的学习情况和相关数据，教师则需要利用数据来优化教学方法和评估教学效果。从数据属性上划分，教育数据体系可分为个人信息、机构资料、业务记录等类别。不同类别的数据具有不同的敏感性和重要性，因此需要采取差异化的保护措施和管理策略。个人信息属于高度敏感数据，需要严格的加密和访问控制；机构资料则应确保其完整性和准确性，以维护机构的形象和声誉；业务记录可用于分析和评估业务流程，需要进行有效的存储和管理。

欧盟的《通用数据保护条例》作为全球首部综合性的数据保护法案，为教育数据治理提供了极具借鉴价值的范例。此条例清晰地赋予了数据主体知情权、访问权和删除权等一系列关键权利。它要求教育机构保证数据处理活动的透明度，如同为数据处理过程拉开了一层透明的帷幕，让一切操作都清晰可见，同时加强数据保护措施，为数据安全筑牢防线。欧盟委员会发布的《欧盟委员会关于 GDPR 实施两周年评估报告》表明，该条例实施之后，教育机构的数据泄露事件锐减了 45%，数据安全水平实现了显著跃升。这一成果充分彰显了该条例在教育数据保护方面的强大效力。我国地方教育部门积极响应国家政策号召，开展了数据分级管理的探索实践。经过不懈努力，初步构建起了教育数据分类分级保护体系，为我国教育数据的安全管理奠定了坚实基础。

数据分级保护不仅是技术安全的需要，更是教育数据价值实现的基础保障。通过科学的数据分类分级，可以更加精准地识别和保护敏感数据，降低数据泄露和滥用的风险，同时促进数据的合规使用和共享。未来，随着数据分级保护体系的不断完善，教育数据治理将更加规范化和科学化，为智能教育的发展提供更坚实的制度保障。

2. 数据质量控制：教育数据治理的关键要素

教育数据质量管理机制在确保数据价值得到充分发挥方面扮演着至关重要的角色。数据质量不仅关乎数据的准确性和可靠性，还直接影响到教育决策的科学性和有效性。因此，构建和完善教育数据质量管理机制是教育数据治理不可或缺的关键要素。在学术界，对数据治理框架的探索呈现出多元化的视角。郑大庆等学者从目标定位、权责划分、治理范畴及问题应对等方面构建了治理模型，为教育数据治理提供了理论支撑。张绍华等则通过梳理治理原则、实施策略和评估机制，提出了系统性的框架设计，进一步丰富了教育数据治理的理论体系。

在教育领域，国际学者 Bangal（班加尔）和 Dandavatimath（丹达瓦蒂马思）通过实证研究，提炼出一套基于实践经验的教育数据治理范式，为教育数据质量管理提供了实践指导。这些范式强调了数据治理的综合性、参与性和持续性，为教育数据质量的提升奠定了坚实基础。为了推动教育数据质量的标准化建设，美国教育数据标准联盟（Ed-Fi Alliance）开发了涵盖学生信息、课程管理、考勤记录等多个维度的教育数据标准体系。这一标准体系的建立，为美国各州教育系统提供了统一的数据规范，有效提升了数据应用效率和数据质量。截至 2023 年，已有 32 个州的教育系统采用这一标准体系，数据应用效率提升了 40%，数据质量问题减少了 60%。教育数据质量管理的标准化建设不仅是技术需求，更是管理革新。规范化的数据标准体系能够增强教育数据的质量和可信性，为教育决策过程提供更为科学的依据。同时，通过数据质量的持续改进和优化，可以进一步提升教育数据的价值，推动教育治理体系和治理能力现代化。随着教育数据治理的不断深入和数据技术的不断发展，教育数据质量管理机制将不断完善和创新。通过加强数据治理意识、提升数据治理能力、推动数据治理创新，我们可以更好地发挥教育数据的价值，促进教育事业的持续健康发展。

3. 数据安全保护：教育数据治理的核心支柱

在教育数据治理的广阔领域中，数据安全保护无疑是支撑整个治理体系稳健运行的核心支柱。为了构建坚实的数据安全防线，国际组织与学者提出的隐私保护框架，如 OECD 于 2020 年 4 月发布了《教育中的可信赖人工智能：前景与挑战》报告，为教育数据治理提供了坚实的理论基础。在此基础上，形成了强调全员参与、全程监管、全域治理的“三全一体”方法论，这一方法论旨在通过各利益相关主体的协同合作，对数据全生命周期实施动态监督，并综合运用伦理、法规、技术等手段，确保数据的安全与合规使用。全员参与强调各利益相关主体在数据安全保护中的共同责任。这包括教育机构、师生员工、家长及数据服务商等，他们都需要明确自身的权责，积极参与数据安全保护工作，形成协作互促的良好氛围。全程监管则要求对数据从采集、存储、处理到使用的每一个环节都实施严格的监督和管理。通过动态监控和定期审计，及时发现并纠正潜在的安全隐患，确保数据的完整性和保密性。全域治理则强调综合运用多种手段来保障数据安全。这包括制定和执行严格的法律法规，建立伦理规范，以及采用先进的技术手段，如高强度加密、访问控制系统和安全审计机制等。这些手段相互补充，共同构成了一个全方位的数据安全保护体系。

我国的数据安全法规体系为教育数据安全提供了有力的法律保障。《中华人民共和国数据安全法》和《中华人民共和国网络安全法》等法律法规的出台，为教育数据的采集、存储、使用和处理等各个环节设定了明确的标准和规范。同时，教育部发布的《教育信息化和网络安全工作要点》等文件，进一步细化了教育数据安全保护的具体要求，推动了教育数据安全保护工作的深入开展。在实践中，一些国家和地区已经取得了显著成效。例如，新加坡的教育数据立方项目，通过运用区块链技术实现数据全程追踪，并建立了基于角色的访问控制系统，有效提升了数据的安全性和使用效率。截至 2023 年，新加坡数据安全事件发生率下降 75%，数据使用效率提升 60%。我国部分重点高校也率先建立了数据分级分类保护制度，实施数据全生命周期安全管理，推行数据使用权限分级审批机制，有效防范了数据安全风险。随着新技术的发展和应用，教育数据安全保护将呈现更加智能、精准的特点。例如，利用 AI 和机器学习技术，可以实现对数据使用行为的智能监控和预警，及时发现并处置潜在的安全风险。同时，通过加强数据治理意识、提升数据治理能力、推动数据治理创新等措施，我们可以进一步巩固教育数据安全保护的核心支柱地位，为教育事业的持续健康发展提供有力保障。

4. 数据价值实现：教育数据治理的最终目标

教育数据价值的科学开发是数据治理体系建设的核心追求，旨在将国家战略性资源转化为推动教育变革的强大动力。教育数据的权益归属于全体公民，其开发利用需在保护与共享之间找到微妙的平衡。适度的数据开放政策如同磁石，吸引着多元主体投身教育数据创新应用，不仅深化了数据价值的挖掘，还提升了社会对教育发展的理解与参与度，为教育变革注入了新的活力。

在数字化浪潮席卷教育领域的当下，确保数据安全已成为教育数据应用的基本前提。在此坚实基础上，教育数据的价值如璀璨星辰，在微观、中观和宏观三个层面熠熠生辉，为教育事业的蓬勃发展注入强大动力。从微观层面来看，教育数据宛如一位贴心的学习导师，精准洞察每个学生的学习需求与特点。通过对学生学习行为、知识掌握程度等多维度数据的深度分析，能够为学生量身定制个性化的学习路径，实现学习内容的精准推送。同时，依据这些数据反馈，教师也能及时调整教学方式，采用更具针对性和趣味性的教学方法，助力学生达成更高效、更个性化的学习目标。这种因材施教的模式，让每个学生都能在适合自己的节奏中茁壮成长，充分挖掘自身潜力。从中观层面来看，教育数据成为学校运营管理的智慧大脑。基于数据驱动的管理决策，学校能够更加科学地规划资源配置，合理安排师资力量、教学设备等资源，避免资源的浪费与闲置。例如，通过对学生选课数据、课程评价数据的分析，学校可以精准了解不同课程的需求情况，优化课程设置，提高教学资源的利用效率。如此一来，学校的运营效率得到显著提升，资源配置水平迈向新的台阶，为教育教学活动的顺利开展提供有力保障。从宏观层面来看，教育数据为政策制定者提供了洞察教育全局的“望远镜”。通过对海量教育数据的整合与分析，政策制定者能够全面了解教育发展的现状、趋势和问题，从而制定出更加科学、精准的教育政策。这些政策能够精准对接教育实际需求，推动教育资源的合理分配和教育质量的整体提升，为教育事业的长远发展描绘宏伟蓝图。

以美国卡耐基梅隆大学的智慧学习工程项目为例，该项目堪称教育数据价值实现的典范。通过建立先进的学习分析平台，整合学生学习行为、课程内容和教学过程等多源数据，成功开发出个性化学习推荐系统，这一系统犹如为学生量身打造的“学习加速器”。该项目生动展示了教育数据在提升学习效果和教学体验方面的巨大潜力，为全球教育领域提供了宝贵的借鉴经验。在我国，《教育信息化 2.0 行动计划》的颁布为教育大数据应用探索指明了清晰的方向。各地依托“智慧教育示范区”建设，积极搭建教育数据共享平台，打破区域壁垒，实现了跨区域教育资源的均衡配置。这一举措成效显著，截至 2023 年 12 月，教育资源利用效率提升了 45%，区域间教育质量差异降低了 30%，教育公平与质量得到了显著提升，让更多学生享受到优质教育资源。

然而，教育数据价值的充分释放并非坦途，它犹如一座等待攀登的高峰，需要创新理念和先进技术的深度融合。只有不断探索新的数据应用模式，引入 AI、大数据分析等前沿技术，才能深度挖掘教育数据的潜在价值，让教育数据在教育领域发挥更大的作用。

（二）AI 算法透明性与教育决策的伦理

随着 AI 算法的融入，教育决策正经历着前所未有的变革。然而，这一变革并非没有挑战。AI 系统的复杂决策机制往往形成技术“黑箱”，引发了算法偏见、决策透明度和主权控制等一系列治理难题。欧盟《人工智能法案》将教育领域人工智能应用列为高风险类别，我国《互联网信息服务算法推荐管理规定》也对人工智能算法透明度提出了明确要求。这些法规为教育 AI 的发展勾勒出了基本框架，强调了算法透明性和伦理准则的重要性。教育 AI 系统的可解释性已超越技术层面的要求，成为关乎教育公平和教师主体地位维护的关键因素。个性化学习推荐系统必须能够清晰展示其推荐依据和决策逻辑，使教师能够理解并保持必要的干预能力。在人机协同理念下，AI 系统应被定位为教育决策的辅助工具，尤其是在学生评价、升学推荐等重要环节，人工审核机制不可或缺。此外，教育 AI 的发展还面临着诸多深层次的挑战。如何避免算法强化教育不平等、如何防止过度依赖数据而忽视学生个性发展、如何保护未成年人数字时代的成长权益等问题亟待解决。

教育 AI 的发展将遵循透明可控、伦理优先、人机协同的原则。各国政府或将出台更有针对性的监管框架，要求开发者提供算法审计报告并建立定期评估机制。教育机构需建立内部 AI 治理制度，确保技术服务于教育目标。对未成年人群体的 AI 应用将面临更严格的透明度要求和限制，这种审慎态度有利于构建可持续的教育科技生态系统。政府、教育机构、技术开发者、教育工作者等多方需协同努力，共同应对教育 AI 发展带来的挑战。政府应完善法规体系，教育机构应提升数字素养，技术开发者应融入伦理考量，教育工作者应积极参与评估改进。只有这样，才能确保 AI 技术真正服务于教育发展的根本目标，推动教育事业的持续健康发展。

二、AI 在教育决策中的透明性与可控性

AI 技术在教育决策领域的应用无疑带来了显著的效能提升，但同时也引发了一系列治理挑战。杨现民等认为教育用户对 AI 技术存在应用价值和角色关系上的双重困惑，对其信任感不强，这成为智能教育发展道路上亟待解决的难题。教育决策的特殊性要求 AI 应用必须保持适度的透明性与可控性，以确保决策过程的民主性、科学性和对公共利益的回应性。

（一）技术与教育政策的结合：育人为本，创新驱动

AI 技术与教育政策的融合是当前教育改革和创新的重要趋势。这一融合过程必须坚持教育本质与技术创新的辩证统一，既要充分利用 AI 技术的优势，推动教育体系的智能化转型，又要坚守教育的核心价值，确保技术创新服务于教育的根本目的。AI 正深刻重塑教育体系的核心要素，从人才培养模式的创新到课程教学方式的变革，其战略地位已经促使各国将教育领域的智能化转型纳入国家层面的政策布局。然而，教育信息化建设不能陷入技术至上的误区，而应以育人为本，坚持教育规律，在此基础上推进技术创新。这意味着，AI 技术的应用应当与教育目标、教学内容、教学方法等紧密结合，以促进学生全面发展为中心，提升教育质量。欧盟的《数字教育行动计划（2021—2027）》提供了一个成功的范例。该计划通过建立数字教育协调委员会，统筹教育专家、技术专家和政策制定者的多方参与，形成了基于多元协同的政策制定模式。这种模式不仅提升了数字教育项目的实施效果，还显著提高了教育工作者的满意度。截至 2023 年 12 月，基于多元协同的政策制定模式使数字教育项目的实施效果提升 40%，教育工作者满意度增加 35%。这一实践表明，技术和教育政策的结合需要跨领域的合作与协调，以确保政策的有效性和可持续性。我国教育政策与 AI 技术的融合创新已形成特色化实践路径。以“智慧教育示范区”建设为例，其创新性体现在三个层面。①治理模式创新。采用“政府引导、专家指导、学校主导”的三维协同机制，即政府层面提供政策支持与基础设施保障，专家团队负责技术标准与伦理规范的制定，学校作为实施主体推进教学实践创新。②评估体系创新。构建技术应用效能、教学质量提升、师生发展、教育公平促进、社会效益综合五大维度的“五位一体”评估机制。③实施路径创新。形成“试点先行—经验总结—区域推广”的阶梯式发展模式，通过示范区的先行先试，为全国智慧教育发展提供可复制、可推广的实践经验。这一机制将教育专家、教师、家长、学生和技术人员纳入决策过程，确保了决策的科学性和民主性。同时，通过定期评估教育效果，可以及时发现和解决问题，推动教育质量持续提升。教育政策与 AI 技术的结合，最终要落实到促进教育公平、提升教育质量的具体实践中。在推进教育信息化的过程中，应始终坚持以学生发展为中心，以教育规律为遵循，以科学评估为保障。这意味着，我们需要关注不同学生的需求和差异，利用 AI 技术提供个性化的学习资源和支持；同时，也要遵循教育的内在规律，确保技术创新不会破坏教育的完整性和连续性。此外，通过科学评估教育效果和技术应用的影响，我们可以及时调整政策和技术策略，确保 AI 技术真正服务于教育现代化的宏观目标。

（二）公共利益与智能教育决策的平衡：技术赋能，普惠共享

智能教育的推进必须坚守教育公平与质量的基本价值取向，这是教育工作的根本使命所在。习近平总书记在全国高校思想政治工作会议上强调，要坚持把立德树人作为中心环节，把思想政治工作贯穿教育教学全过程，实现全程育人、全方位育人，努力开创我国高等教育事业发展新局面[①]。这一指导思想为智能教育的发展指明了方向。在教育公平的探讨中，郭元祥提出平等性与合理性双重维度，为我们在教育机会、过程和结果中实现相对公平提供了理论支撑，而非盲目追求绝对均等的资源配置。智能教育的发展应当深入贯彻和落实教育公平与质量提升的核心目标。在资源分配上，应体现普惠共享的发展理念，确保所有学习者都能享受到优质的教育资源。同时，在个性化支持方面，智能教育应能够精准识别学习者的需求，提供定制化的学习方案，以促进每个学习者的全面发展。联合国教科文组织发布的“智能教育公平发展”倡议为我们提供了有益的借鉴。通过建立智能教育资源库和开发适应性学习平台等举措，该倡议有效推动了教育资源的共享和对个性化学习的支持。我国“三个课堂”建设工程通过突破地域限制，实现了优质教育资源的跨区域共享。四川省构建的省级智慧教育云平台，为农村学校提供了更多获取优质教育资源的机会，截至 2023 年 12 月，农村学校获得优质教育资源的机会增加 60%，学生个性化学习需求满足率提升 55%。此外，我国针对农村地区的优质资源共享计划和面向特殊教育的适应性学习工具包建设，也为智能教育的普惠发展提供了生动的实践范例。未来智能教育的发展应秉持“技术赋能、普惠共享”的理念。政策制定者应通过引导和资源倾斜，构建起覆盖全体学习者的智能教育支持体系。这包括加强基础设施建设、优化资源配置、提升教师信息技术应用能力等多方面的工作。同时，智能教育系统开发者也应注重技术的易用性和普及性，确保技术能够真正服务于广大学习者，而不是成为少数人的特权。智能教育不仅要提供先进的学习工具和技术支持，更要成为促进教育公平、提升教育质量的重要推动力。通过技术进步与教育公平的良性互动，我们可以共同推动智能教育的健康发展，为构建更加公平、高质量的教育体系贡献力量。

三、社会责任与伦理监管

AI 教育应用的深化发展对伦理监管提出新要求。AI 教育技术在推动教育变革的同时，其社会影响和伦理风险也日益凸显，涉及教育公平、数字鸿沟、人际互动及价值观塑造等多重议题。在此背景下，如何构建一套既能有力促进技术创新，又能切实维护社会公平的伦理监管体系，成为当前智能教育领域亟待解决的核心问题。这不仅需要制定出科学合理、切实可行的伦理标准，为 AI 教育技术的发展划定清晰的边界和准则，更要确保这些标准在实际应用中得到有效执行，真正发挥其规范和引导作用。

---

① 《习近平在全国高校思想政治工作会议上强调：把思想政治工作贯穿教育教学全过程 开创我国高等教育事业发展新局面》，http://dangjian.people.com.cn/gb/n1/2016/1209/c117092-28936962.html，2016 年 12 月 9 日。

（一）AI 教育技术的社会影响与伦理标准

《为人工智能的未来做好准备》和《国家人工智能研发战略规划》明确指出，AI 的发展经历了从规则系统到机器学习的演进，正迈向注重可解释性和通用性的新阶段。在教育领域，智能技术在提供数据分析能力的同时，也带来了数据隐私保护和角色边界等伦理挑战。AI 教育技术应用的伦理评估体系构建是确保智能教育健康发展的基础性框架，涵盖技术研发、应用实践和影响评估三个维度。以人为本的原则贯穿技术研发全过程，将学生全面发展置于核心位置，强调 AI 技术应该服务于教育本质，避免技术决定论倾向。要求智能教育系统在设计时必须考虑认知规律、心理特征和伦理底线，将个性化学习与群体教育价值统一起来。动态监测机制则着重关注技术应用过程中的数据安全、隐私保护和算法公平，及时发现纠正伦理风险。多维度评价标准既要评估技术的直接教学效果，更要综合衡量其对师生关系、教育生态和社会公平的深层影响。国际社会已积极探索 AI 教育技术的伦理治理框架，欧盟《人工智能法案》将教育类 AI 应用列为高风险领域，要求开发者进行严格的伦理风险评估，特别强调算法透明度和人类监督。新加坡教育部建立的人工智能治理框架，通过定期评估机制有效平衡了技术创新与伦理约束之间的关系。其评估体系涵盖技术安全性、教育适切性和社会影响力三个重要维度，为全球教育 AI 治理提供了极具借鉴意义的实践经验。在中国，《新一代人工智能伦理规范》强调人工智能各类活动应遵循“增进人类福祉”“促进公平公正”“保护隐私安全”“确保可控可信”“强化责任担当”“提升伦理素养”等基本伦理规范。在中国“双减”政策的宏观背景下，AI 教育产品的伦理审查愈发凸显其重要性。智能教育必须摒弃功利导向，回归教育规律，确保技术真正服务于学生的全面发展。这种注重过程监管、强调多元参与的治理模式，不仅为未来 AI 教育技术的伦理规范提供了切实可行的实践范例，更为构建一个负责任、可持续的智能教育生态指明了清晰的方向。

（二）AI 伦理的制定与执行

AI 算法独特的运行逻辑正在深刻地改变着以往的生产方式和生活方式，并诱发了一系列的伦理危机。郑智航研究认为，运用传统法律制度去化解 AI 算法的伦理危机和社会危机遇到了一系列法学理论上的难题和实践上的障碍。AI 教育伦理准则的制定和执行体系是智能教育健康发展的核心保障机制，其重要性体现在教育公平、教育质量和教育主体权益保护等多个维度。从根本上看，AI 教育伦理规范不仅是技术应用的约束机制，更是确保教育本质不被技术异化的价值底线。在当前教育信息化快速发展的背景下，如何平衡技术效率与教育伦理，以及如何防范算法对教育公平的冲击，已成为全球教育治理的关键议题。

在国际舞台上，联合国教科文组织颁布的《人工智能伦理建议书》为全球各国搭建 AI 教育应用伦理体系提供了基础性的框架指引。这份建议书着重强调，AI 于教育领域的应用，必须将尊重人权作为基本原则，积极推动教育公平的实现，全面且严谨地保护个人隐私。尤为值得一提的是，它专门针对教育场景，提出了关于算法透明度的具体要求，并且精心构建了针对弱势群体的特殊保护机制。这一系列举措，充分彰显了国际社会对 AI 教育伦理问题的深度思索与高度关切。聚焦国家层面，中国出台的《新一代人工智能伦理规范》规定了人工智能特定活动应遵守的伦理规范包括管理规范、研发规范、供应规范和使用规范。这一规范深刻地反映出，在 AI 教育伦理治理的进程中，需要在充分发挥技术优势以提升教育质量的同时，敏锐且有效地规避技术应用可能带来的负面效应。这为 AI 教育的稳健、健康发展提供了清晰且具有可操作性的指引。在中国地方实践的维度上，各地开展了丰富多元且富有成效的探索。北京、上海等城市积极行动，组建了由教育专家、伦理学者、技术专家和法律专家携手合作的人工智能伦理与治理工作委员会。该委员会承担着 AI 教育产品的准入审查及持续监督的重要职责。这种多元主体参与的治理模式，不仅确保了治理工作的专业性和权威性，还显著增强了监管的效力和执行力。深入到教育机构层面，清华大学作为高校代表率先垂范，设立了人工智能治理研究中心。这些机构将理论研究与实践指导进行了深度融合，为一线教育工作者提供了系统且全面的伦理培训，进一步拓展和丰富了 AI 教育伦理治理的实施路径和方法。

AI 教育伦理治理范式从原则性规范向精细化实践指引的转变，反映了教育领域对 AI 技术应用认知的深化，体现了从技术规范到教育价值的探讨升级。这种转变意味着伦理考量已成为技术创新的内生要素，预示着智能教育正从技术驱动转向价值引领。在数字化转型加速的教育变革中，伦理治理除了是技术应用的规范保障，更是引领教育创新的价值指南，承担着维护教育公平、保障教育质量、促进教育创新的多重使命。

思 考 题

1. AI 如何推动教育模式的变革？请列举至少三个方面，并解释每个方面的具体影响。

2. 在教育评估领域，深度学习技术有哪些具体应用？这些应用如何提升教育评估的精准性和个性化？

3. 教育数据隐私与安全在 AI 教育应用中面临哪些挑战？应如何构建有效的数据治理框架来保护学生的隐私和安全？

4. AI 在教育决策中的应用如何影响教育公平？为确保 AI 辅助决策的公平性，应采取哪些措施？

参 考 文 献

艾兴，张玉. 2021. 从数字画像到数字孪生体：数智融合驱动下数字孪生学习者构建新探[J]. 远程教育杂志，39（1）：41-50.

安小米，许济沧，王丽丽，等. 2021. 国际标准中的数据治理：概念、视角及其标准化协同路径[J]. 中国图书馆学报，47（5）：59-79.

蔡宝来. 2019. 人工智能赋能课堂革命：实质与理念[J]. 教育发展研究，39（2）：8-14.

蔡苏，王沛文，杨阳，等. 2016. 增强现实（AR）技术的教育应用综述[J]. 远程教育杂志，34（5）：27-40.

陈隆升. 2019. 学情分析论[M]. 上海：上海交通大学出版社：10-12.

崔芳芳，李中琳，何贤英，等. 2025. 医疗人工智能临床应用的伦理思考[J]. 中国医学伦理学，38（2）：159-165.

崔国富. 2011. “从做中学”的生命教育价值解读：杜威实用主义经验论生命教育思想探析[J]. 渤海大学学报（哲学社会科学版），33（5）：109-113.

崔净齐，崔启璐，陈婷. 2024. 新工科背景下生物工程专业“多模态教学、多维度评价”的核心课程体系建设：以东华大学生物与医学工程学院为例[J]. 纺织服装教育，39（5）：14-19.

冯虎. 2018. 爱智康发布“i 进步”个性化学习系统 教育进入“因脑施教”时代[EB/OL]. http://www.ce.cn/xwzx/kj/201803/24/t20180324_28594822.shtml[2018-03-24].

高蓓. 2020. 三年制云贵川皖地区学生英语教学评价体系的建立和应用[J]. 齐齐哈尔师范高等专科学校学报，（4）：140-142.

高伟. 2020. AI 与人类解放的未来：基于马克思的科技哲学观[J]. 人民论坛，（10）：122-123.

谷亚. 2019. 人工智能时代教师的职责坚守与角色转换[J]. 教学与管理，（15）：1-3.

郭炯，郝建江. 2021. 智能时代的教师角色定位及素养框架[J]. 中国电化教育，（6）：121-127.

韩水法. 2019. 人工智能时代的人文主义[J]. 中国社会科学，（6）：25-44，204-205.

洪延青. 2021. 国家安全视野中的数据分类分级保护[J]. 中国法律评论，（5）：71-78.

胡兴勇，欧霞，王进生. 2022. 建 AI 科学智慧课堂 创现代教学新生态[J]. 中小学信息技术教育，（Z1）：127-130.

黄光扬. 2022. 教育测量与评价[M]. 3 版. 上海：华东师范大学出版社.

黄荣怀，刘德建，阿罕默德·提利利，等. 2023. 人机协同教学：基于虚拟化身、数字孪生和教育机器人场景的路径设计[J]. 开放教育研究，29（6）：4-14.

姜强，赵蔚，李松，等. 2016. 个性化自适应学习研究：大数据时代数字化学习的新常态[J]. 中国电化教育，（2）：25-32.

姜强，赵蔚，王朋娇，等. 2015. 基于大数据的个性化自适应在线学习分析模型及实现[J]. 中国电化教育，（1）：85-92.

蒋美仕，陈亮伟. 2023. 教育大数据隐私安全的保护困境及其治理策略[J]. 自然辩证法研究，39（6）：100-104.

焦宝臣，赵星，李涛. 2024. 案例分享丨构建面向 AI+教育的智慧校园[EB/OL]. https://www.edu.cn/xxh/xy/xytp/202411/t20241114_2641664.shtml[2024-11-14].

教育部高等教育司. 2024. 关于公布首批“人工智能+高等教育”应用场景典型案例的通知[EB/OL].

http://www.moe.gov.cn/s78/A08/tongzhi/202404/t20240417_1126075.html[2024 年 4 月 12 日].
教育部高等教育司. 2024. 关于公布第二批“人工智能+高等教育”应用场景典型案例的通知[EB/OL]. http://www.moe.gov.cn/s78/A08/tongzhi/202411/t20241118_1163542.html[2024 年 11 月 14 日].
黎世法. 1984. 最优中学教学方式的研究和实验[J]. 教育研究与实验，（2）：51-55.
黎桢. 2022. 人工智能背景下教师角色变革价值逻辑、现实困境及其对策研究[J]. 科教导刊，（30）：78-80.
李秉德. 2001. 教学论[M]. 2 版. 北京：人民教育出版社：2.
李德毅，于剑，中国人工智能学会. 2018. 人工智能导论[M]. 北京：中国科学技术出版社：8.
李海峰，王炜. 2022. 元宇宙+教育：未来虚实融生的教育发展新样态[J]. 现代远距离教育，（1）：47-56.
李海峰，王炜. 2023. 人机协同深度探究性教学模式：以基于 ChatGPT 和 QQ 开发的人机协同探究性学习系统为例[J]. 开放教育研究，29（6）：69-81.
李嘉曾. 2008. “以学生为中心”教育理念的理论意义与实践启示[J]. 中国大学教学，（4）：54-56.
李坤崇. 2000. 多元化教学评量[M]. 新北：心理出版社.
李青，韩俊红. 2018. 数据治理：提升教育数据质量的方法和途径[J]. 中国远程教育，（8）：45-53，80.
李伟成. 2011. 教学过程中的诊断性评价研究[J]. 教育导刊，（3）：76-79.
李学书. 2019. STEAM 跨学科课程：整合理念、模式构建及问题反思[J]. 全球教育展望，48（10）：59-72.
李杨，徐峰，谢光强，等. 2018. 多智能体技术发展及其应用综述[J]. 计算机工程与应用，54（9）：13-21.
梁迎丽，刘陈. 2018. 人工智能教育应用的现状分析、典型特征与发展趋势[J]. 中国电化教育，（3）：24-30.
林宝灯. 2018. 高校信息资源开放共享机制建设的新载体：虚拟实验室[J]. 图书馆理论与实践，（1）：96-100.
刘邦奇，聂小林. 2022. 智能技术赋能教育评价[M]. 北京：人民教育出版社.
刘邦奇，聂小林. 2023. 智能高效课堂构建[M]. 北京：北京师范大学出版社.
刘邦奇，吴晓如. 2019. 智慧课堂：新理念 新模式 新实践[M]. 北京：北京师范大学出版社：2.
刘邦奇，张金霞，许佳慧，等. 2021.智能技术赋能因材施教：技术框架、行业特点及趋势：基于智能教育行业发展实证数据的分析[J]. 电化教育研究，42（2）：70-77.
刘岗，田静. 2020. 学情分析的价值意蕴、实践困境与改进路径[J]. 教学与管理，（27）：18-21.
刘磊，刘瑞. 2020. 人工智能时代的教师角色转变：困境与突围[J]. 陕西现代职业教育研究，（1）：116-120.
卢国庆，杨沁，贺相春. 2024. 生成式人工智能赋能高等教育形成性评价的价值、挑战及路径[J]. 电化教育研究，45（11）：84-91.
卢宇，余京蕾，陈鹏鹤，等. 2023. 生成式人工智能的教育应用与展望：以 ChatGPT 系统为例[J]. 中国远程教育，43（4）：24-31，51.
罗海风，罗杨，刘坚. 2024.人工智能时代的教育评价改革[J]. 中国考试，（3）：8-17，97.
吕振文. 2024. 基于大数据的“信息技术”课程学情分析[J]. 信息系统工程，（12）：95-98.
马建立. 2023. 基于《数据安全法》的教育数据分类分级研究[J]. 天津电大学报，27（1）：55-60.
彭建涵. 2021. 人工智能技术背景下计算机网络教育创新研究[J]. 电脑知识与技术，17（1）：165-166.
蒲清平，王雪婷. 2024. 人工智能助力学情分析的理论框架与实践路径[J]. 大学教育科学，（3）：31-38.
钱军先. 2009. 学情分析：有效教学的核心和关键[J]. 教育研究与评论（中学教育教学），（8）：14-17.
阮凯. 2021. 机器伦理学的当代争议及其解决方案[J]. 自然辩证法研究，37（11）：42-48.
邵燕楠，黄燕宁. 2013. 学情分析：教学研究的重要生长点[J]. 中国教育学刊，（2）：60-63.
沈亦红. 2004. 论物理虚拟实验与真实实验的互补作用[J]. 中国电化教育，（7）：42-44.
孙妍. 2021. 从“知识图谱”到“人机协同”：论人工智能教育对教师的重塑和挑战[J]. 高教探索，（3）：30-37.
汪存友，黄双福. 2020. 自适应学习支持下的美国高校课程设计和教师角色研究：以科罗拉多理工大学

IntelliPath 项目为例[J]. 电化教育研究，41（7）：35-41，54.
汪金英，潘祖贤. 2024. 隐忧与消解：生成式 AI 教育应用的道德审视[J]. 扬州大学学报（高教研究版），28（4）：47-57.
王海坤，潘嘉，刘聪. 2018. 语音识别技术的研究进展与展望[J]. 电信科学，34（2）：1-11.
王瀚琳. 2019. 计算机视觉技术的发展及应用[J]. 数字化用户，25（52）：149.
王亚军，胡东. 2021. 基于学习者画像的教师混合学习模式设计与实践[J]. 四川师范大学学报（社会科学版），48（4）：132-138.
王一霏. 2022. 绵阳市涪城区人大代表调研全区“智慧教育示范区”建设工作[EB/OL]. http://city.newssc.org/system/20220719/003321663.htm[2022-07-19].
王一岩，朱陶，杨淑豪，等. 2024. 人机协同教学：动因、本质与挑战[J]. 电化教育研究，45（8）：51-57.
吴永和，刘博文，马晓玲. 2017. 构筑“AI+教育”的生态系统[J]. 远程教育杂志，35（5）：27-39.
谢晨，胡惠闵. 2015. 学情分析中“学情”的理解[J]. 全球教育展望，44（2）：20-27.
徐鹏，王以宁. 2020. 整合技术的卓越教师知识能力结构研究[J]. 中国电化教育，（2）：89-93，101.
荀渊. 2023. ChatGPT/生成式人工智能与高等教育的价值和使命[J]. 华东师范大学学报（教育科学版），41（7）：56-63.
杨华利，耿晶，胡盛泽，等. 2022. 人工智能时代的教育测评通用理论框架与实践进路[J]. 中国远程教育，（12）：68-77.
杨丽，吴雨茜，王俊丽，等. 2018. 循环神经网络研究综述[J]. 计算机应用，38（S2）：1-6，26.
杨现民，唐斯斯，李冀红. 2016. 发展教育大数据：内涵、价值和挑战[J]. 现代远程教育研究，（1）：50-61.
杨现民，唐斯斯，李冀红. 2016. 教育大数据的技术体系框架与发展趋势：“教育大数据研究与实践专栏”之整体框架篇[J]. 现代教育技术，26（1）：5-12.
杨志玲，苏媛. 2023. 人工智能时代教师角色的转变与重塑策略[J]. 中国成人教育，（4）：73-76.
杨宗凯，王俊，吴砥，等. 2023. ChatGPT/生成式人工智能对教育的影响探析及应对策略[J]. 华东师范大学学报（教育科学版），41（7）：26-35.
叶波. 2022. 人工智能+5G 与教育变革[M]. 上海：华东师范大学出版社.
余南平，张翌然. 2023. ChatGPT/生成式人工智能对教育的影响：大国博弈新边疆[J]. 华东师范大学学报（教育科学版），41（7）：15-25.
余胜泉. 2018. 人工智能教师的未来角色[J]. 开放教育研究，24（1）：16-28.
曾安军. 2024. 人工智能能不能[M]. 北京：电子工业出版社：39.
张秋芳，刘若愚，谢雨欣. 2024. 生成式 AI 在高校教育应用中的风险及规避进路[J]. 牡丹江教育学院学报，（1）：41-45.
张绍华，潘蓉，宗宇伟. 2016. 大数据治理与服务[M]. 上海：上海科学技术出版社.
赵慧娟，李恒. 2014. 多模态教学模式与应用[J]. 现代交际，（8）：156.
赵振旗. 1988. 应加强对学情的研究[J]. 山东教育科研，（2）：30.
赵紫薇. 2023. 智能技术支持下的学情分析框架构建及应用研究[D]. 开封：河南大学.
郑大庆，黄丽华，张成洪，等. 2017. 大数据治理的概念及其参考架构[J]. 研究与发展管理，29（4）：65-72.
郑智航. 2021. 人工智能算法的伦理危机与法律规制[J]. 法律科学（西北政法大学学报），39（1）：14-26.
周洪宇，李宇阳. 2023. ChatGPT 对教育生态的冲击及应对策略[J]. 新疆师范大学学报（哲学社会科学版），44（4）：102-112.
周月玲，谢泉峰. 2021. 人工智能时代教师角色的转变：基于我国教师角色传统表征体系的分析[J]. 教育科学研究，（2）：87-92.
周忠，周颐，肖江剑. 2015. 虚拟现实增强技术综述[J]. 中国科学：信息科学，45（2）：157-180.

朱科蓉. 2016. 文科类虚拟仿真实验教学中心建设的问题与思考[J]. 现代教育管理，（1）：87-91.
朱郁华. 2013. 学情分析：教师新的教学基本功[J]. 教学与管理，（22）：22-23.
Al Ka’bi A. 2023. Proposed artificial intelligence algorithm and deep learning techniques for development of higher education[J]. International Journal of Intelligent Networks, 4: 68-73.
Aydin O, Karaarslan E, Erenay F S, et al. 2025. Generative AI in academic writing: a comparison of DeepSeek, Qwen, ChatGPT, Gemini, Llama, Mistral, and Gemma[EB/OL]. https://arxiv.org/abs/2503.04765[2025-02-11].
Bangal S, Dandavatimath S. 2011. Empirical model of data governance in educational institute[J]. International Journal on Computer Science and Engineering, (1): 69-74.
Hancock D R. 2007. Effects of performance assessment on the achievement and motivation of graduate students[J]. Active Learning in Higher Education, 8(3): 219-231.
Hao K. 2020. The problems AI has today goback centuries[EB/OL]. https://www.technologyreview.com/2020/07/31/1005824/decolonial-ai-for-everyone/[2020-07-31].
Hutson J, Plate D. 2023. Human-AI collaboration for smart education: reframing applied learning to support metacognition[M]//Soofastaei A. Advanced Virtual Assistants - A Window to the Virtual Future. London: IntechOpen.
Ji J M, Qiu T Y, Chen B Y, et al. 2023. AI alignment: a comprehensive survey[EB/OL]. https://arxiv.org/abs/2310.19852[2023-10-30].
Long D R, Magerko B. 2020. What is AI literacy?Competencies and design considerations[C]// Bernhaupt R, Mueller F, Verweij D, et al. CHI’20: Proceedings of the 2020 CHI Conference on Human Factors in Computing Systems. New York: Association for Computing Machinery.
Lozić E, Štular B. 2023. Fluent but not factual: a comparative analysis of ChatGPT and other AI chatbots’ proficiency and originality in scientific writing for humanities[J]. Future Internet, 15(10): 336.
Ramirez E A B, Esparrell J A F. 2024. Artificial intelligence(AI)in education: unlocking the perfect synergy for learning[J]. Educational Process: International Journal, 13(1): 35-51.
Skinner B F. 1938. The Behavior of Organisms: An Experimental Analysis[M]. New York: Appleton-Century-Crofts.
Song C X, Shin S Y, Shin K S. 2024. Implementing the dynamic feedback-driven learning optimization framework: a machine learning approach to personalize educational pathways[J]. Applied Sciences, 14(2): 916.
Vaswani A, Shazeer Noam, Parmar N, et al. 2017. Attention is all you need[C]//von Luxburg U, Guyon I, Bengio S, et al. NIPS’17: Proceedings of the 31st International Conference on Neural Information Processing Systems. New York: Curran Associates Inc.
Vygotsky L S. 1962. Thought and Language[M]. Cambridge: MIT Press.
Wu D, Zhang S L, Ma Z Y, et al. 2024. Unlocking potential: key factors shaping undergraduate self-directed learning in AI-enhanced educational environments[J]. Systems, 12(9): 332.
Wu W T, Zhang B, Li S T, et al. 2022. Exploring factors of the willingness to accept AI-assisted learning environments: an empirical investigation based on the UTAUT model and perceived risk theory[J]. Frontiers in Psychology, 13: 870777.
Yang Y D. 2024. Formative assessment: a significant facilitator of student learning[J]. Science Insights Education Frontiers, 20(2): 3219-3221.

后　记

本教材系统地梳理了教师所需的AI基本素养，包括素养内涵、理论基础、技术基础、教学评价方法和技术、伦理责任等各个方面，结合教师数字素养标准要求，从理论到实践，从方法到实例，帮助新教师树立正确的AI教育观念，掌握科学的AI教育教学方法，提高教学理论和教学水平，助力他们成为新时代高素质专业化教师。

本教材由韩山师范学院和广东外语外贸大学共同完成，刘海春教授负责统筹全书的研究思路，钟广宏副教授、谢文新教授和冯健文教授负责编写体系与框架，唐大光副研究员和冯健文教授负责统稿，最后由刘海春教授审定。本教材共十一章，其中，第一章由刘海春撰写，第二章由冯健文撰写，第三章由余晓春、唐大光、钟广宏撰写，第四章由吴岩撰写，第五章由朱映辉撰写，第六章由余晓春撰写，第七章由蔡梦虹撰写，第八章由李泽莹、袁德辉撰写，第九章由杜雯撰写，第十章由余创林、钟广宏撰写，第十一章由谢文新撰写。此外，本教材特别邀请了联合国教科文组织总部教育信息化与人工智能教育部门主任、北京师范大学互联网教育智能技术及应用国家工程实验室研究员苗逢春作序。

我们期待未来能够继续深化AI教育教学的研究和探索，不断提高研究质量和水平。同时，也希望广大教师能够认真学习教材的思路和内容，将其中的理论和方法应用到教学和学习实践中，不断提高教学水平和科研能力。最后，编写组衷心感谢所有为本教材付出辛勤努力的专家、学者和科学出版社。